민사보전법

김　연 저

法 文 社

머 리 말

필자가 「保全處分에 대한 債務者의 救濟」라는 제목으로 석사학위를 받은 것이 1984년의 일이다. 그때로부터 지금까지 약 25년 이상의 세월이 지나는 동안, 보전제도에 대해 지고 있던 큰 짐 하나를 이제 내려놓으려 한다. 당시만 하더라도 실무자가 아니면서 민사소송을 공부한다는 것은 의사가 아니면서 의학을 공부하는 것만큼이나 생뚱맞은 일이었다고 할 수 있고, 더군다나 재판절차도 아닌 보전절차를 가지고 학위를 받는다는 것은 어쩌면 무모하다고까지 할 수 있는 일이었을지도 모른다.

그러나 지도교수이신 金容旭 교수님께서는 당시에 벌써 오늘날의 모습을 예견하시고, 집행절차를 공부하도록 말씀하셨다. 그 덕분에 많은 부족함이 있음에도 불구하고 남들보다 이른 나이에 교수라는 직함을 얻어, 오늘날까지 학계의 말석에서 선학과 동료들의 가르침을 얻고 있다.

석사학위에 이어, 「假處分訴訟의 審理構造에 관한 硏究」라는 논제로 박사학위까지 받았지만, 필자에게 있어서 보전절차에 대해서는 이따금 논문을 발표하는 외에는, 학문적 갈증을 해소할 수 있는 대상이 되지 못하였다. 대학원 과목에서는 그나마 보전절차에 관한 과목이 개설되어 연구가 가능하였지만, 학부에는 강제집행법의 일부로 편제되어 있으므로 학기말에 잠시 짚고 넘어가는 수준에 불과하였기 때문이다. 이러한 상황에서 보전절차를 전반적으로 재검토해보겠다는 꿈은 계속적으로 연기될 수밖에 없었다.

그러던 사이에 민사집행법이 민사소송법으로부터 분리·제정되고, 또 보전절차에서는 모든 것을 전부 결정으로 재판하는 소위 「전부결정주의」가 도입되는 등의 개정이 이루어져, 필자가 주장하는 보전심리→구제제도→본안절차의 단계별 구조에 어느 정도는 다가간 것으로 여겨지고 있다.

학내에서도 법학전문대학원 체제가 출범함으로써 실무의 중요성이 강조되어 「민사보전법」이란 이름으로 과목이 개설되고, 드디어 체계적으로 보전절차의 전반에 걸쳐 연구할 기회를 가지게 된 것이 이 책이 이 세상에 나오게 된 저간(這間)의 경위라고 할 수 있다.

이러한 점에서 이 책은 필자의 지금까지의 민사보전절차의 연구에 대한 중간결산으로서의 의미를 가짐과 동시에, 앞으로의 연구활동에 대한 지표로서의 성격을 가지는 것으로 정의하여 보고자 한다.

사실 보전절차는 재판에 의한 권리구제절차로서는 상당히 이례적인 절차라 할 수 있다. 가장 본질적이고도 원칙적인 권리구제절차를 소송절차라 한다면, 보전절차는 소송절차가 제대로 기능하지 못하는 부분을 보완함으로써 권리구제의 완전성을 추구하는 절차이다. 이러한 점에서 보전절차는 소송절차와 대립하는 것이 아니다. 독일법에서의 가압류 · 가처분절차나, 프랑스법상의 레페레(référé), 영미법상의 어태치먼트(attachment) · 가니시먼트(garnishment) · 인정크션(injunction) 등의 제도가 다 같이 이러한 성질을 공유하고 있는데, 특히 영미법상의 제도들은 보통법(Common Law)이 아니라 형평법(Equity)상의 제도라는 것이 이러한 성질을 웅변으로 말하고 있다.

이런 성질로 인하여 보전절차는 소송절차와 다른 취급을 하여야 하고, 또 강제집행을 보전하는 것은 여러 가지 보전절차의 기능 중에서 하나일 뿐이다. 그럼에도 불구하고 우리나라의 보전절차법은 집행보전이라는 독일법제의 틀 안에 얽매여 국민의 권리구제에 대한 요구를 외면하고 있고, 이 결과 법제상 각종의 특수보전절차가 어지럽게 혼재하고 있는 실정이다.

즉 각국의 보전법제가 각각 그 기원을 달리하고 있고, 또 현재 가지고 있는 기능도 통일되어 있는 것은 아니라고 하더라도, 우리 법제에서와 같이 민사집행의 틀 속에 가두어 놓는 것은 보전절차가 가지고 있는 무궁무진한 가능성에 비추어볼 때 안타까운 일이 아닐 수 없다. 이러한 가능성이 입법자에 의해 받아들여지지 못했기 때문에, 개별적으로 보전절차법의 해석론이나 실무는 다른 법제에 비해 융통성이 많은 것처럼 여겨지기도 한다. 정형적인 해석으로서는 도저히 법제와 현실을 맞추어갈 수 없기 때문이다.

그 과정에서 보전절차법이 소송절차에 비해 특수하고도 이례적인 특성을 가지고 있음이 드러나기도 하는데, 절차의 신속성과 적정성의 조화, 채권자의 권리와 채무자의 이익의 조화, 당사자의 이익과 공익과의 조화, 보전절차와 본안절차의 조화 등은 이러한 와중에서 끊임없이 절차의 진행에 변수로 작용하고 있다. 때문에 이러한 요소들을 이해하지 못하면 보전절차를 단순히 소송절차 내지는 집행절차의 부수적인 절차정도로 치부해버리는 오류를 범하게 된다는 것이다. 말하자면 보전절차는 공 · 사법을 아우르는 법체계 전반에 걸쳐 소송으로 해결하기 어려운 상황에서 가장 적절하게 권리를 구제할 수 있는 최선의 방안이며, 이러한 점에서 보전절차의 의의는 재평가되지 않으면 안 된다. 이러한 점이 궁극적으로 바로잡혀진다면 단순히 「민사보전법」에 그치는 것이 아니라, 일반적인 「보전절차법」으로서의 기능까지도 수행하게 될 것이다.

그러나 그러한 단계로 나아가기에는 필자의 힘이 너무나 미약하기에 그 꿈을 잠시 접어두고, 이 책에서는 가급적 현행법의 이해를 충실히 하는데 힘썼음을 밝혀두고자 한다.

특히 이론적인 탐구에 그치지 않고, 판례의 이론을 빠뜨리지 않고 반영함으로써 실무적인 경향도 반영하였다. 그럼에도 불구하고 필자의 능력부족으로 인하여 적지 않은 잘못이 이 안에 포함되어 있으리라는 것도 부정할 수 없다. 독자 여러분의 날카로운 지적을 기다린다. 앞으로도 힘이 닿는 한, 최선을 다해 연구생활을 하면서 잘못은 바로잡고, 발전시킬 것은 발전시킬 수 있도록 할 것이다.

끝으로 이 책을 내면서 감사를 드려야 할 분들이 헤아릴 수 없이 많지만 이루 다 적어 나타내지 못함을 애석하게 생각하면서, 어려운 출판사정에도 불구하고 출판을 허락해주신 법문사 배효선 사장님과 편집을 담당해주신 이재필 이사님, 그리고 영업부 김영훈 부장님께 감사의 말씀을 드리는 것으로 인사에 가름하고자 한다.

2010년 7월

孟夏의 의미를 실감하면서

저 자 씀

차 례

제1편 보전절차 총설

제2편 보전명령절차

제4편 보전집행과 절차의 종료

참고문헌 및 약어

권성 외, 가처분의 연구, 박영사, 1994 [권성 외]

권창영, 민사보전법, 유로, 2010 [권창영]

김광년 · 최종백, 보전처분(Ⅰ·Ⅱ·Ⅲ), 법률문화원, 2005 [김광년/최종백]

김상원 · 정지형, 가압류 · 가처분, 한국사법행정학회, 1978 [김상원/정지형]

민일영 외편, 보전소송, 한국사법행정학회, 2008 [민일영]

이석선, 보전소송 (상 · 하), 일신사, 1981 [이석선(상 · 하)]

윤경, 보전처분의 실무(상), 법률정보센터, 1999 [윤경]

법원행정처, 보전소송에 관한 제문제 (상 · 하), 재판자료 45 · 46, 1989 [재판자료]

보전소송, 사법연수원, 2002

강대성, 민사집행법 제4판, 삼영사, 2008 [강대성]

김상수, 민사집행법 제2판, 법원사, 2008 [김상수]

김상원, 민사소송의 이론 · 실무, 육법사, 1977 [김상원]

남기정 · 남동현, 신강제집행법강의, 삼조사, 2001 [남기정/남동현]

박두환, 민사집행법 제2판, 법률서원, 2003 [박두환]

방순원 · 김광년, 민사소송법(하) 제2전정판, 한국사법행정학회, 1993 [방순원/김광년]

이시윤, 신민사집행법 제5판, 박영사, 2010 [이시윤]

이영섭, 신민사소송법(하) 제7개정판, 박영사, 1972 [이영섭]

한종렬, 민사소송법(하), 대학출판사, 1998 [한종렬]

김상원 외편, 주석 민사집행법 (Ⅵ), 한국사법행정학회, 2004 [주석]

이영섭 외편, 주석 강제집행법 (상 · 중 · 하), 한국사법행정학회, 1983 [주석(구판)]

법원실무제요 강제집행(상 · 하), 법원행정처, 1981, 1982

법원실무제요 민사집행 (Ⅳ), 법원행정처, 2002 [실무제요]

민사집행규칙 해설, 법원행정처, 2002 [규칙해설]

민사집행법 해설, 법원행정처, 2002 [해설]

※외서와 논문은 본문에서 인용함.

법령 등 약어

민사소송법	[민소]
민사소송규칙	[민소규]
민사집행법	[조문만 보임. 예외적으로 필요한 때에는 민집]
민사집행규칙	[규칙]
민사조정법	[민조]
가사소송법	[가소]
비송사건절차법	[비송]
채무자회생 및 파산에 관한 법률	[도산]
민법	[민법]
행정소송법	[행소]

기타 법령약어는 관례에 따름

part 01

보전절차 총설

1 보전절차의 의의

I. 보전절차의 개념

》설문 ❶

甲은 乙에 대해 매매대금 2억3천만 원의 채권을 가지고 있다. 그런데 1년 전에 지급기한이 지나갔음에도 차일피일 변제를 미루고 있어서, 할 수 없이 甲은 乙을 상대로 하여 매매대금의 지급을 청구하는 소송을 제기하려고 한다. 그런데 乙이 요즘 사업을 한다고 하면서 재산을 상당히 잃은 것 같은데, 더 이상의 재산이 처분되면 자신의 채권을 변제할 책임재산에도 모자랄 것 같아서 걱정이다.

(1) 甲은 소를 제기하기 전 또는 판결이 확정되기 전에 책임재산을 확보하기 위한 방안을 강구하려고 한다. 어떤 방안이 있는가?

(2) 만약 甲이 가지고 있는 채권이 乙이 서울 잠원동에 있는 상가건물을 목적으로 하는 특정물채권인 경우, 어떤 방법이 있는가?

》설문 ❷

대구시 범어동 A아파트에 살고 있는 甲씨 등 50명은 자신들의 집 앞에 짓는 30층짜리 건물이 일조권과 조망권을 침해한다고 하여 침해금지 및 손해배상을 청구하는 소를 제기하였으나, 재판이 확정되어 강제집행을 하기 전에 건물이 완공되어 버릴까봐 노심초사하고 있다. 甲이 판결확정 전이라도 공사를 중지시킬 수 있는 방법이 있는가?

1. 보전절차의 제도적 목적

법률세계에 권리의무가 존재하는 것은 그것이 실현될 수 있기 때문이다. 법률상 실현이 불가능한 권리라면 아예 성립할 수 없거나 존재 자체가 부정되겠지만, 법상 실현될 수 있는 것이라도 의무자가 의무를 이행하지 않는 때에는 이것이 실현될 수 있도록 하지 않으면 안된다.

우리 법제상 의무자가 의무를 이행하지 않을 때에는 소송을 통하여 권리의무를 확정하고, 채무자에 대해 강제집행을 하는 방법이 강구되어 있다. 이러한 방법은 가장 확실한 권리실현방법이기는 하지만, 시간이나 비용이 많이 들고, 소송을 하는 사이에 의무자가 재산을 은닉하거나 처분해버린다면 채권자로서는 닭 쫓던 개 지붕 쳐다보는 격이 되고 만다. 때문에 강제집행을 원활히 하기 위해서는 물론, 강제집행이 명확하게 예정되어 있지 않더라도 미리 권리실현이나 손해예방을 위한 방지조치가 강구될 수 있어야 한다.

민법은 재산을 부정하게 타인에게 양도하는 등의 방법으로 은닉한 경우, 채권자 취소권을 통하여 구제를 받을 수 있도록 하고 있고, 또한 스스로 권리실현을 하지 않아 책임재산을 형성하지 않는 채무자에 대해서는 채권자대위권을 이용하여 권리자가 스스로 채권을 실현시킬 수 있는 방안을 마련하고 있다. 그러나 채권자 취소권은 사후적 구제책으로서 채권자가 양도가 있었던 사실이나, 그 양도가 부정한 것이라는 것을 밝혀야 하는 등의 부담으로 인해 항상 성공한다는 보장이 없고, 채권자 대위권도 채무자에게 채권이 없으면 소용이 없는 것이어서 일반적인 구제책으로는 부족하다.

이에 민사집행법은 강제집행을 보전하거나 권리의 보전을 위하여 보전절차를 마련하고 있다. 이는 통상 집행법의 한 부분으로서 책임재산을 보전하거나 채권의 대상인 재산을 보전함으로써 강제집행을 원활히 할 수 있도록 하기 위한 목적을 가지고 있다고 할 수 있으나, 권리관계에 끼칠 현저한 손해를 피하거나 급박한 위험을 막기 위하여도 할 수 있는 것이므로 엄밀히 말하면 강제집행과 다소 거리가 있는 권리관계에 대해서도 보전을 할 수 있다.[1] 이때 권리자는 확정판결을 받아두지 않아도 무방하고, 소를 제기하지 않았더라도 상관없이 보전신청을 할 수 있다. 이것은 확정판결과 같은 집행권원을 얻을 때까지 권리의 구제를 해주지 않는다면 그 사이에 악의의 의무자에 의하여 권리의 실현이 불가능하게 될 수도 있으므로 그 전에라도 신속하게 권리의 보전을 하고자 하는 목적 때문이다.

---

1) 拙稿, 民事保全節次의 法體系的 地位, 民事訴訟 제7권 제2호(2003. 8), 441면.

2. 보전절차의 개념과 종류

민사집행법이 규율하고 있는 보전절차는 가압류와 가처분 두 가지의 종류로 되어 있으나, 가처분이 다툼의 대상에 관한 가처분과 임시의 지위를 정하기 위한 가처분의 두 가지로 구분되고 있으므로 실제로는 세 종류로 보아야 한다.

(1) 가압류

가압류는 금전채권이나 금전으로 환산할 수 있는 채권에 대하여 동산 또는 부동산에 대한 강제집행을 보전하기 위하여 하는 보전처분이다. 이는 전형적으로 금전채권의 집행을 보전하기 위한 것으로서 금전으로 환산할 수 없는 채권의 보전을 할 수는 없다. 가압류에 의한 보전방법은 강제집행절차상의 압류와 마찬가지로 채무자의 책임재산에 대해 처분권을 수납함으로써 채무자가 그 재산을 처분하지 못하도록 하여 장래의 강제집행에 대비하는 것이다.

가압류의 대상이 되는 재산은 부동산에 한하지 않고, 강제집행의 대상이 되는 것이면 유체동산이나 채권은 물론 기타의 재산에 대해서도 할 수 있다. 다만 가압류는 잠정적인 압류에 그치는 것이므로 가압류 단계에서는 원칙적으로 환가를 하는 것까지 목적으로 하는 것은 아니나, 절대적으로 환가가 금지되는 것은 아니다(제296조 5항 참조). 부동산을 대상으로 하는 가압류에 있어서는 강제관리를 할 수도 있다.

(2) 다툼의 대상에 관한 가처분

다툼의 대상에 관한 가처분은 특정한 물건에 대한 강제집행을 보전하기 위하여 그 특정한 물건을 대상으로 하는 잠정적 처분을 말한다. 금전채권을 보전하기 위한 목적으로는 가압류를 이용하게 되므로, 금전채권 이외의 특정물에 관한 이전 등의 청구권을 위한 것이 가장 전형적인 모습이다. 가압류는 채무자의 일반재산을 대상으로 하는 것이지만, 다툼의 대상에 관한 가처분은 특정물을 대상으로 한다는 점이 다르고, 보전의 원인인 권리와 목적물이 서로 대응하는 것이라는 점에 특징이 있다. 다툼의 대상에 관한 가처분으로 목적물을 보관인 등에게 이전하게 하는 것은 그 한계를 벗어나는 것이다. 여기에 속하는 것으로는 특정물의 점유상태의 현상유지를 목적으로 하는 점유이전금지가처분, 특정물에 대한 권리상태의 현상유지를 목적으로 하는 처분금지가처분 등이 있다.

(3) 임시의 지위를 정하기 위한 가처분

임시의 지위를 정하기 위한 가처분은 다툼이 있는 권리관계에 대하여 현저한 손해를 피하거나 급박한 위험을 막기 위하여 행해지는 잠정적 처분이다. 이는 굳이 강제집행을 보전하려는 목적에 얽매이지 않고 계속하는 권리관계에 대해 권리보전을 위한 목적으로 널리 쓰인다. 따라서 강제집행을 할 수 없는 권리관계도 이에 의해 보전할 수 있다. 또한 이는 민사법상의 권리관계에 한하지 않고, 공법, 사회법 등 제반 법률관계에 두루 이용될 수 있다.

가처분의 방법도 아주 다양하기 때문에 특정할 수는 없으나, 특정한 행위를 하거나 하지 못하게 할 수도 있고, 단순히 수인(受忍)케 할 수도 있을 뿐 아니라, 임시적으로 채권자의 만족을 꾀할 수도 있어서 법원의 재량이 가장 폭넓게 발휘되는 분야라 할 수 있다.

이에 속하는 것으로는 직무집행정지 및 대행자 선임의 가처분(제306조), 방해물의 철거단행가처분, 건축공사중지가처분, 시위나 출입금지가처분, 통행방해 · 업무방해금지가처분, 지위보전가처분, 가옥의 명도단행가처분, 임금지급가처분, 주주의 의결권행사중지가처분, 상품의 판매중지가처분 등이 있다.

3. 보전절차의 기원

각국의 보전제도는 각기 나름의 기원을 가지고 있으나, 우리 법상의 보전제도는 독일법상의 가압류 · 가처분 제도에 연유하는 것이다.

본래 독일법상 가장 최초의 보전제도는 인적 가압류라고 하는 것으로서, 채무를 변제할 능력이 없어 도망할 우려가 있는 채무자를 절도의 현행범과 마찬가지로 취급하여 체포할 수 있는 제도였다. 재산의 가압류는 채무자의 유산의 가압류에 기원을 두고 발전하였다. 당초의 체제는 채권자가 법원으로부터 권한을 부여받아 직접 자력구제를 하는 모습으로 행해지다가 후에 법원이 직접 가압류를 하는 모습으로 바뀌었다. 이때 재산가압류가 일반적인 가압류로 자리잡게 되었다고 한다.

가처분 제도는 가압류로부터 분화하여, 독일 보통법을 거쳐 독일 민사소송법이 창설한 것이다. 이와는 별도로 임시의 지위를 정하는 가처분은 독일 보통법의 영장소송(令狀訴訟: Mandatsprozess)이나 점유최간단소송(占有最簡單訴訟: possessorium summariissimum)에 기원을 두고 있다고 한다.[2)]

4. 가압류와 가처분의 동질성

가압류와 가처분, 특히 다툼의 대상에 관한 가처분과 임시의 지위를 정하기 위한 가처분의 성질이 같은 것인지 다른 것인지 다툼이 있다.

(1) 이질설

다툼의 대상에 관한 가처분은 소송사건이며, 임시의 지위를 정하는 가처분은 국가의 후견적 기능의 발동인 비송사건이라 보고 양자를 본질적으로 상이한 것으로 보는 입장이다. 양자는 강제집행을 보전하기 위한 것이나 아니냐의 차이도 있다. 임시의 지위를 정하기 위한 가처분은 강제집행이 불가능한 것도 할 수 있고, 가처분에 의해 채권자를 만족시키기도 하기 때문에 이들은 서로 다르다는 것이다.[3)]

(2) 동질설

가압류를 포함한 보전처분은 권리, 법적 이익 일반에 인정된 보전기능 그 자체에 근거를 두고 있으며, 다만, 그 보전의 형태가 경우에 따라 상이하지만 구별할 필요는 없는 것으로서 전부 소송이라 한다.[4)] 이에 의하면 가압류와 가처분을 통일적으로 이해하는 것이 가능하며 같은 법률에 의하여 규율하는 이론적 합리성도 있다. 다만, 임시의 지위를 정하는 가처분에서 채권자는 완전히 만족을 얻는 것이므로 보전처분의 잠정성에 반하는 것이 아니냐는 문제가 제기될 수 있으나, 이 경우에도 가집행의 잠정성과 같은 맥락에서 이해한다. 본안소송의 결과에 따라 손해배상 또는 부당이득반환이라는 여지가 인정되기 때문이다.

---

2) 西山俊彦, 保全處分概論, 一粒社(1972), 6면.
3) 拙稿, 假處分訴訟의 審理構造에 관한 研究, 釜山大學校 大學院(1993. 2), 1면 이하.
4) 이시윤, 424면.

II. 보전절차의 성격

1. 보전절차와 본안절차

보전절차를 설명하기 위해서는 미리 본안(本案)에 대해서 알아둘 필요가 있다. 일반적으로 보전절차는 보전 자체만 문제가 되는 것이 아니라, 후술하는 부수성이라는 특질에 의해 본안절차와의 관계가 항상 문제로 된다. 본안 또는 본안절차는 보전절차에 의해 보전되는 권리 또는 법률관계의 존부를 확정시키는 재판절차를 말한다. 예를 들어 가압류의 본안절차는 금전채권의 이행을 구하는 소송이 되는 것과 같다. 보전처분의 피보전권리와 본안소송물인 권리는 엄격히 일치함을 요하지는 않으며, 청구의 기초에 동일성이 있으면 된다.[5] 이때 본안으로 되는 재판절차는 통상의 소송절차 외에도 독촉절차, 화해절차, 조정절차 내지 중재절차까지도 포함하는 광범위한 개념이다.[6] 상세한 것은 관련부분에서 설명한다.

《보전소송의 피보전권리와 본안소송의 소송물과의 관계》(대법원 1982.3.9. 선고 81다1223, 81다카991 판결)

보전처분의 피보전권리와 본안의 소송물인 권리는 엄격히 일치함을 요하지 않으며, 청구의 기초의 동일성이 인정되는 한 그 보전처분의 보전의 효력은 본안소송의 권리에 미친다고 보아야 할 것이다.

2. 보전절차의 특질

보전절차는 일반적인 소송절차와는 달리 긴급한 상황에 기하여 채권자의 권리를 보호하기 위한 절차이므로 몇 가지 특수한 성질이 인정되어 있다.

(1) 잠정성

보전처분은 권리 내지 법률관계의 최종적인 형성을 목적으로 하는 제도가 아니라,

5) 대판 1982.3.9, 81다1223, 81다카991.

6) 金容鎬, 保全訴訟의 審理節次에 關한 實務上 問題點, 재판자료 제45집(1989), 117면; 김상원/정지형, 69면; 이석선(上), 326면; 실무제요, 22면; 주석, 106면.

본안절차에서 법률관계에 관한 최종적인 판단이 있을 때까지 현재의 권리 내지 법률관계에 대하여 내려 주는 잠정적 내지 임시적 처분이다. 따라서 보전처분은 뒤에 있을 본안소송에서 얼마든지 번복될 수 있는 것이고, 보전절차에서는 가급적 최종적 내지 종국적 권리실현을 하지 않는 것이 원칙이다. 보전처분이 잠정적인 구제에 그치기 때문에 약식절차에 의한 채권자의 구제가 정당화될 수 있는 것이다. 그러나 단행가처분 내지 만족적 가처분은 이에 대한 예외로서, 채권자의 권리를 만족시키는 것을 가처분의 내용으로 하고 있어서 이에 대한 예외로 인정되어 있다.

(2) 긴급성

보전처분은 채무자의 불법적인 행위를 막기 위한 목적을 가지고 본안소송이나 그 후의 강제집행으로서는 감당할 수 없는 긴급한 필요에 의하여 하는 권리보호수단이므로 엄밀한 절차적 구속을 최소화하고 긴급하게 취하는 처분이다. 이와 같은 긴급성은 명령절차에서의 약식절차의 도입, 소명에 의한 입증 등으로 나타나 있고, 민사집행법이 결정주의 원칙을 강화함으로써 한층 강화되었으나, 가처분절차에 있어서는 다소 제한적으로 인정되어 있다. 다만 이의절차나 취소절차 등은 긴급성에 대해 채무자측의 구제를 위해 인정되어 있는 것으로 볼 수 있다.

(3) 부수성

보전절차는 독자적으로 권리의무를 확정하거나 분쟁을 해결하는 것이 아니라, 본안소송절차에 부수하여 행해지는 것이 원칙이다. 따라서 그 효력은 어디까지나 잠정적인 것에 그치는 것이며, 본안소송 결과에 따라 그 내용이 변경될 수 있는 것이다. 채무자의 제소명령신청이라든지, 일정기간 본안의 제소가 없으면 보전처분을 취소하는 조치들은 보전처분의 부수성을 표현한 제도이다. 이러한 부수성에 의해 본안소송이 없는 보전절차는 있을 수 없다고 하지만, 가처분의 경우 그 본안화 경향에 의해 부수성이 다소 제한되고 있다.

(4) 밀행성

보전절차는 채무자가 불법적인 행위를 할 것에 대비하여 행해지는 절차이므로 그가 보전처분이 행해지는 것을 알게 된다면 보전의 목적을 달성하기 어렵게 될 수도 있다. 이러한 점에 대비하여 보전절차는 채무자의 절차참여가 제한되기도 한다. 특히 가압류의 명령절차는 채권자의 신청과 소명 만에 의하여 가압류명령이 행해지는 것이 일반적이라고 할 수 있다. 그러나 상당수의 가처분절차나 보전이의절차 등 불복절차에서는 이와 같은 밀행성은 제한된다.[7)]

2. 보전절차의 비송성

보전절차는 위에서 본 4가지의 특질이 바탕이 되어 있는데, 이에 기하여 보전절차는 비송절차의 성질이 있는 것으로 생각되고 있다. 그것은 보전절차가 본안소송에 비하여 약식절차로 행해지기 때문에 채무자의 보호에 소홀한 점이 많이 생길 수밖에 없고, 또한 피보전권리의 존재나 보전의 필요에 대한 판단에 있어서도 법원이 충분한 자료를 제공받을 수 없는 상태에서 긴급하게 하지 않으면 안 된다는 것이다. 때문에 가장 적절한 절차의 진행을 위하여 법원에 어떻게 절차를 진행할 것인가에 대해 비교적 많은 재량권이 주어져 있다.[8)] 그러면서 가압류의 경우는 비교적 정형적이라고 할 수 있지만, 가처분의 경우에는 처분의 내용이 다양하다는 특징을 가지고 있어서 법원이 가처분명령을 할 때 가장 적절한 내용을 결정하여주지 않으면 안 된다. 이에 따라 가압류나 다툼의 대상에 관한 가처분에 있어서는 그 비송성이 비교적 약하게 나타나지만 임시의 지위를 정하는 가처분에서는 이러한 비송성이 강하게 나타난다고 할 수 있다. 학설로서는 가압류나 다툼의 대상에 관한 가처분은 소송사건으로 임시의 지위를 정하는 가처분은 비송사건으로 보는 입장[9)]과 가압류나 가처분을 막론하고 전부 소송사건으로 파악하는 입장[10)]이 대립하고 있다. 현재의 보전신청에서 이의절차까지 통일적으로 파악할 때 이들을 모두 비송사건이라고 한다거나 일부를 소송이 아닌 비송사건으로 파악하기는 쉽지 않다. 그러나 보전심리절차에서 사실상 채권자에 대해서만 심리할 수 있다거나 가처분에 대해 인정되어 있는 법원의 재량권과 같은 것을 고려한다면, 이와 같은 특성은 보전절차가 비송적 성질을 강하게 가지고 있음을 나타내는 것

---

7) 이러한 이유에서 밀행성을 제외하는 입장도 있다. 박두환, 464면.
8) 이런 의미에서 자유재량성(행정처분성)을 보전처분의 특질의 하나로 판단하는 입장도 있다. 이석선(上), 26-27면.
9) 방순원/김광년, 481면; 강대성, 574면.
10) 이시윤, 530면.

이라고 할 수 있다는 것이다.[11)]

3. 가처분의 본안소송화 경향

가압류의 경우에는 이와 같은 것이 거의 나타나지 않으나, 가처분 중에는 본안소송 없이 가처분만으로 분쟁이 해결되는 듯한 경향이 있다. 이를 가처분의 본안소송화 경향 또는 본안화 현상이라고 한다. 이러한 현상은 보전처분의 부수성에 대한 예외적 모습으로 나타나는데, 가처분절차만 열리고 본안소송이 제기조차 되지 않는다거나, 처음부터 가처분에 의한 해결만을 도모하려고 하는 것 등이 이에 속하는 것이다. 또 그 결과 가처분절차가 본안절차와 마찬가지로 오래 걸리는 일도 벌어진다. 본안화 현상이 나타나는 것은 가처분에 의하더라도 기능적이나 심리의 내용면에서 본안소송과 다름없는 구제가 행해지고, 실제 본안소송은 특별히 이와 구별되는 구제를 해주지 못한다는 등의 조건이 결합하는 경우 당사자들이 특별히 본안소송에 흥미를 느끼지 못하기 때문이다. 특히 만족 · 단행의 가처분이나 본안소송의 조건이 일정 시기에 걸려 있는 경우, 구제조치가 사실상 시급하여 본안소송에 의한 구제로는 만족할 수 없는 경우 등에는 이러한 경향이 강하게 나타난다. 일정기간이 정해져 있는 권리, 예컨대 만기가 있는 통행지역권에 분쟁이 있는 경우 또는 임금 가지급 가처분의 경우가 그러한 예로 된다.[12)]

이러한 본안소송화 경향은 가처분 자체로 보아서는 바람직한 것은 아니지만 이는 가처분이 민사집행법에 얽매여 있을 수 없는 하나의 중요한 근거로 된다.

4. 보전절차 남용의 문제

보전절차는 앞에서 본 바와 같이 채권자 위주로 구성되어 있는 절차적 특성을 가지고 있기 때문에 보전명령이나 집행은 수월한 반면, 보전명령을 취소하거나 집행을 취소하기는 상대적으로 어렵게 되어 있다. 이러한 점을 지적하여 보전절차가 지나치게 채무자에게 불리하게 되어 있음을 지적하여 이를 개선하여야 한다고 하는 의견도

---

11) 拙稿, 假處分의 非訟事件性에 관한 一考察, 경성대학교논문집 11집 1권(1990. 3), 277면 이하.
12) 拙稿, 保全訴訟의 本案化 傾向에 관한 批判的 硏究, 경성대학교 논문집 12집 1권(1991. 3), 205면 이하.

없지 않다.

실제 실무에 있어서도 경제불황에 따른 여파로 가압류 사건이 급증하면서 소를 제기하여 정정당당하게 분쟁을 해결하려고 하지 않고 보전처분에 의하여 채무자를 압박함으로써 자신에게 유리하게 국면을 끌고 가려는 채권자가 다수 출현하게 되었다. 뿐만 아니라, 근로관계 사건과 같은 경우에는 사용자가 노동행위를 탄압하기 위한 방편으로 노동조합의 재산이나 노조 간부의 급료 등을 가압류하는 등 남용사례가 빈발하였기 때문에 법원에서는 심문심리절차를 활성화하여 보다 신중한 심리 후 가압류를 발령하고, 가압류신청진술서 제도를 도입하여 신청단계에서 남용의 여지를 줄이며, 가압류 명령시에 공탁을 명하는 담보액수를 상향조정하여 가압류의 남용을 억제하고자 하는 조치를 도입하였다.

III. 보전절차의 구조

보전절차는 크게 두 가지의 절차로 구분된다. 그 하나는 가압류 또는 가처분의 신청과 그 신청에 대한 재판절차인 보전명령절차이고, 다른 하나는 보전명령을 집행하는 절차이다. 민사소송절차에 대응하는 것이 보전명령절차라고 한다면, 민사집행절차에 대응하는 것은 보전집행절차라고 할 수 있을 것이다. 보전명령절차는 좁은 의미에서 신청, 심리, 재판에 이르는 절차와 이와 같은 보전재판에 대한 구제절차로 다시 나누어볼 수 있는데, 구제절차는 다시 재판기관이 동일 절차 내에서 반복하여 심리하는 구제절차와 상급심의 심리를 거치는 상소절차로 나누어볼 수 있다.

1. 보전명령절차

(1) 보전신청에 대한 심리절차

여기서 보는 보전명령절차는 좁은 의미의 명령절차로서, 채권자가 가압류 · 가처분의 신청을 하면 이에 대해 법원이 심리하여 재판을 하는 단계까지를 말한다. 보전절차에 있어서 가장 중심적인 절차로서 위에서 본 보전절차의 특질이 여기서 가장 전형적으로 나타난다. 절차는 통상 약식화되어 있으며, 밀행성이 인정되는 경우에는 채권자의 신청과 소명자료만을 가지고 심리한다. 심리 결과 신청이 이유 있다고 하는 경우에는 가압류 · 가처분의 명령을 하게 되고, 그렇지 않은 경우에는 신청을 배척하게 된다.

(2) 보전재판에 대한 구제절차

구제절차는 어떠한 재판이 행해졌는가에 따라 달라진다. 신청이 각하되거나 기각된 경우에는 상소절차로 가게 되므로 여기서는 신청이 인용되어 보전명령이 행해진 경우만을 대상으로 한다. 이때 보전명령이 있은 경우의 구제절차는 이의절차와 취소신청절차로 다시 나누어지는데, 먼저 이의절차에서 문제로 되는 것은 약식절차에 의하여 신속하게 결정이 이루어짐으로써 채무자의 보호가 충분하지 못하다는 것이다. 이에 따라 이의절차에서는 채무자의 참여를 전제로 하여 비교적 신중한 절차에 의하여 재판을 재검토할 기회를 가지는 것이 필요하다. 한편, 취소신청절차에서는 결정 이후 발생한 취소사유가 있는지 여부를 심리하여 가압류 · 가처분의 유지 여부를 판가름하는 절차이다. 이들 절차는 보전결정을 한 법원이 그대로 담당한다.

(3) 상소절차

가압류 · 가처분 신청을 기각 또는 각하하거나, 이의신청에 대한 재판, 보전명령의 취소신청에 대한 재판에 대해서는 즉시항고를 할 수 있도록 되어 있다(제281조 2항, 제286조 7항, 제287조 5항, 제288조 3항, 제301조, 제307조 2항). 이러한 규정에 따라 항고법원에 항고를 제기하여 불복하는 절차로서, 일반적인 집행법상의 즉시항고절차와 크게 다르지 않다.

2. 보전집행절차

가압류 · 가처분 명령이 있는 경우에 이를 집행하는 절차이다. 가압류 · 가처분이 워낙 다양하기 때문에 일반적인 집행방법이 정해져 있는 것은 아니나, 어떤 집행인가를 막론하고 원칙적인 집행기관은 가압류 · 가처분을 명한 법원이 되고, 또 가압류와 같은 경우에도 원칙적으로 환가를 하지 않는다는 것이다. 만약 집행에 의하여 금전을 취득한 경우에도 만족적 가처분을 제외하고는 채무자에게 교부할 수 없고, 공탁하는 것이 원칙으로 되어 있다(제294조, 제96조 4항 · 5항 참조).

Ⅳ. 비전형적 보전처분

》 설문 ❸

甲은 자신의 부동산이 경매로 넘어가 집행된다는 통지를 받고 깜짝 놀라 알아보니, 乙이 서류를 위조하여 자신이 다른 곳에 살고 있는 것처럼 법원을 기망하여 자신에 대해 5,000만원의 대여금지급의 확정판결을 받아낸 것을 알게 되었다. 그 소송이 공시송달에 의해 행해졌으므로 소송에 관하여 하등의 송달을 받지 못했던 甲은 상소추완신청을 통하여 판결을 무효화하려고 하는데, 상소추완신청을 하더라도 집행절차가 정지되지 않음을 알고 법원에 강제집행정지 가처분 신청을 하려고 한다. 이 신청은 적법한가?

민사집행법이 규정하는 가압류 · 가처분 외에도 권리나 법률관계를 보전하기 위하여 여러 법률이 정하는 잠정처분에는 다음과 같은 것들이 있다. 이러한 처분들은 개별적인 필요에 의하여 각기 규정되어 있어서 가압류 · 가처분과는 본안절차와의 관계, 관할법원, 불복방법, 취소 등에서 다소 차이가 있는 것으로 인정되어 있다.[13]

1. 민사법상의 특수보전처분

(1) 민사소송법상의 잠정처분

재심 또는 상소의 추후보완신청(민소 제173조)이 있는 경우에 불복하는 이유로 내세운 사유가 법률상 정당한 이유가 있다고 인정되고, 사실에 대한 소명이 있는 때에는 법원은 당사자의 신청에 따라 담보를 제공하게 하거나 담보를 제공하지 아니하게 하고 강제집행을 일시정지하도록 명할 수 있으며, 담보를 제공하게 하고 강제집행을 실시하도록 명하거나 실시한 강제처분을 취소하도록 명할 수 있다(민소 제500조). 가집행의 선고가 붙은 판결에 대하여 상소를 한 경우 또는 정기금의 지급을 명한 확정판결에 대하여 변경의 소(제252조 1항)를 제기한 경우에도 강제집행의 정지 · 취소 등 잠정처분을 할 수 있도록 되어 있다.

---

13) 이시윤, 473면 참조.

(2) 민사집행법상의 잠정처분

민사집행법상의 집행절차는 당사자가 이의신청이나 즉시항고, 또는 이의의 소를 제기하더라도 집행정지의 효력이 생기지 않는다(예컨대 민집 제15조 6항 본문, 제46조 1항). 이에 따라 법원은 즉시항고에 대한 결정이 있을 때까지 담보를 제공하게 하거나 담보를 제공하게 하지 아니하고 원심재판의 집행을 정지하거나 집행절차의 전부 또는 일부를 정지하도록 명할 수 있고, 담보를 제공하게 하고 그 집행을 계속하도록 명할 수 있다(제15조 6항 단서). 집행에 관한 이의신청에 대한 재판(제16조 2항), 집행문부여에 대한 이의신청이 있는 경우(제34조 2항), 청구에 관한 이의의 소나 집행문 부여에 관한 이의의 소가 제기된 경우(제46조 2항)나 이의의 소의 판결을 할 경우(제47조 1항) 및 제3자 이의의 소가 제기된 경우에도(제48조 3항) 같은 내용의 잠정처분을 할 수 있다.

또한 법원이 부동산강제경매 개시결정을 한 뒤에는 직권으로 또는 이해관계인의 신청에 따라 부동산에 대한 침해행위를 방지하기 위하여 필요한 조치를 할 수 있고(제83조 3항), 법원은 매수인 또는 채권자가 신청하면 매각허가가 결정된 뒤 인도할 때까지 관리인에게 부동산을 관리하게 할 것을 명할 수 있으며(제136조 2항), 부동산의 관리를 위하여 필요하면 법원은 매수인 또는 채권자의 신청에 따라 담보를 제공하게 하거나 제공하게 하지 아니하고 관리명령을 할 수 있다(동조 3항). 선박집행의 경우에도, 법원은 채권자의 신청에 따라 선박을 감수(監守)하고 보존하기 위하여 필요한 처분을 할 수 있다(제178조).

(3) 가사소송법상의 가압류 · 가처분 등

가사사건에 관해서는 민사집행법의 보전규정을 준용하는 가압류 · 가처분을 할 수 있도록 되어 있으며(제63조), 이때에는 조정신청도 본안의 제소로 보도록 되어 있다(동조 3항). 이와는 별도로 가정법원 등은 이와 유사한 사전처분을 할 수 있도록 되어 있는데, 사건의 해결을 위하여 특히 필요하다고 인정한 때에는 직권 또는 당사자의 신청에 의하여 상대방 기타 관계인에 대하여 현상을 변경하거나 물건을 처분하는 행위의 금지를 명할 수 있고, 사건에 관련된 재산의 보존을 위한 처분, 관계인의 감호와 양육을 위한 처분 등 적당하다고 인정되는 처분을 할 수 있다(제62조). 그 위반에 대해서는 제재가 예정되어 있다.

(4) 민사조정법상의 조정 전의 처분

위에서 본 것 외에도 민사조정법이 규정하고 있는 조정 전의 처분이 있는데, 즉 조정담당판사는 조정을 위하여 특히 필요하다고 인정하는 때에는 당사자의 신청에 의하여 조정 전의 처분으로서 상대방 기타 사건관계인에 대하여 현장을 변경하거나 물건을 처분하는 행위의 금지를 명할 수 있고 기타 조정의 내용이 되는 사항의 실현을 불가능하게 하거나 현저히 곤란하게 하는 행위의 배제를 명할 수 있다(민조 제21조).

(5) 도산법상의 보전처분

「채무자회생 및 파산에 관한 법률」이 규정하고 있는 도산절차에서도 보전절차가 규정되어 있는데, 먼저 회생절차에서 법원은 회생절차개시의 신청이 있는 때에는 이해관계인의 신청에 의하거나 직권으로 회생절차개시신청에 대한 결정이 있을 때까지 채무자의 업무 및 재산에 관하여 가압류 · 가처분 그 밖에 필요한 보전처분을 명할 수 있고(도산 제43조), 또 법원은 회생절차개시의 신청이 있는 경우 필요하다고 인정하는 때에는 이해관계인의 신청에 의하거나 직권으로 회생절차개시의 신청에 대한 결정이 있을 때까지 파산, 강제집행, 소송, 체납처분 등의 절차의 중지를 명할 수 있다(도산 제44조). 뿐만 아니라, 중지명령에 의하여는 회생절차의 목적을 충분히 달성하지 못할 우려가 있다고 인정할 만한 특별한 사정이 있는 때에는 이해관계인의 신청에 의하거나 직권으로 회생절차개시의 신청에 대한 결정이 있을 때까지 모든 회생채권자 및 회생담보권자에 대하여 회생채권 또는 회생담보권에 기한 강제집행 등의 금지를 명할 수 있다(도산 제45조: 포괄적 금지명령).

이와 별도로 파산절차에 관하여 인정되는 보전처분도 있는데, 법원은 파산선고 전이라도 이해관계인의 신청에 의하거나 직권으로 채무자의 재산에 관하여 가압류 · 가처분 그 밖에 필요한 보전처분을 명할 수 있다(도산 제323조). 이는 일반적인 보전처분과 유사한 특성을 가지는 것이다. 특이한 것으로는 인적 보전처분으로서 법원은 파산선고 전이라도 채무자와 그 법정대리인 등의 구인을 명할 수 있다는 것이나(도산 제322조) 빈번히 이용되는 것은 아니다. 그 외에 물적 보전처분으로서 이미 개시된 강제집행 등의 중지명령, 강제집행 등의 금지명령, 변제금지의 보전처분, 부인권 행사를 전제로 하는 제3자의 재산에 대한 보전처분 등의 문제가 있는데, 명확한 규정은 없으나 인정하여야 한다는 입장이 유력하다.[14)]

또한 개인회생절차에 대해서도 가압류 · 가처분 및 파산절차 등의 중지명령이 인정되어 있다(도산 제592조, 제593조).

(6) 가등기가처분

부동산 등기 권리자는 등기의무자가 등기신청에 협력하지 않고, 또 가등기를 위한 승낙도 해주지 않는 경우에는 결국 소송을 통하여 본등기를 할 수밖에 없게 된다. 그러나 소송을 하는 동안 등기의무자가 타인에게 목적 부동산을 양도해버린다면 문제가 생기게 되므로 그 순위의 보전을 위하여 부동산 소재지를 관할하는 지방법원에 가등기를 위한 가처분의 신청을 할 수 있다. 이때 권리자가 가등기 원인을 소명하면 법원이 가등기가처분을 하게 되는데(부등 제38조), 이로써 등기권리자는 단독으로 가등기를 할 수 있게 된다(동법 제37조).

2. 기타 특별법상의 보전처분

저작권법상 임시로 침해행위의 정지 또는 침해행위로 말미암아 만들어진 물건의 압류 그 밖의 필요한 조치를 하는 임시처분(저작 제123조 3항) 등도 특수한 보전처분의 예에 속한다.

행정법상 인정되는 보전처분도 있는데, 행정처분의 집행정지결정(행소 제23조), 공무원범죄에 관한 몰수 특례법상의 몰수보전 · 부대보전 · 추징보전 등(동법 제2조 이하), 정당의 정치활동정지나 쟁의기관 처분의 효력정지 가처분(헌재 제57조, 제65조), 헌법재판소의 법령의 효력정지 가처분[15] 등도 민사법상의 보전처분에 유사한 내용을 가지고 있다.

《헌법재판소의 법령의 효력정지 가처분》(헌법재판소 2002. 4. 25. 2002헌사129 전원재판부)
가. 군사법원법 제242조 제1항 중 제239조 규정에 의하여 신청인에 대하여 한 1차 연장 구속기간은 2002. 3. 28.에 이미 끝나 더 이상 군사법경찰관의 조사단계에서 구속기간이 연장될 위험이 없으므로 위 규정의 효력을 가처분으로 당장 정지시켜야 할 필요성이 인정되지 않는다.
나. 헌법재판소법 제40조 제1항에 따라 준용되는 행정소송법 제23조 제2항의 집행정지규정과 민사소송법 제714조의 가처분규정에 의하면, 법령의 위헌확인을 청구하는 헌법소원심판에서의 가처분은 위헌이라고 다투어지는 법령의 효력을 그대로 유지시킬 경우 회복하기 어려운 손

14) 전병서, 도산법 제2판, 법문사(2007), 57-60면.
15) 헌재(전) 2000.12.8, 2000헌사471; 헌재(전) 2002.4.25, 2002헌사129.

해가 발생할 우려가 있어 가처분에 의하여 임시로 그 법령의 효력을 정지시키지 아니하면 안 될 필요가 있을 때 허용되고, 다만 현재 시행되고 있는 법령의 효력을 정지시키는 것일 때에는 그 효력의 정지로 인하여 파급적으로 발생되는 효과가 클 수 있으므로 비록 일반적인 보전의 필요성이 인정된다고 하더라도 공공복리에 중대한 영향을 미칠 우려가 있을 때에는 인용되어서는 안 될 것이다.

다. (1) 면회제도는 피구속자가 가족 등 외부와 연결될 수 있는 통로를 적절히 개방, 유지함으로써 한편으로는 가족 등 타인과 교류하는 인간으로서의 기본적인 생활관계가 완전히 단절되어 파멸에 이르는 것을 방지하고, 다른 한편으로는 피고인의 방어권 행사에 조력하고자 존재하는 것으로 군행형법시행령의 적용을 받는 미결수용자들의 면회의 권리를 행형법시행령의 적용을 받아 매일 1회 면회할 수 있는 피구속자와 비교하여 합리적인 이유 없이 차별한다면, 군행형법시행령의 적용을 받는 자들은 이로 인하여 인간으로서의 행복추구권이나 피고인으로서의 방어권 행사에 회복하기 어려운 손상을 입게 될 것이다.

(2) 위 규정에 대한 가처분신청이 인용된다면 군인의 신분이거나 군형법의 적용을 받는 미결수용자가 외부인과의 잦은 접촉을 통해 공소제기나 유지에 필요한 증거를 인멸하거나 국가방위와 관련된 중요한 국가기밀을 누설할 우려가 있을 수 있으나, 수용기관은 면회에 교도관을 참여시켜 감시를 철저히 하거나 필요한 경우에는 면회를 일시 불허함으로써 증거인멸이나 국가기밀 누설을 방지할 수 있으므로, 이 사건 가처분을 인용한다 하여 공공복리에 중대한 영향을 미칠 우려는 없다.

3. 특별법상의 보전처분과 민사집행법상의 보전처분의 관계

민사집행법이 규정하고 있는 가압류 · 가처분과 별도로 규정된 잠정처분과 같은 특수한 보전처분이 규정되어 있는 경우에는 가압류 · 가처분을 할 수 없는 것이 원칙이다. 왜냐하면 해당되는 사건에 대해서는 이와 별도의 조치를 취한 것으로 규정하고 있으므로 가압류 · 가처분에 대해 특별법의 관계에 선다고 할 수 있기 때문이다.[16)]

이외에도 첫째, 집행법상의 보전처분은 본안소송이 나중에 제기되어도 무방하나 특별법상의 잠정처분은 본안이 이미 계류되어 있어야 하며, 둘째, 전자의 관할은 본안관할법원 외에 다툼의 대상이 있는 곳을 관할하는 법원도 관할권을 가지나, 후자의 관할은 본안사건을 처리하는 법원이 가진다. 셋째, 잠정처분신청은 기각되어도 불복할 수 없는 것이 원칙이나(민소 제500조 3항), 통상의 보전처분 신청이 기각되면 즉시항고를 할 수

16) 이시윤, 473면.

있게 되어 있다. 넷째, 본안절차에서 패소하면 통상의 보전처분은 사정변경에 의한 취소신청의 사유가 되지만, 잠정처분의 경우에는 본안이 패소되면 당연히 실효한다.[17]

17) 이시윤, 473-474면.

Chapter 2 보전절차법

I. 보전절차법의 지위

1. 소송절차와의 관계

보전절차법은 독일법계에 속하는 제도와 영미법계, 프랑스 법계 등 각국의 법제가 모두 다르다. 우리나라의 보전절차법은 당연히 독일법계에 소속하는 것이나, 그 입법 체제도 나라에 따라서 많이 다르다.

특히 독일법계상 민사소송절차, 강제집행절차, 보전절차는 넓은 의미의 민사소송 절차를 구성하는 큰 축이라고 할 수 있는데, 이와 같은 3 가지의 법제가 모두 하나의 법률 속에 규정되어 있는 법제도 있고(독일), 민사소송법과 강제집행법을 구분하여 보전절차를 강제집행법의 일부분으로 규율하고 있는 법제도 있다(오스트리아). 이와 함께 최근에는 민사소송법, 민사집행법, 민사보전법이라는 이름으로 모두 별개로 규율하는 법제도 나타나고 있다(일본).

후술하는 바와 같이 보전절차 중에는 굳이 강제집행의 보전을 위한 것이 아닌 임시의 지위를 정하기 위한 가처분과 같은 것도 있으므로 강제집행절차의 일부로 두는 태도는 옳지 못하다.[1]

2. 보전절차법의 체재

영미나 프랑스의 법제는 후술하는 바와 같이 집행 보다는 재판상의 절차를 중심으

1) 拙稿, 전게 "法體系的 地位", 439면 이하.

로 하고 있고, 또 미국법의 예에서 보듯이 집행절차와 관련해서는 별도의 법제를 가지고 있는 법제도 있다. 그러나 독일의 법제는 집행보전을 위한 법제와 권리보전을 위한 법제가 연혁상의 차이에도 불구하고 하나의 법제에 혼재되어 있으면서, 그것도 집행보전을 중심으로 규정되어 있다. 이와 같은 태도는 하나의 보전법제 안에 명령절차와 집행절차가 함께 규정되는 결과로 되어 있다. 특히 보전법제가 강제집행법 안에 있을 때 이러한 구조는 상당히 어색하다고 할 수 있다.

II. 우리나라의 보전절차법

1. 우리 보전절차법의 규정

(1) 보전절차법의 구조

우리나라의 보전절차는 종래 민사소송법의 일부로 규정되어 있었으나, 2002년 민사집행법이 민사소송법으로부터 분리되면서 민사집행법의 일부로 규정되어 오늘에 이르고 있다.[2)] 앞에서 설명한 바와 같이 강제집행과 무관한 가처분까지도 민사집행법의 일부로 규정하고 있는 것은 옳지 못한 태도로 보이며, 또한 집행법 내에 재판법의 성질을 가지는 보전명령절차가 규정되는 것도 이상하다. 이와 같은 점에서 민사보전법을 별도로 규정하고 있는 일본법의 태도가 가장 바람직하다고 여겨지고 있다.

(2) 민사소송법 등과의 관계

이와 같이 보전절차법 안에는 재판절차와 집행절차가 공존하고 있기 때문에 각각 민사소송법의 규정과 민사집행법의 집행절차에 관한 규정이 준용된다(제23조 1항, 제291조). 따라서 주로 보전신청에 대한 심리절차와 구제절차에서는 민사소송법의 규정이 준용되고, 보전집행절차에서는 본집행에 관한 규정이 준용된다.

이에 따라 준용되는 규정으로는 민사소송의 이상과 신의성실의 원칙(민소 제1조), 보조참가(민소 제71조), 심리방법(민소 제134조), 변론의 병합과 분리(민소 제141조), 처분권주의(민소 제203조), 결정의 고

---

2) 이후 2005년에 한 차례 개정이 있었는데, 보전절차를 전면적으로 결정절차로 함으로써 사실상 변론이 열릴 여지가 없어지고, 불복절차에 항소절차가 없어지는 등의 변화가 있었다.

지(민소 제221조), 결정으로 하는 재판의 방법(민소 제224조), 재판상 자백(민소 제288조) 등이 있다. 이외의 사항과 본집행에 관한 민사집행법규정의 준용에 관해서는 해당부분에서 따로 설명하기로 한다.

2. 보전절차법의 성질

보전절차법이 민사집행법의 일부로 규정되어 있으므로 그 성질은 민사집행법과 동일하다고 할 수 있다. 따라서 보전절차법은 공법이며, 민사법의 일부분을 구성한다. 따라서 원칙적으로 대부분의 규정은 강행규정이다.

Chapter 3 외국의 보전절차

≫ 설문 ❹

> 甲은 미국 회사인 乙에 대해 2,000만 달러의 채권을 가지고 있다. 그런데 乙이 최근 회사를 丙에게 매각하려고 하고 있는데, 丙은 매수조건으로 기존의 채무를 절반 수준으로 탕감해줄 것을 요구하고 있고, 매각이 시급한 乙은 채권자들에게 동의를 요구하고 있는 상황이다. 그런데 최근 정보에 의하면 乙의 대표와 丙의 대표 사이에 정당하지 못한 이중계약이 체결된 것으로 알려지고 있어서, 甲은 이 계약을 중지시키고 싶다. 이때 본안판결로 구제를 받기에는 시간이 모자란다면 어떤 조치를 취할 수 있는가?

I. 독일의 가압류 · 가처분

독일 민사소송법상의 가압류 · 가처분(Arrest und einstweilige Verfügung)은 우리나라의 제도와 거의 같다. 그러나 가압류에는 우리 법의 그것과 거의 같다고 할 수 있는 물적 가압류(dinglich Arrest)(§917 Z.P.O.) 외에 인적 가압류(personliche Sicherheitsarrest)가 인정되어 있는데, 이는 채무자의 재산에 대한 강제집행의 위험을 방지하기 위하여 필요한 때에 인정되는 것이다(§918. 또한 §933 참조). 가처분은 우리와 마찬가지로 계쟁물에 관한 가처분(einstweilige Verfügung in Beziehung auf den Streitgegenstand)(§935)과 임시의 지위를 정하는 가처분(einstweilige Verfügung zum Zweck der Regelung einstweiligen Zustandes in bezug auf ein streitiges Rechtsverhältnis)(§940)으로 구별된다.[1]

가압류소송은 당사자의 청구에 의하여 개시되고, 역시 구술변론을 거치지 않고 이

1) 이들 두 가지의 가처분 외에 만족 · 단행의 가처분 내지 본안소송이 제기되지 않고 당사자가 가처분으로 만족하는 경우를 별개로 보아, 제3종의 가처분으로 인정하는 견해는, F. Baur, Present German Practices in the Application for Temporary Relief: Attachment and Temporary Restraining Orders, 14 The American Journal of Comparative Law 247, 251f.(1965).

를 할 수 있으며(§921 Abs.1), 증거는 소명에 의한다(§920 Abs.1). 변론을 한 경우의 재판은 판결에 의하지만, 기타의 경우는 결정에 의하고(§922 Abs.1), 가압류명령에 대하여는 이의를 비롯한 각종의 불복방법이 마련되어 있다(§§924 -927). 이의에 대한 재판은 종국판결에 의한다(§925 Abs.1). 가처분명령이나 절차에는 원칙적으로 가압류에 관한 규정이 준용되고(§936), 가처분에 특유한 불복방법으로는 특별사정에 의한 취소청구가 마련되어 있다(§939). 기타의 것도 우리 보전법제와 거의 같다.

II. 프랑스 신민사소송법상의 레페레

1. 레페레의 의의

프랑스법상의 가처분제도는 레페레(référé)로 대표된다.[2] 이는 실제 아주 넓은 의미의 보전법제로서 프랑스 신민사소송법(Nouveau Code de procédure civile: nouv. C. pr. civ.)에 의하여 규제된다. 프랑스에 있어서도 레페레는 본래 긴급성의 요구가 있는 경우에 강제집행에 관한 장애를 제거하는 것이 본칙이라 할 수 있으나, 실제로는 그 이외에도 아주 다양하게 이용되는 제도이다.

2. 레페레의 영역

프랑스에 있어서 레페레는 재판의 전영역에서 이용될 수 있다.[3] 이는 일반적인 가압류와 가처분을 비롯하여, 집행에 관한 이의, 청구이의, 제3자 이의의 소 등에 있어서 강제집행의 정지를 위한 임시적 처분의 기능도 포함하는 소위 1차적 임시의 권리보호 뿐 아니라 2차적인 권리보호를 포섭하는 포괄적인 임시권리보호제도인 것이다. 이에 더하여 레페레는 증거보전이라든가, 준비절차를 여는데도 이용되고 있는 등 실로 광범위하게 이용되고 있어서 「레페레의 1심화」란 말이 있을 정도이다.[4]

---

2) 실제 이는 우리나라에 있어서의 가처분뿐만 아니라, 가압류 제도도 포섭하는 법제라고 할 수 있다. 뿐만 아니라 이는 후술하는 바와 같이 증거보전에도 이용되며, 준비절차를 열기 위하여도 이용되는 만큼 아주 포괄적인 기능을 가지고 있는 제도이다.

3) R. Perrot, COUR DE DROIT JUDICIARE PRIVE fas. II, Les Cours de Droit(1980), p.446.

그것은 1806년의 구민사소송법 제정 당시에는 민사사건에만 한정되어 있던 레페레의 영역이 1924년 이후 상사, 농지, 행정사건에 확대되고, 이어 대심법원장(le président du tribunal de grande instance)에게 레페레 특별소송절차가 마련되어 있지 않은 모든 사항에 대하여 레페레로 재판할 권한을 주었는데,[5] 이는 대심법원장에게 포괄적인 보충적 재판권(compétence résiduelle)을 준 것으로서, 이에 의하여 모든 재판영역으로 레페레가 확대되었다. 이후, 소심법원 법관(le juge du tribunal d'instance)[6] 이나 노동법원(le conseil de prud'hommes)[7] 및 항소법원(la Cour d'appel)[8]도 레페레 재판을 할 수 있게 되었다.

3. 레페레의 특성

레페레는 긴급처분이면서 동시에 임시의 재판으로서의 특성을 가지고 있다.[9]

첫째, 레페레는 긴급(urgence)을 요하는 경우에 발령되는 긴급명령이다. 둘째, 레페레는 잠정적인 처분이다. 실제 신민사소송법은 "절박한 손해를 피하기 위하여 또는 명백히 위법인 침해를 방지하기 위하여 필요한 경우에는 대심법원장은 레페레 절차에 의하여 보전적 처분(les mesures conservatoires) 내지는 원상회복(remise en état)을 명할 수 있고, 또 채무의 존재에 관하여 중대한 다툼이 없으면 채권자에 대하여 가지급을 허용하거나, 「하는 채무」(obligation de faire)에 관하여는 채무자체의 집행을 명할 수 있다"(art. 809 nouv. C. pr. civ.)고 규정하고 있는데, 이는 소위 만족적 처분을 허용하고 있는 것으로서 레페레가 본안소송에 근접하고 있다는 판단도 현실적으로 행해지고 있다.

---

4) 拙稿, 프랑스 民事訴訟法上의 假處分節次 小考, 釜山法學研究會 法學論集(1993), 4면.

5) décret no 71-740 du 9 septembre 1972.

6) décret no 75-1123 du 5 décembre 1975.

7) décret du 12 septembre 1974. 이 조문들은 후에 노동법 R.516-30 내지 35조로 편입되어 신민사소송법 제879조 이후에 실려있다.

8) décret no 72-788 du 28 aoêt 1972.

9) 집행의 곤란, 채무자에 대한 가지급의 명령, 하는 채무의 집행, 증거보전을 위한 레페레는 긴급성이 요구되는 것이 아니라는 견해로는, J. Vincent et S. Guinchard, Procédure civile 21 éd., Dalloz(1987), n°s 140 et suiv.

4. 레페레 절차

레페레 재판은 일반적인 소송과 구별되는 다른 특징이 있는데, 이것은「중대한 다툼이 없거나 분쟁의 존재가 정당화 되는 경우」(qui ne se heurtent à aucune contestation sérieuse ou que justifie l'existence d'un différend)에만 발령될 수 있다는 것이다(art. 808, 848, 872, 893 et 956 nouv. C. pr. civ.; art. R. 516-30 C. trav.). 이는 본래 다툼이 없는 경우에 발령되는 것이나, 한편으로 분쟁이 있기 때문에 긴급처분(des mesures urgentes)이 필요한 때에는 레페레를 발령할 수 있다는 것이다.

레페레 절차가 개시되는 방법은 레페레 신청자가 정기적으로 열리는 레페레를 위한 변론기일의 일시에 소환장(assignation)을 제출하거나, 집행관의 압류절차나 공증인의 재산목록 작성 중에 이의가 제기되어, 이들 이의로 인하여 절차의 진행이 어려운 경우 그 이의에 관한 진술(dire)을 조서 중에 삽입하는 방법에 의하여 개시되는 것이다.

레페레의 심리절차는 본안의 소송절차에 비하여 거의 차이가 없다. 그러나 실제 레페레 절차는 신속성의 요구에 의하여 단독판사에 의하여 진행하는 등 절차가 단순화되어 있고, 또한 형식적 요소도 상당히 절제되어 있다.[10] 신속성을 추구하기 위하여 예심(instruction)은 수 분만에 끝날 정도로 신속하게 진행되며, 변론에는 어떠한 서류도 요구되지 않고, 순수히 구술로 진행된다.

레페레 명령도 진정한 의미의 재판이며, 따라서 일반적인 재판에 요구되는 형식에 따라 발령되며(art. 450 nouv. C. pr. civ.), 재판이 보통 가지는 효력이 있다. 일반적으로 레페레 명령은 간접강제(astreinte), 보전적 처분(mesures conservatoires), 원상회복(mesures de remise en état) 그리고 가지급(provision)과 작위채무의 가집행(exécution de l'obligation de faire) 등의 내용을 가지는 것으로 이해된다.

레페레 명령은 보전적 성격을 가지는 것이므로 레페레 명령은 잠정적 성격을 가지게 되고, 또한 그 명령은 여건이 변화한 경우가 아니면 다른 레페레 명령에 의하여 수정되거나 취소되지 않는다(art. 488 nouv. C. pr. civ.). 레페레 명령은 집행을 위한 것이므로 앞에서 본 바와 같이 집행할 수 있는 형태로 발령되어야 하며, 또한 당사자에게 통지되어야 한다(art. 503, nouv. C. pr. civ.). 이때의 집행은 임시적 집행에 지나지 않는다.

---

10) R. Drouillat et C. Giverdon, REFERES, JURIS-CLASSEUR DE PROCEDURE CIVILE II, Editions Techniques S.A.(1979), n° 27.

5. 청구에 의한 명령

레페레와 함께 반드시 살펴보아야 할 것으로 「청구에 의한 명령」(ordonnance sur requête)이라고 하는 것이 있다. 이는 프랑스에서 관습법적으로 인정되어 오던 제도로서 대심적 변론을 통하여 발령되는 레페레와는 달리 신청자가 일방적으로 제출한 신청에 기하여 재판장이 변론을 거치지 않고 발령하는 명령이다. 따라서 이는 비송적 재판으로서의 성격을 가진다. 그러나 본래 양자는 서로 잠정적 성격을 가지는 보전처분으로서의 성격을 가지는 외에, 청구에 의한 명령이 인용된 경우에 상대방이 불복을 하게 되면 레페레 절차가 개시가 된다는 점에서 중요한 관련성이 있다. 즉 보통의 경우에는 서로 독자적으로 이용되는 제도이지만, 한편으로 레페레는 청구에 의한 명령의 불복절차의 역할도 하는 것이다.

III. 영미법상의 보전제도

1. 영미법상의 보전제도 개관

영미법에 있어서 가압류에 가장 가까운 제도로는 어태치먼트(attachment)가 있고, 특히 채권에 대한 가압류 등에 유사한 것으로는 가니쉬먼트(garnishment)가 있다. 가처분에 가장 유사한 것은 인정크션(injunction)이다. 다만 여기서는 일일이 다 보기는 어려우므로 어태치먼트를 간략히 보고, 가장 포괄적이라고 할 수 있는 인정크션을 중심으로 살펴보기로 한다.

2. 어태치먼트

(1) 어태치먼트의 의의

어태치먼트[11]는 재판에 의한 권리자의 만족을 보장하기 위한 재산의 압류절차를 말한다. 본래 어태치먼트의 주된 목적은 피고의 출석을 강제하여 원고의 청구에 답하

11) 이하 이 항목은 1 West's Encyclopedia of American Law 279 et seq., attachment를 참고하였다.

도록 하기 위한 것이었다고 한다. 법원이 어태치먼트 명령을 발령하면, 집행관(sheriff)이 피고의 재산을 유치하게 되는데, 이에 의하여 피고는 그 재산을 사용하거나 처분할 권리를 금지당하게 된다. 만약 피고가 완강하게 출석을 거부하는 경우에는 그 재산은 법원에 의해 매각되어 그 대금은 그에 대해 행해진 금전청구를 위해 지급된다.

(2) 어태치먼트의 기능

오늘날 어태치먼트는 두 가지의 기능을 가지고 있는 것으로 알려져 있는데 하나는 관할 결정(jurisdictional predicate)의 기준이고, 다른 하나는 사전적 배상(provisional remedy)의 기능이다.

법원의 관할 내에 있는 재산에 대한 어태치먼트는 비록 법원이 피고에 대해 인적으로 지배하지 못하더라도 그 재산의 가치의 범위 내에서 법원에 대해 피고에 대한 지배력을 부여하게 된다. 법원이 피고에 대해 관할을 가지고, 그에 대해 법원에 출석하여 자신을 방어하도록 요구하기 위해서는 법원은 그에 대해 인적으로 연결요소를 가져야 하지만, 어태치먼트는 이러한 연결요소 없이도 법원이 관할을 가지게 해 준다. 통상 법원이 관할권을 가지기 위해서 필요한 요소로는 주거지, 행위지, 영업지 등이 해당 주(state) 안에 존재할 것이 필요하지만, 이러한 요소가 없는 경우에도 법원은 그 주 내에 존재하는 피고 소유의 재산에 대해 권한을 행사할 수 있다. 이때 원고는 그 재산가치를 초과하는 금전청구를 할 수 없으며, 또한 주 밖의 피고 재산에 대해 개인적으로 청구할 수 없다. 이러한 관할을 대물관할(jurisdiction in rem) 또는 준대물관할(jurisdiction quasi in rem)이라 하는데, 이는 원고가 얻을 수 있는 최선의 관할이다. 법원이 그 재산에 대해 관할권을 행사하기 전에 원고는 그것을 법원의 점유 하에 두기 위하여 어태치먼트 영장(a writ of attachment)을 받아야 한다.

어태치먼트에 의한 사전적 구제는 판결을 얻기 위해 소송 수행 중 원고에 대해 주어지는 잠정적 구제를 말한다. 예컨대 소송의 상대방이 다른 州로 주소를 이전하려고 한다고 믿을 만한 충분한 이유가 있는 때에는 원고는 최종 판결이 있기 전까지는 이를 방지하기를 원할 것이다. 이때 원고는 그 재산을 법원의 점유 하에 두고 피고가 이를 처분할 권리를 박탈하는 내용의 어태치먼트 명령(an order of attachment)을 신청할 수 있다.

(3) 어태치먼트의 절차

어태치먼트는 분쟁에 대한 최종적인 해결 이전에 피고의 재산권에 대해 실질적으로 개입한다는 점에서 아주 거친 구제방법(a very harsh remedy)이라고 생각되고 있다. 이러한 이유에서 몇몇 주에서는 어태치먼트 절차에 대해 몇 가지의 도전이 있고, 연방최고법원은 적법절차가 요구하는 최소한의 기준을 확립하였다. 수 세기 동안 피고의 재산에 대한 어태치먼트는 일방적으로(ex parte) 인용되었는데, 이는 피고가 그에 대해 다투는 것을 허용하지 않고 발령되었다는 것을 의미한다. 그 근거는 피고가 그의 재산이 가압류(attach)되기 전에 이를 알게 되면 그가 그 주(州)를 떠나버릴 것이라는 데 있다. 이는 그가 통지(notice)를 받고 그 사안에 관하여 심문(hear)을 받을 권리가 주어지지 않고서는 어떠한 간섭도 받지 않을 권리와 충돌한다. 그리하여 일반적으로 여러 주에서는 그 재산에 대한 압류가 언제라도 실현가능하다면 그 전에 통지가 행해져야 하며, 또한 압류 후 지체 없이 심문의 기회가 주어져야 한다고 규정하고 있다. 여기에 더하여 법원의 어태치먼트 명령 없이 법원이 압류의 재가를 할 수 없도록 하고 있다. 그 명령을 얻기 위해서 원고는 피고의 재산에 대한 그러한 강력한 간섭을 정당화할 몇 가지 사실을 맹세해야 한다.

구체적인 어태치먼트의 절차는 주에 따라서 조금씩 다르지만, 지나치게 복잡하지는 않다. 원고는 피고에 대한 신청이유(cause of action)와 어태치먼트를 구하는 근거(grounds)를 명시한 신청을 법원에 제출하여야 한다. 원고는 또한 그가 소송에서 승소할 것이라는 사실을 뒷받침하는 문서나 증거를 포함시켜야 하며, 통상 그 신청에 대해 선서하여야 한다. 많은 주에서는 일반적으로 원고가 보증금(bond)을 제공하거나 사실상 어태치먼트를 할 권리가 없음이 밝혀진 경우에 피고에 대해 배상하기에 충분한 보증(undertaking)을 제공할 것을 요구하고 있다.

(4) 어태치먼트 명령

법원은 집행관(sheriff)이나 기타 법집행 관리에 대해 어태치먼트 영장을 발급하고 피고에 대해 명령의 부본(copy)을 송달(serve)하고, 영장에 표시된 금액의 총계에 달하는 가치와 동등한 재산을 점유하도록 한다. 이를 어태치먼트 압류(levy of attachment)라 한다. 이후 피고는 압류에 대항하거나 당해 재산을 해방하기 위하여 보증금을 제공할 수 있는데, 이 보증금은 법원의 점유 하에 있는 재산과 대체하게 된다. 어태치먼트

명령은 원고와 피고 사이에 소송을 마무리하기에 필요한 기간 또는 분쟁의 해결에 허용된 특정 기간 등 아주 제한적인 기간 동안만 효력이 있다.

피고 소유의 모든 재산이 어태치먼트의 대상이 되는 것은 아니다. 주법으로 특정한 가재도구나 의복, 기구 또는 필수품과 같은 제외품목을 정할 수 있다. 피고의 봉급도 어태치먼트의 대상이 될 수 있으나, 개인적 생활 또는 가족의 부양을 위하여 특정 범위의 액수는 압류가 금지된다. 받을 임금 또는 아직 변제되지 않은 채권과 같이 피고의 소유이면서 제3자가 점유하고 있는 재산은 압류될 수 있으나, 그 절차는 어태치먼트가 아니라 가니쉬먼트(garnishment) 절차에 의하게 된다.

법원은 성문법에 규정된 것보다 많은 재산을 제외할 권한을 가지고 있고, 또한 적정한 조건 하에서도 어태치먼트를 부정할 수 있다. 예를 들어, 원고가 승소하리라고 생각되는 어떠한 재판보다도 훨씬 더 많은 가치를 가진 재산을 압류하려고 하는 때, 또는 그 재산이 계속되는 사업이어서 어태치먼트에 의해 파괴될 수도 있을 때에는 신청이 배척될 수 있다.

3. 인정크션

(1) 인정크션의 개념

인정크션[12)]은 현재 대체로 다른 법제와 마찬가지로 판례법뿐만 아니라 여러 가지의 제정성문법에 의하여 규제되고 있다. 그 중에서 대표적인 것이 미국 연방소송규칙(Federal Rules of Civil Procedure: F.R.C.P.)이다. 물론 연혁적으로 본다면 이는 보통법 법원의 구제가 불충분한 경우에 형평법 법원에 의하여 행해지던 구제방법이므로 이도 역시 판례법에 의한 구제방법임에는 틀림없다.[13)] 일반적으로 본다면 미국에서 인정크션은 인정크션 소송(suit) 그 자체를 의미하거나, 그 명령 또는 판결(order or decree)에 의한 영장이나 그 발령절차(writ or process)를 의미한다고 할 수 있다. 소송이라고 할 때에는 형평법원이 특정한 행위를 금지하거나 이를 할 것을 명함으로써 행하는, 재산상 또는 법원이 인정하는 권리에 대한 돌이킬 수 없는 손해를 방지하기 위하여 마련된

---

12) 다른 문헌에서는 금지명령 또는 유지명령이라고 하기도 한다. 拙稿, 英美法上의 Injunction 訴訟節次 小考, 慶星法學 2호(1992), 109면.

13) 영국에 있어서의 인정크션의 연혁에 관하여는, H.E. Yntema, Equity in the Civil Law and the Common Law, 15 The American Journal of Comparaive Law 83 et seq.(1967) 참조.

형평법상의 절차를 말하게 된다. 다른 관점에서는 특정한 자가 형평 또는 양심에 반하는 특정한 행위를 하지 못하도록 하는 명령 또는 영장의 형식으로 발령되는 법원의 형식적 명령을 말하고, 구제가 명령적인 경우에는 그들에게 책임이 있는 침해나 손해를 제거하기 위한 특정한 단계를 밟을 것을 명령하는, 즉 특정한 행위를 하거나 하지 말 것을 명하는 명령을 일컫는다.[14)]

인정크션은 종종「형평법의 강력한 수단(the strong arm of equity)」 또는「탁월 내지 비상한 구제방법(transcendent or extraordinary remedy)」라고 불릴 만큼 효과적인 구제수단이나, 그렇다고 하여 쉽게 이용할 수 있는 방법은 결코 아니고, 명백하고 확실한 사건에 대하여 신중하게 이용되어야 하는 것이다. 따라서 이 구제는 당사자가 권리로서(as of right) 구할 수 있는 것은 아니고, 사건의 적정과 형평에 따라 신중하게 행사되는 법원의 재량에 폭넓게 의존하고 있다.[15)]

(2) 인정크션의 종류

인정크션은 우선 명령의 내용에 따라 예방적 성격(preventive in character)을 가지는 금지적 인정크션(prohibitory injunction)과 확인적(affirmative) 성격을 가지는 명령적 인정크션(mandatory injunction)으로 나눌 수 있다.

또한 인정크션을 규제의 영속성 여부에 따라 구별해 본다면 중간적 인정크션을 얻기 위한 심문이 진행되는 극히 짧은 기간 동안만 효력을 가지는 제지명령(restraining order)내지 임시제지명령(temporary restraining order)과 중간적 인정크션(interlocutory injunction), 그리고 영구적 인정크션(permanent injunction)의 3가지로 나눌 수 있다. 영국에서는 임시제지명령에 대비되는 것으로 임시명령(interim order) 내지는 임시적 인정크션(interim injunction)이라고 불리는 것이 있는데, 이는 긴급한 경우에 상대방에 대한 통지 없이 일방적 신청에 의하여 부여되므로 일방적 인정크션(ex parte injunction)이라고도 한다.[16)]

---

14) 42 American Jurisprudence 2nd edition (The Lawyers Co-operative Publishing Company, 1969), Injunctions, §1(통상 42 Am Jur 2d로 인용된다).

15) 42 Am Jur 2d, §2. 이러한 원칙은 Yakus v. United States, 321 U.S. 414(1944)에 의하여 인정된 고전적 법리이나, 근래에는 권리성이 높아지고 있는 것이 사실이라고 한다. 그러나 영국에 있어서의 선례를 살펴보면, 본안적 인정크션에 있어서는 이러한 인정크션의 재량적 성격은 극히 제한되어 있어서 여러 가지의 확립된 법원칙에 의하여 엄격하게 규율되는 면을 보이고 있다고 할 수 있다. 그러나 이러한 법원칙도 인정크션의 성격이 금지적인가 명령적인가에 따라서 상당히 다른데, 전자의 경우에는 요건만 충족이 되면 거의 당연히(as of course)발령되는데 비하여 후자의 경우에는 상당히 신중하다.

중간적 인정크션은 임시적 또는 예비적 인정크션(temporary or preliminary injunction)이라고도 하는데, 이는 대체로 임시제지명령과 함께 우리 법의 가처분에 상당한다.[17] 즉 이것은 분쟁의 대상인 권리를 확정하기 위한 것이 아니라, 완전한 조사와 심리를 거쳐 쟁점이 형평법에 의하여 해결될 때까지 단순히 임박한 침해 내지는 계속적인 침해행위를 방지하고, 특정한 행위에 의하여 권리가 침해되거나 물건의 가치가 저하하거나 물건이 멸실될지도 모르는 경우에 그 행위를 방지하고, 그 방지에 의하여 물건의 현상을 보전하며 더 이상의 침해에 의한 재산권상의 손해를 입지 않도록 하는 것이다.[18] 한편 인정크션 중에는 본안소송에 부수하여 재판권을 보호하고, 판결을 효과적으로 하기 위하여 소송의 목적물을 보존할 필요가 있는 경우에 발령되는 중간적 인정크션으로서 부수적 인정크션(ancillary order of injunction)이라고 하는 것이 있는데, 이는 법원이 가지고 있는 일반적 사법권에 기하여 정의를 실현하기 위한 수단으로서 행사되는 것이다.

영구적 인정크션은 우리 법의 본안소송에 상당하는 것으로서 피고의 원고에 대한 침해여부와 이에 대한 구제, 즉 금지 또는 명령을 확정적으로 판단하여 이를 확정시키는 것이므로 종국적 내지 영속적 인정크션(final or perpetual injunction)이라고도 한다.

통상 인정크션을 이용하는 태양을 살펴본다면 예컨대 특정인의 불법행위로 인하여 돌이킬 수 없는 손해를 입게 되는 경우에, 그 행위로 인하여 피해를 입게 되는 자는 그 행위의 금지를 구하는 소를 제기하여 피고를 소환하는 영장(writ)의 발급을 받는 것과 동시에 먼저 일방적으로 임시제지명령의 신청을 하여, 극히 단기간동안 현상변경의 금지, 즉 그 불법행위의 금지를 구하게 된다. 이 명령을 받으면 이 기간 동안에 상대방에게 통지하여 일반의 중간적 인정크션을 구하고, 심문을 거쳐 중간적 인정크션을 받으면 이에 의하여 본안소송의 심리재판에 이르기까지 잠정적으로 그 행위가 금지되는 것이므로, 본안소송에서 충분한 심리를 거쳐 본안판결로 그 행위를 확정적으로 금지한다고 하는 순서에 의하게 된다.

---

16) F. W. Maitland (rev. by J. W. Bruyante), EQUITY (Cambridge: Cambridge Univ. Press, 1949), p.320.

17) C.H. Peterson, Some Observations on Provisional Relief in American Law, 14 The American Journal of Comparative Law 269(1965).

18) 42 Am Jur 2d, §13; Ohio Oil Co. v. Conway, 279 U.S. 813, 73 L. Ed. 972, 49 S. Ct. 256.

(3) 임시제지명령과 중간적 인정크션의 발령절차

일반적으로 중간적 인정크션은 인정크션 소송이 개시된 후라야 인용될 수 있다. 그 이후이면 언제라도 가능하나, 소송의 개시 이전에 발령된 인정크션은 무효이다.[19] 어쨌든 인정크션에 의한 구제는 가정적이라거나 우연적인 사건에 대하여는 불가능하고 어느 정도 사건이 성숙되어 있지 않으면 안 된다.

(4) 심리법원

현재 미국에서는 보통법 법원과 형평법 법원이 구별되어 있는 것은 오히려 예외적인 것이라고 할 수 있지만,[20] 모든 법원이 다 인정크션을 낼 수 있는 것은 아니고, 형평법적 권한을 가진 법원만이 인정크션을 할 수 있음은 그 본질에서 본다면 당연한 것이라고 할 수 있다. 일반적으로 연방 지방법원(Federal District Court) 등 연방의 법원은 연방 또는 각주의 다양한 법규정에 의하여 또는 사건의 성질에 기하여 인정크션에 관하여 재판권을 가지고 있다. 각주의 법원은 대체로 단독판사가 인정크션에 관한 재판권을 가지지만, 연방 지방법원의 경우, 주의회 내지는 주정부의 정책과 관련되거나 의회 제정법에 의하여 필요한 경우에는 명령의 신중성을 보장하기 위하여 반드시 3인의 법관으로 구성된 법원에서 중간적 인정크션을 하도록 하고 있고, 임시제지명령은 단독판사에게 발령권을 주고 있다.[21]

영국의 경우를 살펴보면, 종전에는 일반적 소송을 담당하는 보통법 법원과 형평법에 관한 소송을 담당하는 형평법원은 엄격히 구별되어 있었으나, 1873년에 제정된 법원조직법(Supreme Court of Judicature Act 1873, 1875년에 발효됨) 이후 수차례 행해진 법원조직의 개혁에 의해 이와 같은 구별은 거의 사라져서 현재는 일반법원은 물론, 군법원(County Court)에서도 인정크션을 발령할 수 있게 되어 있다.

---

19) 신청과 선서진술서(affidavit)의 제출 이전, 즉 소송이 개시되기 이전이나, 신청이 접수(file)되고 소환명령이 행해지기 며칠 전에 행해진 임시적 인정크션은 무효이다. Re Sharp, 87 Kan. 504, 124 P. 532.

20) 미국에서 당초부터 보통법 법원과 형평법 법원을 구별하여 설치한 주는 많지 않으나, 그나마도 양자의 통합이 행해져서 현재 보통법 법원과 구별되는 일반적 관할법원(court of general jurisdiction)을 둔 주는 Arkansas, Mississippi 그리고 Tennessee 등 3개주로서 이들만이 형평법 법원(Chancery Court)을 두고 있다.

21) 지금은 폐지된 28 USC §2282는 3인의 법관이 인정크션을 하도록 하고 있었다. 이를 흡수한 동법 §2284(b)(3)는 단독판사도 임시제지명령을 할 권한이 있으나 다만 중간적 인정크션은 3인의 법관으로 구성된 법원이 이를 할 것으로 규정하고 있다.

(5) 인정크션의 위반

인정크션에 의하여 의무 지워진 당사자는 그 명령에 복종할 의무가 있으므로, 당연히 스스로는 물론, 타인이 그 명령을 위반하도록 종용하거나, 이를 허용 내지 묵과하지 못한다. 물론 인정크션이 무효인 경우에는 이에 따를 의무가 없지만, 적당한 관할권을 흠결하는 등 하자가 있는 경우에도, 그 위법성이나 오류에 불구하고 확정적으로 무효로 선언되기까지에는 준수되어야 하는 것이다. 중간적 인정크션을 위반한 경우에 그 명령이 상소심에서 취소 변경되거나 종결되었다고 하더라도 그를 위반한 자가 용서되는 것은 아니다. 따라서 인정크션을 준수할 의무 있는 자가 그 명령을 위반하는 행위를 하면 법정모독(contempt)으로 처벌되거나, 과료(penalty)에 처해지고,[22] 인정크션을 위반하여 얻은 수입은 반환(refund)하도록 강제된다. 또 인정크션이 인용된 법원의 조력이 거부되고, 문제된 행위와 관련된 권리의 주장도 할 수 없게 된다. 그러나 인정크션을 위반한 행위의 효력이 무효로 되는 것은 아니며, 더군다나 인정크션을 알지 못하는 선의의 제3자(innocent third party)는 그로 인하여 자신의 지위에 영향을 받지 않는다.[23]

Ⅳ. 일본 민사보전법상의 보전절차

1. 민사보전법의 제정

일본의 보전처분도 최근까지는 민사소송법에 의하여 규율되었고, 이때의 제도는 당시의 우리 보전법제와 대동소이한 것이었다.[24] 그런데 일본은 1979년에 강제집행법 분야를 민사소송법으로부터 분리하여 민사집행법을 새로 제정하여 시행하였는데, 이에 따라 보전소송법과 보전집행법도 나뉘어져서 규율되었다. 그러다가 1989년에 새로이 민사보전법을 제정함으로써 현재의 제도가 성립하게 된 것이다.[25] 그러나 처

22) H. Smit, Enforcement of Judgments in the United States of America, 34 The American Journal of Comparative Law(Supp.) 233 et seq.(1986).

23) Lexington v. Butler (U.S.) 14 Wall 282, 20 L. Ed. 809.

24) 拙稿, 전게 "審理構造에 관한 硏究", 79면.

25) 1989년 法律 제91호. 이 법은 1989년 12월 22일에 공포되어, 그로부터 약 1년여가 경과한 후인 1991년 1월 1일부터 시행되었다.

음부터 단독의 법전을 제정하려고 했던 것은 아니고, 보전명령절차와 보전집행절차가 분리되어 있음으로 인한 체제상 및 운용상의 문제점이 지적되어 단독법전을 제정한 것이다.[26] 이리하여 현행의 일본 민사소송법제는 일반적으로 다른 나라에서는 단일법전으로 규제되고 있는 내용이 민사소송법, 민사집행법, 민사보전법의 3개 법전으로 구별되어 각각 소송절차, 강제집행절차 그리고 보전절차를 규율하고 있다.[27]

심리의 신속화를 위하여 보전명령절차는 물론, 불복절차에 있어서조차 결정절차를 취함으로써 과감한 변신을 꾀하였다는 점이 당시 입법의 주요한 특징이라고 할 수 있는데, 우리 민사집행법도 이에 따라 결정주의로 전환하였다.

2. 보전절차의 구조

일본의 민사보전절차의 구조는 우리 법제와 크게 다른 것은 아니다. 즉 보전절차는 보전명령절차와 보전집행절차로 대별할 수 있는데, 보전명령절차는 다시 보전재판절차와 구제절차로 나누어진다. 보전재판절차는 좁은 의미의 보전명령절차로서, 보전신청에서 보전명령의 발령까지를 말한다. 구제절차는 보전이의절차, 보전처분에 대한 취소신청절차, 상소절차를 모두 포괄한다. 보전집행절차는 보전명령 발령 후 이루어지는 집행절차를 일컫는 것이나, 여기서는 본안판결에 의한 민사집행절차는 제외되는 것이다.

3. 보전신청에 대한 심리절차

일본 민사보전법상의 심리절차는 대략 4가지의 특징을 가지고 있다고 말할 수 있다.

---

26) 이러한 문제점으로서 지적된 것 중 대표적인 것을 보면 보전소송에 있어서는 명령절차와 집행절차의 관련성이 특히 강하기 때문에 상호간에 영향을 많이 미치는 것인데, 민사집행법의 제정에 있어서는 집행절차를 중심으로 정리함으로써 거꾸로 가처분자체에 영향을 미쳤고 이로 인해 문제점이 생겼다는 것이다. 예컨대 점유이전금지가처분이나 처분금지가처분과 같이 집행절차와 깊이 관련하는 가처분의 경우, 특히 집행법의 내용에 따라 그 성격을 달리하게 되는 것이기 때문이다. 松浦 馨, 假差押え · 假處分に關する民事訴訟法一部改正作業の問題點, 自由と正義 제36권 9호(日本辯護士連合會, 1985. 9), 14면. 이 외에도 여러가지 문제점이 지적되었는데, 이로 인해서 單行法의 제정이 주장되었다. 그 일례로서는, 靑山善充, 假差押 · 假處分制度改正試案の特色と今後の檢討課題, ジュリスト 제879호(1987. 3. 1), 96면.

27) 이 법에 대한 우리나라의 소개문헌으로는, 崔光律, 日本 民事保全法의 紹介, 人權과 正義 166호(大韓辯護士協會, 1990. 6), 99면 이하.

그 중 하나는 결정주의 원칙으로서, 민사보전의 절차에 관한 재판은 구술변론을 거치지 않고 할 수 있다(民事保全法 제3조)는 것이다. 그리고 보전결정에는 이유 내지는 이유의 요지를 밝히도록 하여(民事保全法 16조) 신속성만을 추구함으로써 생길 수 있는 폐단을 방지하고자 하였다. 이렇게 결정주의를 취한 것은 무엇보다도 신속성의 요구에 응한 것이라고 할 수 있다.

두 번째의 특징은 신청에 대해 수명법관의 심리가 가능하도록 한 것인데, 일본에 있어서 보전사건은 본안의 관할법원 내지는 가압류 · 가처분의 대상이 되는 물건의 소재지를 관할하는 법원이 관할권을 가지는 것이므로, 그 법원은 단독판사일 수도 있으나, 합의부일 수도 있다. 단독판사가 보전사건을 심리하는 경우는 몰라도, 합의부에서 재판하는 경우는 아무래도 경제성 내지는 신속성의 면에서 떨어지게 된다. 즉 본안소송도 아닌 보전절차에서 법관이 3人이나 한꺼번에 참여하여 심리하는 것은 별로 타당한 것이라고 할 수 없기 때문이다. 이에 민사보전법은 수명법관에게 심문하게 할 수 있도록 규정하고 있다(民事保全法 제10조).

세 번째의 특징은 석명처분에 관한 것인데, 법원은 다툼이 있는 사실관계에 관하여 당사자의 주장을 명료하게 할 필요가 있는 때에는 구술변론 또는 심문기일에 있어서 당사자를 위하여 사무를 처리하거나 보조하는 자로 하여금 진술을 하게 할 수 있다(民事保全法 제9조).[28] 민사보전법상의 석명처분의 대상은 당사자 이외의 자를 겨냥하고 있다는 점에서 특징이 있다.

네 번째의 특징은 증거에 관한 것으로서, 보전명령의 신청취지 및 보전할 권리 및 권리관계와 보전의 필요성을 소명하지 않으면 안 된다(民事保全法 제13조 제1항, 2항)는 것이다. 역시 신속성의 필요에 의한 것이지만, 보전절차에서는 증인을 심문하는 경우에 있어서 적당하다고 인정하는 때에는 당사자의 의견을 들어 민사소송법이 규정하는(제294조 제1항 및 제2항) 심문의 순서를 변경할 수 있다(民事保全法 제11조). 이는 보전절차에서는 교호심문(cross-examination)의 예외를 인정한 것이다.

---

28) 이 규정에 관하여는 이미 大阪 지방재판소에서 노동가처분에 관한 사건의 심리를 하면서 관행적으로 실시하고 있는 소위 제3자 심문이 도입된 것이라고 한다. 이는 명문의 규정이 있는 것은 아니나, 비교적 자유스러운 방식에 의하여 제3자를 심문하고, 그 결과를 녹취하여 후에 당사자에게 문서로 제출케 하여 이를 증거로 삼는 것이라고 한다. 상세한 것은 研究會, 民事保全法の基本構造, 民事保全法の運用と展望 ジュリスト 臨時增刊 제969호(1990. 1), 23-26면 및 山崎 潮, 新民事保全法の解說, きんざい(1991), 126면 이하 참조.

4. 보전재판

(1) 보전신청을 인용하는 결정

법원은 채권자의 보전신청에 대하여 심리한 결과, 피보전권리가 존재하고, 신청이 이유 있는 것으로 판단되면 보전명령을 발하게 된다. 보전명령은 가압류명령, 계쟁물에 관한 가처분명령, 그리고 임시의 지위를 정하는 가처분명령의 3가지가 있지만, 결정의 내용에 차이가 있을 뿐 형식적인 점에서 차이가 있는 것은 아니다.

법원이 보전신청에 대하여 재판을 함에는 이유를 붙여야 한다. 다만 구술변론을 열지 않고 결정을 하는 경우에는 이유의 요지로 족하다(民事保全法 제16조). 이유를 붙이지 않는다면 재판이 소홀하게 행해질 우려가 많고, 불복의 근거를 제시하기 어렵기 때문이다.

보전명령에는 담보를 제공케 할 수도 있고, 담보를 제공케 하지 않을 수도 있다. 또 담보의 제공을 보전집행의 요건으로 할 수도 있다(民事保全法 제14조 제1항). 또한 가압류명령이나 가처분명령에는 그 집행의 정지 또는 이미 한 집행을 취소하기 위하여 채무자가 공탁하여야 하는 금액 즉 가압류와 가처분의 해방금을 정할 수 있다(民事保全法 제22조, 제25조).

(2) 보전신청각하재판에 대한 즉시항고

보전신청이 형식적으로나 실질적으로 적법타당한 경우에는 보전명령을 하게 되지만, 그렇지 않은 경우에는 신청을 각하하거나 기각하게 된다. 채권자는 보전신청이 거부된 경우에 결정이 송달된 날로부터 2주간의 불변기간 이내에 즉시항고를 할 수 있다(民事保全法 제19조).

5. 보전명령에 대한 불복절차

보전명령은 밀행성과 신속성의 원칙 하에서 행해지는 불완전한 심리를 거쳐 채무자의 재산권의 행사에 제한을 가하는 재판이므로, 이에 대해서는 적절한 구제조치가 필요하다. 결국 여기서의 구제는 채무자의 절차권을 어떤 형식으로 보완할 것인가의 문제인데, 민사보전법은 당사자 사이의 무기대등의 원칙의 결여, 그리고 불의타의 우려를 잠재우면서, 구법상의 필요적 변론원칙으로 인한 절차지연의 폐단을 방지하기 위하여 두 가지 방안을 마련하였다. 이 방안들은 동일법원에서 결정으로 심리하도록 하면서도, 그 하나는 이의신청에 대한 결정은 구술변론 또는 당사자 쌍방이 입회하는 심문기일을 거쳐야 한다는 방안이고(民事保全法 제29조), 다른 하나는 구술변론 또는 당사자 쌍방이 입회할 수 있는 심문기일이 아니면 상당한 유예기간을 두고 심리를 종결할 날을 정하여야 한다는 것이다(동법 제31조). 이와 같은 방안은 보전이의절차뿐만 아니라, 보전취소절차에서도 그대로 나타나 있다.

part 02

보전명령절차

1 보전신청

>>> 설문 ❶

甲은 자신으로부터 돈을 빌려 공동으로 사업을 하고 있는 乙, 丙, 丁의 사업을 항상 주시하고 있는데, 이들이 사업도 그다지 원활하지 못한 것으로 생각되고, 각자 재산도 그다지 충분하지 못한 것으로 생각되어 이들 전원을 대상으로 가압류를 하려고 한다. 이때 한꺼번에 전원을 대상으로 하면 번거로울 것으로 생각되어, 채무자를 순차로 乙, 丙, 丁으로 하여 乙의 재산이 충분치 않으면 丙, 그다음에는 丁 하는 순서로 하려고 한다면 법원은 이 신청에 대해 어떻게 조치하여야 하는가?

>>> 설문 ❷

甲은 乙에 대해 돈 10억 원을 대여해 주면서 乙의 책임재산이 불충분하기 때문에 물상보증인 丙의 부동산에 저당권을 설정하였다. 그런데 丙의 부동산도 가치가 4억 원에 불과하여 나머지 부분에 대해서는 乙의 부동산을 가압류해 두려고 한다. 이때 甲이 이미 담보가 확보된 4억 원을 제외하고 6억 원을 피보전권리로 하여 가압류를 하였다면 이 가압류로 인하여 시효가 중단되는 범위는 어디까지인가?

I. 보전신청의 의의와 시기

1. 보전신청의 의의

보전신청은 채권자가 법원에 가압류 또는 가처분의 결정을 해달라고 하는 신청이다. 법원은 당사자의 신청이 있으면 보전신청에 대해 심리를 개시하게 된다. 통상 가압류 · 가처분은 집행을 전제로 하는 것이므로 부동산이나 채권과 같이 법원을 집행기관으로 하는 보전신청은 집행신청까지도 포함하는 것으로 다루게 된다. 그러나 그 이외의 경우에는 보전신청과 집행신청은 성질이 다르므로 별도로 행해져야 한다.

보전신청은 소송상의 소의 제기에 상당하는 것이므로, 민사집행법에 규정이 있는 것과 성질에 반하는 것을 제외하고는 소의 제기에 관한 민사소송법의 규정을 준용한다(제23조 1항).

2. 보전신청의 시기

가압류 · 가처분의 신청은 시기의 제한이 없다. 따라서 후술하는 보전요건이 갖추어지기만 하였다면 본안소송이 제기되기 전은 물론, 본안소송이 계속 중이라도 무방하다. 다만 1심 판결이 선고되면 가집행선고가 있게 되고, 또 판결이 확정되면 바로 강제집행을 할 수 있으므로 가압류 · 가처분은 불필요하게 될 것이다. 다만 소비자단체소송을 본안으로 하는 보전처분을 위해서는 단체소송을 위한 법원의 허가결정을 미리 얻어야 한다(소비자기본법 제76조 2항).

II. 보전신청의 방식

1. 신청서의 필요

가압류나 가처분의 신청은 서면으로 하여야 한다(규칙 제203조). 보전신청에 의하여 보전명령절차가 개시되고 또 집행의 신청까지도 포함하는 경우가 있음에 비추어 그 신청의 정확성과 중대성을 담보하기 위하여 신청서를 제출하는 방법으로 보전신청을 하게 한 것이다. 따라서 보전신청을 말로는 할 수 없는 것으로 해석된다. 민사소송법이나 민사집행법도 소의 제기나 집행의 신청을 서면으로 하는 것을 원칙으로 하고 있음에 비추어(민소 제248조, 민집 제4조) 이러한 조치는 타당하다.

보전절차에서 보전신청 외에 서면으로 하도록 규정하고 있는 것으로는 보전처분의 신청을 기각 또는 각하한 결정에 대한 즉시항고, 보전처분에 대한 이의신청, 본안의 제소명령신청, 보전처분의 취소신청, 보전처분의 집행신청, 보전처분의 이의신청이나 취소신청에 관한 결정에 대한 즉시항고(규칙 제203조 1항 2호 내지 7호) 등이 있다.

양식 1 부동산가압류 신청서 기재례

부동산가압류신청서

채권자 ○ ○ ○ (전화번호 111-2222)
주소: 서울 중구 서소문동 100

채무자 ○ ○ ○
주소: 서울 서초구 서초동 120

청구채권의 표시

금 ○○만원 (대여금)
채권자가 채무자에게 20○○년 ○월 ○일, 변제기 20○○년 ○월 ○일, 이자 연 20%로 약정하여 대여한 원금

가압류할 부동산의 표시

별지목록 기재와 같음

신청의 취지

채권자는 채무자에 대한 위 채권의 집행을 보전하기 위하여 채무자 소유의 별지목록 기재 부동산을 가압류한다.
라는 결정을 구함

신청의 이유

1. 채권자는 채무자에 대하여 20○○년 ○월 ○일 금 ○○만원을 변제기 20○○년 ○월 ○일 이자 연 20%로 약정하여 대여하였습니다. 그러나 채무자는 변제기에 이르러서도 이를 지급하지 않고 있습니다.

2. 채권자는 채무자에 대하여 대여금 청구의 소를 제기하기 위하여 준비하고 있는 중이나 채무자는 다른 사람에게도 많은 채무를 부담하고 있으므로 지금 가압류를 해두지 않으면 후일 승소판결을 얻더라도 집행을 할 수 없으므로 강제집행보전을 위하여 이 신청을 하게 되었습니다.

3. 담보제공에 대하여는 보증보험회사와 지급보증위탁계약을 체결한 문서로 제출하고자 하오니 허가하여 주시기 바랍니다.

첨부서류

1. 차용증 사본 1통
2. 부동산 등기부 등본 2통

20○○년 ○월 ○일

위 채권자 ○ ○ ○

○○지방법원 귀중

[부동산 목록]

가압류할 부동산

1. 서울 ○○구 ○○동 ○○번지
   대 ○○○평방미터

2. 위 지상
   철근콘크리트조 슬라브지붕 2층 주택
   1층 87평방미터
   2층 63평방미터

2. 기재사항

보전처분 신청서에 기재할 사항에 대해서 민사집행법은 청구채권의 표시, 가압류의 이유가 될 사실의 표시 그리고 소명사항에 대해서만 규정하고 있으나(제279조), 이에 더하여 민사집행규칙은 신청의 취지와 이유 및 사실상의 주장을 소명하기 위한 증거방법을 기재하도록 하고 있다(규칙 제203조 2항). 이외의 사항에 대해서는 민사소송법의 소장기재사항에 관한 규정을 준용하여 기재하여야 한다(제249조). 이에 의하여 기재할 사항으로는 당사자, 법정대리인 등이 있다. 그 외에 심리의 편의를 위하여 준비서면의 기재사항도 기재하는 것이 일반적이다(민소 제274조). 준비서면의 기재사항을 제외한 부분은 필수적 기재사항으로서 이를 빠뜨리면 신청서가 부적법하게 되어, 보정하지 않으면 신청서가 각하될 수 있다.

(1) 당사자와 대리인의 표시

채권자와 채무자의 성명이나 명칭, 주소 및 연락처가 기재되어야 한다. 연락처는 전화번호, 팩시밀리 번호, 이메일 주소 등을 의미한다. 당사자가 무능력자인 경우에는 법정대리인의 성명과 주소가 필요하고, 법인인 경우에는 대표자의 성명도 기재되어야 한다. 소송대리인이 있는 경우에는 이도 기재한다. 필수적 기재사항이다.

(2) 신청의 취지

당사자가 가압류 · 가처분을 원하는 취지를 적는 것이다. 즉 여기에는 자신이 원하는 보전처분의 종류와 모습을 적는 것인데, 소장의 청구취지에 대응하는 것이라고 볼 수 있다. 다만 보전절차는 비송사건의 성격을 띠고 있기 때문에 특히 가처분의 경우 법원이 그 기재에 구속되는 것은 아니고 법원의 판단으로 적당한 처분을 선택할 수 있다(제305조 1항). 그러나 신청취지의 기재에 의하여 법원이 당사자의 의사를 판단할 수 있고, 또 처분권주의의 원칙상 신청보다 더 유리한 결정을 하는 것은 옳지 않으므로 재판의 한계를 결정하는 의미에서 기재하게 한 것이다. 이도 필수적 기재사항이다.

(3) 신청의 이유

채권자가 가압류 · 가처분을 구하는 이유를 적는 것이다. 역시 필수적 기재사항으로서 구체적으로는 피보전권리와 보전의 필요를 적어야 한다. 가압류에서는 피보전권리인 청구채권을 표시하고 그 금액을 적는다. 그 청구채권이 일정금액으로 되어있지 않은 때에는 금전으로 환산한 금액을 적는다. 피보전권리가 여러 개일 때에는 모두 적어야 하며, 필요하다면 예비적 내지 선택적 병합의 방법으로 적어도 된다.

보전의 필요는 왜 가압류 가처분을 하지 않으면 안 되는지, 즉 강제집행이 후에 곤란하게 될 사유나 당사자가 권리를 실행하지 못하거나 이를 실행하는 것이 매우 곤란할 염려가 있을 현상변경을 금지하는 이유를 제시하여야 한다.

(4) 소명방법의 표시

보전절차의 입증은 소명에 의하게 되어 있는데, 신청서에는 청구채권과 신청의 취지, 이유 그리고 사실상의 주장을 소명하기 위한 증거 방법을 제출하도록 하고 있으므로(제279조 2항, 규칙 제203조 2항), 이들을 첨부하여야 한다. 소명은 즉시 조사할 수 있는 것에 한하므로 증인신청이나 감정 등의 신청은 어렵고, 서증이나 검증물을 직접 제출하여 조사하게 하는 것에 제한되는 것이 보통이다.

양식 2 부동산처분금지 가처분 신청서 기재례

가처분 신청서

채권자 ○ ○ ○ (전화번호 123-4567)
주소: 서울시 ○○구 ○○동 ○○번지

채무자 ○ ○ ○ (전화번호 987-6543)
주소: 서울시 ○○구 ○○동 ○○번지

목적물 가액

금 1억원

신청의 취지

채무자는 별지 물건 목록 기재 부동산에 대하여 양도 저당권 임차권의 설정 기타 일체의 처분을 하여서는 아니 된다.
라는 재판을 구합니다.

신청의 이유

1. 채권자는 채무자 소유의 별지 목록 기재 토지를 20○○년 ○월 ○일 금 1억원에 매수하기로 하고, 그 대금은 계약금으로 계약 당일 1,000만원, 중도금 5,000만원은 20○○년 ○월 ○일, 잔대금은 20○○년 ○월 ○일 소유권 이전등기와 동시에 지급하기로 하는 계약을 체결하고 중도금까지 지급한 바 있습니다.

2. 채권자는 잔금 지급기일에 채무자를 찾아가서 잔금 4,000만원을 제공하고 이전등기를 요구하였던 바, 채무자는 위 토지 부근에 지하철역이 들어온다는 발표와 함께 부동산 가격이 상승하자 일방적으로 계약을 해제한다고 하면서 잔금의 수령을 거부하므로 잔대금을 20○○년 ○월 ○일 서울중앙지방법원 공탁공무원에게 변제공탁하였습니다.

3. 채권자는 바로 소유권 이전등기 청구의 소를 준비 중에 있으나 가격상승을 노리고 타에 전매할 경우 제3자에게 대항할 수 없게 되므로 신청취지의 기재와 같이 가처분 신청을 하기에 이르렀습니다.

4. 담보제공에 대하여는 보증보험회사와 지급보증위탁계약을 체결한 문서로 제출하고자 하오니 허가하여 주시기 바랍니다.

첨부서류

1. 매매계약서 사본 1통
2. 영수증 사본 2통
3. 부동산 등기부 등본 1통

20○○년 ○월 ○일

위 채권자 ○ ○ ○ ㊞

○○지방법원 귀중

[물건 목록]

부동산 목록

서울 서초구 서초동 ○○번지

대 300 평방미터

(5) 목적물의 표시

가압류의 경우에는 명령단계에서는 다툼의 대상이 있는 곳을 관할하는 지방법원에서 관할여부를 심사할 경우를 제외하고는 목적물을 표시할 필요가 없다(不特定說).[1] 민사집행법도 가압류의 신청시에 목적물을 표시하도록 요구하지 않고 있다(제279조). 그러나 앞에서 본 바와 같이 가압류의 신청과 집행의 신청이 함께 이루어지는 경우도 많기 때문에 목적물을 지정하여 가압류를 신청하는 하는 것이 보통이다. 이때 유체동산 가압류의 경우에는 목적물을 '채무자의 유체동산'이라고만 하지만, 그 외의 경우에는 목적물의 표시를 하여 가압류를 신청하는 것이 보통이다. 또한 하나의 채권을 위하여 여러 종류의 목적물을 가압류하는 경우에는 부동산 가압류, 유체동산 가압류, 채권 가압류와 같이 별도로 목적물을 표시하여 가압류를 따로 신청하는 경우도 많다고 한다.[2] 그러나 이러한 실무처리는 중복신청의 우려가 있는 것으로서 바람직한 것은 아니다. 하나의 피보전권리를 보전하기 위한 가압류로써 여러 개의 재산을 가압류 집행하는 것이 불가능한 것이 아닌 만큼, 채권액수에 달할 때까지는 하나의 가압류로 집행하도록 하는 것이 바람직할 것이다.

그러나 다툼의 대상에 관한 가처분의 경우에는그 피보전권리가 특정물에 관한 이

1) 이석선(上), 167면. 반대: 방순원/김광년, 489면(特定說).
2) 주석, 113면.

행청구권이므로 가처분 신청서에 그 목적물을 명확하게 표시하여야 함은 물론이다.[3)]

(6) 임의적 기재사항

위에서 살펴본 사항들 외에 법원의 심리의 편의를 위하여 기재할 사항으로는 법원의 표시, 작성일, 당사자 또는 대리인의 기명날인 또는 서명, 첨부서류의 표시 등이 있다.

3. 부수사항

(1) 부본의 제출

가압류나 가처분의 신청에 대해서는 통상 변론을 열지 않으므로 본래 부본을 제출할 필요는 없다. 다만 변론이나 채무자가 출석하는 심문절차를 여는 경우에는 부본을 제출하여야 할 경우도 있다.

(2) 첨부문서

일반적으로 신청서에 첨부하여야 할 문서로는 대리인이 신청하는 경우의 대리인임을 증명하는 문서, 법인이 당사자인 경우에는 그 자격을 증명하는 문서가 있고, 앞에서 본 목적물의 표시도 보통 별도 작성하여 첨부한다. 그리고 부동산 가압류 신청인 경우에는 부동산 등기부 등본도 함께 제출하여야 한다.

(3) 수입인지와 송달료 등 납부

신청서에는 수입인지를 부착하고, 이와 함께 송달료를 납부하여야 한다. 수입인지는 보통 2,000원이나, 지급보증위탁문서의 제출을 동시에 신청하는 경우에는 500원의 인지를 더 붙여야 한다. 송달료는 채권자 및 채무자 수에 3회분을 곱한 금액을 납부한다. 그 외에 토지나 건물 등에 관한 보전처분 등과 같이 등기나 등록이 필요한 경우에는 등록세(청구금액의 2/1,000)와 지방교육세(등록세의 20/100)를 납부한 영수필 통지서 2매를 첨부하여야 한다.

---

3) 대결 1999.5.13, 99마230.

4. 가압류신청 진술서

가압류신청 진술서는 가압류 심리의 적정성을 확보하기 위하여 2003년 11월에 도입한 제도이다. 이는 신청을 심리한 단계에서 통상적으로 발견되는 미비점에 대한 보정명령의 필요성을 줄여 요건의 심리를 강화하고 신속하게 심리를 진행하기 위한 목적을 가지고 있다. 통상 가압류는 서면심리로 진행되는 경우가 많아서 심리 중 법원이 의문을 가지는 사항이 생기면 보정명령을 발령하여야 하였으므로, 심리의 편의와 신속을 위하여 질문에 답하는 형식으로 작성하여 제출하게 한 것이다. 이로 인하여 무익한 신청을 사전에 차단함으로써 가압류 신청의 남용을 억제하는 효과도 기대되고 있다.[4)]

양식 3 가압류신청 진술서 양식

가압류신청 진술서

채권자는 가압류 신청과 관련하여 다음 사실을 진술합니다. 다음의 진술과 관련하여 고의로 누락하거나 허위로 진술한 내용이 발견된 경우에는, 그로 인하여 보정명령 인이 신청이 기각되거나 가압류이의절차에서 불이익을 받을 것임을 잘 알고 있습니다.

20 . . .

채권자(대리인) (날인 또는 서명)

◇ 다 음 ◇

1. 피보전권리와 관련하여

가. 채무자가 신청서에 기재한 청구채권을 인정하고 있습니까?

☐ 예

☐ 아니오 → 채무자의 주장의 요지:

나. 채무자가 청구채권과 관련하여 오히려 채권자로부터 받을 채권을 가지고 있다고 주장하고 있습니까?

☐ 예 → 채무자의 주장의 요지:

☐ 아니오

다. 채권자가 신청서에 기재한 청구금액은 본안소송에서 승소할 수 있는 금액으로 적정하게 산출된 것입니까? (과도한 가압류로 인해 채무자가 손해를 입으면 배상하여야 함)

☐ 예 ☐ 아니오

4) 주석, 115면.

2. 보전의 필요성과 관련하여

가. 채권자가 채무자의 재산에 대하여 가압류하지 않으면 향후 강제집행이 불가능하거나 매우 곤란해질 사유의 내용은 무엇입니까(필요하면 소명자료를 첨부할 것)

나. [유체동산가압류 또는 채권가압류사건인 경우] 채무자에게는 가압류할 부동산이 있습니까?

☐ 예

☐ 아니오 → 채무자의 주소지 소재 부동산등기부등본을 첨부할 것

다. ["예"라고 대답한 경우] 가압류할 부동산이 있다면, 부동산가압류 이외에 유체동산 및 채권가압류신청을 하는 이유는 무엇입니까?

☐ 이미 부동산상의 선순위 담보 등이 부동산가액을 초과함 → 부동산등기부등본 첨부할 것

☐ 기타 사유 → 내용:

3. 본안소송과 관련하여

가. 채권자는 신청서에 기재한 청구채권(피보전권리)의 내용과 관련하여 채무자를 상대로 본안소송을 제기한 사실이 있습니까?

☐ 예 ☐ 아니오

나. ["예"로 대답한 경우]

① 본안소송을 제기한 법원 · 사건번호 · 사건명은?

② 현재 진행상황(소송이 계속 중인 경우)은?

③ 소송결과(소송이 종료된 경우)는?

다. ["아니오"로 대답한 경우] 채권자는 본안소송을 제기할 예정입니까?

☐ 예 → 본안소송 제기 예정일:

☐ 아니오

4. 중복가압류와 관련하여

가. 채권자는 이 신청 이전에 채무자를 상대로 동일한 가압류를 신청하여 기각된 적이 있습니까?

☐ 예 ☐ 아니오

나. 채권자는 신청서에 기재한 청구채권을 원인으로, 이 신청과 동시에 또는 이 신청 이전에 채무자의 다른 재산에 대하여 가압류를 신청한 적이 있습니까?

☐ 예 ☐ 아니오

다. [나.항을 "예"로 대답한 경우]

① 동시 또는 이전에 가압류를 신청한 법원 · 사건번호 · 사건명은?

② 현재 진행상황은?

③ 신청결과(취하/각하/인용/기각 등)는?

◇ 유의사항 ◇

채무자가 여럿인 경우에는 각 사람별로 이 서면을 작성하여야 합니다.

III. 보전신청의 병합과 변경

1. 보전신청의 병합

보전신청을 할 때 채권자 한 사람이 채무자 한 사람에 대해서만 할 수 있는 것은 아니고, 채권채무 내지 법률관계의 내용에 따라 여러 사람이 신청을 할 수도 있고, 여러 사람을 채무자로 하여 신청하는 것도 가능하다. 또한 여러 개의 보전신청을 병합할 수도 있다. 이러한 보전신청의 병합은 법률관계에 따라 민사소송의 병합법리에 따라 객관적으로는 선택적 병합을 하거나, 예비적 병합도 가능하다.[5] 그러나 주관적 예비적 병합이나 주관적 선택적 병합은 이를 허용하게 되면 추후 본안소송에서 채무자로 확정된 자와 보전채무자가 달라지게 되는 문제가 생길 수 있으므로 허용하여서는 안 될 것이다. 이러한 신청이 있으면 법원은 보정명령을 통하여 단순병합으로 변경한 후 모든 채무자에 대해 보전명령을 발령하여야 한다.[6]

가압류절차나 다툼의 대상에 관한 가처분의 경우에는 가능성이 별로 없으나, 임시의 지위를 정하는 가처분에 있어서는 채무자가 채권자를 상대로 반대취지의 가처분을 신청하는 경우가 있다. 공사금지가처분에 대해 공사방해중지가처분을 신청하는 것과 같은 경우이다. 이러한 경우에는 특히 재판을 지연하는 등의 사유가 없다면 이를 금지할 필요는 없을 것이다.

《가처분 이의절차에서 피보전권리를 변경할 수 있는지 여부》(대법원 1982.3.9. 선고 81다1221,1222, 81다카989, 81다카990 판결)

가처분 이의절차에서도 청구의 기초에 변경이 없는 한 신청이유의 피보전권리를 변경할 수 있다. 따라서 소유권이전등기말소 청구권을 피보전권리로 하여 처분금지가처분결정을 받은 다음 청구의 기초에 변경이 없는 범위 안에서 그 가처분이의절차에서 가처분신청이유에 예비적으로 시효취득에 인한 소유권이전등기 청구권을 추가할 수 있다.

---

5) 대판 1982.3.9, 81다1221 · 1222, 81다카989 · 990.

6) 주석, 115면; 실무제요, 62면.

2. 보전신청의 변경

보전신청을 한 후에 결정 전에 변경을 하는 것도 가능하다. 이때 신청의 변경이 일부취하로 되는 경우라도 채무자의 동의는 받을 필요가 없다. 일부취하로 인해 채무자에게 돌아가는 불이익이 없기 때문이다.

IV. 보전신청의 효과

보전신청의 경우에도 소제기의 효과와 마찬가지로 소송법상의 효과와 실체법상의 효과가 발생한다.

1. 소송법상의 효과

가압류 · 가처분의 신청이 행해지면 법원은 이에 응답하여 재판을 하여야 할 의무를 부담하게 되고, 적법한 신청에 의하여 절차의 계속(繫屬)이 있게 된다. 이는 소송계속의 경우와 같다. 따라서 중복신청이 금지되고, 원칙적으로 관할변경이 금지되며, 신청의 기초에 변경이 있는 신청의 변경이 금지된다. 다른 사항들은 해당 부분에서 논의되기 때문에 여기서는 중복신청의 금지에 대해서만 본다.

동일한 가압류 · 가처분 사건이 중복하여 계속하는 것은 보전절차에서도 바람직하지 않으므로 중복신청은 당연히 금지된다(민소 제259조). 심리의 중복과 재판의 모순저촉을 피하기 위한 것이다. 따라서 이미 계속되어 있는 신청과 동일한 보전신청을 하면 나중의 신청은 부적법한 것으로서 각하된다.

신청의 동일성 여부의 판단은 당사자의 동일성, 소송물의 동일성[7]으로 판단한다. 즉 당사자가 동일하고 소송물이 동일하다면 양자는 동일한 사건이므로 중복하여 보전명령을 할 필요가 없게 되는 것이다. 실무상 보전신청과 집행신청이 병합하여 이루어지는 관계로 부동산이나 채권을 목적으로 하는 가압류에 있어서는 가압류목적이 다르면 별개의 사건으로 보아 중복신청이 아니라고 하고 있으나[8], 적절한 처리방법이라고

7) 주석, 123면은 피보전권리와 보전의 필요의 동일성으로 판단한다고 한다.

하기는 어렵다. 다만 가처분의 경우에는 법원이 적당한 가처분방법을 선택할 수 있다는 이유에서 실무에서도 신청의 취지를 동일성의 판단기준으로 하고 있지는 않다.

2. 실체법상의 효과

가압류 · 가처분은 소멸시효의 중단사유이다(민법 제168조 2호). 실제 시효가 중단되는 시기에는 의문이 있으나, 가압류 · 가처분을 신청한 때에 중단된다고 보아야 할 것이다.[9] 왜냐하면 신청시에 채권자가 권리의 행사를 한 것으로 보아야 할 뿐만 아니라, 보전명령시나 집행신청시와 같은 시점은 절차의 진행에 따라 달라질 수 있는 것으로서 시효중단시점으로서는 적절하다고 할 수 없기 때문이다. 다만 보전신청이 부적법하거나 이유가 없어서 배척 또는 취소된 경우에는 중단의 효과가 생기지 않는다(민법 제175조). 따라서 보전신청이 유효하게 이루어지고 그에 따라 보전명령이 있으면 집행여부나 제3채무자에 대해 통지가 행해졌는지를 묻지 않고 시효중단의 효력은 계속된다. 이후 채권자가 본안승소의 확정판결을 받았다고 하여도 보전처분에 의한 시효중단의 효력이 이에 흡수되어 소멸한다고 할 수 없으며,[10] 가압류가 본압류로 이행된 경우에는 가압류에 의한 시효중단의 효력이 그대로 계속된다.[11] 또한 가압류나 가처분은 시효의 이익을 받을 자에 대하여 하지 아니한 때에는 그에게 통지한 후가 아니면 시효중단의 효력이 없는데(민법 제176조), 예컨대 물상보증인이 제공한 부동산 위에 저당권을 설정한 경우, 채권자가 이 저당물을 가압류하였다면 이 사실을 채무자에게 통지한 때에 비로소 피담보채권에 관하여 시효중단의 효력이 생긴다는 것이다.

한편 가분채권의 일부분에 대해 가압류를 한 경우의 시효중단의 범위에 관하여는 가압류된 범위에 대해서만 시효중단의 효력이 생긴다고 하는 것이 판례이다.[12]

---

8) 실무제요, 63면.
9) 동지: 김상원/정지형, 235면; 이석선(上), 99면; 주석, 96면.
10) 대판 2000.4.25, 2000다11102.
11) 김상원/정지형, 235면; 주석, 97면.
12) 대판 1969.3.4, 69다3.

《가압류와 시효중단》(대법원 2000.4.25. 선고 2000다11102 판결)

가. 민법 제168조에서 가압류를 시효중단사유로 정하고 있는 것은 가압류에 의하여 채권자가 권리를 행사하였다고 할 수 있기 때문인데 가압류에 의한 집행보전의 효력이 존속하는 동안은 가압류채권자에 의한 권리행사가 계속되고 있다고 보아야 할 것이므로 가압류에 의한 시효중단의 효력은 가압류의 집행보전의 효력이 존속하는 동안은 계속된다.

나. 민법 제168조에서 가압류와 재판상의 청구를 별도의 시효중단사유로 규정하고 있는데 비추어 보면, 가압류의 피보전채권에 관하여 본안의 승소판결이 확정되었다고 하더라도 가압류에 의한 시효중단의 효력이 이에 흡수되어 소멸된다고 할 수 없다.

《가분채권의 일부분에 대한 가압류와 시효중단》(대법원 1969.3.4. 선고 69다3 판결)

가분채권의 일부분을 피보전채권으로 하여 가압류한 경우에 피보전채권의 일부 만에 시효중단의 효력이 있다.

V. 보전절차의 종료

1. 보전신청의 취하

보전신청도 취하할 수 있다. 보전신청이 취하되면 보전절차는 소급하여 그 효력을 상실하게 된다. 이때 보전신청을 언제까지 취하할 수 있는가에 대해서는 보전신청에 대한 결정시, 이의신청에 대한 결정시[13], 집행시 등을 생각해볼 수 있으나, 민사소송법이 취하의 종기(終期)를 판결확정시로 보는 것과 대비하여 보더라도 보전재판에 확정이라는 개념이 없고, 집행 이후라고 하더라도 보전신청을 취하하게 되면 집행의 취소와는 달리 보전명령 자체를 취소하는 효과가 생겨 구별된다는 점 등을 생각하면, 가압류 · 가처분이 존속하는 한 취하는 인정되어야 하는 것이 아닌가 생각된다.[14]

채권자가 신청을 취하하기 위해서는 취하서를 제출하여야 하지만, 변론기일이나 심문기일에는 말로 할 수 있다(규칙 제203조의2 제1항). 이때 취하서에 인지를 붙일 필요는 없다. 취

13) 이시윤, 486면. 이에 의하면 이후에는 집행취소신청을 하여 가압류결정의 효력을 없앨 수 있으므로 신청취하의 시기는 중요하지 않다고 하고 있으나, 신청을 취하하면 가압류명령 자체가 없어지지만, 집행을 취소하면 가압류명령은 그대로 남으므로 같은 것이 아니다.

14) 구법상의 판례는 판결로 보전명령을 하는 경우에는 그 판결의 확정시까지, 결정으로 한 경우에는 그 이의에 대한 판결의 확정시까지 취하할 수 있는 것으로 보고 있었으나(대결 1979.9.27, 79마259), 판결로 하는 보전재판이 없는 현행법 하에서도 이렇게 볼 수는 없는 것이다.

하가 있는 때에는 법원사무관등은 변론기일 또는 심문기일의 통지를 받은 채무자에게 그 취지를 통지하여야 한다(동조 2항). 그러나 이는 통지에 그칠 뿐, 채무자의 동의를 얻어야 취하의 효력이 생기는 것은 아니다.[15] 또한 보전절차에서는 판결절차가 열리지 않으므로 의제취하에 관한 규정은 그 준용의 여지가 없는 것으로 생각된다. 심문절차에 당사자가 불출석하였다면 그로 인한 불리한 재판을 하면 충분하지, 취하로 간주할 것은 아니기 때문이다.

보전신청이 취하되었다고 하여 집행까지도 당연히 취소되는 것은 아니므로, 집행을 소멸하기위한 절차를 따로 취하여야 한다. 따라서 채권가압류가 집행된 때에는 제3채무자에게 취하의 사실을 통지하여야 하고, 부동산 등의 가압류나 가처분의 경우에는 등기나 등록을 말소하여야 하며, 유체동산 가압류의 경우에는 집행관에 대해 따로 가압류신청을 말소해줄 것을 신청하여야 한다.

2. 보전절차상의 화해와 조정

보전청구권은 당사자가 처분할 수 있는 권리이므로 일단 보전신청 후 화해나 조정을 할 수 있음은 차라리 당연하다. 심지어 보전절차에서 본안에 관하여도 화해나 조정을 할 수 있고, 여기서의 화해는 제소전 화해의 성격을 가지게 될 것이다.[16] 따라서 이 때에는 따로 본안에 관한 화해신청과 인지가 필요하게 된다.

조정이나 화해신청이 있게 되면 즉시 당사자를 소환하여 조정 또는 화해기일을 열고 합의가 이루어지면 조서를 작성하게 된다. 합의의 내용은 일반적으로 가압류 또는 가처분의 내용에 관한 것으로 될 것이나, 본안에 관한 화해나 조정이라면 본안청구권의 처분에 관한 합의도 할 수 있을 것이다.

합의가 성립되어 조서가 작성되면 보전절차가 종료되며, 합의의 내용에 따라 보전집행이 이루어지게 된다. 본안에 관한 화해나 조정의 경우에는 그 조서에 따라 기판력이 발생하게 되므로 본안소송까지 종료되는 효과가 생긴다.

15) 同旨: 김상원/정지형, 191면; 이시윤, 486면; 주석, 126면; 실무제요, 64면.

16) 同旨: 이석선(上), 158면; 주석, 140면; 실무제요, 112면. 反對: 김상원/정지형, 125면; 박두환, 701면(보전절차에서의 화해라고 본다).

3. 청구의 포기 · 인낙

보전재판을 결정으로만 하게 된 현행법 하에서 청구의 포기나 인낙이 가능할 것인지 의문이 있다. 청구의 포기는 소의 취하가 가능하기 때문에 가능할 것이라는 의견도 있으나,[17] 이를 인정하더라도 절차가 채권자의 신청을 배척하는 것으로 종료한다는 것 외의 효력은 생길 수 없을 것이다.

한편 청구의 인낙은 이를 인정하게 되면 비송절차에서의 법원의 재량권을 제약한다는 이유에서 부정적으로 보는 입장이 강하다.[18]

17) 주석, 137면.
18) 주석, 136면.

2 보전절차의 주체와 객체

I. 보전절차의 구성

보전절차도 광의의 소송절차에 해당하므로 이를 분석하면 주관적 요소와 객관적 요소로 나누어볼 수 있다. 여기서 주관적 요소란 인적 요소를 말하는 것이며 법원과 당사자가 이에 속하고, 객관적 요소는 소송물을 말하는 것이다. 다만 여기서는 이에 더하여 소송의 목적 내지 대상물에 대해서도 소송물에 준하여 살펴보기로 한다.

II. 관할법원

》설문 ❸

甲은 乙에 대해 금 1억 2천만 원의 매매대금 지급 청구의 소를 준비하고 있으나, 乙이 유일한 재산인 부동산을 매각하려는 것을 알고 가압류를 하려고 한다. 그런데 乙의 주소지는 수원시이나, 해당 부동산은 창원시에 소재하고 있다. 甲의 소재지가 김해시이므로 甲은 가까운 창원지방법원에 가압류신청을 하고 싶은데 가능한가?

》설문 ❹

甲은 乙에 대해 가압류 신청을 하면서 관할권이 없는 대구지방법원에 신청하였다. 대구지방법원은 이 사건이 관할위반이라고 하여 물건의 소재지 관할법원인 부산지방법원에 사건을 이송하였다. 이후 甲이 본안소송을 제기하려고 할 때 부산지방법원이 아닌 피고의 주소지 관할법원인 대전지방법원에 소를 제기할 수 있는가?

1. 관할법원의 결정

(1) 관할법원의 결정원칙

보전절차는 신속성이 생명이라고 할 수 있으므로 신청과 심리가 신속하게 이루어질 수 있는 법원에서 관할하는 것이 적절하다. 이런 의미에서 법은 가압류와 가처분에 대해서 물건 소재지와 본안의 관할법원에 대해 관할권을 인정하고 있다. 본래 구법은 가처분에 대해서는 본안의 관할법원을 원칙적 관할법원으로 하고(구민소 제717조), 급박한 경우에만 다툼의 대상이 있는 곳을 관할하는 법원이 본안법원의 재심사를 전제로 하여 가처분을 할 수 있도록 하고 있었다(구민소 제721조 1항). 그러나 이러한 절차는 번거로우면서도 특히 다툼의 대상의 소재지와 본안의 관할법원이 크게 다르다고 할 수 없음에도 본안법원의 심사를 거치지 않으면 가처분을 취소하도록 하는 등에서 불합리하여 거의 이용되지 않았으므로, 현행법은 이를 통일한 것이다.

(2) 관할의 전속성

보전사건의 관할은 물건 소재지와 본안의 관할법원이 함께 관할권을 가지고 있는 것으로 하여 선택하게 하면서도, 민사집행법이 모든 관할을 전속관할로 규정하고 있어서(제21조) 해석상 문제될 수 있다.

일단 당사자가 보전신청을 할 때 이들 법원 중 하나를 선택해서 신청서를 제출할 수 있다는 것은 분명하므로, 선택관할이라 할 수 있다. 이 한계에서는 적어도 전속성은 제한된다고 보아야 한다. 임의관할인가 여부가 문제되는 관할은 토지관할과 사물관할인데, 임의관할이라고 한다면 합의관할(민소 제29조)이나 변론관할(민소 제30조)이 인정될 수 있다는 것이다. 다만 분명한 것은 토지관할에 대해서는 합의관할 등을 인정할 수는 없을 것이지만, 사물관할에 대해서는 전속성을 부정하여 합의사건을 재정결정에 의하여 단독사건으로 처리하게 하는 것이 실무이다.[1)]

1) 실무제요, 21면; 주석, 103면. 동지: 이시윤, 481면.

2. 가압류의 관할법원

(1) 물건이 있는 곳의 지방법원

가압류 절차에 있어서 일차적인 관할법원은 가압류할 물건이 있는 곳을 관할하는 지방법원이다. 가장 신속하게 가압류 명령을 하고 집행할 수 있는 법원이기 때문이다.

여기서 가압류할 물건이 있는 곳이라 함은 가압류의 대상인 부동산, 유체동산, 채권 기타 재산이 있는 곳을 의미하는 것이다. 부동산이나 유체동산과 같은 유체물의 경우에는 그 소재지가 그대로 관할의 기준이 되고, 채권의 경우에는 제3채무자의 보통재판적이 있는 곳의 지방법원이 관할법원이 된다(제224조의 유추).[2] 다만 물건의 인도를 목적으로 하는 채권이나 물상담보권이 있는 채권은 목적인 물건의 소재지 내지 담보물의 소재지가 채권의 소재지가 된다. 그리고 어음과 같이 증권에 화체된 채권은 증권의 소재지가 채권의 소재지이다.

권리이전에 등기나 등록이 필요한 그 밖의 재산권에 대한 가압류는 등기 또는 등록할 곳을 관할하는 지방법원이 관할법원이 된다(규칙 제213조 1항). 특허나 실용신안, 저작권과 같은 지적재산권[3], 선박 · 자동차 · 건설기계 등의 공유지분, 등기된 임차권, 가등기상의 권리, 등기된 환매권, 합명회사 등의 사원권 등이 그 예로 된다.

물건의 소재지가 어디인가를 판단하는 기준시는 신청시라고 할 것이므로 그 이후에 소재지가 변경되더라도 관할에 영향이 없음은 당연하다.

또한 특정물건의 소재지를 기준으로 한 가압류 법원이 그 관할구역 밖에 있는 다른 물건에 대해서도 가압류 집행을 할 수 있는가의 문제가 있으나, 통설은 목적물 소재지의 지방법원과 본안의 관할법원 사이에 실질적 차이가 없고, 따라서 두 가지 법원의 가압류 명령에 차이가 없으며, 법원의 관할 구역 밖에서 집행을 하게 하여도 폐단이 생기지 않으며, 법적으로도 이를 제한하지 않고 있다는 이유를 들어 긍정하고 있다(無制限的 假押留命令說).[4] 이에 의하면 물건이 여러 곳에 있다면 그 중 하나의 물건 소재지의 법원에 모든 물건의 보전을 신청할 수 있다는 것으로 된다.

---

2) 동지: 김상원/정지형, 73면; 주석, 104면; 실무제요, 25면. 박두환, 695면은 채무자의 보통재판적 소재지라 하고 있으나, 제3채무자의 오류로 보인다.

3) 다만 특허법(제13조), 실용신안법(제3조), 디자인보호법(제3조), 상표법(제5조) 등에서는 在外者의 재판적에 관하여 특허관리인의 주소 또는 영업소를 재산소재지로 인정하는 특칙을 두고 있다.

4) 방순원/김광년, 487면; 김상원/정지형, 74면; 박두환, 696면; 이시윤, 481면; 주석, 106면; 실무제요, 26면. 反對: 이영섭, 274면(제한적 가압류명령설).

(2) 본안의 관할법원

본안은 앞에서 본 바와 같이 가압류에 의하여 직접 보전된 청구권의 존부를 확정하는 민사재판절차를 말하는데, 독촉절차나 화해, 조정, 중재 등의 절차도 본안절차로 본다. 본안관할법원을 가압류의 관할법원으로 한 이유는 본안의 관할법원이 피보전권리의 존부에 관하여 가장 잘 판단할 수 있기 때문이다.

가압류 신청 전에 이미 본안이 계속되어 있는 경우에는 그 법원이 가압류의 관할법원이 된다. 본안에 관하여 다른 관할법원이 있더라도 반드시 본안이 계속된 법원에 신청하여야 하고, 다른 법원에 신청하면 관할위반이 된다. 이때 1심 법원이나 항소심법원에 본안이 계속되어 있다면 그 법원이 가압류 법원으로 되지만, 상고심에 계속 중이라면 제1심 법원에 가압류를 신청하여야 한다(제311조). 만약 1심 법원이 판결 후 항소가 제기되었으나, 기록이 아직 1심법원에 있다면 관할권은 1심 법원이 가지게 된다.[5]

시 · 군법원의 관할구역에서는 소액사건에 대한 보전사건은 시 · 군법원이 관할하지만, 소액사건이 아닌 경우에는 시 · 군법원이 있는 곳을 관할하는 지방법원 또는 지방법원지원이 관할한다(제22조 4호). 그 외의 지역에서는 소액사건에 대한 보전처분의 관할은 통상의 경우와 같다.

본안의 관할법원인가의 여부는 가압류 신청시를 기준으로 하므로, 그 이후에 사건이 다른 법원에 계속되거나 심리가 종료하여도 가압류의 관할에는 영향이 없다. 따라서 본안의 관할법원에 가압류 신청이 있는 때에는 법원은 본안이 계속되어 있는가만 조사하여야 하고, 본안의 관할법원이 적법한 관할권을 가지고 있는가는 심사할 필요가 없다.[6]

드문 일이지만 본안이 종료한 후에도 그 법원에 가압류의 신청을 할 수 있다. 다만 이때에는 항소심에서 사건이 종료하였더라도 1심 법원이 관할권을 가진다.[7]

본안이 계속되기 전이라면, 가압류는 장차 본안이 청구될 법원에 신청할 수 있게 된다. 이때 문제되는 관할은 토지관할과 사물관할인데(법원조직법 제32조 내지 제34조, 소심 제2조, 민소 제2조 내지 제27조), 관할법원이 여러 개 인정된다면 채권자는 그 중 어느 하나의 법원을 선택하여 신청할 수 있다. 이후 본안 제소는 반드시 가압류 신청을 한 법원에 할 필요 없고, 다른 선택관할

5) 동지: 이시윤, 481면; 박두환, 696면; 대판 1971.9.28, 71다1532. 반대(항소법원설): 강대성, 581면.
6) 대판 1963.12.12, 4293民上824. 동지: 이석선(上), 71면.
7) 주석, 108면.

법원에 하여도 무방하다.

본안에 관하여 관할권이 없는 법원에 가압류 신청을 한 경우라도, 그 신청이 각하 내지 이송되기 전에 본안이 계속되면 그 하자는 치유된다.[8] 그러나 향후 본안소송이 병합될 가능성이 있다고 하여 관련재판적이 인정될 것으로 예상되는 법원에 가압류 신청을 할 수 있는가의 문제는 소극적으로 볼 것이다. 왜냐하면 관련재판적 규정(민소 제25조)는 현실적으로 병합이 된 경우에 생기는 관할을 대상으로 한 것이기 때문이다.[9]

《본안사건이 계속되어 있는 법원의 가처분 관할권》(대법원 1963.12.12. 선고 4293민상824 판결)

가압류와 가처분신청에 관한 관할법원을 그 신청당시를 현재로 하여 본안사건이 계속되어 있는 법원에 적법하게 계속되면 그 후에는 그 본안사건에 대한 소송계속의 존속여부는 그 가압류와 가처분에 대한 관할권에 영향을 미치지 않는다. 이러한 해석은 본법 제30조가 법원의 관할은 제소한 때를 표준으로 하여 정한다고 규정한 취지를 비추어 보더라도 정당하다 할 것이다.

(3) 재판장의 권한

가압류나 가처분은 신속성이 생명이므로 급박한 필요가 있는 때에는 재판장이 법원을 대신하여 재판을 할 수 있도록 하고 있다(제312조). 따라서 재판장이 재판을 하는 경우는 신속성의 요구가 강한 보전명령신청의 경우에 한하고, 구제절차나 집행절차에는 해당이 없다고 하여야 할 것이다.

재판장이 재판할 수 있는 급박한 경우란, 합의부를 구성하는 법관이 질병이나 출장 등으로 재판을 할 수 없는 경우에 시간이 지체되면 돌이킬 수 없는 손해가 생기는 등의 경우를 말한다고 할 것이고, 단순이 신속한 재판을 하는 것이 필요하다고 하는 때에는 법원이 재판하는 것이 원칙이다.

이때 재판장이 보전명령을 하였다고 하여 재판장이 관할권을 가지는 것으로 볼 수는 없다. 따라서 이때 법원의 재판과 다른 효력이 생기는 것은 아니다. 법이 법원을 대신하여 재판장에게 재판권의 행사를 맡긴 것이기 때문이다. 따라서 불복방법도 법원이 한 경우와 전혀 같다.[10]

---

8) 김상원/정지형, 71면; 주석, 477면.
9) 同旨: 윤경, 259면; 주석, 109면; 실무제요, 24면.
10) 이석선(上), 69면; 주석, 478면.

3. 가처분의 관할법원

(1) 가처분의 관할

가압류와 가처분의 관할법원은 본안의 관할법원과 물건 소재지 또는 다툼의 대상이 있는 곳을 관할하는 지방법원이라고 하여 마찬가지로 보이지만, 양자 사이에는 미묘한 뉘앙스의 차이가 있다. 가압류의 경우에는 물건의 소재지 법원이 일차적인 관할법원으로 되어 있으나, 가처분의 경우에는 본안의 관할법원이 일차적인 관할법원으로 되어 있다. 이는 가처분의 경우에는 본안법원이 판결로 가처분의 당부를 검토하여야 한다는 구법상의 취지까지는 아니더라도, 가급적 본안의 관할법원이 가처분 심리와 재판을 하는 것이 적절하다는 입법자의 무언의 의지가 반영되어 있는 것으로 짐작된다.

다만 가압류의 관할법원을 설명한 것이 가처분에 대해서도 거의 유효하므로 여기서는 가압류의 관할법원에 관한 설명을 보완하는 범위에서만 보기로 한다.

(2) 본안의 관할법원

가압류와는 달리 가처분은 그 태양이 다양하므로, 본안과 가처분 사건이 기초에 있어서 동일한지 여부를 판별하기 위해서는 가처분의 신청이유를 살펴보지 않으면 안 된다. 예컨대, 인접한 건물이 붕괴할 위험이 있다고 하여 공사중지가처분을 신청한 후, 가처분 채권자가 위 공사로 인한 손해의 배상을 청구하는 소는 변론종결시까지 공사중지의 청구로 변경 내지 추가를 할 여지가 있으므로 본안이 된다.[11] 그러나 乙이 甲을 상대로 어업권 존부 확인 및 방해금지 청구를 하여 사건이 항소심에 계속 중이고, 甲이 지금까지 반소를 제기하지 않았다면 甲으로서는 보전을 하고자 하는 본안이 없으므로 乙을 상대로 입어금지 가처분 신청을 당해 항소심에 할 수 없고, 후에 제기할 입어금지청구소송의 1심 법원에 제기하여야 한다.[12]

또한 본안판결의 집행범위를 초과한 가처분 신청은 본안이 없는 것이므로 이러한 신청은 본안이 제기되지 아니한 경우로 보아야 한다.[13]

---

11) 서울고판 1985.1.18, 84나2583.
12) 광주고판 1967.9.13, 67카17.
13) 대판 1964.11.10, 64다649.

《공사중지가처분의 본안으로 위 공사로 인한 손해배상청구만을 한 경우》(서울고법 1985.1.18. 선고 84나2583 판결)

신축공사로 인해 인접건물이 붕괴의 위험이 있다하여 공사중지가처분 신청을 하고 그 신청이 받아 들여져 가처분결정이 있는 후 위 가처분채권자가 그 본안사건으로서 위 공사로 인한 손해배상만을 구하고 있다 하더라도 위 본안소송의 사실심 변론종결시까지 그 청구를 변경하여 본안소송에 있어서의 청구(소송물인 권리)와 가처분신청에 있어서의 청구(피보전권리)를 일치시킬 여지가 있는 한 동 본안소송을 위 가처분의 본안소송으로 지목하여도 무방하다고 볼 것이고 또 위 본안이 소유권이 침해되었다 하여 그 배상을 구하는 것이고 가처분은 동일소유권이 침해되고 또 침해가 장차 계속될 개연성이 있다하여 그 소유권에 기하여 침해의 배제를 구하는 것이므로 양자 간에 청구의 기초에 동일성이 있어 위 본안소송을 가처분의 피보전권리에 맞추어 청구를 변경할 여지가 있으므로 위와 같은 사유만으로 처분의 필요성이 소멸되었다고 볼 수 없다.

《입어권 부존재 확인의 이익이 피보전권리가 되는지 여부》(광주고법 1967.9.13. 선고 67카17 판결)

입어권 부존재 확인의 이익과 같이 소극적 확인의 결과는 집행력이 발생하지 아니하므로 이는 집행보전할 권리가 될 수 없다 할 것이다.

《본안판결의 강제집행의 범위를 넘어선 가처분》(대법원 1964.11.10. 선고 64다649 판결)

계쟁물에 대한 가처분은 본안판결의 강제집행의 범위를 넘어서는 할 수 없는바, 본안소송으로 광구에 대한 광업권이전등기의 말소를 구하면서 계쟁물에 대한 가처분으로 광구의 출입금지를 구하는 것은 본안판결의 강제집행의 범위를 넘어서는 것으로서 본안전 가처분신청으로 취급되어야 함에도 불구하고 원심이 본안재판으로서 이를 처리한 것은 잘못이다.

(3) 다툼의 대상이 있는 곳을 관할하는 법원

다툼의 대상이 있는 곳을 관할하는 지방법원이라 함은 가처분을 할 유체물 또는 무체물의 소재지를 관할하는 지방법원을 말한다. 여기서의 다툼의 대상은 다툼의 대상에 관한 가처분(제300조 1항)의 계쟁물에 한정하는 것이 아니라, 임시의 지위를 정하기 위한 가처분(동조 2항)에 있어서의 다툼이 있는 권리관계에 관하여 가처분을 하여야 할 유체물 또는 무체물을 포함한다.[14)]

14) 이석선(상), 74면; 방순원/김광년, 529면; 주석, 422면.

4. 관할 위반의 보전신청

(1) 관할에 위반한 신청의 처리

보전절차에 있어서도 관할은 소송요건의 하나이므로, 관할위반의 신청은 원칙적으로 각하대상이나, 이송이 가능하다면 소송경제를 고려하여 이송할 것이다. 다만 이때 반드시 이송을 하게 되면 이송결정을 채권자와 채무자에게 송달 후 이송을 하여야 하는데, 이는 밀행성에 반하고, 결정에 시간이 걸려 절차가 지체되므로 긴급성에도 반한다. 이에 따라 토지관할 위반의 경우에는 채권자에게 취하를 권유하여 관할법원에 재신청하게 하는 것이 실무이다. 다만 우편접수로 취하권유가 어렵거나 채권자가 취하를 거부하는 경우에는 이송결정을 할 수밖에 없을 것이다. 또한 사물관할 위반은 실무상 관할위반이 아닌 것으로 다루고 있으나, 실제로는 재배당 내지 재정결정을 통하여 하자를 치유하는 방법을 사용하고 있다고 한다.[15)]

보전절차에서 이송을 하거나 재정결정을 하였다고 하여 본안의 관할이 변경되는 것은 아니다.

(2) 관할권 위반의 보전명령

관할권이 없는 법원이 이를 간과하고 보전명령을 하였을 때에는 항고 또는 이의에 의하여 구제받을 수 있으나, 이러한 구제방법에 의해 취소되기 전까지는 그 보전명령은 유효하다.[16)]

《관할권이 없는 법원이 한 보전명령의 효력》(대법원 1964.4.11. 선고 64마66 결정)
본안의 관할법원도 그 재판장도 아닌 법관이 한 가처분결정이라 할지라도 당연무효라고는 할 수 없고 이의에 의하여 취소될 때까지는 유효하다.

15) 주석, 103면; 실무제요, 22면.
16) 대결 1964.4.11, 64마66.

III. 당사자

>>> 설문 ❺

(1) 甲은 자신으로부터 7천만 원을 빌려간 뒤 아직까지 갚지 않은 乙을 상대로 대여금반환청구소송을 제기하려고 준비하고 있으나, 최근 乙이 丙으로부터 돈 1억원을 받을 채권을 가지고 있음을 알게 되었다. 그런데 丙이 자신의 유일한 재산인 토지를 타인에게 매각하려는 것을 알고 乙에게 이 사실을 알려주면서 빨리 가압류를 하도록 종용하였으나, 乙이 꿈쩍도 하지 않고 있다. 그래서 甲은 자신이 직접 丙을 상대로 가압류를 하려고 한다. 가능한가?

(2) 위와 같은 사실관계에서 甲은 최근 乙의 또 다른 채권자 丁이 乙을 상대로 가압류를 한 것을 알게 되었다. 그런데 丁의 가압류는 피보전권리의 존재가 불명한 위법한 가압류라는 심증을 가진 甲은 자신이 직접 丁을 상대로 위 가압류 결정에 대해 이의신청을 하려고 한다. 가능한가?

1. 보전절차에서의 당사자

(1) 당사자의 호칭과 지위

가압류 · 가처분 절차에서도 소송절차와 마찬가지로 대립하는 당사자가 있다. 보통 가압류 명령절차와 이의절차에서는 적극적 당사자를 채권자, 그에 대립하는 소극적 당사자를 채무자라고 부른다. 다만 취소신청절차에서는 취소신청을 한 당사자를 신청인, 그 상대방을 피신청인으로 표시한다. 특히 이의절차에서 이의신청을 한 자는 채권자가 아니라, 채무자라는 점을 주의할 필요가 있는데, 이는 이의절차가 독립한 절차가 아니라 가압류명령절차의 연장이라고 간주되어 있기 때문에 이의신청을 한 자로서가 아니라, 가압류 신청의 상대방의 지위에서 심리를 받게 되는 것이다.

보전절차에서 채권자, 채무자란 명칭을 사용한다고 해서 채권법상의 채권채무관계를 반영한 것은 아니다. 실체법상 채권자가 보전절차에서는 채무자가 되기도 하고, 양자 사이에 채권채무 관계가 없는 경우에도 채권자, 채무자라고 하기 때문이다.

통상적으로 보전신청절차에서부터 집행이 완료할 때까지 채권자와 채무자가 동시에 존재하기는 하지만, 심리절차에서는 밀행성의 요청상 명령단계에서는 채권자만 심리에 참가하고, 이의절차에서부터 채무자가 직접 참가하게 되는 것이 보통이다. 이렇게 본다면 채무자는 물론 심지어 채권자의 지위조차도 통상의 소송절차에 비하여 상당히 불안정한 것이 사실이다. 이러한 것은 보전절차가 신속성 내지 밀행성을 기반으로 하는 약식절차, 즉 비송절차라고 하는 성격에 기인하는 것이다. 이러한 당사자의 지위는 이의절차에 있어서는 상당히 보완되고 있다.[17)]

(2) 제3채무자

가압류나 가처분의 목적물이 채권인 경우, 법률관계는 채권자, 채무자뿐만 아니라 채무자의 채무자, 즉 제3채무자가 등장하게 된다. 이러한 경우 제3채무자는 보전절차의 당사자가 아니므로 보전집행에 있어서 이해관계인에 불과하다. 따라서 제3채무자는 보전명령절차에서 심리에 참가하거나 불복을 신청할 수 없다. 또한 이미 사망한 사람을 제3채무자로 표시하여 가압류를 신청하였다고 하여도 가압류명령에 영향이 없으며, 실제 상속인이 그 가압류 명령 및 제3채무자 경정결정의 송달을 받으면 하자는 치유되고, 상속인에 대해 가압류의 효력이 발생한다.[18)]

《채권압류 및 전부명령의 제3채무자 표시를 사망자에서 그 상속인으로 경정하는 경정결정의 효력발생 시기》(대법원 1998.2.13. 선고 95다15667 판결)

[1] 채권자가 이미 사망한 자를 그 사망 사실을 모르고 제3채무자로 표시하여 압류 및 전부명령을 신청하였을 경우 채무자에 대하여 채무를 부담하는 자는 다른 특별한 사정이 없는 한 이제는 사망자가 아니라 그 상속인이므로 사망자를 제3채무자로 표시한 것은 명백한 오류이고, 또한 압류 및 전부명령에 있어서 그 제3채무자의 표시가 이미 사망한 자로 되어 있는 경우 그 압류 및 전부명령의 기재와 사망이라는 객관적 사정에 의하여 누구라도 어느 채권이 압류 및 전부되었는지를 추인할 수 있다고 할 것이어서 그 제3채무자의 표시를 사망자에서 그 상속인으로 경정한다고 하여 압류 및 전부명령의 동일성의 인식을 저해한다고 볼 수는 없으므로, 그 압류 및 전부명령의 제3채무자의 표시를 사망자에서 그 상속인으로 경정하는 결정은 허용된다.

[2] 채권집행 절차에 있어서 제3채무자는 집행당사자가 아니라 이해관계인에 불과하여 그 압류 및 전부명령을 신청하기 이전에 제3채무자가 사망하였다는 사정만으로는 채무자에 대한 강제집행요건이 구비되지 아니하였다고 볼 수 없어, 이미 사망한 자를 제3채무자로 표시한 압류 및 전부명령이 있었다고 하더라도 이러한 오류는 위와 같은 경정결정에 의하여 시정될 수 있다고 할 것이므로, 채권압류 및 전부명령의 제3채무자의 표시를 사망자에서 그 상속인으로 경정하는 결정이 있고 그 경정결정이 확정되는 경우에는 당초의 압류 및 전부명령 정본이 제3채무

17) 拙稿, 保全訴訟에 있어서의 當事者의 地位, 慶星法學 創刊號(1991), 139면 이하.
18) 대판 1998.2.13, 95다15667(압류 및 전부명령 사건).

자에게 송달된 때에 소급하여 제3채무자가 사망자의 상속인으로 경정된 내용의 압류 및 전부명령의 효력이 발생한다.

[3] 사망한 자에 대하여 실시된 송달은 위법하여 원칙적으로 무효이나, 그 사망자의 상속인이 현실적으로 그 송달서류를 수령한 경우에는 하자가 치유되어 그 송달은 그 때에 상속인에 대한 송달로서 효력을 발생하므로, 압류 및 전부명령 정본이나 그 경정결정 정본의 송달이 이미 사망한 제3채무자에 대하여 실시되었다고 하더라도 그 상속인이 현실적으로 그 압류 및 전부명령 정본이나 경정결정 정본을 수령하였다면, 그 송달은 그 때에 상속인에 대한 송달로서 효력을 발생하고, 그 때부터 각 그 즉시항고기간이 진행한다.

2. 당사자의 자격

(1) 당사자능력

보전절차상 당사자는 당사자로서의 기본적인 자격인 당사자능력이 필요하다. 다만 이는 보전절차상 별도로 다루어지는 것은 아니고, 본안소송상 자격이 있는 것으로 인정되면 보전절차상으로도 자격이 있는 것으로 인정된다.

따라서 자연인, 법인은 당연히 당사자능력이 인정되며(민소 제51조), 법인 아닌 사단이나 재단도 대표자 또는 관리인이 있는 때에는 당사자로서 보전소송을 수행할 수 있다(민소 제52조). 설립 중인 법인은 그 절차가 완료하지 않았다 하더라도 법인 아닌 사단이나 재단에 준하여 당사자능력을 인정할 수 있을 것이나, 행정청은 민사절차에서는 당사자능력이 없으므로 보전절차에서도 당사자가 될 수 없다.[19]

따라서 신청당시 채무자가 생존해 있었다면 가압류명령 당시에 사망하였다고 하여 이를 무효라고 할 수는 없으나[20], 신청당시 이미 사망한 자를 채무자로 한 처분금지 가처분의 효력은 그 상속인에게 미치지 아니한다.[21] 사망한 자는 당사자가 될 수 없으므로 가처분은 당연무효이고, 그 결과로 채무자의 표시를 상속인으로 경정할 수 없다는 의미이다.[22] 그러나 이때 상속인으로서는 무효인 가처분의 외관을 제거할 필요가 있으므로 스스로 이의신청을 할 수는 있다.[23] 채무자가 이미 사망한 것을 모르고

19) 주석, 73면.
20) 대판 1976.2.24, 75다1240.
21) 대판 1969.12.30, 69다1870.
22) 대판 1991.3.29, 89그9.
23) 대판 2002.4.26, 2000다30578.

그를 상대방으로 하여 신청한 경우에는 민사소송의 경우와 마찬가지로 보전처분의 발령 전에 당사자표시정정을 할 수 있다는 입장이 있다.[24]

당사자능력이 없는 자의 소송행위는 위법하므로, 예컨대 당사자능력이 없는 조합의 이름으로 신청한 가압류는 법원이 각하하여야 한다. 그러나 법원이 이를 간과한 경우, 이의나 즉시항고에 의하여 취소될 수 있다. 민사소송상 이때의 확정판결의 효력에 대해서는 무효설[25], 재심설[26], 유효설[27], 등이 대립하고 있고, 가압류 · 가처분에 대해 판결로도 재판할 수 있게 하였던 구법 하에서는 이러한 논의도 의미가 있었다고 할 수 있다. 그러나 결정으로만 재판하도록 한 현행법 하에서는 그 논의의 의의가 반감하였다. 그러나 당사자능력의 흠결은 재심사유도 아니고, 사회생활 관계상 주체로 볼 수 있다면 굳이 무효로 볼 것은 아니다.

《신청당시 생존하고 있던 채무자에 대한 가압류 결정》(대법원 1976.2.24. 선고 75다1240 판결)

당사자 쌍방을 소환하여 심문절차를 거치거나 변론절차를 거침이 없이 채권자 일방만의 신청에 의하여 바로 보전명령을 한 가압류 결정에 있어서 신청 당시 생존하고 있던 채무자가 결정 직전에 사망 하였다거나 수계절차를 밟음이 없이 채무자명의의 결정이 이루어졌다고 하여 그 가압류 결정이 당연 무효라고는 할 수 없다

《사망한 자를 채무자로 한 처분금지 가처분의 효력》(대법원 1969.12.30. 선고 69다1870 판결)

이미 사망한 자를 채무자로 한 처분금지가처분의 효력은 그 상속인에게 미치지 아니한다.

《신청 당시 사망한 자를 채무자로 한 가압류결정의 효력》(대법원 1991.3.29. 자 89그9 결정)

사망한 자를 채무자로 한 가압류신청은 부적법하고 위 신청에 따른 가압류결정이 있었다 하여도 그 결정은 당연 무효라고 할 것이며, 그 효력이 상속인에게 미친다고 할 수는 없는 것이므로 채무자표시를 상속인으로 할 것을 이미 사망한 피상속인으로 잘못 표시하였다는 사유는 결정에 명백한 오류가 있는 것이라고 할 수 없고 따라서 결정을 경정할 사유에 해당한다 할 수 없다.

《채무자의 상속인이 무효인 가처분에 대하여 이의신청으로 취소를 구할 수 있는지 여부》(대법원 2002.4.26. 선고 2000다30578 판결)

---

24) 이시윤, 482면.

25) 호문혁, 민사소송법 제6판, 법문사(2008), 216면.

26) 방순원, 민사소송법(상) 전정개판, 한국사법행정학회(1987), 169면. 그러나 당사자능력의 흠결은 재심사유가 아니므로 이 입장은 문제가 있다.

27) 송상현, 민사소송법 전정4판, 박영사(2004), 145면; 주석, 74면. 민사소송상 다수설이다.

> 이미 사망한 자를 채무자로 한 처분금지가처분신청은 부적법하고 그 신청에 따른 처분금지가처분결정이 있었다고 하여도 그 결정은 당연 무효로서 그 효력이 상속인에게 미치지 않는다고 할 것이므로, 채무자의 상속인은 일반승계인으로서 무효인 그 가처분결정에 의하여 생긴 외관을 제거하기 위한 방편으로 가처분결정에 대한 이의신청으로써 그 취소를 구할 수 있다.

(2) 소송능력

보전절차상 당사자는 소송행위를 하거나 상대방 또는 법원의 소송행위를 유효하게 수령하기 위하여 필요한 능력인 소송능력이 필요하다. 이는 민법상의 행위능력에 준하여 판단하므로 행위무능력자, 즉 미성년자, 한정치산자, 금치산자가 아닌 자는 소송능력이 있는 것으로 취급된다. 소송무능력자의 소송행위는 무효로 되므로, 법정대리인 내지 특별대리인이 대리할 수밖에 없다(민소 제55조, 제58조). 그러나 무능력자가 한 행위라고 하더라도 후에 본인이 능력을 회복하거나 권한이 있는 법정대리인이 추인하면 소급하여 유효하게 될 수 있다.

소송무능력자가 한 신청은 법원이 각하할 것이고, 다른 소송행위들은 법원이 이를 배척하여야 할 것이나, 법원이 이를 간과하여 소송무능력자의 신청에 기하여 가압류명령이 행해진 경우에는 이의나 취소신청을 통하여 구제받을 수 있을 것이다. 그러나 신청을 각하 내지 기각한 경우 비록 다른 사유에 의하여 신청이 배척되었다고 하더라도 결과적으로 당연한 귀결이므로 이에는 불복할 수 없다고 볼 것이다.

(3) 당사자적격

보전절차에 있어서도 채권자나 채무자는 적격을 가지고 있는 자여야 함은 소송원칙상 당연하다. 보전절차상 당사자 적격은 본안소송에 관하여 적격을 가지고 있는 자이면 당연히 인정된다. 민사소송의 경우와 마찬가지로 당사자적격은 그 주장이나 소송법적 기준에 의하여 판단하고, 실체법상 실제로 권리나 의무를 가지고 있는지는 따지지 않는다. 그 연장에서 기판력이 주관적으로 확장되는 변론을 종결한 뒤의 승계인 또는 당사자를 위하여 청구의 목적물을 소지한 사람(민소 제218조) 등도 당사자적격을 가지며, 제3자의 소송담당의 경우인 회생절차의 관리인(도산 제78조), 파산관재인(도산 제359조), 부재자재산관리인(민법 제22조), 대위채권자(민법 제404조), 상속재산관리인(민법 제1053조), 유언집행자(민법 제1101조, 제1103조) 등도 보전절차의 정당한 당사자로 될 수 있다.

본안소송이 필수적 공동소송인 경우에 보전신청도 반드시 당사자 전원이 필수적으로 공동수행하여야 하는가 하는 점에 대해서 판례는 긍정하고 있으나,[28] 학설은 이에 반대하여 항상 전원이 공동으로 보전소송을 수행할 필요가 있는 것은 아니라고 하고 있다.[29] 보전의 필요성은 필수적 공동소송인 각자에 대해 달라질 수 있기 때문이다.

당사자적격이 없는 자는 당사자가 될 수 없으므로, 그가 가압류 · 가처분의 신청을 하거나 적격이 없는 자를 상대로 보전신청을 하더라도 이는 부적법하여 신청이 각하된다. 그러나 법원이 이를 간과하여 보전명령을 하였다고 하여도 이는 무효로 된다. 재판의 의미가 없기 때문이다.

《본안이 고유필수적 공동소송인 경우, 보전처분도 명의자 전원을 필수적 공동소송인으로 하여야 한다》(대법원 1969.11.25. 선고 65다1352 판결)

공유수면매립법에 의하여 수인이 공동명의로 매립면허를 받았을 경우에 그 매립권은 그 공동명의인들의 합유(또는 총유) 관계에 있다고 보는 것이 타당하다 할 것이고 이러한 합유(또는 총유)에 속하는 매립권을 소송목적물로 하여 소를 제기하는 본안 소송에 있어서는 그 면허 명의자 전원을 필요적 공동소송인으로 하여야 함은 물론이요, 위와 같은 공동매립권에 대한 처분금지 가처분 및 그 현장 사업담당 관장권자를 신청인으로 지정하여 달라는 가처분신청에 있어서도 본안 소송의 경우와 마찬가지로 공동명의자 전원을 필요적공동소송인으로 하여야 함이 상당하다.

(4) 보전소송과 대위권의 행사

채권자가 자기 채권의 보전을 위하여 채권자대위권을 행사할 수 있는 경우에는 그 청구권에 관한 집행의 보전을 위하여 가압류 또는 가처분 명령의 신청도 가능하다.[30] 이때 채권자가 채무자에게 그 대위행사 사실을 통지하면 채무자는 자신의 채권을 처분하거나 행사할 수 없고, 이중의 보전처분 신청도 할 수 없다(민법 제405조). 채권자는 자신의 채권이 아직 기한도래 전이라도 법원의 허가를 얻어 대위권을 행사할 수 있다(비송 제45조).

그러나 소송행위는 당사자와 그 승계인만이 행사할 수 있는 것이므로, 직접 신청이나 참가를 하지 않은 채권자가 대위권을 행사하여 보전이의를 하는 것은 불가능한 것으로 해석되어 있다.[31]

28) 대판 1969.11.15, 65다1352(피고가 필수적 공동소송인 경우).
29) 이석선(上), 106면; 실무제요, 16면; 주석, 76면.
30) 대판 1958.5.29, 4290민상735. 동지: 주석, 116면(가압류), 342면(가처분).
31) 주석, 343면.

《채권자가 제3자에게 매도를 가장한 재산의 반환 청구권과 채권자 대위권의 행사》(대법원 1958.5.29. 4290민상735)

채권자가 자기채권의 보전을 위하여 채권자대위권을 행사할 수 있는 경우에는 그 청구권에 관한 강제집행의 보전을 위하여 가압류 또는 가처분 명령의 신청도 이를 할 수 있다.

3. 보전절차상의 대리

보전절차상의 소송행위도 당연히 대리에 의하여 처리될 수 있다. 소송능력이 있는 당사자는 유효하게 가압류·가처분에 관하여 대리권을 수여할 수 있다. 그러나 본안소송에 관한 대리권을 위임받은 대리인은 가압류·가처분에 관한 대리권까지도 행사한다(민소 제90조 1항). 따라서 보전절차에 관한 위임을 별도로 할 필요는 없으나, 본안법원과 보전법원이 다른 경우에는 본안소송에 관한 위임장의 사본 등을 제출함으로써 대리권을 증명할 수 있을 것이다. 다만 위임계약의 내용상 보전절차에 관한 대리를 하는 것으로 되어 있지 않다면 본안소송의 대리인이 반드시 보전절차에서까지 대리를 하여야 할 의무를 부담하는 것은 아니다.[32] 소송무능력자의 소송행위는 법정대리인에 의해 대리되어야 함은 위에서 본 바와 같다.

대리권 없는 자의 소송행위는 본인에 대해 효력이 없으며, 이를 간과하여 법원이 재판을 하여도 무효이다. 소송법과 마찬가지로 표현대리(表見代理)는 보전법상 그 적용이 없다.

《본안소송을 수임한 변호사가 강제집행이나 보전처분에 위임계약상의 의무도 부담하는지 여부》(대법원 1997.12.12. 선고 95다20775 판결)

민사소송법 제82조의 규정은 소송절차의 원활·확실을 도모하기 위하여 소송법상 소송대리권을 정형적·포괄적으로 법정한 것에 불과하고 변호사와 의뢰인 사이의 사법상의 위임계약의 내용까지 법정한 것은 아니므로, 본안소송을 수임한 변호사가 그 소송을 수행함에 있어 강제집행이나 보전처분에 관한 소송행위를 할 수 있는 소송대리권을 가진다고 하여 의뢰인에 대한 관계에서 당연히 그 권한에 상응한 위임계약상의 의무를 부담한다고 할 수는 없고, 변호사가 처리의무를 부담하는 사무의 범위는 변호사와 의뢰인 사이의 위임계약의 내용에 의하여 정하여진다.

---

32) 대판 1997.12.12, 95다20775. 이 판례를 이중 위임을 요하는 것으로 보아 비판적인 입장은, 이시윤, 485면.

4. 당사자 지위의 승계

보전절차는 단기간에 걸쳐 진행되므로 신청시와 결정시의 당사자 지위가 승계되는 경우는 흔하지 않다. 그러나 이도 법상 불가능한 것은 아니므로 포괄적으로 일어나는 당연승계와 목적물의 양도에 의한 특정승계가 일어날 수 있다. 당사자가 사망 내지 법인합병 등으로 당사자능력이 상실된 경우에는 소송중단(민소 제233조, 제234조)과 수계(민소 제241조 이하)가 필요하며, 특정승계의 경우에는 소송참가(민소 제81조), 소송인수(제82조)에 의하여 승계가 일어나게 된다.

집행절차에 관하여는 집행문이 필요한가의 문제가 있는데, 통상 가압류나 가처분의 집행에서는 집행문이 필요하지 않으나, 승계가 있는 경우에는 승계집행문이 필요하다(제292조). 그러나 단순히 승계인이 가처분의 효력을 주장하기 위해서는 집행문이 필요 없다.[33]

5. 보전절차상의 참가

보전절차에서도 민사소송절차와 마찬가지로 보조참가나 당사자참가가 가능함은 물론이다. 그러나 보전명령절차에서는 실제 단기간에 걸쳐 진행되므로 참가의 기회는 크지 않다. 다만 보전명령 후 보조참가나 당사자참가를 하여 이의신청을 하는 경우는 많이 발견할 수 있다. 물론 독립당사자참가(민소 제79조)나 공동소송참가(민소 제83조)도 가능하다. 제3자는 이해관계가 있다고 하여도 참가하지 않고 자신의 이름으로 이의를 하는 것은 불가능하다.[34]

《보전절차상 참가인의 범위》(대법원 1970.4.28. 선고 69다2108 판결)

민사소송법 제703조, 715조에 의하여 가처분결정에 대한 이의신청을 할 수 있는 자는 채무자와 그 일반승계인이라야만 하고 특정승계인도 같은 법 제74조에 의한 참가승계를 하면 이의신청을 할 수 있다고 할 것이나 이 이외의 3자는 가처분에 대하여 사실상의 이해관계가 있다 하더라도 이의를 신청할 적격이 없다.

---

33) 주석, 343면.

34) 대판 1970.4.28, 69다2108.

IV. 보전소송의 소송물

보전절차의 성질을 소송으로 본다면 소송물의 논의는 의의가 있다고 할 수 있으나, 사실 보전소송이라고 하여도 이는 비송사건의 실질을 강하게 가지고 있고, 또 현행법이 모든 보전절차를 결정에 의해 재판하도록 하였기 때문에 소송물의 논의는 그다지 중요한 의의를 가지는 것은 아니다. 다만 보전명령절차와 보전이의절차와의 관계에서 양자의 소송물의 동일성의 판단, 그리고 중복신청을 금지하는 입장에서 중복신청인가의 여부를 판단하는 기준 등 논의의 실익이 전혀 없다고는 할 수 없다. 따라서 여기서는 보전절차의 소송물에 관한 학설의 현황을 간단히 살펴보기로 한다.

1. 실체법설

이들 학설은 실체법상의 권리 또는 법률관계나 이에 근거한 보전권능을 소송물로 보는 견해이다.

(1) 피보전권리설

이 입장은 보전소송을 가압류 · 가처분을 통하여 피보전권리를 소송물로 하고, 가정적 · 일시적으로 실체적 법률상태를 형성하는 간이소송으로 본다. 따라서 보전의 이유는 보전소송에 있어서의 권리보호의 필요로서 소송요건에 그치며 소송물을 구성하지 않는다고 한다.[35]

(2) 실체적 보전권능설

이 입장은 보전청구권을 실체상의 청구권에서 유래한 보전권능이라고 보고, 사법상의 청구권은 스스로 자신을 보전하려고 하는 권능을 가지고 있어서 그 권능으로서 재판상 채무자에 대하여 권리보전을 주장하는 것이므로 보전청구권은 실체상의 가압류 · 가처분권이며 소송물도 이를 대상으로 한다고 한다.[36]

35) 柳川眞佐夫, 保全訴訟, 106면.
36) 兼子一, 增補强制執行法, 酒井書店(1974), 299면.

이에 의하면 보전소송은 당사자 사이에 보전권능이 있는지의 여부를 판단하는 절차이며, 보전명령은 그 분쟁 당사자들 사이에 보전권능이 있음을 확인하고 이에 따라 보전조치를 취하는 재판이라고 본다.

2. 소송법설

다음 학설들은 소송법상의 권리를 소송물로 보는 입장이다.

(1) 공법적 보전청구권설

이 입장은 보전소송의 소송물은 국가에 대한 권리보호청구권의 일종인 보전청구권 그 자체로서 보전되어야 할 실체법상의 청구권과는 무관한 것이라 한다. 따라서 보전신청이 배척되었다고 하여도 본안청구권의 존부에 대해서는 하등의 영향이 없다고 한다. 이 입장은 또 보전이의신청은 항소와는 다르므로 원래의 재판을 자신에게 유리하게 변경해달라고 하는 것을 구할 수는 없고, 본래의 보전신청의 당부를 신중하게 심리하여 판단해 달라는 것이므로 이의권은 본안재판의 목적이 될 수 없다고 한다.[37]

(2) 형성청구권설

이 입장은 보전소송을 소송형태 중 형성소송의 일종으로 보아 보전청구권을 보전에 적당한 사법상의 권리상태를 형성하는 보전명령을 구하는 권리라고 파악하여 보전소송의 소송물은 보전상태의 형성에 관한 분쟁이라고 본다.[38]

3. 학설의 비판

이들 학설은 어느 것도 보전재판의 일면만을 지적하는 것으로서 완벽한 것은 되지 못한다는 비판을 받고 있다.[39]

이 중 공법적 보전청구권설은 보전소송 자체의 독자적 이론이 되지 못하고 판결절

---

37) 小川保男, 假差押假處分命令の異議に就いて, 法曹協會雜誌 15卷 3號, 18면.
38) 吉川大二郎, 保全訴訟の基本問題 增補版, 有斐閣(1977), 47면.
39) 주석, 43면.

차에 관한 이론을 차용하여 왔다는 점과 사법상의 권리를 간접적인 매개체로 하여 공법적인 소권이론으로 비약하려는 것이 약점이라고 지적되어 있고, 피보전권리설은 민사집행법이 청구채권과 보전이유인 사실을 표시하고 이들을 소명하라고 하는 점에 비추어(제279조) 단순히 피보전권리를 소송물이라고 할 수 있는지, 법문에 조화되는 이론인지 의문이 있다. 피보전권리 내지 보전의 필요는 후술하는 바와 같이 다함께 소송물을 구성한다는 것이 일반적 입장이다. 한편 형성청구권설은 너무 형식적인 논리를 펴고 있다는 비판을 받고 있는데, 왜냐하면 보전소송에서는 아무런 실체상의 법률상태를 형성하지 않기 때문이다. 이렇게 본다면 일견 실체적 보전권능설이 가장 문제를 정확히 표현하고 있는 것이 아닌가 한다.

구법상의 것이지만 판례는 "보전소송절차는 피보전청구권을 종국적으로 확정하는 것을 목적으로 하는 것이 아니므로 보전소송에서 피보전청구권이 소명되어 보전신청이 판결에 의하여 인용되고, 동 판결이 확정되었다고 하더라도 그로써 그 피보전청구권에 관해서 기판력이 생기는 것이 아니라 할 것"[40]이라고 하여 공법적 보전청구권설과 유사한 표현을 쓰고 있으나, 실제 어느 입장을 따른 것인지는 분명하지 않다.

V. 보전의 목적물

1. 보전절차와 목적물의 관계

앞에서 본 바와 같이 보전절차의 구성요소는 주관적 요소인 법원, 당사자와 객관적 요소인 소송물로 되어 있다고 보아야 할 것이다. 그러면 과연 보전의 대상 또는 목적물이 보전절차를 구성하는 요소인가가 문제된다. 예를 들면, 채권 가압류에 있어서의 채권이나 부동산처분금지 가처분에 있어서의 부동산이 보전절차의 일부인가 하는 것이다. 이는 다시 말하면 동일한 당사자들 사이에서 동일한 피보전권리를 가지고 가압류를 하였는데, 목적물이 특정 토지인 경우와 유체동산으로 되어 있는 경우 이들을 동일한 가압류로 볼 것인가 아니면 목적물이 다르므로 별개의 가압류로 볼 것인가 문제이다.

---

40) 대판 1977.12.27, 77다1698.

이는 특히 가압류에 있어서 명확히 나타나는데, 말하자면 가압류 신청을 하면서 그 목적물을 표시하여야 하는가 하는 문제이다. 이를 한 번 더 확장해서 보면 가압류 명령에 목적물을 표시하여야 하는가 하는 것과도 관련이 있다. 만약 목적물이 가압류의 요소가 아니라면 신청시에는 물론 결정시에도 목적물을 표시할 필요가 없고, 집행 신청시에 채권자가 목적물을 지정하면 될 것이다. 물론 유체동산의 경우는 그러한 필요도 없다. 이러한 것은 또 한 편 하나의 가압류로 여러 개의 목적물에 대해 가압류 집행을 할 수 있는가의 문제와도 연결되어 있다. 가압류명령에 목적물을 기재하지 않는다면 가압류명령을 여러 차례 집행권원으로 삼아 집행하는 것도 불가능한 것은 아니기 때문이다.

생각건대 집행법상 집행권원에 목적물을 표시할 필요가 없으므로, 본안법원이 발령한 가압류명령으로 집행할 때 비로소 목적물을 특정하여 집행하는데 지장이 없고,[41] 다툼의 대상이 있는 곳을 관할하는 지방법원에 가압류를 신청할 때에도 목적물을 표시하는 이유는 관할권의 존부를 판단하기 위한 자료에 불과하며,[42] 그 가압류명령으로 관할구역 밖의 재산을 집행하는 것이 불가능하다고 할 수 없다는 점 등을 고려하면 가압류명령에 있어서 목적물은 표시할 필요가 없고, 따라서 목적물을 가압류의 요소라고 하기는 어렵다고 할 것이다.

현재 법원의 실무는 가압류를 목적물에 따라 구별하여 부동산 가압류, 유체동산 가압류, 채권 가압류로 구별하여, 동일 당사자들 사이에 동일 채권을 보전하기 위한 가압류를 신청하면서도 목적물이 다른 경우에는 따로 신청하고 법원도 따로 목적물을 표시하여 발령하고 있다고 한다. 이는 집행과의 관련 및 실무상의 편의를 위한 것이기는 하나 적절하다고 할 수 없는 것이다.

다툼의 대상에 관한 가처분은 그 피보전권리가 특정물에 대한 이행청구권이므로 목적물은 피보전권리의 일부이고, 신청이나 결정에는 반드시 목적이 표시되어야 한다.[43] 임시의 지위를 정하기 위한 가처분은 반드시 목적물에 대한 내용을 포함하는 것은 아니므로 그 내용에 따라 개별적으로 검토되어야 한다.

---

41) 주석, 67면; 실무제요, 59면.
42) 동지: 방순원/김광년, 489면.
43) 대결 1999.5.13, 99마230.

《다툼의 대상에 관한 가처분에서 목적물의 표시》(대법원 1999.5.13. 자 99마230 결정)
가. 계쟁물에 관한 가처분은 그 피보전권리가 특정물에 관한 이행청구권이므로 이러한 가처분의 결정 및 집행에 있어서는 그 대상 목적물인 계쟁물이 명확히 특정되어야 한다.
나. 신청인 회사가 상대방 회사가 보관중인 자사의 제품에 대한 가처분을 신청하면서 그 대상 물건을 품목, 규격, 수량, 가격 등으로만 표시하여 가처분결정도 이와 같은 방식으로 목적물을 표시하였으나, 상대방 회사의 소재지에 다른 회사의 제품으로서 위 가처분 목적물로 표시된 것과 동일한 명칭과 규격을 가진 제품이 혼합되어 있는 경우, 위 가처분결정은 계쟁물이 특정되어 있지 않은 경우로서 그에 따른 집행관의 집행처분은 무효라고 볼 수밖에 없다.

2. 보전의 목적물에 대한 개별적 검토

여기서는 가압류와 다툼의 대상에 관한 가처분의 목적물을 개별적으로 검토하여 본다.

(1) 부동산

일반적으로 부동산은 보전의 목적물이 되는데 지장이 없다. 부동산의 공유지분을 목적물로 한 가압류는 공유물 자체를 가압류 할 수는 없어도 지분에 대한 가압류는 할 수 있다. 또한 합유지분을 목적물로 하여 가압류를 신청한 경우 이는 장래의 이익배당과 지분의 반환청구권에 미치는데(민법 제714조), 개별적으로 조합재산에 대해 가압류를 할 수는 없다.

또한 미등기 부동산도 압류가 가능하므로 가압류도 가능하며, 이때에는 즉시 채무자 명의로 등기할 수 있다는 것을 증명하는 서류를 제출하여야 한다(제81조 1항 2호, 부등 제130조 내지 제132조 참조).

신탁법상 수탁자 명의로 되어 있는 신탁재산에 대하여는 강제집행을 할 수 없으므로 가압류도 할 수 없다(신탁 제21조 1항 본문). 다만 신탁 전의 원인으로 발생한 권리 또는 신탁사무의 처리상 발생한 권리에 기한 경우에는 예외적으로 가압류가 허용된다(같은 항 단서).

부동산에 관한 소유권이전등기청구권을 가압류의 목적물로 할 수 있는가. 판례[44]는 종래 이를 부정하다가 긍정하는 쪽으로 입장을 바꾸었으나, 이를 인정한다고 하여도 가압류집행을 위한 등기를 할 수 없으므로 가압류 이후 목적물을 처분하여도 이를

44) 대결 1978.12.18, 76마381 전원합의체. 이 결정으로 대판 1975.3.10, 74마487 판결이 폐기되었다.

취득한 제3자에 대해 무효를 주장할 수 없는 한계가 있다.[45)]

《부동산소유권이전등기청구권이 강제집행 및 가압류의 대상이 될 수 있는지 여부》(대법원 1978.12.18. 자 76마381 전원합의체 결정)

민사소송법 제577조에서 말하는 부동산에 관한 청구권의 문리상 당연히 부동산의 인도나 권리이전의 청구권을 총칭하는 것으로 부동산소유권이전등기청구권도 이외에 포함되며 그렇다면 본 집행에의 길이 열려 있는 부동산소유권이전등청구권에 대하여 가압류가 안 될 이유가 없다.

(2) 선박 · 항공기 · 자동차 · 건설기계

선박이나 항공기, 자동차, 건설기계 등은 본래 민법상 유체동산에 해당하는 것이나 일정규모 이상의 선박 등에 대해서는 그 권리를 표상하는 방법이 점유가 아니라 등기나 등록 등에 의하도록 하고 있으므로, 유체동산이 아니라 부동산 집행방법에 준하여 집행을 하도록 하고 있고 가압류나 가처분도 이에 따라 행해지게 된다.

(3) 유체동산

가압류의 대상 중 유체동산은 가압류의 신청이나 명령에 특정되어 기재되지 아니한다. 일단은 집행기관이 법원이 아니라, 집행관이기 때문인데, 이에 따라 집행관이 실제 집행시에 스스로 대상물을 선정하여 집행을 실시하게 된다. 법이 압류를 금지하고 있는 유체동산은 가압류할 수 없다(제195조). 다만 금전의 경우에는 집행관이 이를 가압류하면 공탁하여야 한다(제296조 4항).

(4) 채 권

통상적으로 채권도 압류할 수 있으므로 그 범위에서 제한 없이 가압류, 가처분이 가능하다. 다만 법령상 압류가 금지된 채권(제246조: 압류금지채권, 공무원연금법 등)과 성질상 압류할 수 없는 채권은 가압류도 할 수 없다. 후자의 예로서는 재산분할청구권이나 유류분 반환청구권 등 일신전속권에 속하는 것들이다. 다만 당사자 사이에 양도금지의 특약이 있는 채권은 가압류를 할 수 있다.[46)]

채무자가 제3자에 대해 부동산이나 유체동산의 인도 내지 이전청구권을 가지고 있

45) 이시윤, 484면.
46) 대판 1976.10.29, 76다1623.

을 때에는 그 청구권 자체를 가압류할 수 있다(제244조 2항 참조).[47]

《양도금지 특약이 있는 채권의 압류》(대법원 1976.10.29. 선고 76다1623 판결)

당사자 사이에 양도금지의 특약이 있는 채권이라도 압류 및 전부명령에 의하여 이전할 수 있고, 양도금지의 특약이 있는 사실에 관하여 압류채권자가 선의인가 악의인가는 전부명령의 효력에 영향을 미치지 못한다.

《부동산소유권이전등기청구권이 강제집행 및 가압류의 대상이 될 수 있는지 여부》(대법원 1978.12.18. 자 76마381 전원합의체 결정)

민사소송법 제577조에서 말하는 부동산에 관한 청구권의 문리상 당연히 부동산의 인도나 권리이전의 청구권을 총칭하는 것으로 부동산소유권이전등기청구권도 이외에 포함되며 그렇다면 본 집행에의 길이 열려 있는 부동산소유권이전등청구권에 대하여 가압류가 안 될 이유가 없다.

(5) 기타 재산권

위에서 살펴본 것 외에 보전의 대상이 되는 것으로는 유체동산에 대한 공유지분권, 특허권 · 실용신안권 · 상표권 · 디자인권 · 저작권 등의 지적재산권, 합명회사 · 합자회사 · 유한회사의 사원권, 조합원의 지분권, 골프회원권이나 헬스클럽 이용권과 같은 설비이용권, 주권 발행 전의 주식이나 신주인수권, 예탁유가증권, 전세권 등이 있다. 임차권을 집행하기 위해서는 임대인의 승낙이 있어야 가압류를 할 수 있고(민법 제629조 참조), 고용계약에 의해 사용자가 노무의 제공을 받을 권리도 근로자의 동의가 있어야 한다. 그 외 건설업면허[48], 자동차운수사업면허[49] 등은 강제집행에 부적합하여 가압류도 할 수 없다.

《건설업면허가 강제집행의 방법으로 압류하여 환가하기에 적합한 것인지 여부》(대법원 1994.12.15. 자 94마1802,94마1803 결정)

건설업법 제6조, 제7조, 제9조, 제16조의2, 제13조, 제15조의 규정에 의하면, 건설부장관의 인가를 받아 건설업의 양도가 적법하게 이루어지면 건설업면허는 당연히 양수인에게 이전되는 것일 뿐, 건설업을 떠난 건설업면허 자체는 건설업을 합법적으로 영위할 수 있는 자격에 불과한 것으로서 양도가 허용되지 아니하는 것이라 할 것이므로, 결국 건설업자의 건설업면허는 법원이 강제집행의 방법으로 이를 압류하여 환가하기에는 적합하지 아니한 것이라 할 것이다.

---

47) 대결 1978.12.18, 76마381(전). 본 결정으로 대결 1975.3.10, 74마487 판례가 폐기되었다.

48) 대결 1994.12.15, 94마1802, 94마1803.

49) 대결 1996.9.12, 96마1088,1089.

《자동차운수사업면허를 압류할 수 있는지 여부》(대법원 1996.9.12. 자 96마1088,1089 결정)

자동차운수사업법의 관계 규정에 따르면, 인가를 받아 자동차운수사업의 양도가 적법하게 이루어지면 그 면허는 당연히 양수인에게 이전되는 것일 뿐, 자동차운수사업을 떠난 면허 자체는 자동차운수사업을 합법적으로 영위할 수 있는 자격에 불과하므로, 자동차운수사업자의 자동차운수사업면허는 법원이 강제집행의 방법으로 이를 압류하여 환가하기에 적합하지 않은 것이다.

3 보전소송의 요건

I. 피보전권리와 보전의 필요

≫ 설문 ❻

甲은 배우자인 乙의 부정행위로 인해 이혼소송을 제기하면서 乙이 재산을 빼돌릴 것을 우려하여 위자료 청구권을 피보전권리로 하여 3억원에 상당하는 乙 명의의 주택에 대해 가압류를 하였다. 그런데 막상 이혼재판의 결과 위자료로는 500만원을 지급받도록 판결이 선고되고, 이와 별도로 2억원을 재산분할로 지급받게 되었다. 그런데 판결이 확정되기도 전에 乙은 위자료조로 500만원을 공탁하고 가압류의 취소를 법원에 신청하였다. 甲은 乙이 재산분할을 해주지 않을 것을 우려하여 이 가압류를 재산분할청구권을 위한 것으로 변경하고 싶은데, 가능한가?

1. 보전요건과 소송물

보전소송의 요건은 보전처분을 하기 위한 요건을 말하는데, 우선 보전을 할 권리가 있어야 할 것이고, 그 다음으로 그 권리를 보전할 필요성이 인정되어야 할 것이다. 앞의 것을 피보전권리라 하고, 뒤의 것을 보전의 필요라 한다. 이들 중 어느 하나라도 갖추어지지 못한다면 보전처분을 할 수는 없게 되는 것은 분명하다(제276조, 제277조, 제301조 참조). 피보전권리가 없는데도 보전처분이 되면 이 보전처분은 무효로 되고, 보전처분의 취소절차나 집행의 취소절차에 의해 외관을 제거하게 된다. 그러나 보전의 필요가 없는데도 취소를 하였다면 무효로까지 되는 것은 아니고, 후에 취소사유가 되는데 그친다.

그런데 이들 두 가지의 보전요건은 주종관계에 서는 것인지 아니면 병렬적으로 존재하는 것인지 의문이 있다. 달리 말하면 피보전권리만이 보전소송의 소송물을 구성한다는 입장과 이 두 가지의 요건이 함께 소송물을 구성한다는 입장의 대립인데, 피보전권리설은 보전의 필요를 보전소송의 권리보호요건으로서 소송요건에 그친다고 본다. 이와 같은 대립은 중복신청의 판단에 작용하게 되는데, 예컨대 피보전권리가 같더라도 보전의 필요가 다르다면 다른 신청이라고 할 것인가 아니면 중복신청이라고 할 것인가의 문제이다. 보전절차에서는 동일한 피보전권리에 대해 보전이 행해졌다고 하더라도 다른 보전의 필요가 있으면 다시 보전하여야 할 것이므로 이들 두 가지의 요건이 함께 소송물을 구성하는 것으로 보아야 할 것이다. 이는 또한 민사집행법이 보전신청에 청구채권의 표시와 가압류의 이유가 될 사실의 표시를 함께 할 것과 양자의 소명을 요구하는 점에 비추어 보더라도 그러하다.[1)]

2. 피보전권리와 본안소송과의 관계

보전소송은 부수성이 있는 것이므로 보전절차가 본안절차의 존재를 전제로 함은 당연하다고 할 수 있다. 따라서 본안소송이 제기되어 있지 않은 경우, 법원은 채무자의 신청으로 제소명령을 발하게 되며, 이 명령을 받고도 본안소송을 제기하지 않으면 보전처분이 취소되게 된다(제287조). 이렇듯 보전처분과 본안소송이 깊은 관련성을 가지고 있다고 할 때, 양자는 어떠한 경우라야 상호간에 보전처분과 본안소송의 관계가 있다고 할 수 있을 것인가. 다시 말하면 이는 피보전권리와 본안소송의 소송물의 관련성은 어느 정도 밀접하여야 하는 것인가가 문제로 될 수 있다. 이에 관하여는 앞에서 청구의 기초만 동일하면 관련성이 있다고 하였기 때문에 여기서 재론하지 않으나, 이와 같이 융통성 있게 해석하지 않으면 시간적 여유가 없는 채권자가 미처 본안을 충분히 고려하지 못한 경우, 보전처분으로 그를 보호하지 못하게 할 가능성이 있기 때문이다. 따라서 유용(流用)의 우려가 없는 한 청구의 기초에 동일성이 인정되면 다소간의 차이가 있다고 하여도 본안과의 관련을 인정하여야 할 것이며, 판례의 입장도 같다.[2)]

1) 吳天錫, 保全處分의 被保全權利, 裁判資料 제45집, 11면; 주석, 60면.
2) 대판 1982.3.9, 81다1223, 81다카991.

《보전소송의 피보전권리와 본안소송의 소송물과의 관계》(대법원 1982.3.9. 선고 81다1223, 81다카991 판결)

보전처분의 피보전권리와 본안의 소송물인 권리는 엄격히 일치함을 요하지 않으며, 청구의 기초의 동일성이 인정되는 한 그 보전처분의 보전의 효력은 본안소송의 권리에 미친다고 보아야 할 것이다.

3. 보전처분의 流用

특정한 청구권을 피보전권리로 보전처분을 한 후 이 보전처분을 다른 청구권을 피보전권리로 하는 보전처분으로 바꾸어 쓸 수 있는가 하는 것이 보전처분의 유용의 문제이다.

이와 같은 유용은 가압류에 있어서는 청구의 기초에 동일성이 있느냐의 여부를 불문하고 부정적으로 본다.[3] 가압류의 경우에는 금전채권을 피보전권리로 하므로 만약 유용을 허용하게 되면 채권자가 가능한 모든 사유를 열거하여 보전처분을 받아놓고 순차적으로 각 청구권에 관하여 따로 소송을 제기하여 이들 모든 청구권에 관하여 소송이 끝날 때까지 채무자의 재산권 행사를 제한하는 부당한 결과로 되기 때문이다.

그러나 가처분의 경우에는 다소 융통성이 있다. 본안소송과 가처분은 엄격한 일치를 요하지 않기 때문에 청구의 기초가 동일한가의 여부에 따라 다르다. 예컨대 가장매매을 원인으로 한 소유권이전등기 말소청구권을 피보전권리로 하는 처분금지가처분 후 본안소송에서 패소하였는데, 이후 신탁해지를 원인으로 한 소유권 이전등기청구권을 소송물로 하는 소송에 유용할 수는 없는 것이다.[4] 그러나 청구의 기초에 동일성이 인정되는 경우, 예컨대 원인무효를 이유로 한 말소등기청구권을 피보전권리로 한 처분금지가처분의 효력은 예비적으로 추가된 시효취득으로 인한 소유권이전등기청구권의 보전에도 미친다.[5]

이에 따라 가처분의 본안이 패소 확정으로 되면 이와 청구의 기초를 달리하는 다른 소송을 위하여 위 보전소송을 유용할 수 없게 된다는 것이다. 이와 마찬가지로 보

3) 대판 1966.1.25, 65다2201; 동 1976.4.27, 74다2151.
4) 대판 1970.4.28, 69다1311.
5) 대판 1982.3.9, 81다1223, 81다카991.

아야 할 것이 종국판결 후의 소 취하, 제척기간의 경과 등으로 본안소송을 제기할 수 없거나 제소를 하더라도 패소가 명백한 경우에는 보전처분은 그 필요가 소멸되었으므로 취소되어야 할 것이고 별개의 소송을 위해 유용될 수는 없는 것이다.

다만 본안소송의 진행 중 청구를 변경하여 피보전권리가 변경되었을 때에는 청구의 기초가 동일한 범위 내에서 그 보전처분은 변경된 청구권을 보전하게 되는데, 이는 유용이라고 할 수 없다.

《피보전권리와 소송물이 동일성이 없는 경우의 가처분의 유용》(대법원 1976.4.27. 선고 74다2151 판결)

이건 가처분의 피보전권리는 갑의 을에 대한 토지소유권이전등기청구권인데 반하여 이건 소송에서는 갑이 병을 대위하여 병의 을에 대한 토지소유권이전등기청구권을 행사하고 있어서 위 가처분의 피보전권리와 이건 소송물과는 동일성이 없으므로 위 가처분을 이건 소송에 유용할 수 없다.

《원인무효인 등기의 말소청구권을 소송목적물로 하는 소송에 유용하는 것의 가부》(대법원 1970.4.28. 선고 69다1311 판결)

가처분결정의 본안소송은 원고소유인 본건 부동산에 관하여 피고가 취득한 그 소유권등기는 위 소외인으로 부터 가장매매를 원인으로 하여 넘겨간 무효의 등기라 하여 그 말소를 청구한데 있었으나 그 소가 취하된 이상 그 소유권이전등기말소청구권을 피보전권리로 하는 위 가처분결정은 본건 신탁해지를 원인으로 한 소유권이전등기 청구권을 소송목적물로 하는 소송에는 유용될 수 없다.

《보전소송의 피보전권리와 본안소송의 소송물과의 관계》(대법원 1982.3.9. 선고 81다1223,81다카991 판결)

보전처분의 피보전권리와 본안의 소송물인 권리는 엄격히 일치함을 요하지 않으며, 청구의 기초의 동일성이 인정되는 한 그 보전처분의 보전의 효력은 본안소송의 권리에 미친다고 보아야 할 것이다.

II. 가압류의 요건

≫ 설문 ❼

甲은 채무자인 乙을 상대로 하여 주택의 매매대금 2억원의 지급을 구하는 소를 제기하여 승소판결을 받아 이것이 확정되었다. 그런데 이 판결은 아직 목적 주택이 乙에게 이전되지 않았다는 乙의 항변을 받아들여, 등기의 이전과 주택의 명도를 동시에 이행하라는 내용으로 선고되었는데, 甲은 수개월째 乙에 대해 자신의 의무를 이행하지 않고 대금의 지급만을 종용하고 있다. 이때 甲은 乙이 책임재산을 처분하려 한다는 이유를 들어 가압류를 신청하였는데, 법원은 이를 받아들여야 하는가?

가압류나 다툼의 대상에 관한 가처분에 있어서는 피보전권리가 소명되면 보전처분의 잠정성, 신속성에 비추어 보전의 필요성도 인정된다고 하는 것이 보통이다.

1. 피보전권리

가압류는 금전채권 또는 금전으로 환산할 수 있는 채권에 대해 강제집행을 보전하는 제도이므로, 피보전권리는 이에 적합한 것이어야 한다. 따라서 채권은 금전채권이거나 금전으로 환산할 수 있는 재산상의 청구권이어야 하며, 강제집행이 가능한 것이어야 한다.

(1) 재산상의 청구권

가압류는 강제집행을 보전하기 위한 것이므로 재산권과 관계없는 채권은 이를 가압류로 보전할 수 없다. 따라서 인격권이나 명예권, 친족권, 상속권 등 재산권이 아닌 권리는 피보전권리가 되지 못한다.

(2) 금전채권 또는 금전으로 환산할 수 있는 채권

민사집행법은 가압류의 피보전권리를 금전채권이나 금전으로 환산할 수 있는 채권으로 한정하고 있으므로(제276조 1항), 예컨대 특정물 채권이나 물권 등은 이를 가처분으로 보전할 수 있는가의 문제는 별론으로 하더라도 가압류의 대상으로 될 수는 없다.

여기서 금전으로 환산할 수 있는 채권이라 함은 본래는 금전채권이 아니지만, 예컨대 채무불이행에 의하여 금전배상청구권으로 변하거나, 강제집행이 불능으로 되면 금전채권으로 바뀌는 대상청구권(代償請求權)과 같은 것을 말하는 것이다. 따라서 본래 다툼의 대상에 관한 가처분을 하여야할 청구권이지만 금전청구권으로 보아 가압류를 할 수 있게 한 것이다. 다만 가압류를 신청할 당시에 금전채권으로 바뀌어 있을 필요는 없고, 장래에 금전채권으로 바뀔 것을 예상하여 미리 가압류를 신청하는 것이 가능하다.[6]

채권자의 작위나 부작위를 구하는 청구권도 본래 가압류를 신청할 수 없는 것이나, 이에 대해 대체집행이나 간접강제를 할 경우에는 비용청구를 위한 금전채권이 생기므로 이를 위하여 가압류를 할 수는 있을 것이다.

금전채권의 전부뿐만 아니라, 그 일부에 대해 가압류를 하는 것도 가능하다. 채권을 분할하여 수 개의 가압류 신청을 하였다면 이들 가압류 사건은 원칙적으로 별개의 사건으로 되어, 개별적으로 절차가 진행된다.

(3) 강제집행이 가능한 채권

가압류절차가 강제집행을 보전하기 위한 절차이므로 피보전권리가 강제집행을 할 수 있는 것이어야 함은 당연하다. 따라서 금전채권이라고 하여도 강제집행이 아니라 국세징수절차에 의하는 조세채권이나 집행을 하지 않기로 하는 특약이 있는 채권, 면책특권자에 대한 채권, 자연채무, 도산절차에서 면책을 받은 채권 등은 가압류를 할 수 없다.

그러나 중재합의가 있는 채권은 소제기는 허용되지 않더라도 강제집행을 할 수는 있으므로 가압류는 가능하다(중재 제10조). 또한 제3자에 의해 압류 내지 가압류된 채권은 압류할 수 있으므로 가압류도 가능하다고 보아야 한다. 이 경우 현금화를 하는 것은 문제가 될 수 있다.

민사소송에 의한 권리보호의 대상이 아닌 채권이 가압류의 대상인가에 관해 적극설[7]이 없지 않으나, 판례는 이를 부정하고 있다. 이에 따르면 재산형의 일종인 추징은 이를 집행하는 검사의 명령이 집행권원과 동일한 효력을 가진다고 하더라도 민사소송

6) 이석선(上), 37면; 이영섭, 274면; 주석, 61면.
7) 이석선(上), 50면은 비송사건을 피보전권리로 하는 보전처분을 부정할 필요는 없다고 한다.

절차에 의한 권리보호를 받을 수 없으므로 가압류명령으로 보전될 수 있는 피보전권리가 아니라고 하고 있다.[8] 가사소송상의 청구권에 대해 구법상 마찬가지의 의문이 있었으나 가사소송법은 가사소송사건뿐만 아니라 마류 가사비송사건을 본안으로 하는 사건에 대해서도 가압류 · 가처분을 할 수 있도록 하여(가소 제63조 1항), 입법적으로 해결되었다.

일단 강제집행이 가능하여 가압류를 하였다고 하더라도, 강제집행이 목적달성불능으로 종료된 경우에는 그에 선행한 가압류집행도 그 효력을 상실하여 종료한다.[9]

《재산형을 집행하는 검사의 명령과 가압류》(대법원 1971.3.9. 선고 70다2783 판결)

재산형의 일종인 추징을 집행하는 검사의 명령이 채무명의와 동일한 효력이 있다 하여도 민사소송절차에 의하여 권리를 보호받는 것이라 볼 수는 없어 가압류명령의 피보전권리라고는 보기 어렵다.

《본집행이 집행목적달성 불가능으로 종료된 경우의 가압류 집행의 효력》(대법원 1980.6.26. 자 80마146 결정)

가압류와 강제집행의 효력은 연속일체를 이루게 되는 것이므로 본집행인 강제집행절차가 집행목적 달성이 불가능하게 되어 종료된 경우에는 그에 선행한 가압류집행도 그 효력을 상실한다.

(4) 피보전권리의 성립 여부

가압류를 신청할 당시에 피보전권리가 현실적으로 성립하고 있어야 하는가에 대해서는 이는 보전요건이므로 가압류 신청에 대한 재판을 할 때 성립하고 있으면 된다고 한다.[10] 법도 피보전권리에 조건이 붙어 있거나 기한이 차지 아니한 것인 경우에도 가압류를 할 수 있다고 하고 있다(제276조 2항). 조건은 해제조건이나 정지조건을 가리지 않으며, 조건이나 기한이 확정되지 않아도 무방하다. 다만 지나치게 먼 장래의 채권은 보전의 필요가 부인되는 경우가 있을 수 있을 것이다.[11]

이 외에 동시이행이나 유치권 등의 항변권이 붙어있는 청구권, 채권양도의 대항요건을 갖추지 않은 채권의 보전을 위한 가압류도 가능하다.[12]

---

8) 대판 1971.3.9, 70다2783.
9) 대결 1980.6.26, 80마146.
10) 이석선(上), 37면; 주석, 62면.
11) 동지: 오천석, 앞의 논문, 32면; 주석, 63면.
12) 이석선(上), 37면; 이영섭, 274면; 주석, 63면.

한편 실제로 전세권 설정계약을 체결하지 않았으면서도 담보목적으로 당사자 사이의 합의에 따라 전세권 설정등기를 마친 경우에 이 전세권을 가압류한 채권자가 선의의 제3자로서 보호를 받을 수 있는가에 대해 판례는 위 전세권설정계약이 통정허위표시에 해당하여 무효라 하더라도 위 전세권설정계약에 의하여 형성된 법률관계에 기초하여 새로이 법률상 이해관계를 갖게 된 제3자에 대하여는 그 제3자가 그와 같은 사정을 알고 있었던 경우에만 그 무효를 주장할 수 있다고 하여 적극적으로 해석하고 있다.[13)]

《통정허위표시로 무효인 권리에 대한 가압류의 효력》(대법원 2010.3.25. 선고 2009다35743 판결)

실제로는 전세권설정계약을 체결하지 아니하였으면서도 임대차계약에 기한 임차보증금반환채권을 담보할 목적 또는 금융기관으로부터 자금을 융통할 목적으로 임차인과 임대인 사이의 합의에 따라 임차인 명의로 전세권설정등기를 경료한 경우, 위 전세권설정계약이 통정허위표시에 해당하여 무효라 하더라도 위 전세권설정계약에 의하여 형성된 법률관계에 기초하여 새로이 법률상 이해관계를 갖게 된 제3자에 대하여는 그 제3자가 그와 같은 사정을 알고 있었던 경우에만 그 무효를 주장할 수 있다. 그리고 통정한 허위표시에 의하여 외형상 형성된 법률관계로 생긴 채권을 가압류한 경우 그 가압류권자는 허위표시에 기초하여 새로이 법률상 이해관계를 가지게 된 제3자에 해당하므로, 그가 선의인 이상 위 통정허위표시의 무효를 그에 대하여 주장할 수 없다.

2. 가압류의 필요

(1) 책임재산에 관한 집행 불능 또는 곤란

피보전권리가 존재하는 것만으로는 가압류를 하기에 부족하고, 가압류의 필요가 인정되어야 한다. 법은 이를 "판결을 집행할 수 없거나 판결을 집행하는 것이 매우 곤란할 염려가 있을 경우"라고 표현하고 있다(제277조). 가압류는 이와 같이 책임재산을 확보하여 강제집행을 보전하는 제도이기 때문이다. 여기서 가압류를 하기 위한 집행권원으로 법은 판결만을 들고 있으나, 이외에 화해조서나 지급명령, 집행증서 등 모든 집행권원이 당연히 다 인정된다.[14)]

강제집행을 하기 위해서 필요한 일차적인 조건은 책임재산이 존재하는 것이므로

13) 대판 2010.3.25, 2009다35743.

14) 주석, 98면; 실무제요, 46면.

어떠한 사정에 의하여 책임재산이 타인에 이전되거나 멸실하게 되어 결과적으로 채권자가 강제집행을 하려고 할 때 책임재산이 없거나 부족하여 강제집행에 곤란을 겪게 될 우려가 여기서 말하는 가압류의 필요이다. 이를 방지하지 않으면 채권자는 궁극적으로 집행을 통하여 자신의 금전채권을 실현할 수 없게 되기 때문이다. 따라서 채무자가 특정한 재산을 처분하였다고 하여도 나머지의 재산으로 강제집행이 가능하다면 집행이 곤란하게 되었다고 할 수 없다.

집행불능 또는 곤란이라 함은 법적 내지 사실상의 사유로 인하여 강제집행이 불가능하거나 곤란해지는 사유를 말한다. 금전집행의 경우, 법적인 집행불능은 쉽게 상정하기 어려우나, 재산의 낭비, 훼손, 권리포기, 은닉, 염가 또는 무상의 처분, 무모한 차용 등으로 책임재산이 전혀 없게 되는 것은 사실상의 집행불능으로 되는 것이며, 또한 채무자의 도망, 주거부정 외에도 자주 이사를 다녀서 주소를 찾아내기 어려운 것도 집행의 곤란사유로 될 것이다.

이때 이들 사정은 채무자의 고의 · 과실 여부를 묻지 않으며, 불가항력에 의한 것이라도 무방하다. 그리고 채권자가 채권을 취득할 때 무자력이었느냐의 여부도 상관없다. 이러한 사유는 당연히 채무자에게 발생하여야 하고, 보증인이나 다른 연대채무자에게 생긴 사유는 가압류의 필요가 있는 것으로 인정받지 못한다. 물론 위의 사정을 채권자가 스스로 초래하였다면 가압류의 사유로 하기 어려울 것이다. 구민사소송법은 외국에서 판결의 집행을 할 경우를 가압류사유의 하나로 규정하고 있었으나(구민소 제697조), 국제적 거래가 빈번하고 외국에서의 집행이 불가능하지 않은 현재에 있어서는 일반적 상황에 따라 가압류의 필요 여부를 판단하면 된다.

위에서 본 것과 같은 통상적인 경우 외에, 집행권원을 가지지 않은 채권자가 배당요구를 하기 위해서 가압류를 신청한 경우(제148조 2호)에는 집행곤란 등의 사유가 없어도 가압류의 필요를 인정해 주어야 한다.[15]

(2) 가압류의 필요가 의문시되는 경우

채무자가 채무의 존재를 부인하거나 이행을 거절하는 것은 집행의 곤란과는 무관하므로 채무자에게 충분한 책임재산이 있다면 이는 가압류의 사유가 되지 못한다.[16]

---

15) 이시윤, 480면.
16) 방순원/김광년, 485면; 박두환, 694면.

채권자가 이미 집행권원을 가지고 있어서 즉시 집행에 착수할 수 있다면 바로 집행을 하는 것이 옳으므로 가압류를 할 필요는 없을 것이다. 그러나 즉시 집행에 착수할 수 없는 때, 예컨대 집행권원이 조건이나 기한에 달려있거나 청구이의의 소 제기로 인한 집행정지결정으로 언제 집행이 실시될지 불투명한 상태라면 가압류의 필요가 인정될 수 있을 것이다.[17] 또 가압류명령을 받아 충분히 책임재산을 확보하여둔 상태라면 다시 가압류를 할 필요는 없다.

또한 채권자가 충분한 담보를 가지고 있어서 집행에 어려움이 없을 것으로 예상된다면 가압류를 할 필요가 없을 것이다. 저당권 · 유치권 · 질권이나 선박우선특권 등과 같은 물적담보가 있다면 이를 바로 실행하는데 지장이 없기 때문이다. 그러나 인적 담보인 보증은 그것이 충분한 담보인가 여부가 집행시를 기준으로 판단되기 때문에 보증인이 존재한다고 하여도 가압류를 할 수 있다. 또한 임금에 대한 근로자의 우선권은 담보가 아니므로 가압류를 할 수 있음은 당연하다.

피보전권리가 곧 소멸할 것이 예상되는 경우, 가압류를 부정할 수 있을 것인가가 문제이다. 그렇다고 하더라도 피보전권리는 존재하는 것이므로 그 사유가 명확하다면 보전의 필요가 없는 것으로 볼 수 있을 것이다.[18]

---

17) 김상원/정지형, 111면; 박두환, 695면.
18) 주석, 101면.

III. 다툼의 대상에 관한 가처분의 요건

》 설문 ❽

甲은 乙이 소유하고 있는 토지의 일부를 매수하여 이 토지 위에 주택을 건축하려고 하고 있으나, 최근 乙이 사정이 어려워져서 乙의 채권자가 이 토지를 강제집행할지도 모른다는 소문을 듣게 되었다. 이때 甲은 乙의 해당 토지 전부에 대해 가처분을 할 수 있는가?

》 설문 ❾

甲이 乙이 소유하고 있는 건물을 매수하여 이를 자신의 작업장으로 사용하기로 하고 계약을 하였으나, 갑자기 乙이 이 건물을 옆에 있는 건물과 이어붙여서 대형의 공장으로 사용하려 한다는 소식을 듣게 되었다. 이렇게 되면 甲과 乙 사이의 매매계약은 목적물이 모호해지기 때문에 문제가 생길 수 있다고 판단하였다면 甲은 어떠한 조치를 취할 수 있는가?

1. 피보전권리

다툼의 대상에 관한 가처분은 가압류와 마찬가지로 강제집행을 보전하기 위한 보전처분으로서, 특정물 채권을 그 대상으로 한다. 가압류와 중복하지 않는 범위 내에서 본다.

(1) 목적물의 인도 또는 특정한 급부를 목적으로 하는 청구권

다툼의 대상에 관한 가처분은 특정물의 인도 또는 특정한 급부를 목적으로 하는 피보전권리에 관한 강제집행을 보전하기 위한 가처분이다.[19] 이러한 의미에서 이 가처분은 오히려 가압류와 유사한 일면을 가지고 있다. 따라서 이의 피보전권리도 재산권이어야 한다는 점에 있어서는 가압류의 피보전권리와 유사하나, 금전채권은 가처분의 대상으로 될 수 없다는 점이 다르다.[20]

특히 특정물을 대상으로 하지 않는 권리, 예컨대 가수의 출연청구권과 같은 작위청구권이나, 경업금지청구권과 같은 부작위청구권은 물건의 현상을 보전함으로써 권

19) 대판 1956.1.26, 4288民上248.
20) 대판 1955.7.7, 4287民上322.

리의 보전이 가능한 것이 아니므로 피보전권리가 될 수 없다. 이런 것은 임시의 지위를 정하기 위한 가처분의 피보전권리로 된다.[21]

당사자 사이에 다툼의 대상으로 된 특정물은 유체물에 한하는 것은 아니고, 물권적 청구권, 채권적 청구권, 친족법상의 청구권, 공업소유권이나 저작권 등의 지적 소유권도 피보전권리로 될 수 있다.[22] 또한 공법상의 청구권인 공유수면매립권이나 광업권 같은 것도 피보전권리가 될 수 있다.[23] 토지의 일부에 대해서만 피보전권리가 있다고 하더라도 필요하다면 토지의 전부에 대해 가처분을 할 수 있다.[24]

특정물에 관한 청구권으로서 인도에 관한 것에 한정되지 않으므로, 확인을 구하는 권리관계도 가능하다는 입장도 있으며[25], 이행을 구하는 경우에도 그 이행의 내용은 동산이나 부동산의 인도 · 명도는 물론, 공작물의 철거, 물건에 대한 권리의 이전이나 설정 혹은 그 등기 · 등록을 하는 것과 같은 작위의무, 물건의 소유 또는 이용에 관한 부작위 의무 내지 수인의무를 구하는 것도 피보전권리가 된다.

그러나 주식의 명의개서청구권을 피보전권리로 하여 그 처분금지의 방법으로 주식발행회사에 대하여 명의변경금지의 가처분을 할 수 있는가 하는 문제에 대해서는 제3자인 회사에 대해서까지 채권자가 명의개서를 금지시킬 권리는 없다고 하여 부정적으로 보고 있다. 마찬가지로 주주가 자신의 주주권을 보전하기 위하여 회사소유 부동산에 대해 처분금지가처분을 신청할 수는 없는 것이다.[26]

《손해배상채권의 보전과 가처분의 적부》(대법원 1954.7.7. 선고 4287민상322 판결)

계쟁물에 대한 가처분은 특정물에 관한 소유권 기타권리에 기인한 인도 등 청구권을 실행함에 있어 장래계쟁물의 현상이 변경됨으로 인하여 청구권 자체의 실행이 불능하거나 또는 실행이 극히 곤란하게 될 우려가 있는 경우에 한하여 이를 허용할 것이요 손해배상청구권과 같이 금전의 지불을 목적으로 하는 채권보전하는 절차는 가차압방법이 있을 뿐이고 가처분을 허할 수 없는 것이다.

---

21) 이석선(上), 40면; 강대성, 614면; 박두환, 747면.
22) 이석선(上), 41면; 방순원/김광년, 518면; 박두환, 746면; 주석, 345면.
23) 주석, 345면; 실무제요, 34면.
24) 대판 1975.5.27, 75다190.
25) 주석, 346면; 이시윤, 531면.
26) 대판 1998.9.18, 96다44136.

《토지의 일부에 대한 피보전권리로 토지의 전부에 대해 가처분을 할 수 있는지 여부》(대법원 1975.5.27. 선고 75다190 판결)

부동산등기법 92조 소정의 등기명의인인 근저당권자의 승낙서 또는 이에 대항할 수 있는 재판의 등본을 첨부할 수 없는 경우에는 근저당권의 목적이 된 등기부상 1필지의 토지 중의 특정부분을 분할등기하여 이에 대한 소유권이전등기를 할 수 없는 것이므로 위 특정부분의 토지에 대한 소유권이전등기 청구권을 보전하기 위하여는 1필지의 토지 전부에 대한 가처분을 할 수 밖에 없다.

《주주의 회사 소유 부동산에 대한 처분금지가처분 신청 가부》(대법원 1998.9.18. 선고 96다44136 판결)

계쟁물에 관한 가처분은 특정물의 인도 또는 특정의 급여를 목적으로 하는 청구권을 보전하기 위한 경우에 허용되는 것인바, 주식을 매수하여 주주로서의 권리를 가진다는 것만으로 회사 소유의 부동산에 관하여 어떠한 청구권을 가진다고 할 수는 없으므로, 주주로서의 권리를 보전하기 위하여 회사 소유 부동산에 대한 처분금지가처분을 구하는 것은 허용되지 아니한다.

(2) 강제집행이 가능한 채권

다툼의 대상에 관한 가처분은 강제집행을 보전하기 위한 것이므로 그 피보전권리가 강제집행이 가능한 것이어야 함은 가압류와 같다. 따라서 자연채무나 책임 없는 채무 등은 가처분의 대상이 아니므로 일일이 중복하여 설명하지 않는다.

(3) 청구권의 성립 여부

다툼의 대상에 관한 가처분의 피보전권리도 신청시에는 특정되어 있을 필요는 없고, 조건부나 기한부 권리라도 좋다. 다만 결정시나 집행시에는 적어도 그 주체나 내용을 특정할 수 있을 정도로 요건이 갖추어져 있어야 한다.[27] 또한 동시이행의 항변권이나 유치권이 부착되어 있어도 무방한 것도 같다.[28]

《계쟁물에 관한 가처분에 있어서 계쟁물의 특정》(대법원 1999.5.13. 자 99마230 결정)

가. 계쟁물에 관한 가처분은 그 피보전권리가 특정물에 관한 이행청구권이므로 이러한 가처분의 결정 및 집행에 있어서는 그 대상 목적물인 계쟁물이 명확히 특정되어야 한다.

---

27) 대결 1999.5.13, 99마230.

28) 김상원/정지형, 100면; 이시윤, 531면; 주석, 347면.

나. 신청인 회사가 상대방 회사가 보관중인 자사의 제품에 대한 가처분을 신청하면서 그 대상 물건을 품목, 규격, 수량, 가격 등으로만 표시하여 가처분결정도 이와 같은 방식으로 목적물을 표시하였으나, 상대방 회사의 소재지에 다른 회사의 제품으로서 위 가처분 목적물로 표시된 것과 동일한 명칭과 규격을 가진 제품이 혼합되어 있는 경우, 위 가처분결정은 계쟁물이 특정되어 있지 않은 경우로서 그에 따른 집행관의 집행처분은 무효라고 볼 수밖에 없다.

2. 보전의 필요

다툼의 대상에 관한 가처분은 가처분의 목적인 특정물에 대한 현상의 변경으로 강제집행이 곤란하거나 불가능하게 되는 경우를 말한다.

(1) 특정물의 현상 변경으로 인한 집행의 불능 또는 곤란

다툼의 대상에 관한 가처분은 특정물 채권 또는 특정한 급부를 그 대상으로 하므로, 그 채권의 목적인 특정물의 현상을 변경시키는 것이 문제로 된다. 가압류에 있어서는 필요의 검토 대상이 채무자의 책임재산이었으나, 다툼의 대상에 있어서는 그 급부의 대상인 특정재산의 처분 등이 문제로 된다. 따라서 이 가처분에서는 다른 재산을 다 처분하여 자력이 감소하여도 그 재산만 남아있다면 가처분의 필요는 없는 것이다. 반대로 다른 재산이 아무리 많이 남아있어도 목적인 재산에 대한 현상변경이 있다면 가처분은 긍정된다.[29)]

여기서 현상의 변경이라 함은 목적물에 대한 법률상 · 사실상의 처분을 말하는 것이므로 물건을 훼손하거나 멸실시키는 객관적 변경, 타인에게 유상 · 무상으로 양도하는 주관적 변경 등을 말한다. 결국 문제가 되는 것은 이러한 변경이 원상회복 불가능한 것으로서, 궁극적으로 채권자의 권리실현에 현저한 지장을 주는가 하는 것이다. 이러한 현상변경은 현재 이루어지고 있는 것은 물론, 가까운 장래에 생길 염려가 있는 경우를 포함하는데, 어느 경우든지 현재 그러한 위험이 객관적으로 존재하고 있다는 것을 소명할 수 있어야 한다.

또한 채권의 범위를 벗어나는 가처분을 할 수는 없는 것이므로 이들 가처분으로 채권의 범위를 수량적으로 벗어나서 처분을 금지시킬 수는 없다.[30)]

29) 강대성, 600면; 이석선(上), 57면.

《소유권 침해와 보전의 필요》(대법원 1967.4.25. 선고 66다1296 판결)

신청인의 소유토지에 대하여 개간허가를 얻어 이를 사용하고 있는 자에 대하여는 그 허가가 무효라고 하여도 그 출입을 금지시키려면 소유권을 침해한다는 이유 외에 보전의 필요성이 인정되어야 한다.

《토지 점유권을 피보전권리로 한 가처분의 필요성》(대법원 1967.2.21. 선고 66다2635 판결)

가처분 신청인이 계쟁물에 대한 소유권이 없고, 비록 종말에 가서는 그 목적물의 소유자에게 인도를 하여 주어야 하고 그 때까지는 신청인의 점유가 불법점유라 할 수 있을지언정 부당한 절차를 밟아 신청인이 그 목적물을 인도할 때까지는 가처분으로 그 점유에 대한 방해의 예방이나 그 밖의 조처를 청구할 수 있다.

(2) 가처분의 필요가 의문시되는 경우

가압류에 있어서와 마찬가지로 이미 채권자가 확정판결이나 화해조서 등 바로 집행할 수 있는 집행권원이 있다면 원칙적으로 가처분의 필요가 부정된다. 물론 강제집행정지결정 등 바로 집행할 수 없는 특별한 사정이 있다면 가처분을 할 수 있을 것이다.

채권자가 이미 목적물에 대해 가처분명령을 받아 집행할 수 있는 상태에 있어도 가처분을 다시 할 필요는 없는 것이 원칙이다.[31] 그러나 제3자에 대한 양도를 금지하기 위한 가처분 후에 훼손을 방지하기 위한 가처분을 하는 것과 같이 달리 가처분의 필요가 있다면 동일한 목적물에 대해 다시 가처분을 할 수 없는 것은 아니다.

또한 채권자 스스로 현상변경을 유인하거나 방조한 경우에는 필요성이 부정될 수 있다.

《가처분취소판결의 집행에 의하여 부동산처분금지가처분등기가 말소된 후 계쟁 부동산에 관하여 제3자 앞으로 소유권이전등기가 경료된 경우, 가처분 신청인의 신청의 이익 상실 여부》(대법원 1998.10.13. 선고 96다42307 판결)

가집행선고부 가처분취소판결의 집행에 의하여 처분금지가처분등기가 말소된 경우 그 효력은 확정적인 것이므로, 그 이후에 당해 부동산에 관한 소유권이전등기를 경료받은 자는 그 부동산에 관하여 아무런 제한을 받지 않고 가처분 신청인에게 그 소유권 취득의 효력으로 대항할 수 있다고 할 것이고, 이와 같이 이미 계쟁 부동산에 관하여 제3자 앞으로 소유권이전등기가 경

30) 주석, 352면.
31) 한종렬, 372면.

료된 경우에는 가처분 신청인은 더 이상 그 처분금지가처분명령을 신청할 이익이 없게 된다.

《주식매수인이 주주권을 피보전권리로 하여 회사 소유 부동산에 대한 처분금지가처분을 구할 수 있는지 여부》(대법원 1998.9.18. 선고 96다44136 판결)

계쟁물에 관한 가처분은 특정물의 인도 또는 특정의 급여를 목적으로 하는 청구권을 보전하기 위한 경우에 허용되는 것인바, 주식을 매수하여 주주로서의 권리를 가진다는 것만으로 회사 소유의 부동산에 관하여 어떠한 청구권을 가진다고 할 수는 없으므로, 주주로서의 권리를 보전하기 위하여 회사 소유 부동산에 대한 처분금지가처분을 구하는 것은 허용되지 아니한다.

Ⅳ. 임시의 지위를 정하기 위한 가처분의 요건

》 설문 ⑩

甲은 수년 전 乙로부터 돈을 빌리면서 자신의 토지에 저당권을 설정하여 주었는데, 그 후 채무는 변제하여 주었으나 저당권등기를 말소하지 못하였다. 그런데, 乙이 갑자기 채무의 변제를 요구하면서 저당권에 기한 경매를 법원에 신청하였다. 이때 甲은 채무의 변제를 이유로 강제집행을 정지시킬 것을 구하는 가처분을 할 수 있는가?

1. 피보전권리

임시의 지위를 정하기 위한 가처분은 다툼이 있는 권리관계에 대하여 현저한 손해를 피하거나 급박한 위험을 막기 위하여 인정되는 가처분이다. 한 마디로 말하면 본안소송에 의한 권리확정 전에 임시의 지위를 부여함으로써 권리의 보전을 꾀하려는 것이다. 따라서 강제집행을 보전하기 위한 것이 아니므로 가압류나 다툼의 대상에 관한 가처분과는 성질상 차이가 있다.

(1) 권리관계

임시의 지위를 정하기 위한 가처분의 피보전권리는 현존하는 것이기만 하면[32] 워낙 광범위하게 인정되기 때문에 원칙적으로 제한이 없다고 하여도 무방할 정도이다.

32) 대결 1995.3.10, 94마605.

물론 그러한 권리가 법적으로 인정되어야 하는 것은 당연한 것이다. 물권관계 · 채권관계와 같은 일반적인 재산적 권리관계는 물론, 무체재산관계도 무방하고, 친족관계나 상속관계 같은 신분관계도 피보전권리가 될 수 있다. 심지어 공무원이 퇴직금의 지급을 구하는 가처분과 같이 당사자소송을 본안으로 하는 공법상의 권리관계도 가처분이 가능하다.[33] 금전채권이나 특정물 채권의 경우에도 현재의 위험이나 손해를 방지할 위험이 있으면 가처분으로 보전할 수 있다.

이러한 권리관계는 계속적 · 반복적인 것이어야 함이 원칙이나, 1회성의 것이어도 무방하다는 입장이 다수설이다.[34] 그러나 이러한 해석은 명문규정에 어긋나고, 또 1회성의 권리나 법률관계는 가급적 가압류나 다툼의 대상에 관한 가처분에 의하여 보전하는 것이 적절하다고 생각된다.[35] 법이 예시하고 있는 바와 같이 계속하는 권리관계의 경우에는 손해나 위험을 방지할 필요가 있는 경우가 많으나, 굳이 1회성의 권리에도 가처분을 인정할 경우에는 후술하는 바와 같은 임시로 형성해야 할 지위나 상태가 있어야 한다.[36] 그리고 피보전권리는 강제집행에 적합하지 않아도 상관없다.

이 가처분에 관한 본안소송은 그 성질상 다툼이 있는 권리관계에 관하여 확인을 구하는 것이라도 무방하고[37], 또 그 본안소송과 목적을 같이 하여야 하는 것도 아니다.[38] 이 가처분에 의하여 채권자에 대해 임시의 만족을 주는 것도 허용된다.

피보전권리가 조건이나 기한에 달려있는 경우, 가압류나 다툼의 대상에 관한 가처분과 마찬가지로 임시의 지위를 정하기 위한 가처분이 허용될 것인가에 의문이 있으나, 후술하는 보전의 필요성이 인정되는 한 부정할 필요는 없을 것으로 본다.[39] 또한 조만간 소멸할 것이 예상되는 권리는 피보전권리가 되기 어려울 것이다.[40]

판결절차나 강제집행절차, 비송사건절차, 체납처분절차, 행정절차 등을 가처분으로 정지시킬 수 있을 것인가의 문제가 있으나, 이들은 절차 내에 고유의 불복방법이

---

33) 대결 1966.12.19, 66마516.

34) 이석선(上), 44면; 김상원/정지형, 87면; 이시윤, 535면; 오천석, 앞의 논문, 28면.

35) 拙稿, 臨時의 地位를 정하는 假處分에 있어서의 保全의 必要, 慶星法學 제3호(1994), 97면 주27. 同旨: 松江義正, 保全訴訟要論, 清水書店(1939), 320면; 朝高判 1924.4.25, 總覽 16-2권, 437면.

36) 주석, 379면(젖소의 인도청구권자가 젖소를 학대하여 잘 키우지 못하는 자에 대해 채권자가 사육하도록 하는 등의 내용을 가진 가처분을 하는 경우).

37) 이석선(上), 44면.

38) 대판 1964.7.16, 64다69(전); 대판 1967.5.30, 67다679.

39) 동지: 주석, 381면. 반대: 이석선(上), 44면.

40) 이시윤, 534면.

인정되어 있으므로 소극적으로 보아야 한다.[41]

《과거의 권리관계를 보전하기 위한 가처분의 적부》(대법원 1995.3.10. 자 94마605 결정)
임시의 지위를 정하는 가처분은 쟁의 있는 권리관계에 관하여 현저한 손해 또는 급박한 강폭이 발생하고 있는 현재의 위험을 방지할 것을 목적으로 하여 권리확정이 이루어지기 전에 임시로 신청인에게 권리자의 지위를 주려는 것으로서, 그 개념 요소로서 다툼 있는 권리관계의 존재를 그 요건으로 한다.

《가처분의 요건을 갖추지 못한 실례》(대법원 1966.12.19. 자 66마516 결정)
재단법인이사의 한 사람인 재항고인이 재단법인운영에 여러 가지 비위사실이 있음을 이유로 이사장과 다른 이사들의 직무집행정지와 직무집행대행자선임 가처분을 청구할 수 있는 본안소송(형사소송)을 제기할 수 있는 법적 근거가 없으므로 본건 가처분에 의하여 보전될 권리관계가 존재한다고 볼 수 없는 이상 재항고인의 본건 가처분신청은 가처분의 요건을 충족하지 못한 부적법한 것으로 각하를 면치 못할 것이다.

《가옥명도청구권에 대한 보전방법》(대법원 1964.7.16. 선고 64다69 전원합의체 판결)
가옥명도청구권에 대한 보전방법으로서 집달리로 하여금 계쟁목적물인 가옥을 보관케 하고 현상을 변경하지 아니함을 조건으로 신청인에게 거주 사용케 함을 요할 경우가 현상의 변경으로 장래 권리의 실행이 불가능하거나 이를 실행함에 현저히 곤란할 염려가 있을 때 법관의 합목적재량의 결과로서 있을 수 있을 것임을 부정하기 어려울 뿐만 아니라 이러한 가처분은 반드시 신청인에게 본안의 확정판결 내용과 같은 종국적인 만족을 준다든가 후일 원상회복이 불가능하여 보전의 범위를 일탈한 것이라고는 볼 수 없다.

《토지인도 청구권에 대한 보전방법》(대법원 1967.5.30. 선고 67다679 판결)
토지인도 청구권에 대한 보전방법으로 신청인으로 하여금 본안판결 전에 계정목적물을 점유경작케 하는 가처분도 법관의 합목적적 재량으로 허용할 수 있다.

《가처분에 의한 강제집행의 정지》(대법원 1969.3.5. 자 68그7 결정)
확정판결 또는 이와 동일한 효력이 있는 채무명의에 기한 강제집행 정지는 오직 강제집행에 관한 법규중에 그에 관한 규정이 있는 경우에 한하여 가능한 것이고 위와 같은 규정에 의함이 없이 일반적인 가처분의 방법으로 강제집행을 정지시킨다는 것은 허용할 수 없다.

《가처분절차에 의하여 임의경매절차를 정지시킬 수 있는지 여부》(대법원 2004.8.17. 자 2004카기93 결정)

---

41) 동지: 대결 1969.3.5, 68그7; 대결 2004.8.17, 2004카기93: 대결 1967.5.29, 67마311.

임의경매를 신청할 수 있는 권리의 존부를 다투어 민사집행법 제275조에 의한 같은 법 제44조의 준용에 의해 채무에 관한 이의의 소를 제기한 경우에도 같은 법 제46조 제2항에 의한 강제집행정지명령을 받아 정지시킬 수 있을 뿐이고, 일반적인 가처분절차에 의하여 임의경매절차를 정지시킬 수는 없다.

《국세징수법에 의한 압류처분과 민사소송법에 의한 집행정지 가처분》(대법원 1967.5.29. 자 67마311 결정)

국세징수법에 의한 압류처분은 행정처분에 속하므로 이에 대하여는 구 행정소송법(84.12.15 법률 제3754호로 개정되기 전) 제10조 제1항에 의하여 행정처분 집행정지결정 신청을 하여야 하고 민사소송법에 의한 집행정지 가처분 신청은 할 수 없다.

(2) 다툼의 존재

위의 피보전권리는 그 권리관계가 존재하는 것만으로는 부족하고 다툼이 있어야 한다. 다툼은 본안소송에 의하여 권리관계의 보호가 필요한 상태를 의미하게 되는데, 권리관계가 부인되는 것과 같은 확인소송이 필요한 경우, 의무가 이행되지 아니하는 것과 같은 이행소송이 필요한 경우, 그리고 법률관계가 잘못 유지되어 형성소송이 제기되어야 하는 경우 등을 생각해볼 수 있다. 이들 소송이 현실적으로 당장 제기되어야 하는 것은 아니나, 객관적으로 위의 소송에 의한 보호의 필요가 인정된다면 다툼이 존재하는 것으로서 가처분이 긍정될 수 있을 것이다.

2. 보전의 필요

임시의 지위를 정하기 위한 가처분은 특히 계속하는 권리관계에 끼칠 현저한 손해를 피하거나 급박한 위험을 막기 위하여, 또는 그 밖의 필요한 이유가 있을 경우에 하는 가처분이므로(제300조 2항), 그에 따른 가처분의 필요가 인정되어야 한다. 가압류나 다툼의 대상에 관한 가처분에서의 보전의 필요는 장래의 집행불능이나 곤란의 가능성이라고 한다면, 임시의 지위를 정하기 위한 가처분에서의 보전의 필요는 본안판결까지의 지연으로 인한 위험이라고 할 수 있다.[42] 때문에 임시의 지위를 정하기 위한 가처분에 있어서는 피보전권리보다는 보전의 필요성에 관한 심리가 더 중요하다고 할 수 있다.

42) 이시윤, 529면.

(1) 법원의 재량 여부

앞에서 본 바와 같이 임시의 지위를 정하기 위한 가처분은 가압류나 다툼의 대상에 관한 가처분과는 달리 폭넓은 범위를 가지고 있다. 이에 따라 통설[43]과 판례[44]는 법문상 현저한 손해나 급박한 위험이라고 하는 것은 예시에 지나지 않는 것으로서 실제 가처분의 필요가 있는가의 여부는 개개의 가처분에 따라 유연하게 적용하여야 할 것으로서 특정할 수 없는 것이므로 가처분을 발할 것이냐의 여부는 결국 법원의 넓은 자유재량에 속한다고 한다. 그러나 이러한 통설의 입장은 법원이 구체적으로 필요의 여부를 판단할 수 있다고 하는 것을 나타낸데 불과한 것으로서, 이러한 것도 역시 이의나 상소에 의하여 심사될 것이므로 자유재량이라고 설명하는 것은 지나친 점이 없지 않은 것이다.[45]

《가처분 방법에 관한 법원의 재량권》(대법원 1964.7.16. 선고 64다69 전원합의체 판결)

가옥명도청구권에 대한보전방법으로서 집달리로 하여금 계쟁목적물인 가옥을 보관케 하고 현상을 변경하지 아니함을 조건으로 신청인에게 거주 사용케 함을 요할 경우가 현상의 변경으로 장래 권리의 실행이 불가능하거나 이를 실행함에 현저히 곤란할 염려가 있을 때 법관의 합목적재량의 결과로서 있을 수 있을 것임을 부정하기 어려울 뿐만 아니라 이러한 가처분은 반드시 신청인에게 본안의 확정판결 내용과 같은 종국적인 만족을 준다든가 후일 원상회복이 불가능하여 보전의 범위를 일탈한 것이라고는 볼 수 없다.

(2) 현저한 손해 또는 급박한 위험의 방지

현저한 손해는 채권자에게 본안판결에 의한 해결시까지 채무자의 행위를 수인케 하는 것이 가혹하다고 여겨질 정도의 불이익 내지 고통을 말하는 것이며, 급박한 위험이라 함은 현저한 손해의 원인이 되는 사유가 시간적으로 급박하여 이에 대처할 여유가 채권자에게 주어지지 않았다는 것을 의미한다고 할 수 있다. 여기서 손해는 물론 재산적인 손해만을 뜻하는 것은 아니고, 정신적인 손해도 포함하는 넓은 의미의 것이다. 그런데 이 두 가지의 요건은 병렬적으로 검토하여야 하는 것인지 아니면 그 중의 어느 하나가 다른 하나의 원인이나 결과로 되는 등 종속적인 관계에 있는지가 문제로 될 수

43) 이석선(上), 58면; 이영섭, 291면; 박두환, 749면; 주석, 383면; 李東明, 臨時의 地位를 定하는 假處分에 있어서의 保全의 必要性, 재판자료 45집, 56면.

44) 대판 1964.7.16, 64다69(전).

45) 拙稿, 앞의 "保全의 必要", 93면 이하.

있다. 실제 이들은 병렬적으로 검토하여서는 거의 의의가 없다고 생각한다. 왜냐하면 현저한 손해가 있었다고 하여도 그것이 급박하게 닥치는 것이 아니라면 본안소송에 의하여도 별문제가 없을 것이므로 가처분의 필요는 없다고 할 것이고, 급박한 위험이 있다고 하여도 손해의 발생이 방지될 수 없는 것이거나, 손해가 생길 가능성이 크지 않다면 역시 이에 대하여도 가처분의 필요가 있다고 하기 어렵기 때문이다. 이렇게 본다면 결국 양자는 결합하여 생각하지 않으면 안 되는 것으로 볼 수밖에 없고, 그렇다면 급박한 위험으로 인하여 현저한 손해가 발생할 우려가 있을 때 이를 방지하기 위하여 임시의 지위를 정하는 가처분을 하여야 하는 것으로 보는 것이 타당하지 않을까 생각한다.

현저한 손해가 있다고 생각되는 예로서는 교통사고의 가해자가 치료비를 지급하지 아니하여 피해자가 치료를 받지 못하게 되는 경우, 위법성이 있는 건물을 건축함으로써 피해자의 일조권 등을 침해하여 이 건물이 완공되면 원상회복을 통하여 피해자의 권리를 회복할 방법이 없는 경우, 특허권을 침해한 물건을 제조 · 판매함으로써 특허권자에게 막대한 피해를 주고 있는 경우, 산림의 벌채를 계속하게 되면 가까운 시일 내에 산림을 조성하기 어렵기 때문에 그로 인한 피해가 예상되는 경우 등이다.

가압류나 다툼의 대상에 관한 가처분과는 달리 임시의 지위를 정하는 가처분은 그 방법이 정형적이지 않으므로 가처분이 없을 때 채권자가 입을 손해와 가처분에 의해 채무자가 입을 손해 사이에는 비례의 원칙이 적용되어야 한다.[46] 다시 말하면 가처분에 의해 채무자가 입을 손해가 지나치게 크다면 가처분으로 채무자의 손해를 강요할 수는 없는 것이다.

이러한 것을 종합하면 법원은 자유재량까지는 아니더라도 가처분의 필요에 관한 광범위한 재량권을 가지고 있으며, 이를 제한하는 것이 바로 현저한 손해와 급박한 위험이라는 개념이다. 즉 적어도 기타 필요한 이유에 의하여 가처분을 할 때에는 이와 동등 이상의 필요가 인정되어야 한다는 뜻이다.[47]

46) 강용현, 앞의 논문, 100면; 김주상, 채권자의 만족을 목적으로 하는 가처분, 유기천 박사 고희기념 법률학의 제문제(1988), 618면; 방순원/김광년, 525면; 이시윤, 537면. 반대: 이석선(下), 241면.

47) 拙稿, 위의 "保全의 必要", 102면.

4 보전신청의 심리

I. 보전명령절차의 특징

앞에서 본 바와 같이 보전절차는 명령절차와 집행절차로 구분할 수 있고, 명령절차는 보전신청에 대한 심리절차와 보전재판에 대한 구제절차로 나눌 수 있는데, 구제절차에 대해서는 별도로 살펴볼 것이므로 여기서는 특히 보전신청에 대한 심리절차를 중심으로 살펴보기로 한다.

보전심리절차는 구법상 변론을 열어 심리하는 경우와 그렇지 않은 경우로 구별하여, 변론을 열어 재판하는 경우에는 판결로 재판하고, 변론을 열지 않은 경우에는 결정으로 재판하도록 하고 있었으나(구민집 제281조 1항), 현행법은 모든 보전재판을 결정으로 하도록 함으로써 사실상 변론을 열어 재판하는 것을 예상하기 어렵게 되었다. 물론 문언상으로만 본다면 변론을 열어 재판하는 것이 불가능한 것은 아니나, 법의 취지상 양당사자가 참석하는 심문절차가 변론을 대체하게 된 것으로 보아야 할 것이다.

II. 심리절차

1. 보전요건의 심사

(1) 신청서의 기재사항

보전신청이 접수되면 재판장은 신청서의 기재사항이 빠짐없이 적법하게 기재되어 있는가를 심사하여 만약 흠이 있으면 보정을 명하여야 한다(민소 제254조). 이러한 사항으로 당사자의 표시, 신청의 취지, 인지 등이 있는데, 만약 이들에 대해 채권자가 보정하지 않거나 보정이 불가능하면 신청서를 각하하게 된다.

이러한 사유 외에 피보전권리와 보전의 필요, 채권가압류에 있어서의 제3채무자의 표시, 소명방법 등이 불완전한 경우 보정토록 할 수 있으나 이를 보정하지 않는다고 하여 신청을 각하할 수는 없고, 역시 심리절차에서 최종적으로 다루는 것이 원칙이다.[1)]

통상의 실무는 보정명령을 하기보다는 시간을 절약하기 위하여 담당사무관등을 통하여 구두로 보정케 하고, 만약 이를 하지 않으면 그때 비로소 보정명령서를 송달한다.[2)]

(2) 관할의 심사

보전 신청 후 어느 단계에서라도 재판장이나 법원이 관할의 하자를 발견한 때에는 이송이 불가능하면 신청을 각하할 것이나 보통은 사건을 관할법원으로 이송하여야 한다(민소 제34조). 그러나 일반적으로는 채권자에게 통지하여 신청을 취하하고 관할법원에 다시 신청하게 하는데, 이는 이송에 시간이 많이 소요되므로 관할법원에 바로 신청하는 것이 채권자에게도 이익이 되기 때문이다. 이때 이송을 하는 경우라도 밀행성의 원칙상 채무자에게는 이송결정을 송달하지 않는 것이 원칙이다.

2. 보전심리의 대상

보전명령절차에서 법원이 심리하여야 할 대상은 두 가지이다. 그 하나는 피보전권리의 존부이고, 다른 하나는 보전의 필요의 문제이다. 채권자는 이들 두 가지에 대해 소명하여야 한다(제279조 2항). 논리적으로 보면 피보전권리를 먼저 심리하여야 할 것이나, 보전의 필요가 없는 것이 분명한 때에는 이를 이유로 신청을 기각할 수도 있을 것이다.[3)]

(1) 피보전권리

본래 피보전권리는 본안소송에서 최종적으로 판단할 문제이므로 그 존부를 보전

---

1) 주석, 128면.
2) 실무제요, 65면.
3) 오천석, 앞의 논문, 13면; 주석, 131면.

절차에서 심리하는 것은 일응 보전을 하여야 할 것인가를 판단하기 위한 문제의 일환에 지나지 않는다. 피보전권리가 존재하지 않는다면 보전의 필요는 심리할 필요조차도 없기 때문이다. 때문에 피보전권리가 부존재라면 그를 이유로 하여 보전신청을 기각하여도 무방하다. 그러나 보전절차에서 피보전권리가 있다고 판단하여도 그 판단은 본안소송에는 영향이 없는 잠정적인 것에 지나지 않는다.

심리가 개시된 후에 피보전권리를 변경할 수 있는가가 문제될 수 있으나, 청구의 기초에 동일성이 인정되는 범위 내라면 적극적으로 해석할 것이다(민소 제262조).[4)]

(2) 보전의 필요

보전의 필요에 관한 심리는 본안절차와는 무관하게 보전절차에 특유한 것이다. 따라서 가압류에 있어서는 금전집행의 불능 또는 곤란성이 문제로 될 것이고, 다툼의 대상에 관한 가처분에 있어서는 권리의 목적인 특정물의 집행불능 또는 곤란성, 그리고 임시의 지위를 정하는 가처분에 있어서는 현저한 손해 내지 급박한 위험의 가능성 등이 있는지 심리하여야 한다.

이미 채권자가 보전처분과 마찬가지의 보호를 받고 있거나, 법률이 특별한 보호처분을 인정하고 있는 때, 보전명령을 신청하는 것이 권리남용으로 인정될 때, 채권자가 보전처분을 필요로 하는 긴급상태를 자초한 때, 채권자가 보전신청을 한 후 절차진행에 열의가 없을 때, 이미 같은 보전명령을 한 적이 있는 때 등은 보전의 필요를 인정하기 어려울 것이다.[5)]

보전의 필요에 관하여 이것이 보전명령을 위한 형식적 요건인가, 아니면 실체적 요건인가에 관한 논의가 있다.[6)] 형식적 요건설은 이를 소송요건과 마찬가지로 보는 입장이고, 실체적 요건설은 이를 보전명령을 위한 실질적 요건으로 보는 입장이다. 앞의 견해에 의하면 이는 소송요건과 마찬가지로 실질적 요건보다 먼저 직권으로 심리하여야 하고 흠결이 있으면 신청을 각하한다고 하게 된다. 그러나 후설에 의하면 이는 항변사항이 되며 다른 실질적 요건, 즉 피보전권리와 함께 심리하게 된다. 또한 보전의 필요가 없는 것으로 인정되면 신청을 기각하게 된다고 한다. 그러나 현재에는 보전

4) 주석, 130면.
5) 이석선(上), 59-60면.
6) 이석선(上), 53면 이하 참조.

의 필요를 실체적 요건이라고 보는데 이설이 없는 것으로 보인다.

3. 심리방식

(1) 보전방법에 따른 심리방식의 결정

법리적으로만 본다면 보전신청에 대해 가능한 심리방법은 서면심리, 심문, 변론의 세 가지이다. 그러나 현행법이 판결에 의한 재판형식을 보전절차에서 배제하였기 때문에 법원이 변론을 열어 심리할 가능성은 거의 없다고 할 수 있다. 이에 따라 일반적으로만 본다면 가압류나 다툼의 대상에 관한 가처분에는 법원이 서면심리나 심문 중 선택할 수 있으나 서면심리가 위주로 될 것으로 보인다. 한편 임시의 지위를 정하는 가처분에는 변론기일이나 심문기일을 열어 심리하면 가처분의 목적을 달성할 수 없는 사정이 있는 경우를 제외하고는 기일을 열어야 하지만(제304조), 그 기일은 절차의 번잡성을 생각하면 변론기일보다는 역시 심문기일이 되는 경우가 많을 것이다.

가압류나 가처분에 있어서 심리방식을 정하는 것은 법원의 재량사항이므로 당사자가 이를 제약할 수 없고, 이를 조건으로 하더라도 무효로 된다. 임시의 지위를 정하기 위한 가처분도 제한적이지만 결국 마찬가지로 생각할 수 있을 것이다.

(2) 서면심리

가압류나 다툼의 대상에 관한 가처분에 있어 가장 기본적인 심리방법은 서면심리에 의하는 것이다. 당사자를 소환하지 않고, 채권자가 신청시 제출한 신청서와 소명방법인 문서에 의해서만 심리하므로 신속성이나 밀행성의 요청에 가장 부합하는 방법이기 때문이다. 따라서 이 방법의 심리를 하게 되면 채무자는 보통 심리에서 제외된다. 가압류는 물론 가처분 중에서도 처분금지가처분, 점유이전금지가처분과 같은 현상유지적 가처분에는 특히 서면심리에 의하는 경우가 많다.[7]

(3) 심 문

법원은 재판에 필요한 자료를 수집하기 위하여 당사자나 이해관계인 기타 참고인

---

7) 주석, 132면; 실무제요, 67-68면.

을 심문할 수 있는데(민소 제134조), 이는 변론에 비하여 법원에 많은 재량권이 부여되어 있는 간이한 심리방법이다. 법원이 서면심리를 하다가 당사자가 제출한 소명자료가 불분명하거나 부족한 경우에는 채권자를 불러 심문을 할 수도 있고, 경우에 따라서는 이해관계인을 심문할 수도 있다. 이때 채무자를 심문할 수 있는가의 문제가 있으나, 밀행성의 원칙상 바람직하지는 않으나, 부정할 근거도 없다.[8)]

심문절차는 대부분 법원의 재량에 맡겨져 있으므로 누구를 불러 물어볼 것인지, 기일을 열 것인지, 채권자와 채무자를 대석(對席)하게 할 것인지, 문서로 진술하게 할 것인지 말로 진술하게 할 것인지 법원이 사건과 사정에 따라 결정할 수 있다. 그러나 임시의 지위를 정하기 위한 가처분의 경우에는 채무자가 출석하는 기일을 열어야 한다(제304조 본문). 물론 채무자가 가처분 신청의 사실을 알게 되면 미리 채권자의 권리를 해치게 될 사정이 있는 등 사정이 있는 경우에는 그러하지 않다(동조 단서). 또한 심문기일은 공개할 필요도 없으며, 서면으로 진술을 준비할 필요도 없고, 기일을 종결한 후 다시 열어도 무방하다. 당사자도 심문기일에 출석하지 않더라도 기일해태의 불이익을 입지도 않지만,[9)] 법원의 사실인정에 불리하게 되는 경우는 있을 것이다.

여기서 참고인을 신문하는 것은 일응 증거조사로서의 성격이 있고 그렇기 때문에 증인신문절차에 준하여 실시할 것이지만, 법리적으로 본다면 증거조사와는 구별되는 것이므로 소환에 불응하였다고 하여 불이익을 줄 수도 없고, 선서를 하게 하는 것도 불가능하다.

심문절차를 거치면 심문조서를 작성하여야 하지만, 그 증거능력은 변론조서에 비하여 제한적이다.

(4) 변 론

변론은 정해진 방식에 따라 법정에서 기일을 정하여 엄격한 형식을 유지하면서 하는 심리방식이므로 가장 공정한 절차이기는 하나, 보전처분을 하기에는 시간이 많이 걸리고 번거로운 절차이다. 현행법의 경우에는 변론을 열어서 심리하더라도 다 같이 결정으로 재판을 하도록 하고 있기 때문에 절차적인 의의도 별로 없어서, 굳이 변론을 거쳐 재판할 의미도 별로 없다.

---

8) 이석선(上), 129면; 주석, 133면.
9) 김상원/정지형, 121면; 주석, 135면.

그럼에도 불구하고 법원이 변론을 열어 심리하기로 한 경우에는 기일을 정하여 당사자 쌍방을 소환하여야 하는데, 이때 증거방법이 소명에 의하는 외에는 민사소송상의 변론절차의 규정이 대부분 준용된다.[10] 따라서 기일의 지정방법, 절차의 정지 및 중단, 석명, 변론의 분리와 병합, 기일의 해태, 준비절차, 변론의 갱신 등에 관한 규정을 그 성질이 반하지 않는 범위 내에서 준용할 수 있을 것이다.

법원이 변론을 열어 심리한 경우에는 변론조서를 작성하여야 함은 당연하다.

4. 보전심리와 본안심리의 관계

본안소송이 제기되어 있더라도 보전신청을 할 수 없는 것은 아니므로 사실상 보전심리와 본안심리가 동시에 진행되는 경우도 있다. 이때 변론을 열어 보전심리를 한다면 사실상 양자의 차이는 거의 없다고도 할 수 있다. 그러나 본안법원에서 보전심리를 하는 경우에도 양자를 병합할 수는 없다.[11] 그 재판의 종류가 다르기 때문이다. 따라서 굳이 한다면 병행심리를 할 수 있을 뿐이다. 또한 보전청구를 본안청구로 변경하거나 거꾸로 하는 청구변경도 허용되지 않음은 당연하다.

《본안사건과 가처분사건의 병합 여부》(대법원 2003.8.22. 선고 2001다23225,23232 판결)

통상의 민사사건과 가처분에 대한 이의사건은 다른 종류의 소송절차에 따르는 것이므로 변론을 병합할 수 없는 것이다.

10) 김상원/정지형, 125면; 이석선(上), 126-127면; 방순원/김광년, 491면; 박두환, 701면.
11) 대판 2003.8.22, 2001다23225,23232.

III. 증거조사

》설문 ⑪

A회사의 대표이사 乙의 선임에 관한 주주총회의 결의가 무효임을 이유로 甲이 신청한 乙의 직무집행정지 가처분의 심리절차에서 법원은 甲이 제출한 증거로는 해당 주주총회의 하자가 대표이사의 선임을 무효화하여야 할 정도인지에 대해 심증을 가지지 못했다고 할 때 이 가처분신청에 대해 어떻게 판단하여야 하는가?

1. 보전절차에서의 입증방법

법원이 보전신청에 대해 판단을 하기 위해서는 증거가 필요함은 당연하다. 이에 대해 법은 청구채권과 가압류의 이유는 소명하여야 하는 것으로 규정하고 있다(제279조). 이러한 규정은 가처분에도 준용된다.

주지하는 바와 같이 입증방법으로는 소명 외에 증명을 하는 방법이 있고, 오히려 증명 쪽이 소송절차에 있어서 통상의 방법이다. 왜냐하면 소명에 비하여 증명이 법관에게 주는 확신의 정도가 높기 때문이다. 다시 말하면 소명은 후술하는 바와 같이 즉시 조사할 수 있는 증거만을 제출하도록 하기 때문에 법관에게 충분한 확신을 주기 어려운데 비하여, 증명은 역사적 증명을 통하여 충분한 확신을 하게 함으로써 재판의 적정성을 확보할 수 있는 것이다.

여기서 소명은 법관으로 하여금 일응 확실할 것이라고 하는 추측을 얻게 한 상태 또는 그러한 법관의 심증을 얻기 위한 당사자의 입증방법을 말한다. 이는 증명에 비해서는 그 입증의 정도가 떨어지는 것은 분명하지만, 입증하기가 수월한 것도 또한 사실이다. 따라서 소명이 있는 때에는 법원이 충분한 심증을 얻지 못하였다고 하더라도 소명사실이 입증된 것으로 보아야 한다.[12] 그러나 이는 소명절차에서 자유심증주의가 배제된다는 의미는 아니다.[13]

불충분한 입증방법임에도 불구하고 보전절차에서 소명을 하게 한 것은 역시 신속

12) 이석선(上), 131면.
13) 이석선(上), 131면.

성의 필요 때문이다. 통상의 증거조사절차에서와 마찬가지로 증거신청 → 증거결정 → 증거조사에 이르는 일련의 절차는 상당한 시일을 요하게 되므로 보전절차에는 맞지 않는 것이다. 이러한 이유에서 법은 즉시 조사할 수 있는 증거만을 통하여 입증을 하게 함으로써 신속한 재판을 꾀하고자 하는 것이다.

2. 소명사항

가압류나 가처분명령을 발하기 위해서는 피보전권리가 존재하고, 보전의 필요가 있음이 입증되어야 하므로, 결국 이들 두 가지가 소명사항으로 된다.

우선 피보전권리의 존부는 가압류나 가처분의 대상이 되는 권리 또는 법률관계의 존부가 입증되어야 한다는 것을 말한다. 피보전권리가 존재하지 않는다면 보전의 필요는 문제삼을 필요조차 없을 것이기 때문이다.

한편 보전의 필요는 가압류나 다툼의 대상에 관한 가처분에 있어서는 책임재산의 일산(逸散)이나 권리의 목적인 특정물의 현상변경 등으로 집행이 곤란하거나 불가능하게 될 우려가 있는 것을 말한다고 할 것이다. 그리고 다툼의 대상에 관한 가처분에 있어서는 현저한 손해 또는 급박한 위험을 방지하기 위하여 임시의 지위를 정할 필요가 문제가 될 것이다.

그러나 소송요건에 속하는 관할, 당사자능력, 소송능력, 대리 등은 공익적 사항으로서 소명에 친하지 않으므로 증명의 대상으로 보아야 한다.[14)]

3. 소명절차

(1) 소명방법

소명은 즉시 조사할 수 있는 증거에 의하여야 한다(민소 제299조). 즉시 조사할 수 있는 증거라 함은 별다른 준비단계를 거치지 않고서도 증거조사를 할 수 있는 증거를 일컫는다. 따라서 시간적으로도 바로 준비할 수 있음은 물론, 증거조사를 하는 현장에 증거가 비치되어야 함을 의미하는 것이다. 따라서 신청서와 함께 제출된 서증에 대한 조사나 참고인 신문 등을 들 수 있으나, 엄밀히 말하면 참고인 신문은 증거조사라기보다는

14) 이석선(上), 134면; 박두환, 700면; 이시윤, 490면; 주석, 117면; 실무제요, 78면.

심리절차의 일부로 보아야 한다. 소명방법으로 제출되는 증거는 통상의 증거와 마찬가지로 성립에 다툼이 있어도 무방하고, 소제기 후에 입증을 위하여 작성된 것이라도 상관없다. 따라서 가압류 신청 후에 제3자가 증언하는 것에 갈음하여 작성한 진술서도 소명방법으로 쓸 수 있다.[15)]

심문을 열더라도 증인신문은 원칙적으로 허용되지 아니한다. 이러한 이유에서 문서의 송부촉탁이나 문서제출명령 신청, 법원 밖에서의 증거조사 신청은 즉시성이 없으므로 허용되지 않는 것이다.[16)] 변론이 열리는 경우에는 증인신문도 할 수 있으나, 이미 법정에 나와 있는 증인, 즉 재정증인에 한정하는 것이며 이도 그 수가 과다하여 그 기일 내에 전원에 대한 신문을 마칠 수 없다면 조사하지 못한 증인은 즉시성이 없다고 할 수 있는 것이다. 마찬가지로 검증이나 감정도 원칙적으로 허용되지 않는 것이나, 변론이 열린 경우에는 다소 융통성이 부여될 수 있을 것이다.

즉시성의 원칙 때문에 증거조사를 위하여 기일을 속행하는 것은 허용되지 않으나, 속행기일에 연이어 조사를 하는 것은 무방하다고 할 수 있다. 이때 즉시성이 없는 증거를 조사하였다고 하여 무효라고는 할 수 없다.

(2) 소명과 담보

민사집행법이 보전요건에 관하여 당사자의 소명을 요구하고 있으므로 법이 요구하는 정도의 소명을 하지 못한 때에는 보전신청을 배척하는 것이 원칙일 것이다. 이때에는 후술하는 바와 같이 소명책임에 의해서 처리하게 되겠지만, 꼭 그런 것만은 아니다. 왜냐하면 법은 보증금의 공탁이나 선서로써 소명에 갈음하는 경우 외에, 청구채권이나 가압류의 이유를 소명하지 않은 때에도 가압류로 생길 수 있는 채무자의 손해에 대해 법원이 정한 담보를 제공하면 가압류를 명할 수 있다고 규정하고 있기 때문이다(제280조 2항). 이 규정은 가처분에도 준용된다(제301조). 이는 궁극적으로 보전명령을 하기 위해서 보전요건을 반드시 소명하여야 하는 것은 아니라는 점에서 소명의 의의를 약화시키고 있다. 물론 그 제도적 의미는 잠정성과 신속성의 필요 때문일 것으로 생각한다. 또한 이와 별도로 법은 청구채권과 가압류의 이유를 소명한 때에도 법원은 담보를 제공하게 하고 가압류를 명할 수 있다고 규정하고 있는데(제280조 3항), 이러한 사항은 법원

15) 이시윤, 491면.
16) 대결 1956.9.13, 4289民再抗30.

의 재량에 속하는 사항이다. 상세한 것은 보전재판절차에서 설명한다.

(3) 소명의 대용

소명방법은 즉시성의 원칙에 의하여 제한을 받기 때문에 소명책임을 지는 자가 이러한 증거방법을 가지고 있지 않다면 그는 필연적으로 소명에 실패할 수밖에 없게 된다. 이러한 경우에 대비하여 민사소송법은 소명이 없거나 부족할 때 법원은 당사자 또는 법정대리인으로 하여금 보증금을 공탁하게 하거나 그 주장이 진실하다는 것을 선서하게 하여 소명에 갈음할 수 있도록 하고 있다(민소 제299조 2항). 일본 민사보전법은 이때의 보증이 상대방이 거짓주장으로 입을 손해를 보전하기 위한 것이지 국가에 대해 진실을 담보하는 것이 아니라는 이유로 그 대용을 부정하고 있으나(동법 제13조 3항), 우리 법제상으로는 부정할 필요가 없다는 것이 통설이다.[17] 다만 단행가처분과 같은 경우에는 소명이 되지 않는 경우에 채무자에게 회복할 수 있는 손해를 입힐 수 있으므로 이러한 대용을 이용하는 것은 적절하지 않다고 한다.[18] 실제 실무상 소명의 대용으로서의 보증과 선서는 거의 이용되고 있지 않다고 한다.[19]

보증금의 공탁은 피공탁자를 나라(國)로 하여 하되, 현금이나 유가증권으로 공탁하여야 하고, 지급보증위탁계약을 체결한 문서를 제출할 수는 없다.[20] 또한 이러한 보증금의 공탁결정은 채무자를 위한 것이 아니므로 채무자가 이에 불복하는 것은 허용되지 않는다. 보증금의 공탁 후 공탁자가 주장한 사실이 허위임이 밝혀지면 법원은 결정으로 보증금을 몰취하고(민소 제300조), 진실임이 명백해진 때에는 공탁금을 환부한다.

소명의 대용으로서의 선서는 법원의 결정에 의하여 본인 또는 그 법정대리인이 하게 한다. 이후 진술 내용이 거짓임이 밝혀지게 되면 결정으로 200만 원 이하의 과태료에 처하게 된다(민소 제301조). 법정대리인이 선서한 경우에 그 책임을 본인이 지는 것이 아닌지 의문이 있으나, 실제 진술 내지 선서한 자가 지는 것으로 보는 것이 타당할 것이다.[21]

---

17) 김상원/정지형, 128면; 이석선(上), 132면, 138면; 방순원/김광년, 492면; 박두환, 702면; 주석, 399면; 실무제요, 78면.
18) 김상원/정지형, 502면.
19) 이시윤, 491면; 주석, 121면.
20) 訟民 90-3. 5의다.
21) 주석, 122면.

(4) 소명책임

채권자가 소명에 실패한 경우에 대해서는 법상 여러 가지의 처리방법이 마련되어 있다. 그 하나는 담보에 의하여 채무자가 입을 손해를 미리 보전하게 하고 소명이 된 것과 마찬가지로 보전명령을 하는 것이고(제280조 3항), 둘째는 보증금의 공탁이나 선서를 하게 하여 이로써 소명에 갈음하는 것이다(민소 제299조 2항). 마지막의 것은 증명책임과 마찬가지로 소명에 실패한 당사자에게 불리한 재판은 하는 것으로서 이른바 소명책임에 의해 처리하는 것이다. 앞의 두 가지는 뒤에서 따로 살펴볼 것이므로 여기서는 소명책임에 대해서 살펴보기로 한다.

소명책임의 문제는 그 분배를 어떻게 할 것인가의 문제로 귀결되는데, 이는 증명책임의 분배원칙과 같다고 할 수밖에 없다. 따라서 권리근거규정의 요건사실은 채권자에게 책임이 있고, 권리장애규정과 권리멸각규정, 권리행사저지규정의 요건사실은 채무자에게 그 책임이 있다고 하여야 한다. 그런데 문제는 채무자가 출석하는 심문이 행해지는 경우 내지 변론이 행해지는 경우는 몰라도, 밀행성의 원칙상 실제 채무자가 소명을 하기는 곤란하기 때문에 이러한 원칙을 그대로 적용하기는 어렵다는 것이다. 이러한 이유에서 채무자가 출석하는 심문이나 변론이 열리지 않는 경우에는 채권자가 모든 적극적 · 소극적 사실에 대한 소명책임을 진다는 학설이 유력하게 주장되어 있다.[22] 따라서 채권자에게 이러한 소명책임을 지우는 것이 곤란한 경우에는 채무자를 불러 심문을 하거나 변론을 열어 심리하는 것이 바람직할 것이다.[23]

22) 김상원/정지형, 130면. 반대: 郭宗勳, 保全訴訟에 있어서의 疎明, 裁判資料 제45집, 164면은 이때에도 원칙에 의하여 해결하여야 한다고 한다.

23) 이시윤, 491면.

보전신청에 대한 재판

》 설문 ⑫

甲이 乙에 대한 대여금채권을 보전하기 위하여 乙을 상대방으로 하여 가압류신청을 하였는데, 법원이 甲의 신청을 받아들여 가압류명령을 하였다. 그런데 甲은 가압류 신청시에 가압류의 대상인 재산을 부동산으로 지정하여 신청하였는데, 법원은 단순히 "乙의 재산을 가압류한다"는 결정을 하였다면 이 가압류 결정은 유효하게 집행될 수 있는가?

I. 재판의 종류

1. 결정에 의한 재판

보전절차에서는 모든 재판을 결정으로 하도록 되어 있다(제281조 1항). 종래에는 변론을 열어 재판하는 경우와 변론을 열지 않고 재판하는 경우를 구별하여, 앞의 경우에는 판결로 재판하고 뒤의 경우에는 결정으로 재판하도록 하고 있었으나,[1] 보전절차를 간이화하기 위하여 보전재판에 대한 이의 등 구제절차까지 결정으로 일원화함으로써 전부 결정절차로 변경되었다. 이에 따라 보전절차는 변론을 여는 것을 금지하지는 않으나, 종래 변론을 열어 재판하도록 하고 있었던 절차를 채무자가 출석하는 심문절차로 변경하는 등의 개정과 함께 절차가 신속하게 진행되도록 하였다.

결정은 판결과 함께 법원이 하는 재판이라는 점에서 법관이 하는 명령과는 구별된다. 그러나 결정은 반드시 변론을 거치지 않아도 상관없고, 재판에 기속력이 생기지 않아서 법원이 언제라도 재판의 내용을 고칠 수도 있다. 한편 불복방법도 항고에 의하

1) 拙稿, 假處分節次와 決定主義, 土地法學 제11권(1995. 12), 91면 이하.

도록 하고 있으며, 즉시항고로 상소토록 하는 경우가 아니라면 확정의 문제도 생기지 않으나, 보전재판은 즉시항고로 불복하도록 하고 있으므로 사실상 확정된다. 그러나 확정된다고 해도 기판력은 생기지 않는다. 결국 결정으로 하는 재판은 절차적 융통성이 많이 보장되어 있다는 점에서 보전제도가 결정으로 재판하는 것은 비송절차인 보전절차의 본질에 보다 가까워졌다고 할 수 있는 것이다.[2)]

2. 재판 절차

(1) 결정서의 작성

보전신청에 대한 심리가 완료되면 법원은 결정서를 작성하고 적당한 방법으로 결정의 내용을 당사자에게 고지하게 된다. 합의부에서 재판하는 경우에 합의(合議)를 하는 방법은 판결에서의 합의와 마찬가지로 하면 된다. 합의의 결과 가압류 · 가처분 신청을 인용하기로 한 때에는 보전명령을 할 것이고, 소송요건이 흠결된 때에는 각하, 기타 신청의 이유가 없는 때에는 신청을 기각하게 될 것이다.[3)]

결정으로 재판하는 경우, 결정서를 작성하지 않는 때도 있으나, 가압류 · 가처분은 불복절차와 더불어 집행의 문제가 남으므로 결정서를 작성하여야 한다.

가압류 결정서에는 ① 당사자와 법정대리인의 표시, ② 피보전권리와 그 금액, ③ 담보에 관한 사항, ④ 가압류의 선언, ⑤ 가압류 해방금액, ⑥ 목적물의 표시, ⑦ 비용에 관한 재판, ⑧ 신청의 취지 및 이유, ⑨ 법관의 서명 · 날인 등이 있어야 한다. 결정서의 기재는 재판의 내용을 특정할 수 있도록 분명하고도 상세하게 기재되어야 하며, 재판의 내용이 불분명하여 집행할 수 없게 해서는 안 된다. 가처분 재판을 할 때에는 채권금액을 쓰지 않으며, 해방금액의 표시는 하지 않는다. 문제가 되는 것은 이유의 기재방법인데, 변론을 열지 않았다면 당사자의 주장이나 입증이 없으므로 결정을 뒷받침할 수 있을 정도로 간략히 기재하면 충분하다. 그러나 이마저도 생략할 수 있다(민소 제224조 1항 단서).

---

2) 2005년 1월 민사집행법의 개정으로 보전절차가 전부 결정절차로 개정되었으나, 개정안에는 이러한 사항을 설명함이 없이 이의절차에서 결정으로 재판하게 된 것만을 부각하고 있으나, 이는 입법자가 얼마나 이러한 개정의 의의가 큰 것인지를 인식하지 못한 방증이라 할 수 있다. 민사집행법 개정법률안, 의안번호 제744호(2004.11) 참조.

3) 그러나 실제에는 각하와 기각을 잘 구별하지 않는 것 같다. 대결 1960.7.21, 4293民抗137.

양식 4 부동산 가압류 결정서의 보기

ㅇㅇ지방법원

결 정

사 건 20ㅇㅇ카단ㅇㅇ 부동산 가압류
채권자 ㅇ ㅇ ㅇ
채무자 ㅇ ㅇ ㅇ

청구채권의 내용 20ㅇㅇ. ㅇㅇ. ㅇㅇ. 자 대여금
청구금액 금 ㅇㅇㅇㅇ원

주 문

채무자 소유의 별지기재 부동산을 가압류한다.
채무자는 위 청구금액을 공탁하고 집행정지 또는 집행취소를 신청할 수 있다.

이 유

이 사건 부동산 가압류신청은 이유 있으므로 담보로 공탁보증보험증권(ㅇㅇ주식회사 증권번호 제ㅇㅇ호)을 제출받고 주문과 같이 결정한다.

20ㅇㅇ. ㅇ. ㅇㅇ.

판사 ㅇ ㅇ ㅇ ㉑

민집 276①, 280, 281①, 282 2-149

주: '청구채권의 내용' 에는 채권의 발생일자와 발생원인 등을 간결하게 기재한다.
(예시) 2002. 1. 1. 자 대여금

(2) 재판의 고지

결정으로 재판을 하는 경우 적당한 방법으로 당사자에게 고지하면 되나(민소 제221조), 통상 결정서를 송달하는 방법에 의한다. 다만 가압류신청을 기각하거나 각하하는 재판과 제2항의 즉시항고를 기각하거나 각하하는 재판은 채무자에게 고지할 필요가 없다(제281조 3항).

일반적으로 보전결정을 채무자에게 송달하기 전에도 집행할 수 있으므로(제292조 3항), 집행착수 후에 채무자에게 송달하는 것이 보통이다. 밀행성의 원칙이 여기서도 나타나고 있는 것이다. 그런데 집행 후 채무자에게 송달할 수 없는 때에는 채권자에게 채무자의 주소를 보정시켜 송달하도록 하는 것이 채무자의 이의권을 보장하는 길이 된다.[4)]

또한 채권자에게 보전결정을 고지한 때로부터 2주가 경과하면 집행을 하지 못하게 되는데(제292조 2항), 이 경우에도 채무자에게 송달을 하여야 하는가가 문제된다. 이 경우 보전명령은 집행할 수 없는 무의미한 것이기는 하나, 일단 보전결정이 내려졌다는 사실은 채무자도 알아야 할 것이므로 송달하는 것이 적절하다.[5)]

II. 신청을 인용하는 재판

1. 가압류명령

가압류신청을 인용하는 재판을 통상 가압류명령이라 부른다. 가압류신청이 소송요건을 갖추고 피보전권리와 보전의 필요가 충분히 소명되면 법원은 가압류명령을 하게 된다.

(1) 가압류명령의 내용

가압류명령의 내용을 특정한 채권자의 특정 금전채권의 보전을 위하여 특정 채무자의 책임재산을 가압류한다는 것이다.

따라서 채권자와 채무자의 표시는 가압류 집행을 위하여 특정되도록 표시하여야 하며, 다수인에 대한 경우도 빠짐없이 표시하여야 하고, 채권가압류의 경우에는 제3채무자도 표시하여야 한다.

다음으로 피보전권리인 금전채권과 금액을 기재한다. 이는 피보전권리를 분명히 한다는 의미뿐 아니라, 가압류의 효력 범위, 중복신청 여부의 판단, 가압류와 본안소송과의 관계, 가압류집행과 본압류 집행의 관계 등을 판단하는데 기준이 되므로 분명하게 기재하여야 하고, 그 한도를 나타내기 위하여 금액까지 표시하여야 한다. 그 예

---

4) 주석, 180면.

5) 동지: 주석, 180면; 실무제요, 108면.

를 들면, "2005. 2. 12 자 대여금", 또는 "2007. 3. 20. 서울 중구 다동 123 대 680㎡에 대하여 임대차기간을 2년으로 정한 임대차계약의 종료로 인한 임대차보증금"과 같이 기재한다.

그러나 여기서 가장 본질적인 부분은 가압류의 선언에 관한 부분인데, 이는 판결에 비유하면 주문에 해당하는 부분이다. 통상적으로 "채무자 소유의 ○○재산을 가압류한다."는 형식으로 표시되는데, 목적재산에 따라 그 부수적 표현이 달라진다. 그러

양식 5 채권가압류 결정의 보기

○○지방법원
결 정

사 건 20○○카단○○ 채권가압류
채 권 자 ○ ○ ○
채 무 자 ○ ○ ○
제 3채무자 ○ ○ ○

청구채권 20○○. ○. ○○자 대여금
청구금액 금 ○○○원

주 문

채무자의 제3채무자에 대한 별지 기재 채권을 가압류한다.
제3채무자는 채무자에게 위 채권에 관한 지급을 하여서는 아니 된다.
채무자는 위 청구금액을 공탁하고 집행정지 또는 집행취소를 신청할 수 있다.

이 유

이 사건 채권가압류신청은 이유 있으므로 담보로 금○○○원을 공탁하게 하고 주문과 같이 결정한다.

20○○. ○. ○○.

판사 ○ ○ ○ ㊞

민집 282, 296③ 2-150

나 가압류에 있어서 목적물의 표시는 본래 불필요한 것이므로 단순히 "채무자 소유의 재산을 가압류한다."라고 표시하는 것이 더 적절할 것이라는 점은 앞에서 본 바와 같다. 그럼에도 불구하고 실무의 관행은 목적물의 종류에 따라 부동산, 유체동산, 채권 등으로 구분하여 결정에도 표시하고, 따로 목적물을 표시하고 있는 실정이다.

(2) 담보의 제공

민사집행법상 담보라 함은 잠정적으로 집행에 관한 재판을 하거나 그 재판에 관한 집행을 할 때 상대방이 입을지도 모르는 손해를 담보하기 위하여 법원에 공탁하게 하는 금전을 말한다. 본래 이러한 손해는 그 손해의 발생과 원인을 입증하여 소송 등 절차에 의하여 청구하게 하는 것이 원칙이겠으나, 그렇게 되면 절차도 번잡하고 시간도 오래 걸리게 되므로 미리 손해액을 예상하여 공탁하게 하고, 손해가 발생하면 공탁금을 교부하여 배상에 갈음하도록 하는 것이다. 이때 채무자는 공탁된 담보금에 대해 질권자와 동일한 권리를 가지게 된다(민소 제123조 참조). 다만 국가가 가압류를 신청한 때에는 공탁이 면제되는데(인지첩부 및 공탁제공에 관한 특례법 제3조), 채무자가 후에 가압류가 부당한 것임이 밝혀진 때에는 손해배상을 받음에 지장이 없다는 이유로 공탁을 하지 않고도 가압류를 할 수 있게 한 것이나, 국가에 이러한 특혜를 주는 것이 적절한 것인지 의문이 있을 수 있다. 왜냐하면 공탁은 손해배상청구권의 행사를 용이하게 하는 측면도 있기 때문이다.[6)]

보전명령절차에서는 본래 채권자가 피보전권리와 보전의 필요에 대해서 충분한 소명을 하여야 보전명령을 할 수 있는 것이다. 그러나 소명은 즉시 조사할 수 있는 증거에 한하므로 증거가 있다고 하더라도 즉시 조사할 수 있는 것이 아니면 입증이 곤란해질 수 있다. 물론 이러한 경우에 법은 보증금을 공탁하거나 선서로써 갈음할 수 있도록 하고 있음은 앞에서 본 바와 같으나, 법원이 이를 허용할지는 알 수 없는 것이다. 그렇다고 하여 소명이 없거나 불충분한 때에 무작정 보전명령을 하게 하면 채무자가 희생되어 정당하지 않다. 이에 법은 청구채권이나 가압류의 이유를 소명하지 아니한 때에도 가압류로 생길 수 있는 채무자의 손해에 대하여 법원이 정한 담보를 제공한 때에는 가압류를 명할 수 있다(제280조 2항) 고 규정하고 있다. 이 경우 추후에 보전명령이 적절치 않았음이 밝혀지고 이로 인하여 채무자가 손해를 입게 된 경우에 그 손해를 공탁되어 있는 담보로부터 전보할 수 있으므로 채권자의 입증곤란과 위법한 보전명령으로부

---

6) 이시윤, 494면.

터의 채무자 보호라고 하는 점에 조화를 꾀할 수 있게 된 것이다.

한편 소명이 행해진 경우라도 법원은 담보를 제공하게 하고 가압류를 명할 수 있다(동조 3항). 본래 소명은 증명에 비하여 증명도가 낮기 때문에 소명에 의해 법원이 피보전권리와 보전의 필요에 대해 확신을 가질 수 있는 것은 아니다. 또한 그 소명이 보증금의 공탁이나 선서에 의해 대용된 경우라면 법원의 심증은 더욱 더 낮아진다고 할 수 있다. 이러한 점에서 소명이 있더라도 역시 그 보전명령이 채무자에게 손해를 입히지 않는다고 할 수 없기 때문에 이때에도 법원은 담보를 제공하게 하고 보전명령을 할 수 있게 한 것이다. 그러나 피보전권리의 부존재 또는 보전의 필요가 없다는 소명이 채무자로부터 행해진 경우에는 담보를 제공케 하고 보전명령을 해서는 안 된다.[7] 보전신청이 이유 없는 때도 같다.

법원이 보전명령을 하면서 담보를 제공케 할 것인가의 여부를 결정하는 것은 법원의 재량이다.[8] 이때 일단 담보를 제공케 하고 담보가 제공되는 것을 기다려 보전명령을 할 것인가, 아니면 보전명령을 하면서 그 결정 중에 담보를 제공하라는 결정까지 표시하여 추후 채권자가 집행기관에 담보제공을 증명하여야 집행이 이루어질 수 있게 하는 방법을 쓸 것인가[9]도 법원이 정하게 된다. 앞의 경우는 담보제공이 보전명령의 요건이 되고, 뒤의 것은 집행의 요건이 되지만 결과적인 차이는 없다. 일반적으로 실무는 앞의 것을 선호하는 편이고,[10] 변론이나 채무자가 참석하는 심문이 열린 경우에는 뒤의 방법으로 결정한다고 한다.

법원이 담보액을 결정할 때에는 대개 피보전권리와 목적물의 가액을 기준으로 하는데, 대체로 가압류의 경우에는 피보전권리인 채권의 가액이 기준이 되고, 가처분의 경우에는 목적물의 가액을 기준으로 하지만, 구체적인 액수는 법원이 재량으로 정한다.[11] 담보제공방법으로는 금전 또는 법원이 인정하는 유가증권을 공탁하거나, 지급보증위탁계약을 맺은 문서를 제출하는 방법에 의한다(민소 제122조 2항). 특히 채권자가 부동산 · 자동차 또는 채권에 대한 가압류신청을 하는 때에는 미리 은행 등과 지급보증위

7) 대판 1965.7.27, 65다1021.

8) 주석, 398면. 근로자의 임금채권이나 교통사고 피해자의 손해배상청구권을 피보전권리로 하는 경우에는 정책적으로 담보를 면제하거나 그 액수를 소액으로 하는 경우가 있으나, 이때에는 상대적으로 고도의 소명을 요구하여야 하는 것이다.

9) 이 방법은 조건부 재판이라는 점에서 허부에 관한 논란이 있으나 일반적으로 허용된다고 본다. 同旨: 김상원/정지형, 134면; 박두환, 704면; 주석, 143면.

10) 실무제요, 87면.

탁계약을 맺은 문서를 제출하고 이에 대하여 법원의 허가를 받는 방법으로 민사소송 규칙 제22조의 규정에 따른 담보제공을 할 수 있다(규칙 제204조).

법원이 담보를 제공하는 결정을 한 때에는 채권자에게만 고지하면 되고, 채무자에게는 이를 송달할 필요 없다(제281조 3항). 이 재판으로 채무자의 권리를 침해하는 것은 아니기 때문이다. 같은 취지에서 채무자는 담보제공명령에 대해서 불복할 수도 없다.[12] 채권자가 담보제공명령에 대해서 불복할 수 있는가 내지 불복의 성질에 대해서는 중간적 재판이므로 불복할 수 없다는 입장,[13] 즉시항고라는 입장,[14] 통상항고라는 입장[15] 등이 대립하고 있으나, 즉시항고는 규정이 필요하고, 그렇다고 해서 통상항고라고 하기도 어려우므로 불복할 수 없다는 입장이 옳다고 생각된다. 결국 채권자는 담보를 제공하지 않았다는 것을 이유로 법원이 보전신청을 기각하면 이 결정에 대해 즉시항고를 할 수 있게 된다(제281조 2항).

통상 담보에 대해서는 민사소송법 규정(민소 제122조, 제123조, 제125조, 제126조)이 준용된다(제19조 3항). 따라서 채무자는 담보에 대해 질권자와 동일한 권리를 가지고(민소 제123조), 담보사유가 소멸되거나 채무자가 동의하면 법원은 담보취소결정을 하여야 하는데, 보전소송이 완결된 때에는 법원은 담보권리자에게 일정 기간 이내에 권리행사를 최고하고, 그 기간 내에 권리를 행사하지 않으면 담보취소에 대해 동의한 것으로 본다(제125조 1항 내지 3항). 이때 소송의 완결이라 함은, 통상 보전절차의 완결을 의미하는 것이나, 판례는 본안소송이 계속되어 있는 때에는 본안소송도 완결되어야 한다고 하고 있다.[16]

---

11) 2003. 11. 1.부터 담보액의 산정기준을 통일하기 위하여 전국 법원이 합의한 담보기준은 다음과 같다(주석, 149면 참조).

보전처분의 종류	산정기준	목 적 물		
		부동산 (자동차, 건설기계)	유체동산	채권 그 밖의 재산권
가압류	청구채권액	1/10	4/5(청구금액의 2/5 이내의 현금공탁 포함	2/5(급여, 영업자 예금의 경우 1/5 이내의 현금공탁을 포함)
처분금지가처분	목적물 가액	1/10	1/3	1/5
점유이전금지가처분	목적물 가액	1/20	1/5(리스회사는 1/10)	–

12) 반대: 이석선(上), 144면(담보액이 상당하지 않은 것을 이유로 이의신청을 할 수 있다고 한다).
13) 주석, 146면.
14) 김상원/정지형, 135면; 박두환, 705면.
15) 윤경, 297면.
16) 대결 2010.5.20, 2009마1073 전원합의체. 이 결정으로 이와 다른 취지의 대결 1970.2.21, 69마970,971이 변경되었다.

《본안소송이 계속 중인 경우 담보취소의 요건이 되는 소송완결》(대법원 2010.5.20.자 2009마1073 전원합의체결정)

보전처분을 위하여 제공된 담보는 위법 · 부당한 보전처분 및 그 집행으로 인하여 채무자가 입은 손해에 대한 배상책임을 담보하기 위한 것이므로, 보전처분이 그에 대한 이의신청 등을 통하여 취소 확정되고 그 집행마저 해제되었다면 특별한 사정이 없는 한 그 손해배상청구권의 존부와 범위가 일응 확정되었다고 볼 수 있다. 그러나 일반적으로 보전처분은 본안소송을 전제로 하여 잠정적으로 그리고 피보전권리 및 보전의 필요성 요건에 대한 소명(疎明)만에 의하여 비교적 간이 · 신속하게 발령되고, 보전처분에 대한 이의 · 취소신청에 의한 불복절차도 그 심리방법은 소명에 의하는 점에서 기본적으로 동일하므로 그 불복절차에서 보전처분이 취소되었다고 하더라도 이를 본안사건에서 피보전권리의 존부 및 범위에 관하여 판결한 경우와 동일하게 취급할 수 없다. 따라서 본안사건에서 보전처분에 관한 불복사건에서의 피보전권리의 존부 및 범위에 관한 판단과 다른 판단을 할 수도 있고, 그러한 본안사건의 판단결과가 위법 · 부당한 보전처분 및 그 집행으로 인한 손해배상책임의 존부와 범위를 심리하는 법원의 판단에 현실적으로 영향을 미칠 수 있다. 그렇다면 본안소송이 아직 제기되지 않은 경우라면 몰라도 이미 본안소송이 제기되어 계속 중인 경우까지, 본안사건이 확정되기도 전에 채무자에게 소송의 방법에 의하여야 하는 권리행사 여부를 결정하도록 기대하거나 그러한 권리행사가 없다는 이유로 담보취소에 동의한 것으로 의제하는 것은 담보권리자인 채무자에게 과중한 절차적 부담을 부과하는 것으로 온당하지 아니하다. 그러므로 보전처분에 관한 본안소송이 이미 제기되어 계속 중인 경우에는, 비록 보전처분이 그에 대한 이의신청 등을 통하여 취소 확정되고 그 집행이 해제되었다고 하더라도 그것만으로 권리행사최고 및 담보취소의 요건이 되는 소송완결이라고 볼 수 없고, 계속 중인 본안사건까지 확정되어야만 소송완결로 인정할 수 있다고 해석하여야 할 것이다.

(3) 가압류 해방금액

가압류는 금전채권을 보전하기 위한 것이므로 채무자가 충분한 금전을 공탁한 때에는 굳이 가압류를 고집할 필요가 없을 것이다. 이렇게 되면 채권자는 새로운 공탁금에 대해 가압류의 효력을 유지할 수 있으므로 손해를 입지 않게 되고, 채무자는 자신의 재산권을 행사하는데 지장을 받지 않을 수 있게 되는 이익이 생기게 된다. 이와 같은 취지에서 법은 가압류명령에는 가압류의 집행을 정지시키거나 집행한 가압류를 취소시키기 위하여 채무자가 공탁할 금액을 적도록 하고 있다(제282조). 이것이 가압류 해방금액이다. 채무자가 해방금액 전액을 공탁하면 가압류 집행은 취소된다.

해방금액으로서 공탁될 수 있는 것은 금전뿐인가, 아니면 유가증권이나 기타 은행의 보증 등으로 해도 되는가의 문제가 있으나, 판례는 금전 이외에 유가증권과 같은 것은 통용가치가 있다고 하여도 허용되지 않는다고 한다.[17] 그러나 실질적으로 채권자의 채권을 보전할 수 있는 것이라면 굳이 통용가치가 있는 유가증권에 대해서 공탁을 부정할 이유는 없을 것이다.[18] 또한 그 액수에 있어서도 목적물의 가액보다는 피보전권리의 액수를 기준으로 하는 것이 합리적이다. 굳이 따지자면 채권의 원금과 이자, 그리고 집행비용을 합산한 금액으로 하게 될 것이다.[19] 그러나 통상 법원은 결정의 편의를 고려하여 피보전채권의 액수와 같은 금액으로 정하고 있는 실정이다.

《가압류해방금을 유가증권으로 공탁할 수 있는지 여부》(대법원 1996.10.1. 자 96마162 전원합의체 결정)

민사소송법 제702조의 가압류해방금액은, 채무자가 입을 수 있는 손해를 담보하는 취지의 이른바 소송상의 담보와는 달리 가압류의 목적물에 갈음하는 것으로서, 금전에 의한 공탁만이 허용되고, 유가증권에 의한 공탁은 그 유가증권이 실질적 통용가치가 있는 것이라고 하더라도 허용되지 않는다.

이때 채무자 아닌 제3자가 해방금액을 공탁할 수 있는가 문제가 있으나,[20] 제3자가 공탁한 금액에 대해서는 후에 채무자에 대한 집행권원으로 집행을 하기 어렵게 되는 문제가 있어서 부정설이 타당한 것으로 여겨지고 있다. 여기서 채무자가 해방금액을 공탁하여도 당연히 가압류집행이 취소되는 것은 아니므로 공탁 후 집행법원에 집행취소결정을 받아 집행취소를 신청하여야 한다.

채무자가 법원의 결정에 좇아 해방금액을 공탁하면 이 공탁금은 가압류에 대체되는 것이므로 일반적인 가압류의 효과와 마찬가지로 되며, 따라서 채권자가 공탁금에 대해 우선권을 가지는 것은 아니다.[21] 이때 채권자가 본안에서 승소확정판결을 받아 해방공탁금에 대해 집행을 하는 방법에 대해 채권자가 직접 공탁금의 반환을 청구할 수 있고, 따로 압류 및 전부명령을 받을 필요가 없다는 직접반환청구권설(直接返還請求權說)[22]과 가압류는 본래 채권자에 대해 우선권을 보장해주지 못하는 것이므로 해방공탁금에 대해서 채권자가 집행하려면 전부명령이나 추심명령을 받아야 한다는 현금화

17) 대결 1996.10.1, 96마162 전원합의체. 同旨: 박두환, 708면.
18) 同旨: 김상원/정지형, 172면; 방순원/김광년, 494면.
19) 김상원/정지형, 173면; 방순원/김광년, 494면; 이시윤, 495면; 주석, 189면.
20) 肯定說: 방순원/김광년, 494면. 否定說: 이석선(上), 169면; 주석, 188면; 실무제요, 396면.
21) 대결 1966.10.17, 66마61.
22) 주석(구판), 330면.

명령설(現金化命令說)[23]이 대립하고 있다. 앞의 입장은 간이하게 집행을 할 수 있다는 이점은 있으나, 본집행 단계에서 다른 채권자와 경합하는 경우를 고려하면 본래의 가압류의 집행에 준하여 생각하는 후설이 타당하다고 생각된다.

가압류결정이나 가압류집행이 취소되면 채무자는 해방금액을 돌려받을 수 있다.

2. 가처분명령

》 설문 ⑬

甲은 乙로부터 토지를 매수하여 이곳에 공장을 지으려고 하고 있는데, 자신이 매매계약을 체결한 직후 丙이 乙에게 돈을 더 주겠다고 꾀어 해당 토지를 매수하는 계약을 체결하였음을 알게 되었다. 이에 甲은 혹시 丙이 자신보다 먼저 등기신청을 할 것을 우려하여 등기소를 상대로 하여 乙로부터 丙에 대한 목적 토지의 이전등기를 금하는 가처분을 신청하였다. 이 신청은 받아들여질 수 있는가?

가처분명령은 일반적인 측면은 가압류명령과 유사하지만, 가처분의 특성상 다양한 가처분 방법을 반영하여야 한다는 것에 특징이 있다. 이하에서는 가압류명령과 비교되는 가처분명령의 특징에 대해 살펴본다.

(1) 가처분명령의 기본적 태양

다툼의 대상에 관한 가처분은 특정물 또는 특정급부의 집행보전을 위한 것이므로 비교적 그 태양이 단순하다고 할 수 있다. 그러나 임시의 지위를 정하기 위한 가처분은 피보전권리도 다양하고, 회피하려고 하는 위험이나 손해가 다양하기 때문에 일률적으로 말할 수 없다. 특히 여기서는 임시적인 법률상태를 형성하여야 하므로 그 명령에 구체적인 방법을 정하여야 하는데 이는 법규정으로 정할 수 있는 범위 밖이라고 할 수 있다. 이에 법은 단순히 신청목적을 이루는 데 필요한 처분을 직권으로 정한다고 규정하여(제305조 1항), 법원이 직권으로 가처분의 방법을 정할 수 있도록 하고 있다.[24]

---

23) 박두환, 710면; 강대성, 589면.
24) 대판 1955.10.20, 4288民上277.

(2) 가처분명령의 한계

법원은 직권으로 목적을 달성하기 위하여 필요한 처분을 직권으로 정할 수 있으나, 무제한적으로 방임되어 있다고 할 수는 없는 것이다. 이에 따라 가처분의 방법을 정할 때, 가처분의 신청범위, 본안의 범위, 가처분의 목적 등이 그 기준으로 작용한다고 할 수 있다. 이 범위를 벗어난 가처분명령은 위법하게 되어 취소될 수 있다. 그리고 아래에 보는 몇 가지 외에, 집행과 관련하여 집행가능성이 있는 것이어야 한다거나, 강행법규 내지 공서양속에 위반되어서는 안 될 것 등의 요건은 당연히 요구되는 것이다.

첫째, 가처분은 신청의 범위를 벗어날 수 없다고 하여야 하는데, 가처분도 넓은 의미의 민사소송이므로 처분권주의가 적용되어야 하기 때문이다. 물론 가처분이 비송사건의 실질을 가지고 있기 때문에 채권자가 신청에 구체적인 방법을 제시할 필요는 없다. 그럼에도 불구하고 채권자가 가처분을 통하여 얻으려고 하는 목적은 밝혀야 하기 때문에 법원은 이러한 목적에 가장 적절한 처분을 하여야 하는 것이다. 따라서 당사자가 신청한 범위 안에서 가처분의 정도와 방법이 정해져야 하는데,[25] 이때 법원은 당사자가 제시한 방법에 구속되는 것은 아니므로 그 목적의 범위 내이면 이와 다른 방법의 가처분명령을 하여도 무방하다.[26]

둘째, 부수성의 원칙상 가처분은 본안청구의 범위 내이어야 한다. 따라서 가처분으로 할 수 있는 것은 본안소송에서 채무자에게 요구할 수 있는 의무의 이행범위 이내여야 한다.[27] 본안으로 청구할 수 없는 것을 가처분으로 할 수는 없는 것이기 때문이다. 이와 관련하여 부동산의 일부에 대한 권리로서 부동산 전체에 대해 가처분을 할 수는 없는 것이 원칙이다. 물론 부동산이 분할이 불가능한 것으로서 일체로서 권리의 대상이 될 수밖에 없는 것이라면 예외이다.[28] 또한 저당권이나 임차권의 설정등기 청구권에 기해 처분금지 또는 점유이전금지의 가처분을 할 수 있는가가 문제되고 있으나, 일반적으로 긍정되어 있다.[29] 주택임대차와 같이 대항력 있는 임차권에 기한 인도청구권을 피보전권리로 하여 처분금지 내지 점유이전금지의 가처분을 할 수 있다.[30]

---

25) 방순원/김광년, 536면; 박두환, 751면; 한종렬, 376면; 이시윤, 548면; 姜溶鉉, 滿足的 假處分, 재판자료 제46집, 104면.

26) 대판 1955.10.6, 4288民上250.

27) 이석선(上), 187면; 이시윤, 549면; 주석, 429면.

28) 대판 1966.2.28, 65다2560.

29) 저당권에 관하여, 박두환, 748면; 오천석, 앞의 논문, 21-22면. 그리고 임차권에 관하여, 대결 1984.4.16, 84마7.

30) 김상원/정지형, 456/457면; 주석, 430면; 실무제요103면.

마찬가지 이유에서 본안청구의 범위 밖에 있는 제3자에 대해 의무를 지우거나, 제3자의 권리에 직접 영향을 주는 가처분도 허용되지 않는다. 이러한 의미에서 법률관계의 당사자가 아닌 행정청에 특정한 직무행위를 하게 하거나 하지 못하게 하는 것을 내용으로 하여서도 안 된다.[31] 이에 따라 가처분으로 등기소에 등기를 촉탁할 수 있음은 별론, 등기를 하라거나 하지 말라고 할 수는 없다.

셋째, 가처분은 어디까지나 잠정적인 보전을 그 목적으로 하는 것이므로 그 목적 범위 내에서 하지 않으면 안 된다. 손해배상청구권을 보전하기 위해서는 가압류를 하여야 할 것이고, 가처분을 할 수는 없다.[32] 또한 잠정성의 원칙과 관련하여 단행가처분의 허용성이 논의되었으나, 현재에는 일반적으로 법규정의 범위 내에서 인정되고 있다. 또한 가처분으로 가처분의 효력을 소멸시키는 것도 가처분으로 할 수 있는 것이 아니다.[33]

《가처분의 보전목적과 취소사유》(대법원 1955.10.6. 선고, 4288민상250 판결)

가처분명령이 장래의 강제집행의 보존목적을 유월할 수 없음은 물론이나 가처분신청 취지가 그 보전목적을 유월한 경우라도 법원은 이에 구애함이 없이 자유로운 의견으로 보전목적 범위 내에서 신청목적을 정함에 필요한 처분을 정할 수 있는 것이다. 따라서 가처분신청이 보전목적을 유월하였다 하여 곧 가처분결정을 취소할 수 없는 것이다.

《가처분에 의하여 보전된 임차권으로 근저당권설정 등기의 말소청구 가부》(대법원 1984.4.16. 자 84마7 결정)

가처분에 의한 처분금지의 효력은 가처분채권자의 권리를 침해하는 한도에서만 생기는 것이므로 가처분채권자는 피보전권리의 한도에서 가처분위반의 처분행위의 효력을 부정할 수 있다 할 것인바 임차권은 목적물의 사용, 수익을 내용으로 하는 권리로서 근저당권의 존속이 임차권의 실현에 장애가 되지 아니한다 할 것이고 가처분등기 후에 설정된 근저당권의 실행이 있다 하더라도 선행된 가처분등기와 임차권설정등기 청구를 인용한 본안판결에 기하여 임차권을 제3자에게 대항할 수 있다 할 것이니 근저당권의 설정으로 인하여 가처분에 의하여 보전된 임차권이 아무런 침해를 받지 아니한다 할 것이므로 위 가처분권자는 그 가처분 후에 마쳐진 근저당권 설정등기의 말소를 구할 수 없다.

31) 대결 1992.7.6, 92마54.

32) 이석선(上), 188면; 강대성, 600면; 한종렬, 377면.

33) 방순원/김광년, 537면; 강대성, 606면.

《가처분으로써 행정행위의 금지를 구할 수 있는지 여부》(대법원 1992.7.6. 자 92마54 결정)

[1] 민사소송법상의 보전처분은 민사판결절차에 의하여 보호받을 수 있는 권리에 관한 것이므로, 민사소송법상의 가처분으로써 행정청의 어떠한 행정행위의 금지를 구하는 것은 허용될 수 없다 할 것이다.

[2] 채권자가, 채무자와 제3채무자(국가)를 상대로 채무자의 공유수면매립면허권에 관하여, "채무자는 이에 대한 일체의 처분행위를 하여서는 아니 되며, 제3채무자는 위 면허권에 관하여 채무자의 신청에 따라 명의개서 기타 일체의 변경절차를 하여서는 아니 된다."는 요지의 내용을 신청취지로 하여 가처분신청을 한 데 대하여, 원심이 채무자에 대한 신청부분은 인용하면서도, 제3채무자에 대한 부분에 대하여는, 위 신청취지를 채무자가 면허권을 타에 양도할 경우 면허관청으로 하여금 그 양도에 따른 인가를 금지하도록 명해 달라는 뜻으로 풀이한 후, 이 부분 신청은 허용될 수 없다고 한 조치를 수긍한 사례.

(3) 가처분의 기본적 방법

법은 기본적인 가처분의 방법으로서 보관인을 정하거나, 상대방에게 어떠한 행위를 하거나 하지 말도록, 또는 급여를 지급하도록 명할 수 있다고 규정하고 있다(제305조 2항). 보관인은 가처분의 목적물의 보존 · 관리하는 임무를 진 자인데, 가처분의 목적이 유체동산이나 부동산 또는 계속적 권리관계인 경우에 많이 쓰인다. 보관인은 집행법원이 선임하며, 필요시 변경할 수도 있다.

행위를 하게 하거나 금지하는 경우의 행위는 사실행위와 법률행위의 양자를 다 포함하는 개념이다. 또한 재판상의 행위와 재판외의 행위까지도 모두 포함된다. 부작위를 명하는 경우에는 집행관에 대해 가처분의 취지를 공시하기 위해 적당한 조치를 취하게 할 수 있다.[34)]

이행을 명하는 것은 가처분으로 채무자에게 동산 · 부동산 기타의 물건이나 금전 등으로 채권자에게 지급 내지 인도할 것을 명하는 것이다. 단행적 성격이 강하게 나타나는 것으로서, 일시적으로라도 본안이 해결되는 것과 마찬가지의 만족을 얻게 하는 것도 가능하다. 예컨대, 소송이 완결될 때까지 임금을 지급하게 한다거나, 의무이행의 집행을 정지하는 것 등이 그러하다.

그 외에 부수적 처분으로서 가처분의 집행으로 인하여 채무자 등에게 법적 공백이 생기지 않도록 보완조치를 취하는 것이 그것이다. 예컨대, 이사직무집행정지 가처분에 부수하여 대행자를 선임하는 경우가 그러하다. 이러한 부수처분은 순수히 법원의

---

34) 박두환, 752면; 주석, 432면; 실무제요, 104면.

재량사항으로서 당사자가 신청할 수 있는 것이 아니며, 그 처분에 불복하는 것도 불가능하다.[35] 이에 의하여 대행자로 선임된 자는 피대행자와 동일한 직무권한이 있으며,[36] 법원의 허가 없이 다른 사람에게 직무를 위임할 수도 없다.[37]

《가처분에 관한 부수처분의 성격과 불복》(대법원 1979.7.19. 자 79마198 결정)

가. 어떤 단체 대표자의 직무집행을 정지하고 그 대행자를 선임하는 가처분을 하는 경우 어느 특정한 사람을 그 직무대행자로 선임할 것인가는 법원의 자유재량에 속한다 할 것이니 어떤 특정인을 직무대행자로 선임하여 달라고 요구하는 권리는 누구에게도 인정되지 아니한다.

나. 어느 특정한 사람을 그 직무대행자로 선임해 달라는 신청을 법원에 대하여 직권발동을 촉구하는 취지로 본다 할지라고 본래 개임신청권 없는 재항고인들은 법원의 개임 여부에 관한 처분에 대하여는 불복할 수 없다.

《가처분 법원에 의한 직무대행자의 직무권한 범위》(대법원 1982.12.14. 선고 81다카1085 판결)

가. 법원은 직권으로 가처분신청의 목적을 달성함에 필요한 처분을 할 수 있으므로 가처분법원이 임시의 지위를 정하는 가처분방법으로 종단 종정의 직무집행을 정지함과 동시에 그 직무대행자를 선임하는 경우 직무대행자의 직무권한의 범위에 관하여 가처분의 목적달성에 필요한 제한을 가할 수 있다.

나. 가처분법원이 직무대행자를 선임하면서 그 직무권한의 범위를 특별히 제한하지 아니한 이상 그 직무권한의 범위는 피대행자의 그것과 동일한 것으로 보아야 할 것이므로 종단소속 사찰의 주지해임이 종단의 통상업무에 속하지 않는다는 이유만으로 대한불교조계종 종정직무대행자가 피고 사찰의 주지를 해임한 것이 무효라고 할 수 없다.

《대표이사 직무대행자가 회사의 경영에 관한 권한의 전부를 타인에게 위임할 수 있는지 여부》(대법원 1984.2.14. 선고 83다카875,876,877 판결)

법원의 가처분명령에 의하여 선임된 회사의 대표이사 직무대행자가 회사의 업무집행기관으로서의 기능발휘를 전혀 하지 아니하고 그 가처분을 신청한 사람측에게 그 권한의 전부를 위임하여 회사의 경영을 일임하는 행위는 가처분명령에 의하여 정하여진 대표이사 직무대행자의 회사경영책임자로서의 지위에 변동을 가져오게 하는 것으로서 가처분 명령에 위배되는 행위일 뿐만 아니라 회사업무의 통상적인 과정을 일탈하는 것으로서 이를 회사의 상무라고 할 수 없으므로, 가처분명령에 특히 정한바가 있거나 법원의 허가를 얻지 않고는 할 수 없다 할 것이다.

---

35) 대결 1979.7.19, 79마198.

36) 대판 1982.12.14, 81다카1085.

37) 대판 1984.2.14, 83다카875, 876, 877.

(4) 가처분해방금의 문제

가처분명령에도 가압류명령과 마찬가지로 해방금액을 기재할 수 있는가의 문제가 있다. 원론적으로만 본다면 가압류는 금전채권의 집행을 보전하기 위한 것이므로, 굳이 가압류가 아니더라도 채권상당액이 공탁되어 집행에 제공될 수 있다면 채권자가 입는 손해는 없다고 할 것이어서 해방금액은 적절한 제도라고 할 수 있다. 그러나 임시의 지위를 정하기 위한 가처분은 별론으로 하더라도, 다툼의 대상에 관한 가처분은 특정물에 관한 집행을 보전하기 위한 것이므로 이를 금전으로 대체할 수 있는지는 의문이라고 할 수 있다. 이와 같은 점에서 전통적인 입장[38]이나 판례[39]는 가처분에는 해방금액을 붙일 수 없다고 한다. 그러나 이에 대해서는 강력한 반론이 제기되어 있는데, 일반적으로 가처분에 해방금액을 붙일 수는 없다고 하더라도, 예외적으로 가처분의 목적이 종국적으로는 채권자의 금전채권을 보전하는데 있는 경우에는 이를 부정할 필요는 없다는 것이다.[40] 그러나 일반적으로 가처분에 해방금액을 붙일 수 없다는 것은 이의가 있을 수 없으나, 예외적으로 채권자가 목적으로 하는 바가 채권금액이라면 굳이 이를 부정할 필요는 없을 것으로 생각된다. 일본 민사보전법은 명시적으로 가처분에 해방금액 제도를 도입하고 있다(동법 제25조).

III. 신청을 배척하는 재판

1. 배척재판의 종류

채권자의 보전신청이 소송요건을 충족하고 보전요건을 갖추었음이 소명된 때에는 법원이 가압류나 가처분명령을 하게 되는 것이나, 그렇지 못한 경우에는 신청을 배척하게 된다. 신청을 배척하는 재판은 신청을 각하하는 결정과 기각하는 결정으로 나눌 수 있는데, 각하는 소송요건의 흠결, 소의 이익의 부존재, 신청이 그 자체로서 권리보호의 이익이 없는 때 등에 하는 것이고, 기각은 신청의 이유가 없는 때에 하는 것이다.

38) 박두환, 711면; 주석, 193면; 金龍德, 保全處分에 關한 解放金額, 재판자료 제46집, 247면.

39) 大判 1956.5.10, 4289民上26.

40) 김상원/정지형, 184면; 방순원/김광년, 533면; 이시윤, 555면; 강대성, 591면; 주석(구판), 330면; 권성 외, 423면; 拙稿, 假處分 解放金, 荷邨鄭東潤先生華甲記念 二十一世紀民事訴訟法의 展望(1999), 496면.

따라서 피보전권리나 보전의 필요가 소명되지 아니한 때에는 신청을 기각하는 결정을 하게 된다. 그럼에도 판례는 재판에 기판력이 생기지 않기 때문에 각하와 기각을 엄밀하게 구별하지 않는다.[41] 또한 가압류에 있어서는 「가압류신청 진술서」를 첨부하게 되어 있는데, 이를 고의로 누락하거나 허위로 진술한 경우에는 보정명령을 하지 않고 신청을 기각할 수 있음은 앞에서 본 바와 같다.

민사소송상 각하와 기각의 재판은 재소의 가능성, 기판력의 범위 등에서 구별되는 것이나, 보전절차에서의 각하와 기각 재판은 결정으로 하는 재판으로서 실질적으로 대동소이한 효력을 가지기 때문에 그 구별의 실익이 크지 않다.

2. 재판의 절차

가압류 · 가처분 신청을 각하하거나 기각하는 재판은 채무자에게 영향이 없으므로 채무자에게는 송달할 필요가 없으며(제281조 3항), 이 재판에 대해서는 채권자가 즉시항고를 할 수 있다(동조 2항).

IV. 재판의 효력

≫ 설문 ⑭

甲은 乙이 자신에게 팔기로 한 자동차를 丙에게 매각하기로 계약을 하였다는 얘기를 듣고 법원에 해당 자동차의 매각을 금지하는 가처분의 신청을 하였으나, 피보전권리를 인정할 수 없다는 이유로 신청이 기각되었다. 이때 甲은 동일한 가처분을 신청할 수 없는가? 그 근거는 무엇이며, 또 후에 甲이 乙을 상대로 동일한 주장을 하면서 본안소송을 할 수 있는가?

여기서는 보전신청에 대한 재판의 효력을 살펴본다. 가압류나 가처분의 집행으로 인한 효력은 별도로 해당부분에서 설명한다.

41) 대판 1960.7.21, 4293민상137.

1. 재판효의 내용

(1) 잠정적 효력

보전처분의 효력은 그 잠정성으로 인하여 피보전권리에 대해 종국적으로 판단하지 않는 잠정적인 것에 그친다. 따라서 보전명령에서 피보전권리의 존재를 인정했다고 해서 그 존재가 종국적으로 인정되는 것은 아니고, 최종적인 것은 어디까지나 본안재판으로 정해지는 것이다.

(2) 발생과 소멸

보전재판은 결정으로 행해지기 때문에 본질적으로 본다면 확정이라는 것은 사실상의 문제에 그치고, 당사자에게 고지되면 바로 효력이 생기는 것이다. 특히 보전신청을 받아들인 결정은 채무자에게 송달되면 바로 효력이 생긴다. 그러나 통상 채무자에게 고지하기 전에 집행이 이루어지기 때문에(제292조 3항), 이때에는 채무자가 집행으로 결정의 존재를 알았다고 할 것이므로 집행에 착수한 때에 효력이 발생한다고 한다.[42]

보전명령의 효력이 생긴 후에는 이 결정이 취소되기 전까지는 효력이 유지된다. 따라서 절차상의 하자가 있다고 하여 효력이 없다고 할 수 없으며,[43] 본안판결이 취소되거나 심지어 채무자가 피보전채권을 변제하였다고 하더라도 법원이 가압류를 취소할 때까지는 보전의 효력이 당연히 소멸하지는 않는다.[44]

2. 재판효의 개별적 검토

(1) 기속력

보전재판은 결정에 의해 이루어지기 때문에 기속력이 생기지 않는다.[45] 따라서 법원은 이의나 즉시항고가 제기된 경우, 그 불복의 내용이 타당하다고 인정하면 스스로 결정의 내용을 고칠 수 있다.

또한 법원은 재판의 경정에 준하여 결정의 내용에 중요한 잘못이 있음이 발견된

42) 주석, 181면.
43) 김상원/정지형, 192면; 한종렬, 328면.
44) 김상원/정지형, 187면; 한종렬, 328면.
45) 이석선(上), 208면.

때에는 스스로 그 내용을 바로잡을 수 있다고 본다. 이때 굳이 계산상의 착오나 기재의 잘못[46]에 그치지 않고 판단상의 잘못에 대해서도 바로잡을 수 있다.[47] 다만 이렇게 경정을 한 때에는 새로운 재판을 고지한 때로부터 그 효력이 발생하는 것으로 보아야 할 것이다.

《채권압류 및 전부명령에 대한 경정결정의 허용 범위 및 경정결정의 효력발생 시기》(대법원 1998.2.13. 선고 95다15667 판결)

채권집행에 있어서 압류 및 전부명령은 결정의 일종이므로 압류 및 전부명령에 위산, 오기 기타 이에 유사한 오류가 있는 것이 명백한 때에는 법원은 직권 또는 당사자의 신청에 의하여 경정결정을 할 수 있고(민사소송법 제210조 제1항, 제197조), 다만 경정결정으로 인하여 압류 및 전부명령의 동일성의 인식이 저해되는 경우에는 당초의 압류 및 전부명령의 내용이 실질적으로 변경되는 것으로서 허용되지 않고, 압류 및 전부명령의 경정결정이 확정되는 경우 당초의 압류 및 전부명령은 그 경정결정과 일체가 되어 처음부터 경정된 내용의 압류 및 전부명령이 있었던 것과 같은 효력이 있으므로, 당초의 압류 및 전부명령 정본이 제3채무자에게 송달된 때에 소급하여 경정된 내용의 압류 및 전부명령의 효력이 발생한다.

(2) 확정의 문제

본래 결정에 의한 재판의 경우에는 확정이라는 문제는 생기지 않는다. 따라서 보전재판은 형식적 확정력이 생기기를 기다리지 않고 바로 집행할 수 있는 것이다. 더군다나 보전명령에 대해서는 집행 후에도 이의나 취소신청을 하는 것이 인정되어 있으므로 판결의 경우와 같이 확정의 문제를 다룰 이유는 없다. 그러나 즉시항고를 할 수 있는 재판에 대해 항고기간이 도과하였거나 재항고의 재판과 같이 더 이상 불복이 불가능한 재판에 대해서는 불복이 불가능하므로 사실상 확정되었다고 보아도 무방할 것이다.

(3) 기판력의 발생 여부

보전명령을 판결로 할 때에도 기판력이 생기는가에 대한 논의가 있었으나, 결정으

46) 채권압류 및 전부명령에 관하여 경정결정을 할 수 있다는 취지의 판례로는, 대판 1998.2.13, 95다15667.

47) 일본 민사보전법 제41조제2항은 보전재판을 한 법원은 보전항고가 제기된 경우에 보전항고의 이유가 있는지의 여부를 판단하지 말고 사건을 항고법원에 송부하여야 한다고 규정하여, 원법원이 결정에 대해 수정할 수 없다는 취지로 규정하고 있기 때문에 일본에서는 보전결정에도 약하기는 하나 기속력이 있다고 한다. 原井龍一郎 · 河合伸一, 新訂版 實務民事保全法, 商事法務(2002), 185면.

로 보전재판을 하게 된 현재에 있어서는 더구나 보전명령에 대해 기판력을 논의할 실익은 없다고 할 수 있다. 따라서 보전신청이 기각되어도 소명을 보완하여 다시 신청을 할 수 있는 것이다.[48] 그런데 이에 대해서는 법률관계의 안정의 필요에서 보전재판은 피보전권리와 보전의 필요가 동일한 사건 사이에 있어서는 앞의 사건과 모순되는 재판을 할 수 없다는 의미의 구속력이 작용한다는 입장이 있다.[49]

그리고 보전명령은 기판력이 없기 때문에 보전재판에서의 판단은 본안사건에는 아무런 영향이 없다는 것은 누차 본 바와 같다.

(4) 집행력

보전재판은 사실상 집행을 위한 재판이므로 집행력이 생기는 것은 당연한 것이다. 따라서 보전결정은 집행권원으로서의 효력을 가지게 되며, 이는 채무자에게 송달되기 전에 발생한다(제292조 3항). 물론 확정이라는 문제도 집행과는 무관하다. 그러나 이러한 집행력은 채권자에게 재판을 고지한 때로부터 2주가 경과하면 소멸한다(제292조 2항).

V. 보전소송비용

가압류 · 가처분의 비용은 궁극적으로 이 절차에 책임이 있는 사람이 부담하게 됨은 민사소송절차에서와 다름이 없다. 따라서 보전신청이 인용된 경우에는 비용은 채무자가 부담하게 되며, 신청이 배척된 경우에는 채권자가 비용을 부담하게 될 것이다. 다만 보전절차에서는 보전소송의 비용과 보전집행의 비용을 별도로 생각하여야 하며, 이는 통상 소송비용과 강제집행비용에 대응하는 것이다. 따라서 집행비용은 후술하는 집행절차에서 따로 설명한다.

법원이 보전신청에 대해 재판할 때 비용재판을 하여야 함은 앞에서 본 바와 같다. 이러한 비용재판에 대해서는 결정 후 즉시 비용액확정신청을 할 수 있게 된다. 그것은 민사소송법이 재판이 확정된 경우 이외에도 소송비용부담의 재판이 집행력을 갖게 된 후에는 확정신청을 할 수 있도록 하고 있기 때문이다(민소 제110조 1항).

---

48) 대결 1960.7.21, 4293民抗137.
49) 김상원/정지형, 188면; 이시윤, 578면.

part 03

보전재판에 대한 구제절차

Chapter 1 여러 가지 불복방법

I. 불복방법의 구조

가압류나 가처분 신청에 대한 재판에 대한 불복방법은 복잡한 구조로 되어 있다. 먼저 보전신청이 인용되어 가압류 · 가처분 명령이 있는 경우에는 채무자가 이에 대해 이의신청이나 취소신청을 할 수 있고, 보전신청이 각하 내지 기각된 경우에는 채권자가 즉시항고를 하도록 되어 있다. 보전재판을 결정 외에 판결로도 할 수 있도록 한 구법 하에서는 항소까지도 가능하였으나, 결정으로만 재판하도록 한 현행법에서는 그 불복방법이 단순화되었다고 할 수 있다.

한편 이는 보전재판에 대한 불복방법이라는 점에서 보전집행에 대한 불복방법과는 구별된다.

가압류나 가처분 명령에 대해서는 법이 규정하는 이의나 취소신청에 의해서만 불복할 수 있고, 별도로 그 취소를 구하는 소를 제기하거나 항고 내지는 즉시항고를 할 수 없음은 당연하다.

II. 여러 불복방법의 비교

1. 보전재판에 대한 불복방법

가압류나 가처분 신청에 대한 재판은 비교적 간이한 절차를 거쳐 행해지기 때문에 채무자의 권리보호를 위해서는 취약하다고 할 수 있다. 이러한 불충분한 심리에 의한 재판을 보완하는 역할을 하는 것이 이의제도이다. 그에 비하여 취소신청제도는 보전재판 후에 생긴 새로운 사유를 대상으로 한다. 다시 말하면 보전이의제도는 보전신청에 대한 심리를 보다 완전한 절차에 의하여 반복함으로써 보전명령이 정당하게 발령되었는가를 검증하는 제도라고 한다면, 취소신청제도는 보전명령을 계속하여 유지할 필요와 그에 반대되는 채무자의 이익을 비교하여 후자가 큰 것으로 판단되면 보전명령을 취소하게 하는 사후적 처리제도이다.

표 보전절차상의 여러 가지 불복방법

<table>
<tr><th>종 류</th><th>불복권자</th><th>대상 재판</th><th>불복 사유</th><th>특 징</th></tr>
<tr><td>이의신청</td><td>채무자</td><td>가압류·가처분명령</td><td>불완전한 심리
(보전요건의 미비 등)</td><td>심리절차의
속행절차</td></tr>
<tr><td rowspan="5">취소신청</td><td rowspan="5">채무자</td><td rowspan="3">가압류·가처분명령</td><td>본안제소기간 도과</td><td rowspan="5">사후적
구제제도</td></tr>
<tr><td>가압류이유의 소멸 기타의 사정변경</td></tr>
<tr><td>보전 집행 후 3년간 본안소송 부제기</td></tr>
<tr><td>가압류명령</td><td>법원이 정한 담보를 제공한 때</td></tr>
<tr><td>가처분명령</td><td>특별한 사정이 있는 때</td></tr>
<tr><td rowspan="2">즉시항고</td><td>채권자</td><td>각하 또는 기각 결정</td><td rowspan="2">위법한 재판</td><td rowspan="2">상소제도</td></tr>
<tr><td>채권자
채무자</td><td>이의신청 또는 취소신청에 대한 재판</td></tr>
</table>

즉시항고는 보전신청이 배척된 경우에 채권자가 제기할 수 있는 불복방법이면서, 이의신청이나 취소신청에 대한 재판에 대해 채권자·채무자의 쌍방에 인정된 불복방법으로서 이의신청이나 취소신청과는 구별된다.

법원이 보전신청을 일부만 인용하고 일부를 기각한 경우의 불복방법에 대해서는, 채권자가 이의절차에서 보전신청 당시의 신청취지를 그대로 유지할 수 없다는 취지에서 일부인용된 부분은 이의할 수 있으나 기각된 부분은 항고의 대상이 되는 것이므로 이 부분까지 이의절차에서 다루어질 수는 없는 것이 실무의 태도인 듯 보인다.[1] 다만 이렇게 되면 인용된 부분과 기각된 부분이 각각 별도의 법원에서 심리되어야 하는데, 이로 인한 재판의 저촉이나 불경제가 문제될 것이다.

1) 주석, 212면; 실무제요, 136면.

2. 이의와 취소신청 간의 관계

그런데 보전이의절차가 계속 중에 보전취소신청을 하는 것과 같이 이들 제도 사이의 경합을 인정할 것인지 문제이다. 더군다나 후술하는 바와 같이 이의사유로 취소사유를 주장할 수 있으므로 양자 사이에는 상당한 공통점도 있다고 할 수 있기 때문이다. 이에 관하여 현재의 실무는 이들 제도가 별개의 취지를 가진 제도이고, 특히 취소신청은 쟁점이 간단하여 비교적 쉽게 심판할 수 있는 것이므로 채무자가 신속하게 보전명령의 집행력에서 해방될 수 있다는 점에서 특징이 있어 양자의 경합을 인정하고 있다.[2] 그러나 이때 어느 하나의 절차에서 보전명령이 취소되면 다른 절차는 대상이 소멸하므로 그 신청이 각하되게 된다. 또한 이의절차에서 취소사유가 주장되었으나 이의가 기각된 경우에는 종전에 주장한 취소사유를 들어 별도로 취소신청을 하여도 무방하다.

2) 김상원/정지형, 264면; 주석, 202면; 실무제요, 116면.

보전이의

I. 보전이의제도의 의의

1. 보전이의의 성질

채무자는 가압류결정에 대하여 이의를 신청할 수 있다(제283조 1항). 이의는 채무자가 제기하는 불복방법으로서 가압류법원에 대해 가압류결정의 당부를 재심리하여 줄 것을 구하는 가압류결정에 대한 유일한 불복방법이다.[1] 보전재판은 잠정성 내지 긴급성의 요청에서 채권자의 주장과 소명만으로 행해지는 경우가 많으므로 이러한 불충분한 심리로서는 피보전권리나 보전의 필요의 존재를 충분히 알아내기 어렵다. 이는 곧 채무자에게 본안판결이 확정될 때까지 무조건 보전집행을 수인하라고 할 수 없는 이유로 된다. 이에 법은 절차를 보전신청시로 되돌려 동일 심급 내에서 보전신청의 당부를 재심사하게 한 것이다.

따라서 이는 보전결정 후에 이루어지는 구제제도이기는 하나, 상소제도는 아니다. 왜냐 하면 상소제도는 심급을 달리하여 상급법원에서 심리하는 것이나, 이의제도는 원법원이 다시 심리하는 것이며, 또한 상소제도는 원심법원의 심리방법과 동일한 방법에 의하여 심리하는 것이나, 이의는 원래의 심리방법에 불구하고 변론기일 또는 당사자 쌍방이 참여할 수 있는 심문기일을 정하여 심리케 하도록 하고 있기 때문이다(제286조 1항).

구법하에서는 보전명령에 대해 이의신청이 있으면 구술변론을 거쳐 재판하게 함으로써 변론을 거치지 않고 발령한 보전명령에 대한 절차보완적 구제조치라는 성격이 강

1) 대결 1962.9.17, 62마10; 대결 1973.7.26, 73마656.

하였으나, 현행법에서는 심문절차를 거쳐 발령한 보전명령에 대해서도 동일한 절차로 이의절차가 진행될 수 있도록 함으로써 그러한 성질이 다소 퇴색한 감이 없지 않다.

《항고법원이 가처분신청을 기각한 원결정을 취소하고 그 가처분신청을 허용한 경우 이에 대한 불복방법》(대법원 1973.7.26. 자 73마656 결정)

항고법원이 가처분신청을 기각한 원결정을 취소하고 그 가처분신청을 허용한 경우 그 반대 당사자로서는 항고심의 가처분 결정에 대하여 상고심에 재항고로써 불복할 수는 없는 것이고 이러한 경우에는 반드시 민사소송법 제715조, 제703조에 의하여 이의를 신청하여야 되는 것이다.

2. 이의절차의 구조

이와 같이 이의절차가 원래의 보전신청을 심리한 법원이 다시 심리하되, 심리방법만 바꾸어 하는 것의 성질을 어떻게 파악하여야 할 것인가가 문제된다. 이들은 본래 구법하의 학설이므로 심리방법은 무시하고 그 심리대상에 국한하여 살펴본다면 다음과 같이 살펴볼 수 있다.

첫째는 속행신청설(續行申請說)이라고 할 수 있는 것으로서, 이의신청의 대상을 보전신청의 당부, 즉 보전요건의 존부에 관하여 심리하는 것이라고 하는 입장이다. 전통적으로 통설적 입장이고,[2] 우리 판례도 이에 따른다.[3] 이에 의하면 이의절차는 보전신청에 대한 심리절차의 반복 내지는 연장절차로 본다.

둘째는 중간설(中間說)이라고도 하는 것으로서, 이의의 대상을 보전신청의 당부 및 보전명령의 당부의 양자로 보는 입장이다.[4] 이 입장은 앞의 견해에 비하여 보전명령의 당부를 심리대상에 추가함으로써 보전신청에 대한 심리와 이의절차를 구별하고 있다.

셋째는 취소신청설(取消申請說)이라고 할 수 있는 입장인데, 이는 보전명령의 당부를 심리하여 그 취소 · 변경을 구하는 것이라는 입장이다.[5] 이에 의하면 보전심리제도

2) Stein-Jonas-Schönke, ZPO 18 Aufl. §924, I; Rosenberg, Lehrbuch, 9 Aufl. S.1094; 이영섭, 279면; 방순원(구판, 下), 311면.

3) 대판 1965.7.20, 65다902.

4) Hellwig-Oertmann, System II, S.464; 吉川大二郎, 保全訴訟の基本問題, 有斐閣(1978), 430면; 주석(구판), 823면; 주석, 195면.

5) Hellwig, Lehrbuch I, S.396; 前野順一, 强制執行法保全訴訟法篇, 和田書店, 89면; 김상원/정지형, 276면; 대판 1978.2.14, 77다938.

와 이의절차를 완전히 다른 것으로 보므로, 심리절차에 있어서 상당히 다른 점이 있는 것으로 보게 된다.

통설인 속행신청설은 보전심리절차와 이의절차를 동일한 법원이 심리하는 것을 강조하는 입장이나, 보전재판으로 일단 절차가 종결된 후 이의신청에 의하여 다시 이의절차가 개시된다고 하는 것을 무시한 입장이다. 한편 마지막의 취소신청설은 단순히 이의에 의하여 보전명령의 당부가 심판된다고 하지만, 이의절차에서는 사후적으로 보전명령의 당부만을 결정하는 것이 아니라, 이의신청에 대하여 다시 절차를 재개하여 보전신청에서부터 보전취소사유의 존부까지 새로운 기준으로 보전명령절차와는 구별되는 다른 절차에서 재판을 하는 것이다. 따라서 후술하는 바와 같이 통상 이의신청을 하면서 가압류나 가처분의 취소변경의 사유도 이의사유로 삼을 수 있다고 한다면 이의절차에서 보전요건을 심사하는 것에 그치지 않고, 보전명령을 유지시킬 필요가 있는가 하는 것 까지도 심리하는 것으로 되어, 보전요건의 당부뿐만 아니라 보전명령의 당부도 이의절차에서 심리하는 것으로 보는 중간설에 따른다. 이의신청의 취하를 인정하고 있는 민사집행법 규정(제285조)도 속행신청설은 설명이 곤란하지만 중간설에 의해서는 무리 없이 설명될 수 있다.

《가처분 결정에 대한 채무자 이의의 성질과 당사자의 표시방법》(대법원 1965.7.20. 선고 65다902 판결)

가처분결정에 대한 이의는 지급명령에 대한 이의와 같이 같은 심급에서의 불복신청으로서 변론을 거쳐 다시 가처분신청의 당부를 심판하여 달라는 신청에 불과하므로, 그 당사자 위치의 표시는 가쳐분 결정의 표시와 같이 이의를 당한 자인 가처분신청인을 적극적인 당사자, 즉 원고와 같은 위치에 표시하고, 그 이의를 신청한 자, 즉 가처분의 피신청인을 소극적 당사자인 피고와 같은 위치에 표시하여야 할 것이다.

《가처분 이의신청의 성질과 심판의 판단시기》(대법원 1978.2.14. 선고 77다938 판결)

가처분에 대한 이의신청은 가처분결정의 당부의 심판을 구하는 것이지만 이에 대한 심판은 그 이의에서의 최종변론 당시의 사실을 기준으로 하여야 한다.

II. 이의신청

››› 설문 ❶

甲이 乙에 대해 가지고 있는 금전채권을 보전하기 위하여 乙이 丙에 대해 가지고 있는 채권을 가압류하였다. 그런데 乙의 채권은 이미 시효로 소멸한 것이라고 할 때, 乙은 甲의 가압류에 대해 이의를 제기할 수 있는가?

1. 이의권자

(1) 채무자와 그의 일반승계인

일반적으로 말하여 이의신청을 할 수 있는 자는 채무자, 그 일반승계인, 채무자가 파산한 경우에는 그의 파산관재인 등이다. 이들은 채무자와 마찬가지로 취급되므로 이의권이 있다. 그런데 채무자는 보전재판의 피신청인 또는 보전명령으로 인하여 권리를 제한받거나 침해받은 자라고 할 것이므로, 가령 채권가압류에 있어서 채무자가 제3채무자에 대하여 채권을 가지지 않은 경우에는 가압류채무자는 가압류명령에 의하여 아무런 불이익을 받을 지위에 있지 않으므로 이의를 신청할 이익이 없다.[6] 또한 회사의 대표자가 직무집행정지가처분을 받은 경우에는 그 자격으로 이의할 수 있다.

이미 사망한 자를 상대로 한 보전명령은 무효이므로 상속인이 보전명령의 외관을 제거하기 위하여 이의신청을 한다면 이는 받아들여질 수 있다.[7]

《제3채무자에 대한 채권이 없는 때의 이의의 이익》(대법원 1967.5.2. 선고 67다267 판결)
채권가압류에 있어서 채무자가 제3채무자에 대한 채권이 없다면 가압류채무자는 채무가압류결정에 의하여 법률상 아무런 불이익을 받을 지위에 있다 할 수 없을 것이므로 가압류에 대한 이의를 신청할 이익이 없다 할 것이다.

6) 대판 1967.5.2, 67다267.
7) 대판 2002.4.26, 2000다30578. 다만 대판 1982.10.26, 82다카884는 제3자이의의 소를 제기할 수도 있다고 한다.

《사망자에 대한 가처분의 효력과 이에 대한 이의》(대법원 2002.4.26. 선고 2000다30578 판결)

이미 사망한 자를 채무자로 한 처분금지가처분신청은 부적법하고 그 신청에 따른 처분금지가처분결정이 있었다고 하여도 그 결정은 당연무효로서 그 효력이 상속인에게 미치지 않는다고 할 것이므로, 채무자의 상속인은 일반승계인으로서 무효인 그 가처분결정에 의하여 생긴 외관을 제거하기 위한 방편으로 가처분결정에 대한 이의신청으로써 그 취소를 구할 수 있다.

(2) 특정승계인

채무자의 특정승계인이 이의신청권을 가지는가에 대해서는 보전명령에 대한 이의는 보전명령의 당부를 속행심리하는 것이므로 특정승계인은 참가신청 등으로 보전절차에 개입한 때에 한하여 이의신청을 할 수 있다는 것이 판례이다.[8] 이에 대하여 특정승계인도 직접 자신의 이름으로 이의를 신청할 수 있다는 입장도 있으나,[9] 특정승계인에 대해 일반적으로 이의권을 인정하기는 어려울 것이다.[10]

《가처분결정에 대해 이의신청을 할 수 있는 자의 범위》(대법원 1970.4.28. 선고 69다2108 판결)

민사소송법 제703조, 715조에 의하여 가처분결정에 대한 이의신청을 할 수 있는 자는 채무자와 그 일반승계인이라야만 하고 특정승계인도 같은 법 제74조에 의한 참가승계를 하면 이의신청을 할 수 있다고 할 것이나 이 이외의 3자는 가처분에 대하여 사실상의 이해관계가 있다 하더라도 이의를 신청할 적격이 없다.

(3) 채무자의 대위채권자

채무자의 다른 채권자가 채무자를 대위하여 이의신청을 할 수 있는가에 대해서는 이것이 소송법상의 엄격성에 배치되기 때문에 실체법상의 권리가 아닌 소송법상의 개개의 권리를 대위행사할 수는 없다는 의미에서 부정하여야 할 것이다.[11] 일반적으로 소송상의 지위를 인정할 수 있는 것은 실체상의 권리행사를 하기 위하여 소송에 의한

8) 대판 1970.4.28, 69다2108.
9) 吉川大二郎, 保全訴訟の基本問題, 452면.
10) 동지: 김상원/정지형, 209면; 이석선(上), 227면; 이시윤, 544면(보조참가를 하면서 이의신청을 할 수 있다고 함).
11) 대판 1967.5.2, 67다267; 김상원/정지형, 210면; 이석선(上), 227면; 이시윤, 497면.

권리행사의 형식을 이용하는 경우여야 하기 때문이다. 승계나 보조참가와 같은 것이 그러한 경우인데, 이러한 이유에서 대위권의 존재를 이유로 하여 보조참가를 하는 경우에는 이의신청을 할 수 있게 된다.[12] 한편 사정변경이나 특별사정을 이유로 한 보전명령의 취소신청은 이미 개시된 보전절차와는 별개 독립된 것이므로 대위에 의한 취소신청이 가능하다.[13]

《가압류 결정에 대한 이의 신청과 채권자의 대위권 행사》(대법원 1967.5.2. 선고 67다267 판결)
원래 가압류결정에 대한 이의신청은 가압류결정에 대한 소송법상의 불복방법에 불과하므로 채권자의 대위에 의하여 행사될 수 없는 권리라 할 것이다.

(4) 제3채무자

채권에 대한 가압류 · 가처분 명령의 경우에 제3채무자는 피신청인, 즉 채무자가 아니므로 이의신청을 할 수 없다. 채권가압류명령 중에 제3채무자에 대하여 해당 채권의 변제를 금지하라는 명령이 있다고 하더라도 이는 가압류명령 자체의 내용이라고 하기 보다는 집행명령(제296조 3항)이라고 하여야 할 것이므로, 그는 단독으로는 물론, 채무자와 함께 하더라도 이의신청을 할 수는 없다.[14] 마찬가지의 이유에서 이사가 회사법상의 직무집행정지 가처분명령을 받은 경우에도 회사는 직접 이의신청을 할 수는 없고, 민사소송법상의 보조참가를 할 수 있음에 그치는 것이다.

(5) 제3자

제3자는 당사자가 아니므로 보전처분에 관하여 사실상의 이해관계를 가지고 있다고 하더라도 이의신청을 할 수 없는 것은 당연하다. 그런데 가압류의 목적물이 제3자의 소유에 속하는 경우에 채무자나 제3자가 이의할 수 있는가가 문제될 수 있다. 가압류는 본래 목적물을 특정할 필요가 없는 것이고, 집행을 위하여 목적물을 특정하는데 지나지 않는 것이므로 집행에 관한 이의(제16조) 또는 제3자 이의의 소(제48조)로 다투어야 할 것이고, 가압류에 대한 이의를 할 수는 없다. 이는 채무자에게 있어서는 이의사유

12) 김상원/정지형, 270면; 방순원/김광년, 496면; 박두환, 714면.
13) 주석, 197면.
14) 김상원/정지형, 211면; 이석선(上), 227면.

가 되지 않고, 제3자에게는 이의신청의 적격이 부인되는 것이다.[15)]

다만 제3자가 법률상의 이해관계를 가지고 있어서 보조참가를 할 수 있다면 보조참가를 한 후 이의신청을 할 수는 있을 것이다.[16)]

2. 이의신청절차

(1) 이의신청서의 제출

보전명령에 대해 이의신청을 하기 위해서는 이의신청의 취지와 이유 및 사실상의 주장을 소명하기 위한 증거방법을 기재한 서면을 제출하여야 한다(규칙 제203조). 종래 구술신청이 가능한지 논의되기도 했으나, 실제 구술로 신청하는 경우는 전무하였기 때문에 민사집행규칙은 문서로만 신청하도록 하고 있다.

신청서는 준비서면 내지 답변서의 성질을 가진다고 하는 것이 통설인데,[17)] 그것은 이의절차가 보전신청절차의 속행절차로서의 실질을 가지기 때문에 이의신청이라고 해도 새로운 결정절차의 개시를 요구하는 것이 아니기 때문이라는 것이다. 그러나 이의신청서를 단순한 심판청구서라고 하기는 어렵다고 하더라도 단순히 준비서면에 불과한 것이라고 하는 것은 이해할 수 없다. 왜냐하면 우리는 이의신청에 의하여 이미 보전재판으로 일단 종료된 보전절차가 재개되어 여기서 새로운 기준에 의하여 보전신청에 대해 심리하면서 또한 보전명령의 당부까지도 심리하는 절차가 열린다고 보기 때문이다. 따라서 이의신청서는 단순히 준비서면의 역할에 그치는 것이 아니라, 이의절차를 개시하여 달라는 것을 신청하는 성질, 즉 심리의 속행과 보전명령에 대한 불복신청의 복합적 성질을 가진다고 본다.

통상 심문절차에 준비서면이 필요하지 않으므로 이를 변론절차에서의 준비서면과 전혀 같은 것으로 보기 어렵다는 것은 분명하다. 통설과 같이 이를 준비서면이라고 한다면 왜 결정절차에서 이러한 서면을 제출하게 하는지 설명되어야 한다. 이외에도, 신청서의 기재방식에도 문제점이 나타난다. 법이 요구하는 신청서의 기재사항은 보전명령의 취소나 변경을 신청하는 이유를 밝히라는 것이고(제283조 2항), 규칙은 이에 더하여 취

15) 주석, 198면.
16) 김상원/정지형, 270면; 방순원/김광년, 496면; 이시윤, 497면.
17) 김상원/정지형, 272면; 이석선(上), 226면; 실무제요, 136면; 주석, 198면.

지와 증거방법까지도 요구하고 있어서 실제로는 소장이나 심판청구서와 같은 방식의 기재를 요구하고 있다. 그러나 본래 준비서면에는 당사자가 변론할 사항을 기재하는 것이므로, 법이나 규칙에서 요구하는 내용은 훈시규정에 불과하다고 하는 것이 통설인데,[18] 이에 따르면 준비서면의 기재사항 외에 특히 이의를 신청하는 이유와 같은 것은 당사자가 이를 빠뜨렸다고 해서 이의신청이 부적법하게 되는 것은 아니라고 하지만, 신청의 취지나 이유가 빠지면 이의절차가 원활히 진행되기가 어렵게 될 것이므로 이러한 설명은 문제가 있다.

거기에다 보전명령에 대한 이의신청서에는 2천원의 인지를 붙여야 하는데(민사소송등인지법 제9조 3항 2호), 통상 변론준비서면에도 인지를 붙이지 않는 것을 왜 결정절차에서 규정도 없는 준비서면이라고 하면서 여기에다 인지를 붙이게 하는지 통설은 해명하여야 한다.

이의신청서에는 이의신청의 취지로 대상인 보전명령의 취소와 보전신청을 기각하는 취지를 기재하고, 그 이유로서 보전신청이 부당하다는 주장사실을 기재하여야 한다.

양식 7 가압류(가처분)결정에 대한 이의신청

가압류(가처분)결정에 대한 이의신청

수입인지 2000원

신 청 인(채무자) (이 름) ○ ○ ○ (주민등록번호 -)
(주 소)
(연락처)
피신청인(채권자) (이 름) ○ ○ ○ (주민등록번호 -)
(주 소)

신 청 취 지

1. 위 당사자간 ○○○○법원 20○○ 카합 ○○○호 신청사건에 관하여 20○○. ○. ○○. 동원에서 결정한 ○○○ 결정을 취소한다.
2. 채권자의 이 사건 가압류(가처분)신청을 기각한다.
3. 소송비용은 채권자의 부담으로 한다.

라는 재판을 구함

18) 김상원/정지형, 273면; 박두환, 714면; 주석, 198면.

신 청 이 유

별지와 같음

소 명 방 법

1. ○○○
2. ○○○

20○○. ○○. ○○.

위 신청인 ○ ○ ○ (날인 또는 서명)

○○○○**법원 귀중**

◇ 유의사항 ◇

1. 신청인은 연락처란에 언제든지 연락 가능한 전화번호나 휴대전화번호(팩스번호, 이메일 주소 등도 포함)를 기재하기 바랍니다.
2. 이 신청서를 접수할 때에는 당사자 1인당 8회분의 송달료를 송달료 수납은행에 납부하여야 합니다. 다만, 송달료 수납은행이 지정되지 아니한 시 · 군법원의 경우에는 송달료를 우편으로 납부하여야 합니다.

물론 이의신청서인가의 여부는 그 명칭에 좌우되지 않는다. 따라서 당사자가 붙인 이름에도 불구하고 보전명령의 취소를 구하는 서면에 그 명령이 처음부터 허용될 수 없는 것이라는 주장이 포함되어 있다면 이를 이의신청서로 보아야 할 것이다.[19]

(2) 이의신청의 시기

이의신청을 언제까지 할 수 있는가의 문제에 대해서는 특별한 제한이 없다. 따라서 보전명령의 효력이 상실되기까지는 그 이익이 있는 한 언제라도 이의신청을 할 수 있다. 따라서 보전명령이 집행되어 실질적으로 이를 상실시킬 필요가 있는 경우는 물론, 보전명령이 아예 송달이 되지 않았거나 집행이 되지 않았어도 이익이 없다고 할 수 없다. 마찬가지로 집행기간의 경과나 본안소송이 계속되었다는 것도 보전명령의 효력에 직접 영향이 없으므로 이때에도 이의신청을 할 수 있다. 문제는 본안소송이 확정된 경우인데, 먼저 가압류의 경우에는 본안이 확정되면 가압류는 그 효력을 상실하는 것이 아닌가 하는 의문이 있을 수 있으나, 본안이 확정되어도 본집행에 착수하기까

19) 김상원/정지형, 273면; 주석, 199면.

지는 여전히 가압류의 필요가 있으므로 본안확정이 가압류를 소멸하는 사유가 되어서는 안 된다. 따라서 본안확정 후에도 가압류에 대해 이의를 할 이익이 있다고 할 수 있다.[20] 다툼의 대상에 관한 가처분도 본집행에 착수할 때까지는 가처분의 효력이 유지된다. 그러나 임시의 지위를 정하기 위한 가처분의 경우에는 가처분채권자가 승소하여 그 판결이 확정된 때에는 가처분은 본안승소판결의 확정과 동시에 그 목적을 달성한 것이 되어 당연히 효력을 상실하게 되므로[21] 이후 이의신청을 할 이익이 없다. 그러나 보전신청이 취하되면 보전명령은 그 효력을 상실하게 되므로 이후 이의를 할 수 없게 된다.

《본안승소와 가처분의 효력》(대법원 1989.9.12. 선고 87다카2691 판결)

가처분에 의해 직무집행이 정지된 당해이사 등을 선임한 주주총회 결의의 취소나 그 무효 또는 부존재확인을 구하는 본안소송에서 가처분채권자가 승소하여 그 판결이 확정된 때에는 가처분은 그 직무집행정지기간의 정함이 없는 경우에도 본안승소판결의 확정과 동시에 그 목적을 달성한 것이 되어 당연히 효력을 상실하게 된다.

(3) 이의사유

⋙ 설문 ❷

甲은 乙이 가지고 있는 특허권의 실시권을 3년간 행사하기로 하는 계약을 체결하여 1년 동안 제품을 생산하여 왔으나, 최근 乙이 甲의 계약불이행을 주장하면서 계약파기를 선언하고 실시권을 다른 사람에게 부여하기로 하는 계약을 체결한다는 얘기를 듣고 해당 특허실시권에 대한 처분금지가처분을 신청하여 법원의 결정을 받았다. 그러나 실은 이미 乙은 해당 특허권을 丙에게 양도한 후라고 할 때 乙이 이 가처분에 대해 이의신청을 하는 것이 허용되는가?

보전명령에 대한 이의절차는 보전신청의 당부 및 보전명령의 당부를 판단하는 절차이므로 그 하자를 지적하는 것이면 어떠한 것이라도 주장할 수 있다.[22]

먼저 보전신청에 대한 당부를 보전이의의 심리대상으로 볼 때에는 소송요건에 해당하는 절차법상의 하자와 보전요건의 흠결을 이의사유로 하게 된다. 즉 당사자능력이

20) 한종렬, 333면; 주석, 200면; 실무제요, 131면.

21) 대판 1989.9.12, 87다카2691.

22) 보전실무나 대부분의 학설은 어느 한 쪽의 입장을 취하면서 본문에서 다루는 모든 사유를 들어 이의할 수 있다고 하는데, 이는 논리적으로는 무리가 있는 것이다.

나 소송능력, 당사자적격, 관할과 같은 소송요건에 해당하는 사유 외에 절차상의 하자에 대해 흠결이 있으면 그를 지적하여 이의를 신청할 수 있다. 관할권이 없는 법원이 보전명령을 발한 때에는 보전명령을 취소하고, 사건을 관할법원으로 이송할 것이다.[23]

그리고 보전요건, 즉 피보전권리와 보전의 필요가 없다는 것을 지적하여 이의를 신청할 수도 있음은 당연하다. 채권자의 담보제공을 조건으로 보전명령이 발하여진 때에 그 액수가 상당하지 않다는 것을 이의사유로 삼을 수 있는가에 대해서는 의문이 있으나, 이것이 보전명령의 내용을 이룬다면 이의할 수 있다고 보아야 할 것이다.[24]

마찬가지로 압류가 금지되어 있는 재산에 대해 가압류명령을 한 때와 같이 목적물이 가압류의 대상이 될 수 없는 때에도 그 가압류는 부적법해지는 것이므로 이의를 할 수 있다(신탁법 제21조 1항, 민집 제246조 등 참조).[25]

다음으로 보전명령의 당부를 심판대상으로 볼 때에는 보전명령을 유지하지 못하는 제반 사유를 이유로 하여 이의하는 것이다. 이 경우에는 주로 보전명령의 취소사유를 들어 이의하는 것도 포함된다. 여기에 해당하는 것으로는 사정변경[26]이나 특별사정의 존재, 제소기간의 도과[27] 등인데, 이러한 사유가 있을 때에는 따로 취소신청을 하는 것보다는 한꺼번에 이의를 신청하도록 하는 것이 보전명령의 당부를 판단하게 하는 이의제도의 취지에도 맞을 뿐 아니라, 소송경제에도 합치하기 때문이다.

보전명령의 집행기간이 도과하였다는 것도 이의사유로 된다. 이 경우에는 보전집행을 할 수 없게 되므로 보전명령을 유지시켜 둘 이익이 없기 때문이다. 그러나 제3자 소유물에 대한 가압류와 같은 집행의 하자는 제3자 이의의 소나 기타 집행법상의 구제수단으로 불복하여야 하고, 보전이의를 신청할 수는 없다.

위에서 본 이의사유가 여러 개가 있을 때에는 이를 모두 한꺼번에 주장하여야 하고, 개별적으로 이의를 신청하는 것은 허용되지 않는다. 또한 이는 결정절차이므로 이의신청서에 기재하지 않은 사유를 심문절차에서 주장하는 것도 무방하다.

---

23) 주석, 213면.
24) 주석, 213면; 실무제요, 137면.
25) 주석, 214면; 실무제요, 137면.
26) 대판 1981.9.22, 81다638.
27) 대판 2000.2.11, 99다50064.

《보전명령 이후에 생긴 보전처분의 취소사유가 이의사유가 될 수 있는지 여부》(대법원 1981.9.22. 선고 81다638 판결)

가압류 또는 가처분 결정에 대한 이의사유는 그 변론종결시까지 발생한 피보전권리의 존부 및 보전의 필요성에 관한 일체의 사유를 포함하므로 동 결정 이후에 발생한, 사정변경에 의한 가압류 또는 가처분의 취소사유도 가압류 또는 가처분 이의의 사유로 삼을 수 있다.

《제소기간 도과를 가압류 이의사유로 주장할 수 있는지 여부》(대법원 2000.2.11. 선고 99다50064 판결)

가압류이의소송은 가압류결정의 취소 변경을 구하는 절차라는 면에서 제소기간 도과로 인한 가압류취소소송과 다를 바 없고, 소송경제적 측면과 보전소송의 긴급성의 요청에 비추어 볼 때 제소명령기간 내에 본안소송을 제기하지 아니한 때에 그 기간이 도과되었다는 것도 가압류 이의사유로 주장할 수 있으며, 제소기간의 도과 여부를 판단함에 있어서 제소명령에 응하여 채권자가 제기한 본안의 소송이나 중재판정절차가 취하되거나 당사자의 불출석으로 인하여 취하간주 또는 종료선언되거나 소송요건의 흠결을 이유로 한 소각하 판결이 확정되었을 때에는 본안의 소제기나 중재신청을 하지 아니한 것과 같이 보아야 할 것이다.

3. 이의신청과 집행정지신청

⋙ 설문 ❸

甲은 乙회사의 직원으로 고용되어 일하고 있었으나, 최근 회사방침에 반하는 주장을 하여 회사의 명예를 실추시켰다는 이유로 해고를 당하였다. 이에 甲은 乙회사를 상대로 해고무효확인청구소송을 제기하는 한편, 자신이 乙회사로부터 임금을 지급받지 못하면 생계가 막연해진다는 것을 이유로 임금지급가처분을 신청하여 임시로 봉급을 받고 있다. 이에 乙회사는 이 가처분에 대해 이의신청을 하는 한편 가처분의 집행정지를 구하는 것이 허용되는가?

(1) 보전명령과 집행정지

이의신청은 보전명령의 집행을 정지하지 아니한다(제283조 3항, 제301조). 그렇다면 이의신청을 하면서 보전집행의 정지를 신청할 수는 있을지 문제된다. 이것이 가능하다면 채무자로서는 신속하게 보전집행으로 벗어날 수 있게 되기 때문이다. 특히 이의신청에 대한 심리에 상당한 시간이 소요된다면 그 이전에 집행정지를 신청할 수 있다는 것은 채무자에게 상당한 이익이 된다.

그러나 이에 대해서는 구법상 여러 입장이 대립하고 있었는데, 보전처분의 종류와 내용을 묻지 않고 집행정지를 인정하자는 입장[28]이나 아예 보전처분에 대해서는 집행정지를 인정하지 않는 것이 옳다는 입장[29]도 있었으나, 만족적 가처분이나 보전집행에 의해 회복할 수 없는 손해가 생길 우려가 있을 때에는 집행정지를 인정하여야 한다는 입장이 강하였다.[30] 긍정설은 가압류 등의 집행도 일반 집행절차와 별 차이가 없기 때문에 집행정지를 인정하여야 한다고 하며, 부정설은 보전처분은 단순히 권리의 보전을 위한 임시의 긴급조치에 지나지 아니하므로 권리의 종국적 실현을 저지하기 위한 집행정지제도는 그 성질상 허용되지 아니하고 또 이를 인정하게 되면 쉽게 보전처분의 재판 그 자체의 취소와 동일한 목적을 달성하게 되어 보전처분제도의 목적을 멸각시킨다는 이유에서 부정적으로 본다. 가압류와 같은 경우 굳이 필요하다면 해방금액을 공탁하여 같은 목적을 달성할 수 있으므로 굳이 집행정지신청을 할 필요도 없다고 할 수 있기 때문이다. 제3의 견해는 만족적 가처분에 있어서는 보전처분의 본래의 사명인 권리보전을 위한 임시적 긴급조치의 범위를 넘어 권리의 종국적 만족을 얻게 하는 것이고 이로 인하여 채무자에게 회복할 수 없는 손해를 생기게 할 염려가 있는 경우에는 예외적으로 집행정지를 인정하는 것이 옳다고 한다. 판례는 종래 보전명령에 대해 불복신청이 있다고 하더라도 집행정지를 신청할 수 없다는 입장이었으나,[31] 후에 만족적 가처분에 대해서는 일정한 요건 하에 집행정지를 인정하는 쪽으로 입장을 바꾸었고,[32] 현재 이러한 입장을 견지하고 있다. 이에 따라 민사집행법의 제정시에 제309조를 신설하여, 특히 만족적 가처분의 경우에는 이의신청시에 집행정지신청을 할 수 있는 것으로 하였다. 따라서 가압류나 만족적 가처분을 제외한 통상의 가처분에 대해서는 집행정지를 신청할 수 없는 것으로 해석된다.

---

28) 이석선(上), 249면; 방순원/김광년, 498면.
29) 박두환, 561면.
30) 강용현, 만족적 가처분, 재판자료 46집, 123-124면; 강현안, 보전처분에 대한 이의절차의 실무상 문제점, 재판자료 46집, 440-441면 참조.
31) 대결 1963.9.21, 63카10; 대결 1986.12.19, 86마908 등.
32) 대결 1995.3.6, 95그2; 대결 1996.4.24, 96그5.

《가처분에 기한 집행이 집행정지의 대상이 될 수 있는지 여부》(대법원 1995.3.6. 자 95그2 결정)

가. 원래 가처분은 장래 본안소송에 의하여 확정될 청구에 관하여 그 고유 급부를 보전하기에 필요한 긴급조치를 취하는 것에 지나지 아니하므로, 가처분 판결이 집행된다고 하더라도 그것으로써 실현되는 것은, 본안판결에 기한 강제집행이 권리의 종국적 만족을 가져오는 것과는 달리, 어디까지나 원칙적으로 권리보전에 필요한 임시조치의 범위를 넘을 수는 없다. 따라서 가처분 판결에 대하여 상소의 제기가 있고 장차 그 판결이 취소 또는 변경되어질 가능성이 예견되는 경우라고 하더라도 미리 그 집행을 정지하는 등 일시적인 응급조치를 강구할 필요는 없다. 뿐만 아니라 만일 가처분 판결에 대하여도 민사소송법 제474조를 유추적용하여 이에 대한 상소가 제기되었음을 이유로 담보를 제공하게 하고 용이하게 그 집행의 정지를 구할 수 있다고 한다면, 고유한 급부의 보전을 위하여 긴급조치를 취하는 것을 내용으로 하는 가처분은 그 집행정지에 의하여 가처분 재판 그 자체를 취소하는 것과 동일한 결과를 가져오는 것이 되고, 긴급사태에 대하여 행하여진 응급조치의 효과를 저해하게 됨으로써 가처분제도에 의한 특별보호의 목적을 멸각시키는 것이 될 것이다.

나. 부동산철거단행 가처분 판결과 같이 구체적인 가처분의 내용이 권리보전의 범위에 그치지 않고 종국적 만족을 얻게 하거나 또는 그 집행에 의하여 채무자에게 회복할 수 없는 손해를 생기게 할 우려가 있는 때에는 그 집행은 실질적으로 종국적 집행과 다를 바가 없으므로, 이 경우에는 예외적으로 민사소송법 제473조, 제474조를 유추적용하여 채무자에게 일시적인 응급조치로서 그 집행을 저지할 수 있는 길을 열어줄 필요가 있다.

(2) 만족적 가처분과 집행정지

가압류나 통상의 가처분에 대해서는 이의신청을 하더라도 집행정지를 신청할 수 없음은 위에서 본 바와 같으나, 만족적 가처분은 가처분임에도 불구하고 그 소송물인 권리 또는 법률관계가 이행되는 것과 같은 내용을 가지고 있으므로 이러한 경우에는 가처분의 집행에 의하여 회복할 수 없는 손해가 생길 위험이 있으면 집행정지를 인정하는 것이 오히려 채권자와 채무자 사이의 이해를 합리적으로 조정하는 방법이 될 수 있다. 이러한 취지에서 민사집행법은 위 대법원 판례의 취지를 이어받아 만족적 가처분에 대해서는 이의신청이 있으면 일정한 요건 하에 집행정지를 할 수 있는 것으로 규정하고 있다(제309조).

집행정지의 대상으로 하는 가처분은 그 내용이 소송물인 권리 또는 법률관계가 이행된 것과 같은 종국적인 만족을 얻게 하는 것이라는 점인데, 이는 통상 부동산철거단행가처분이나 임금지급가처분과 같이 이행소송을 본안으로 하는 가처분에 한하여 허용되고, 경업금지가처분이나 이사직무정지가처분과 같이 형성소송을 본안으로 하는 형성적 가처분은 그 대상이 아니다.

집행정지는 당사자의 신청에 의해 이루어지게 되므로, 직권으로 하는 경우는 없다. 신청권자는 채무자이며, 신청은 이의신청에 대한 재판이 있을 때까지 하여야 한다.[33]

집행정지에 관한 재판은 이의신청을 받은 법원이 하게 된다. 개정전 구법에서는 보전명령에 대해 상소가 제기된 경우에도 할 수 있었으나, 현행법상 판결로 보전명령을 하는 경우가 없기 때문에 보전명령에 대해 상소할 수 있는 경우는 없어졌다. 따라서 집행정지의 문제는 이의법원이 판단하는 것이다.[34]

이러한 가처분을 명한 재판에 대하여 이의신청으로 주장한 사유가 법률상 정당하다고 인정되고 주장사실에 대한 소명이 있으며, 그 집행에 의하여 회복할 수 없는 손해가 생길 위험이 있다는 사정에 대한 소명이 있는 때에는, 법원은 당사자의 신청에 따라 집행정지를 명할 수 있다. 이는 법원이 직권으로는 집행정지를 명할 수 없다는 것과 아울러, 이의신청이 있고 채무자가 제시한 이의사유가 인정될 경우 보전명령이 취소되거나 취소에 상당할 정도로 변경될 사유가 있어야 한다는 것을 요구한다. 이와 함께 주장사실에 대한 소명과 아울러 그 집행에 의하여 회복할 수 없는 손해가 생길 위험이 있다는 소명이 있어야 한다. 이러한 소명은 제출된 것만으로 충분하고 반드시 주장사실을 인정하는 법원의 심증을 형성할 것 까지 요구되는 것은 아니라고 본다. 아직 이의에 대해 심리를 다하지 않은 단계이기 때문이다. 그러나 이러한 소명은 실제 제출된 것이어야 하고, 보증금을 공탁하거나 주장이 진실함을 선서하는 방법으로 대신할 수 없다(동조 2항). 집행정지에 의해 채권자가 입을 수 있는 손해도 적지 않기 때문이다.

집행정지에 관한 재판의 내용은 담보를 제공하게 하거나 담보를 제공하게 하지 아니하고 가처분의 집행을 정지하도록 명하거나, 담보를 제공하게 하고 집행한 처분을 취소하도록 명하는 것인데, 이에 관한 판단은 법원의 재량에 달려있다고 할 것이나, 선택에 신중을 기하여야 할 것임은 물론이다.

법원이 이의신청에 대해 결정할 때 보전명령을 인가 · 변경 또는 취소하는 것과 함께 집행정지에 관한 재판을 인가 · 변경 또는 취소하게 된다(동조 4항). 보전집행의 정지나 이를 인가 · 변경 또는 취소하는 재판에 대해서는 불복할 수 없다(동조 5항).

33) 주석, 474면.

III. 이의신청에 대한 심리

1. 관할법원

(1) 이의사건의 관할법원

이의사건을 관할하는 것은 보전명령을 한 법원이다. 이는 이의절차가 보전신청과 보전명령의 당부를 재심사하는 것이므로 보전신청에 대한 심리절차의 속행절차로서의 성격을 가지고 있기 때문이다. 이는 제284조에 의하여 이송이 허용되는 외에는 전속관할의 성격을 가진다(제21조). 따라서 보전명령 당시 본안법원으로서 가압류·가처분을 하였으나 현재 본안이 다른 법원에 계속되어 있다고 하여도, 또는 소송물의 값이 보전명령 당시와 달라졌다고 하여도 달라지지 않는다.

처음에 보전신청에 대해 심리한 법원이 신청을 기각하였는데, 이에 대해 항고를 한 결과 항고법원이 보전명령을 하였다고 해도 역시 항고법원에 이의를 신청하여야 한다. 이때 1심의 심급이 상실될 것을 염려하여 최초의 보전심리를 한 법원에 이의를 신청하게 되면 하급심 법원이 상급심이 한 보전명령을 재심사하는 결과로 되어 타당하지 않게 된다.[35] 판례도 같은 취지이다.[36]

《특별사정에 의한 가처분취소신청 재판의 관할법원》(대법원 1987.10.28. 선고 87다카645 판결)

특별사정에 의한 가처분취소신청의 재판은 민사소송법 제706조 제3항, 제720조, 제715조의 규정에 의하여 가처분을 명한 법원의 전속관할에 속하므로 공사중지가처분 신청이 제1심법원에서 기각되었다가 제2심법원에서 인용되었다면 그 가처분취소신청의 재판은 위 제2심 법원이 전속관할법원인 것이고, 그 후에 제기된 본안소송이 다른 법원에 계속하고 있다 하더라도 위의 관할에는 아무 영향이 없다.

(2) 이의사건의 이송

앞에서 본 바와 같이 보전이의사건의 관할도 전속관할이므로 관할법원이 사건을

---

34) 이러한 점에서 "재판기록이 원심법원에 있는 때에는 원심법원이 제1항의 규정에 의한 재판을 한다."고 한 제309조 제3항의 규정은 그 의의를 찾기 어렵다.

35) 김상원/정지형, 269면; 방순원/김광년, 497면; 박두환, 713면; 한종렬, 331면; 주석, 204면.

36) 대판 1987.10.28, 87다카645(특별사정에 관한 가처분 취소의 경우).

다른 법원으로 이송하는 것은 본래 불가능하다고 하여야 한다. 그런데 이 원칙을 고수하게 되면 보전사건과 본안사건의 관할법원이 서로 달라지게 되어 재판결과가 서로 어울리지 못하는 결과가 생길 수도 있고, 당사자로서도 여러 법원을 오가며 소송을 수행하게 되어 불편해지는 문제점이 생긴다.

이러한 이유에서 민사집행법은 현저한 손해 또는 지연을 피하기 위한 필요가 있는 때에는 직권으로 또는 당사자의 신청에 따라 결정으로 그 가압류사건의 관할권이 있는 다른 법원에 사건을 이송할 수 있는 것으로 규정하여 전속관할에 대한 예외를 인정하였다(제284조). 이때 현저한 손해 또는 지연을 피한다는 이유는 민사소송법상 심판의 편의를 위한 이송의 요건과 같은 것이나(민소 제35조), 보전이의사건의 이송은 그 관할이 전속임에도 불구하고 법이 허용한 것이므로 민소법상의 요건에 비해 좀 더 적극적으로 해석할 필요가 있을 것으로 생각된다.[37]

그렇다고 해서 법원이 이송을 섣불리 할 것도 아니다. 왜냐하면 이송을 받는 법원은 대체로 본안법원 등 보전사건에 대해 관할권을 가지는 법원이 되어야 할 것이나, 이의절차는 보전신청에 대한 심리절차의 속행이므로 결국 이의사건을 이송하면 보전신청에서부터 보전명령, 보전집행에 이르는 사건의 전부가 이송된다고 보아야 할 것인데,[38] 이 경우에는 이미 다른 법원에서 집행된 보전명령의 취소나 해제 등도 이송받은 법원이 하여야 하는 것으로 되어 절차상 무리가 생길 수 있기 때문이다. 따라서 이송의 결정을 지나치게 엄격하게 할 것도 아니지만, 그 필요성 여부는 신중히 할 필요가 있다.

이의절차에서 민사집행법이 이렇게 이송을 인정하면서도 또한 그 후에 가급적 본안법원이 보전사건을 다루지 않도록 하는 취지에서 이의절차를 결정절차로 변경하는 개정을 하였기 때문에, 이와 관련하여 본안법원에 이의사건을 이송할 수 있는가의 여부에 대해서는 학설이 대립하고 있으나,[39] 남발할 것은 아니로되 부정할 것도 아니라고 생각한다.

이의절차에서의 이송에 관한 규정은 보전처분의 취소신청절차에서도 준용된다

---

37) 민소법상의 심판의 편의를 위한 이송은 법원이 허용한 예가 거의 없다. 이시윤, 신민사소송법 제5판, 110면 참조.

38) 주석, 205면.

39) 긍정설: 權昌榮, 改正 民事執行法에 따른 保全訴訟의 槪觀, 司法論集 43집(2006), 163-164면. 부정설: 최영룡, 보전처분에 대한 불복제도의 변경, 민사집행법연구 제2권(2006), 361면.

(제290조 1항, 제301조, 제307조 2항).

2. 심리절차

(1) 기일의 통지

이의신청이 제기되면 법원은 이의신청이 적법하게 제기되었는가를 조사하고 문제가 없으면 그 신청서 부본을 채권자에게 송달하여야 한다(규칙 제206조 2항). 이의절차는 변론이든 심문절차든 간에 채권자와 채무자가 다같이 참여하여야 하는 것이므로 채권자에게 이의의 사실을 통지하여 심리의 준비를 하게 하는 것이다. 이때 법원은 변론기일 또는 당사자 쌍방이 참여할 수 있는 심문기일을 정하고 당사자에게 이를 통지하여야 한다(제286조 1항).

(2) 심리방법

보전명령에 대한 이의절차는 보전신청에 대한 심리가 신속성과 밀행성의 원리에 의하여 불완전하게 이루어졌기 때문에 보전명령이 적정하지 않을 수 있다는 이유에서, 채권자와 채무자 양쪽이 모두 참여하는 심리를 통하여 보전신청과 보전명령의 당부를 심사하여 보고자 하는 절차이다. 따라서 이의절차의 심리는 변론이나 당사자 쌍방이 참여하는 심문에 의하도록 하고 있다(제286조 1항). 2005년 개정 전 구법은 이의절차는 반드시 변론을 거쳐 판결로 재판하도록 하고 있었으나, 이는 본안절차의 재판방법과 다름이 없었기 때문에 주류적인 실무는 재판의 저촉을 방지한다는 미명 하에 양자를 함께 심리함으로써 보전사건의 신속성을 저해하는 문제점을 가지고 있었다. 이에 개정법은 이의에 대한 심리를 변론 또는 당사자 쌍방이 참여할 수 있는 심문을 거쳐 결정으로 재판하도록 함으로써 보전절차에서의 심리의 지연을 방지하기 위한 것이라고 설명되고 있다.[40]

변론을 열어 심리하는 경우에는 당사자 쌍방이 주장과 입증을 하는 절차에 의할 것이나, 이때의 변론은 임의적 변론으로서 당사자가 주장하거나 제출한 증거자료에 대하여 석명이 필요한 경우 법원의 재량으로 열리는 것이다. 그러므로 임의적 변론으

---

40) 2005년 개정 민사집행법과 민사집행규칙의 해설, 법원행정처, 8-9면.

로 열린 변론기일에는 구술주의 · 직접주의의 적용이 없고, 신청서 그 밖에 당사자의 주장을 적은 서면[41]은 진술하지 않아도 재판자료로 되고, 서증도 제출만으로 재판자료가 된다.[42]

심문절차에 의할 경우에는 법원의 주도하에 심리가 이루어지게 된다. 이는 당사자에게 서면 또는 구술로 진술을 할 수 있는 기회를 주는 것으로서, 변론에 비하여 간이하게 진행할 수 있는 절차이다. 현행법은 당사자 쌍방이 참여할 수 있는 심문을 열어도 되도록 하고 있고 또 아래에서 보는 바와 같이 이의신청에 대한 재판도 결정으로 하도록 하고 있으므로, 증인신문의 필요가 있는 때 등 특별한 경우를 제외하고는 변론이 열리는 경우는 거의 없을 것으로 전망된다.

구법 하에서는 보전신청에 대해 결정절차로 진행한 경우에 이의신청을 하면 판결절차로 진행하도록 하여, 보전신청에 대한 심리와 이의신청에 대한 심리절차가 서로 달랐기 때문에 이의절차에서는 모든 사항을 처음부터 심리하지 않으면 안 되었다. 이에 따라 보전신청에 대한 심리단계에서 이미 제출된 자료도 이의절차에서 다시 제출해야만 비로소 소송자료가 되었으나, 개정법 하에서는 양 절차가 모두 결정절차여서 보전처분신청에 대한 심리단계에서 이미 제출된 자료는 당연히 모두 이의소송의 소송자료가 되고 절차를 다시 행할 필요가 없게 되었다.[43] 또한 당사자는 보전신청에 대한 심리절차에서 제출하지 않았던 자료들을 이의절차에서 주장 · 입증함에 지장이 없다.

변론을 열더라도 증거는 소명에 의하게 됨은 보전소송 전반에 걸친 원칙상 당연하며(제279조 3항),[44] 채권자는 피보전권리의 존재와 보전의 필요에 대해 증명책임을 지고, 채무자는 이의사유의 존재에 대해 증명책임을 진다.

또한 이의절차에서는 변론을 열더라도 직접주의가 적용되지 않으므로 심리 도중에 법관이 바뀌어도 갱신을 할 필요가 없다.

---

41) 보전절차에서 당사자가 제출하는 준비서면은 변론기일에서 진술을 전제로 하여 제출하는 민소법상의 준비서면과 그 성질을 달리 하므로, 이를 主張書面이라고 한다.

42) 권창영, 앞의 논문, 167면.

43) 이에 따라 이의소송의 구조는 민사집행법의 개정으로 인하여 覆審에서 續審으로 바뀌었다고 볼 수 있다고 하는 입장으로, 權昌榮, 앞의 논문, 156면.

44) 소명방법으로 제출한 증거는 채권자가 제출한 증거는 "소갑제1호증", 채무자가 제출한 증거는 "소을제1호증"하는 이름을 붙인다.

(3) 당사자의 지위

이때 이의절차는 보전신청에 대한 심리절차의 속행으로 간주되기 때문에, 보전신청을 한 채권자가 원고에 상당하는 적극적 당사자의 지위에 서고, 채무자는 이의신청을 하였더라도 보전절차상 소극적 당사자이므로 이의절차에서도 피고에 상당하는 소극적 당사자로서 절차에 임하게 된다. 따라서 채권자는 피보전권리가 존재하고, 보전의 필요가 있음을 진술하여 이미 발령된 보전명령의 인가를 구할 것이고, 이의신청의 기각을 구할 것이 아니다.[45] 이에 비하여 채무자는 보전이의사유를 진술하여 보전명령의 취소·변경과 보전신청의 기각을 구할 것이다.

임의적 변론은 석명을 위하여 행하여지기 때문에 당사자가 출석하지 않았다 하여 불이익하게 취급할 수 없다. 따라서 민소법 제148조[진술간주], 제150조[자백간주], 제268조[취하간주]는 적용이 없다. 이는 심문절차에서도 당연하다.

3. 심리의 내용

(1) 보전요건과 이의사유

보전이의절차는 보전신청의 당부를 재심사하는 절차이므로 피보전권리와 보전의 필요가 존재하는지를 심리하여야 한다. 이때의 심리는 변론이나 당사자 쌍방이 참여할 수 있는 심문에 의한다는 것 외에는 보전신청에 대한 심리절차와 다를 것이 없다. 다만 가압류나 다툼의 대상에 관한 가처분 등의 사건은 많은 경우 서면심리를 거쳐 보전명령이 발령되므로, 사실상 이의절차에서 비로소 보전요건을 갖추었는지 여부를 정식으로 심리하여 채무자가 이에 대해 주장과 입증을 할 수 있게 된다. 그러나 임시의 지위를 정하기 위한 가처분의 경우처럼 당사자 쌍방에 대한 심리를 거쳐 보전명령이 발령된 경우에는 사실상 보전명령 이후의 사항에 대해서 주로 심리하게 될 것이다.

한편 보전이의절차는 보전명령의 당부를 심리하는 절차이므로 채무자가 주장한 이의사유를 심리하여야 한다. 이는 보전명령 발령 후 보전명령을 존속할 수 없게 하는 사유들인데, 이러한 사유는 보전명령 발령 후에 발생한 것이라도 무방하다.

---

45) 강현안, 앞의 논문, 443면.

(2) 피보전권리의 변경

당사자는 변론 내지 심문의 종결시까지 청구의 기초에 변경이 없는 한 피보전권리를 변경할 수 있고, 새로운 주장이나 소명방법을 제출할 수 있다.[46] 판례도 보전처분의 피보전권리와 본안의 소송물인 권리는 엄격히 일치함을 요하지 않으며 청구의 기초의 동일성이 인정되는 한 그 보전처분의 보전의 효력은 본안소송의 권리에 미친다고 보아야 할 것[47]이라고 하면서, 보전명령신청이 긴급한 필요에 따른 것으로서 피보전권리의 법률적 구성과 증거관계를 신청당시 충분하게 검토 확정할 만한 시간적 여유가 없이 이루어지는 사정에 비추어 보면 청구의 기초에 변경이 없는 한 가처분이의 절차에서도 신청이유의 피보전권리를 변경할 수 있다[48]고 한다.

《가처분 이의절차에서 가처분 신청이유의 피보전권리를 변경할 수 있는지 여부》(대법원 1982.3.9. 선고 81다1221,1222, 81다카989, 81다카990 판결)

보전명령신청이 긴급한 필요에 따른 것으로서 피보전권리의 법률적 구성과 증거관계를 신청당시 충분하게 검토 확정할 만한 시간적 여유가 없이 이루어지는 사정에 비추어 보면 청구의 기초에 변경이 없는 한 가처분이의 절차에서도 신청이유의 피보전권리를 변경할 수 있다.

《보전소송의 피보전권리와 본안소송의 소송물과의 관계》(대법원 1982.3.9. 선고 81다1223, 81다카991 판결)

가. 보전처분의 피보전권리와 본안의 소송물인 권리는 엄격히 일치함을 요하지 않으며 청구의 기초의 동일성이 인정되는 한 그 보전처분의 보전의 효력은 본안소송의 권리에 미친다고 보아야 할 것이다.

나. 청구의 기초에 변경이 없는 범위 내에서 적법하게 청구의 변경이 이루어진 이상 변경 전의 말소등기 청구권을 피보전권리로 한 위 처분금지 가처분의 효력은 예비적으로 추가된 소유권이전등기 청구권의 보전에도 미친다고 하겠으니 위 가처분의 효력에 의하여 피고 명의의 등기는 원고에 대한 관계에 있어서 무효라고 볼 수밖에 없는 것이다.

이의절차에서 변경에 의하여 피보전권리로 추가되는 권리가 보전명령 당시 아직 발생하지 않았던 것이라 하더라도 이의절차 진행 당시 존재하는 것이면 변경할 수 있다.[49]

---

46) 김상원/정지형, 275-276면; 이석선(上), 234면; 주석, 210-211면.
47) 대판 1982.3.9, 81다1223, 81다카991.
48) 대판 1982.3.9, 81다1221,1222, 81다카989, 81다카990.
49) 대판 1996.2.27, 95다45224.

《가압류이의 절차에서의 피보전권리의 변경》(대법원 1996.2.27. 선고 95다45224 판결)

가. 가압류결정의 피보전권리와 본안의 소송물인 권리는 엄격히 일치함을 요하지 않으며 청구의 기초의 동일성이 인정되는 한 그 가압류의 효력은 본안소송의 권리에 미치고, 가압류의 신청은 긴급한 필요에 따른 것으로서 피보전권리의 법률적 구성과 증거관계를 충분하게 검토 · 확정할 만한 시간적 여유가 없이 이루어지는 사정에 비추어 보면, 당사자가 권리 없음이 명백한 피보전권리를 내세워 가압류를 신청한 것이라는 등의 특별한 사정이 없는 한, 청구의 기초에 변경이 없는 범위 내에서는 가압류의 이의 절차에서도 신청이유의 피보전권리를 변경할 수 있다.

나. 가압류이의 재판의 변론종결시까지 피보전권리의 요건이 구비된 이상 가압류를 인가할 필요가 있으므로, 변경에 의하여 피보전권리로 추가되는 권리가 가압류의 재판 당시 아직 발생하지 아니한 권리라 하더라도 이를 피보전권리로 변경할 수 있으며, 그 사이에 제3자가 가압류 목적물에 법률상의 이해관계를 가지게 되었다 하더라도 어차피 그 제3자는 가압류에 의한 권리제한이 있음을 전제로 하고 권리를 취득한 것이므로, 그 경우라고 해서 이와 달리 볼 수는 없다.

(3) 보전신청의 확장과 감축

한편 이의절차에서 보전신청의 취지를 감축하는 것은 신청의 일부취하로서 허용됨은 의문이 없다. 따라서 채권자는 보전명령에서 정한 것보다 금액이나 내용면에서 축소된 내용으로 신청을 변경할 수 있으며, 이 경우 법원은 축소된 한도에서 심리를 하게 될 것이다.

그러나 이의절차에서 보전신청의 취지를 확장하는 것이 가능한지에 대해서는 학설의 대립이 있다. 긍정설은 이의절차를 기본적으로 보전신청의 속행절차로 파악하는 입장으로서, 이의절차에서는 항소에서와 같이 불복의 한도 안에서만 재판의 변경을 한다고 하는 규정(민소 제415조)도 없고 또 보전소송에 있어서도 소의 변경에 관한 규정을 준용할 수 있음과 동시에 특히 이의소송의 심리를 종결할 당시에 신청시에 비해 더 강력한 보전이 필요하다고 판단하였다면 이러한 변경을 허용하지 않을 이유가 없다고 하여 보전신청취지의 확장을 허용하여야 한다고 한다.[50] 이에 대하여 부정설은 이의절차를 채무자를 위하여 인정된 불복절차의 성격이 강한 것으로 판단하여, 채권자에 의한 신청취지의 확장을 허용한다면 채무자가 신청한 불복절차에서 채권자에게 보다 이익이 되는 변경을 가능하게 하여 불복의 범위를 벗어나는 것으로 되고 나아가서는 보전처분의 유용을 인정하는 결과로까지 발전할 가능성이 있다는 이유로 이의소송의 심

50) 김상원/정지형, 276면; 이석선(上), 234면; 방순원/김광년, 498–499면; 주석(구판), 266면.

리범위는 원칙적으로 이의신청의 취지에 의하여 제한을 받는다고 한다.[51] 이에 의하면 채권자가 신청취지를 추가로 확장하는 것은 물론이고 당초에 이른바 단행가처분을 신청하였는데 법원이 그 신청의 범위 내에서 이른바 현상유지의 가처분만을 명한 경우에 이의소송에서 당초의 신청취지를 그대로 유지 · 주장하는 것도 허용되지 아니한다고 하게 된다.

생각건대 이의절차를 보전신청에 대한 심리절차의 속행절차로 보는 것은 이의절차의 심리구조상 어쩔 수 없는 것이기는 하나, 그렇다고 해서 이의절차가 채무자가 신청하여 속개된 불복절차라는 점을 부정할 수는 없는 것이다. 이렇게 본다면 채권자에게 신청취지를 확장하게까지 하는 것은 불복범위를 넘어서는 것이고, 또한 이의절차에서 원결정을 변경할 수 있다고 하는 법의 취지는 채무자에게 유리한 변경만을 말하는 것이라고 할 것이다. 따라서 추가적으로 보전하여야 할 사유가 있을 때에는 별개의 보전신청을 하게 하는 것이 적절한 것으로 생각된다.

4. 심리의 종결

법원이 심리를 충분히 다하였다고 인정하거나 또는 당사자의 비협조 등으로 심리를 종결하고자 하는 경우에는 상당한 유예기간을 두고 심리를 종결할 기일[52]을 정하여 이를 당사자에게 고지하여야 하는 것으로 하였다(제286조 2항 본문). 이는 당사자들이 예상하지 못하는 사이에 심리를 종결함으로써 주장이나 소명을 할 기회를 상실하여 불의타를 맞는 것을 방지하고자 하는 취지이다. 따라서 여기서 상당한 기간이라 함은 당사자들이 법원의 심리에 대해 대응할 수 있는 기간을 말하게 된다. 그러나 변론기일 또는 당사자 쌍방이 참여할 수 있는 심문기일에는 당사자가 바로 대응할 수 있으므로 즉시 심리를 종결할 수 있는 것으로 하였다(동조 동항 단서). 심문절차는 대개 수명법관이 진행할 것이나, 심리를 종결하는 주체는 법원임을 주의할 필요가 있다.[53]

---

51) 주석, 212면; 강현안, 앞의 논문, 445면. 판례도 같다. 대결 2010.5.27, 2010마279.
52) 엄밀히 말하면 심리를 종결하기 위하여 기일을 정하지는 않으므로, 「심리를 종결할 날」로 읽어야 한다.
53) 최영룡, 앞의 논문, 369면.

5. 심리의 기준시

이의절차는 보전신청의 당부에 대해 심사하는 절차이므로 보전명령 당시를 기준으로 한다고 생각할 수도 있으나, 한편으로 이의절차가 채무자를 위하여 인정된 불복방법으로서 보전명령의 당부를 심사한다는 측면에서 보면 이의절차의 심리를 종결하는 시점을 기준으로 하는 것이 타당하다. 따라서 당사자는 보전명령 발령 이후에 발생한 사실도 주장할 수 있다. 이에 따라 법원은 보전이의절차의 심리를 종결하는 시점을 기준으로 하여 보전명령이 적절한가를 판단하게 된다.[54)]

《가처분 이의신청에 대한 심판의 판단시기》(대법원 1978.2.14. 선고 77다938 판결)
가처분에 대한 이의신청은 가처분결정의 당부의 심판을 구하는 것이지만 이에 대한 심판은 그 이의에서의 최종변론 당시의 사실을 기준으로 하여야 한다.

IV. 이의절차의 종료

》 설문 ❹

乙이 신축하는 건물이 甲 소유의 건물에 대한 일조권을 침해한다고 하여 甲이 건축공사중지가처분을 신청하여 결정을 얻었는데, 乙이 이 가처분에 대해 이의를 신청하였다. 이때 甲과 乙 사이에 소송 외에서 합의가 이루어져서 가처분이 필요 없게 되었다고 하면, 甲은 이 가처분신청을 취하할 수 있는가? 또한 乙은 이의신청을 취하할 수 있는가?

1. 재판에 의하지 않는 종료

(1) 보전신청의 취하

보전신청이 취하되면 보전명령은 그 근거를 상실하게 되므로 효력이 없게 된다. 그렇게 되면 보전명령에 대한 이의신청도 목적을 상실하여 종료하게 된다. 이의신청

54) 강현안, 앞의 논문, 446면; 대판 1978.2.14, 77다938.

에 대한 재판을 판결로 하던 구법상 보전신청의 취하는 이의에 대한 판결의 확정시까지 가능한 것으로 해석되어 있었으나, 결정으로 재판하는 현행법 하에서는 이의에 대한 재판 이후에도 가능하고 집행이 되어도 무방하며, 따라서 이익이 있는 한 언제라도 취하를 할 수 있다고 할 것이다.

(2) 이의권의 포기

채무자는 이의신청권을 포기할 수 있음은 당연하다. 이의신청권을 포기하기 위해서는 법원에 그 취지를 기재한 서면을 제출하여야 한다. 이의권의 포기는 이의 전은 물론, 이의 후에도 할 수 있다. 이의 후에 하는 포기는 이의신청의 취하와 마찬가지로 취급되어, 그 서면을 채권자에게 송달하여야 하며, 이에 의하여 이의절차는 종료하게 된다. 그러나 이의신청의 취하를 이의재판 후에는 할 수 없는 것과 마찬가지로 포기도 할 수 없다. 따라서 이의 재판 후에 이의권의 포기를 한다고 하여 이의재판의 효력이 상실되는 것은 아니다.

(3) 이의신청의 취하

채무자는 스스로 이의신청을 취하함으로써 이의절차를 종료시킬 수 있다(제285조 1항). 이의절차를 보전신청에 대한 심리절차의 속행절차라고 하는 성격을 강조한다면 채무자가 이를 종료시킬 수는 없다고 하여야 할 것이나,[55] 사실상 채무자가 이의신청을 하여 절차를 재개한 것이기 때문에 채무자가 스스로 보전명령을 감수하겠다고 하는 의미에서 이의신청의 취하를 부정할 이유가 없기 때문에 현행법이 명문으로 인정한 것이다.

이의신청의 취하는 채무자가 하는 것이며, 보전이의신청에 대한 재판이 있기 전까지 할 수 있다(동조 1항). 이의신청에 대해 하는 재판은 사실상 보전신청에 대한 종국적 판단의 의미를 가지므로 이때까지만 이의신청에 대한 취하를 인정함으로써 보전을 할 것인가의 문제를 이때 종결한다고 하는 의미이다. 이의신청의 취하는 이의신청의 취하서를 제출하여 하는 것이 원칙이지만, 변론기일이나 심문기일에서는 말로 할 수 있다(동조 3항). 이의신청의 취하서는 채권자에게 송달하여야 하는데(동조 4항), 다만 취하를 기일

55) 실제로 이러한 취지에서 구법상 이의를 부정하는 입장으로, 방순원/김광년, 499면. 그러나 판례와 다수설은 이의신청의 취하를 긍정하고 있었다. 김상원/정지형, 274면; 강현안, 앞의 논문, 442면; 대판 1957.7.4, 4289민상618.

에 말로 하였으나 이때 채권자가 출석하지 않은 때에는 그 기일의 조서 등본을 송달해 주어야 한다(동조 5항).

채무자가 이의신청을 취하한 때에는 채권자의 동의여부를 기다리지 않고, 즉시 효력이 발생하므로(동조 2항), 이의절차는 종료한다. 이때 채권자의 동의를 필요로 하지 않게 한 것은 이의신청의 취하에 의하여 채권자가 입는 불이익이 없기 때문이다.

2. 이의신청에 대한 재판

(1) 재판의 형식

이의신청에 대한 재판은 결정으로 한다(제286조 3항). 민사집행법은 보전절차의 모든 재판을 결정으로 하도록 하고 있기 때문에 보전신청에 대한 재판과 아울러 이의신청에 대한 재판도 결정으로 하도록 한 것이다. 종래 이의사건은 보전신청에 대한 심리절차가 신속성을 추구한 나머지 불완전하다는 점에 입각하여 보전신청에 대해 결정으로 재판한 경우에 한하여 이의를 할 수 있도록 하고, 이의절차에서는 변론을 열어 판결로 하도록 하고 있었다. 따라서 보전신청에 대해 변론을 열어 판결로 재판한 경우에는 상소를 할 수 있을 뿐, 이의는 불가능하였는데 이러한 점에서 이의절차의 의의가 있는 것으로 설명되었다.

이와 같은 점에서 볼 때 신청절차와 이의절차에 대해서 다 같이 결정으로 재판한다는 점에서 차이가 없어졌으므로 심리의 방식이 변론이나 당사자 쌍방이 참여할 수 있는 심문인가 아닌가 하는 차이만 남게 되었다.

이의에 대한 재판은 결정으로 하여도 당사자에게는 그 내용이 중요하게 작용하므로 이유를 붙인 결정으로 하도록 하였는데, 변론을 거치지 않은 경우에는 이유의 요지만을 적어도 되도록 하였다(동조 4항). 변론을 거친 경우에는 당사자의 주장과 증거에 대한 사항을 적어야 한다는 의미이다.

다만 법원이 이의신청에 대해 결정의 이유를 적을 때에는 보전처분의 신청에 대한 결정을 인용할 수 있다(규칙 제203조의3 제2항).

이의신청에 대한 재판은 당사자에게 송달하여야 한다(규칙 제203조의4).

(2) 이의신청의 각하

이의신청의 형식적 요건이 흠결된 경우에는 이의신청을 각하하는 재판을 한다. 신청권이 없는 자가 신청을 하였다거나, 신청의 이익이 부정되는 경우가 이러한 예에 속한다. 이는 소송요건에 해당하는 것이므로 신청 자체를 부적법하게 하기 때문이다. 신청의 각하도 역시 결정으로 재판하며, 신청이 각하되면 이의신청은 아무런 효과도 발생하지 않는다. 다만 후에 이의신청권자가 요건을 갖추어 다시 이의신청을 하는 것은 물론 무방하다.

(3) 보전결정의 인가 · 취소 · 변경

이의신청이 유효하다면 심리의 결과에 따라 법원은 보전결정을 인가하거나 취소 · 변경하는 재판을 한다. 이때 이의신청에 대한 재판이라고 하여 이의신청을 인용하거나 기각하는 등의 재판을 하는 것이 아니라,[56] 보전결정에 대해 재판하는 것임을 주의할 필요가 있다. 왜냐하면 이의절차는 보전신청에 대한 심리절차의 속행으로서의 성격을 가지고 있고, 보전신청과 보전결정의 당부를 재심사하는 것이기 때문이다.

보전결정의 인가는 이의신청이 이유 없는 때, 다시 말하면 보전결정을 취소하거나 변경할 필요가 없는 때에 한다. 이 재판에 의하여 보전결정은 그 효력과 내용이 원결정대로 유지된다. 달리 말하면 인가의 재판은 다시 보전결정을 명하는 재판은 아니다. 이의신청이 이유 있더라도 다른 사유에 의하여 보전명령이 허용될 수 있을 때, 즉 결론적으로 보전신청이 이유 있을 때에는 보전신청을 취소하고 새로운 보전명령을 할 것이 아니라, 보전명령을 인가하는 것이 소송경제에 적합하다.[57]

그러나 이의신청이 이유 있으면 보전결정은 그대로 유지될 수 없게 된다. 이때에는 보전결정을 취소하고, 그 하자의 내용에 따라 새로운 처분을 한다. 먼저 관할위반인 경우에는 사건을 관할법원에 이송할 것이고, 보전신청이 요건을 흠결한 경우에는 보전신청을 각하할 것이다. 또 피보전권리나 보전의 필요가 인정되지 않을 때에는 보전신청을 기각한다. 보전신청이 기각되면 해당 가압류나 가처분은 효력을 상실하게 되므로, 결과적으로는 집행도 취소되게 된다. 법원은 가압류를 취소하는 결정을 하는 경우에는 상당하다고 인정하는 기간이 경과하여야 그 결정의 효력이 생긴다는 뜻을 선언할 수

56) 김상원/정지형, 279면; 이석선(上), 237면; 박두환, 718면; 한종렬, 335면; 주석, 216면.
57) 이석선(上), 237면.

있다(제298조 6항). 채무자는 보전명령을 취소하는 결정에 의하여 바로 집행의 취소를 구할 수 있게 되고, 채권자는 이 결정에 대해 즉시항고를 제기할 수 있지만 즉시항고에는 집행정지의 효력이 없다(동조 7항). 따라서 채권자에게 다른 담보를 확보하는 등의 조치를 취하거나 효력정지신청의 기회만이라도 보장하기 위해 이의법원이 보전처분의 취소결정을 함에 있어 직권으로 그 결정의 효력을 유예하는 선언을 할 수 있도록 한 것이다.[58] 이는 가압류 취소로 인하여 채권자가 입을 수 있는 불측의 손해를 예방하기 위하여 가압류취소결정 고지 후 일정기간이 경과한 후부터 가압류 취소의 효력이 발생하는 것으로 하자는 취지이다. 이러한 선언이 있는 경우에는 결정과 동시에 취소의 효과가 생기는 것이 아니라, 그 기간이 경과한 후 취소의 효과가 생긴다.[59] 그 기간은 채권자가 그 고지를 받은 날부터 2주를 넘지 아니하는 범위 안에서 법원이 정한다.

가압류결정 취소의 주문례

1. 채권자와 채무자 사이의 이 법원 20○○카합○○○ 부동산 가압류 신청사건에 관하여 이 법원이 20○○. ○○. ○○ 별지 목록 기재 각 부동산에 대하여 한 가압류 결정을 취소한다.
2. 채권자의 가압류신청을 기각한다.
3. 소송비용은 채권자가 부담한다.
4. 제1항은 채권자가 이 결정을 고지받은 날로부터 10일이 경과하여야 효력이 생긴다.

이의신청이 일부만 이유 있는 때, 달리 말해 보전명령의 일부가 부당한 때에는 사건이 가분인가 불가분인가에 따라 처리가 달라진다. 신청을 나눌 수 있는 것이면 원결정을 일부 인가, 일부 취소하고 취소부분에 대한 신청을 기각하게 되지만, 신청이 나눌 수 없는 것이면 새로운 보전명령을 발령한다. 이를 보전명령의 변경이라 한다. 이때 결과적으로 새로운 보전명령이 신청을 일부 기각한 것이면 그 부분에 대한 신청을 기각하여야 한다. 이때 본래의 보전명령은 변경된 새 보전명령에 저촉되는 한도에서 그 효력을 상실한다.[60] 보전명령의 변경은 이의신청에 대한 관계상 원결정보다 채무

58) 최란주, 개정 민사집행법에 의한 보전이의 · 취소소송에 대한 소고, 實務硏究(서울남부지방법원) Ⅳ(2005), 444면.

59) 따라서 이는 구법상의 가집행선고의 경우와 정반대의 구조를 가지고 있다.

60) 김상원/정지형, 280면; 대판 1962.8.30, 62다309.

자, 즉 이의신청인에게 더 불리하게 변경하는 것은 허용되지 않는다.[61]

> 《변경판결과 저촉하는 원래의 가처분의 효력》(대법원 1962.8.30. 선고 62다309 판결)
> 1960년 6월 24일 가처분 결정은 1961년 7월 22일 변경판결로 가처분 결정의 내용이 위 판결이 명하는 가처분과 모순되는 한도에 있어서(가처분 결정은 본건 부동산을 신청인 또는 제3자에게 보관 시킬 수 있다 함에 대하여 변경 판결은 부동산의 현상을 변경하지 않을 것을 조건으로 피신청인들에게 사용시킬 수 있다고 한 점만이 변경되었다) 위 판결 선고에 의하여 당연히 가처분 결정의 효력이 상실된 것으로 해석할 것이다.

법원이 이의신청을 받은 후 만족적 가처분에 대해 제309조에 의한 집행정지 내지 취소명령을 한 때에는 이의신청에 대한 결정을 함에 있어서 그 집행정지에 관한 명령을 인가 · 변경 또는 취소하여야 한다(제309조 4항). 이 재판에 대해서는 불복할 수 없다(동조 5항).

한편 가처분을 명한 재판에 기초하여 채권자가 물건을 인도받거나, 금전을 지급받거나 또는 물건을 사용 · 보관하고 있는 경우에는, 법원은 가처분을 취소하는 재판에서 채무자의 신청에 따라 채권자에 대하여 그 물건이나 금전을 반환하도록 명할 수 있다(제308조).

(4) 담보

법원은 보전명령을 인가하거나 변경 · 취소함에 있어 당사자에게 상당한 담보를 제공할 것을 명할 수 있다(제286조 5항). 보전명령을 인가하는 경우에는 그 집행을 속행하는 조건으로 담보를 제공하게 하는 것인데, 이때에는 채권자가 이미 보전명령시에 제공한 담보에 추가하여 제공하게 하는 것인지의 여부 등 관계를 분명히 할 필요가 있다. 보전명령을 취소하는 경우에는 그 취소의 조건으로 담보를 제공하게 하는 것이다.

이러한 담보는 보전명령의 인가 · 변경 · 취소로 인하여 상대방이 입을 수 있는 손해를 담보하기 위한 것이라는 점은 집행법상의 다른 담보와 다를 바 없다. 그리고 담보를 제공케 할 것인가의 여부나 담보의 액수 등의 결정은 법원의 재량에 따른다.

(5) 재판의 효력

보전명령이 인가되면 종래의 보전명령의 효력이 유지되는 것이므로 문제가 없으

61) 주석, 217면; 실무제요, 140면.

나, 취소 · 변경되는 경우에는 효력이 발생하는 시기를 먼저 살펴볼 필요가 있다. 판결로 재판하는 경우와는 달리 이의신청에 대해 결정으로 재판하는 현행법하에서는 결정과 동시에 그 효력이 발생하는 것이다. 이와 같은 이유에서 보전명령을 취소하는 경우에는 법원이 유예기간을 정할 수 있음은 앞에서 본 바와 같다. 그런데 대세적 효력이 있는 임시의 지위를 정하기 위한 가처분이 취소되면 그 성질상 장래를 향하여 그 효력이 생기고 소급하지 않는 것은 분명하다. 그러나 가압류나 다툼의 대상에 관한 가처분의 취소가 보전명령 당시로 소급하는가에 관하여는 다툼이 있다. 부정설은 예컨대 처분금지가처분결정이 이의소송에서 취소되었다고 하여 바로 취소판결이 있은 때까지 이루어진 채무자의 가처분위반의 처분행위가 채권자에게 대항할 수 있는 것처럼 되는 것이 아니고, 후일 본안소송에서 채권자의 패소로 확정되면 비로소 처분금지효력이 당초부터 발생하지 않았던 것으로 되어 채무자의 가처분위반행위가 적법화한 것으로 보게 된다고 한다.[62] 그러나 보전명령이 이의재판에 의해 취소되었다면 보전명령은 바로 소멸하는 것이므로 그로 인해 채권자 · 채무자 사이의 관계는 보전명령이 소급적으로 소멸하는 것으로 보아야 할 것이다.[63] 따라서 본안판결의 확정을 기다릴 것 없이 채무자는 바로 채권자에게 대항할 수 있게 된다고 생각한다.

보전처분을 취소 · 변경하는 결정에 의하여 보전명령은 취소 · 변경되지만 그렇다고 해서 보전처분 집행의 효과까지도 자동적으로 상실되는 것은 아니므로 채무자는 그 결정정본을 집행기관에 제출하여 집행의 취소를 구하여야 한다.

이의에 대한 재판은 보전신청에 대한 재판과 마찬가지로 피보전권리에 기판력이 생기는 것은 아니다. 그러나 적어도 동일한 피보전권리와 보전의 필요가 동일한 사건에 대해서는 법원은 이와 다른 판단을 할 수 없고, 당사자도 이와 다른 주장을 할 수 없는 소송법상의 구속력이 생긴다.[64] 그러나 이의절차에서 패소하였더라도 별개의 사유를 들어 취소신청을 할 수는 있다고 본다.[65]

(6) 불복방법

이의신청에 대한 재판에 대해서는 즉시항고를 할 수 있다. 그런데 즉시항고를 하

62) 강현안, 앞의 논문, 454면.
63) 동지: 한종렬, 344면; 주석, 218면; 실무제요, 141면.
64) 강현안, 앞의 논문, 457면; 주석, 220면.
65) 김상원/정지형, 281면; 한종렬, 336면.

더라도 집행정지의 효력이 생기지 않으므로(제286조 7항), 법원이 보전명령의 취소하는 재판을 하였다면 채무자는 집행취소를 신청할 수 있게 된다. 이렇게 되면 항고심에서 다시 취소결정을 취소하고 다시 보전명령을 하였다고 하여도 다시 집행신청을 하여 새로운 집행을 하여야 한다.[66]

《가처분결정의 취소판결의 효력》(대법원 1968.9.17. 선고 68다1118 판결)
말소등기에 의하여 가처분취소의 집행이 완료되었음을 인정하는 이상, 집행이 완료된 그 가처분취소 집행을 다시 취소할 수는 없고, 본건 가처분의 취소집행이 완료된 후 그 취소를 명한 가집행선언이 붙은 1심판결의 취소가 있다하여 취소된 가처분집행이 소급하여 소생할 수 없는 법리라 할 것이다.

(7) 보전취소결정에 대한 효력정지

이러한 취지에서 민사집행법은 가압류를 취소하는 결정에 대하여 즉시항고가 있는 경우에 법원이 당사자의 신청에 따라 가압류취소결정의 효력을 정지시킬 수 있다고 규정하고 있다(제289조 1항). 이는 2002년 민사집행법 제정시에 신설된 것으로서, 이러한 규정이 없었던 구민사소송법 하에서는 집행정지의 가부에 대해서 학설이 나뉘었기 때문에 명문의 규정을 두어 논쟁을 해결한 것이다.[67] 집행정지의 대략적인 구조는 이의신청시에 만족적 가처분에 대해 집행정지를 구하는 경우(제309조)와 거의 같다.

즉, 불복의 이유로 주장한 사유가 법률상 정당한 사유가 있다고 인정되고 사실에 대한 소명이 있으며, 그 가압류를 취소함으로 인하여 회복할 수 없는 손해가 생길 위험이 있다는 사정에 대한 소명이 있는 때에는, 법원은 담보를 제공하게 하거나 담보를 제공하지 아니하게 하고 가압류의 집행정지를 명할 수 있다는 것이다. 또한 이때의 소명은 보증금을 공탁하거나 주장이 진실함을 선서하는 방법으로 대신할 수 없고(동조 2항), 항고법원이 항고에 대한 재판을 할 때 집행정지 신청에 관한 재판을 인가 · 변경 또는 취소하는 것(동조 4항), 그리고 집행정지의 재판과 그 재판을 인가 · 변경 또는 취소하는 재판에 대하여는 불복할 수 없다는 것(동조 5항) 등도 마찬가지의 내용이다. 따라서 여기서 설명하는 이외의 사항은 제309조의 해석론을 그대로 따른다.

차이점이라고 한다면, 이 경우는 가압류 외에도 가처분에도 다 준용되는 것이므로

66) 대판 1967.9.5, 67다1215; 대판 1968.9.17, 68다1118.
67) 당시의 긍정설은 방순원/김광년, 499면. 부정설은 김상원/정지형, 295면.

대상이 훨씬 광범위하다는 것이고, 제309조의 경우와는 달리 재판기록이 원심법원에 있는 때에는 원심법원이 집행정지의 재판을 하는 것(동조 3항)이 의미가 있다는 것 정도를 들 수 있을 것이다.

또한 이때 보전취소결정에 대한 효력정지는 이의신청에 의한 것뿐만 아니라, 취소신청에 의한 경우에도 모두 적용된다.

3 가압류에 대한 취소신청

I. 보전취소제도의 구조

1. 보전취소제도의 특질

보전명령이 행해진 이후에 보전명령을 정당한 것으로 볼 수 없게 되는 사유가 발생하면 보전명령의 취소를 신청할 수 있다. 이는 보전명령에 대해 보전요건이나 보전재판 이후의 사유 등 포괄적으로 보전명령이 위법하거나 적절하지 않게 된 사유를 들어 보전재판을 다시 하여달라는 취지의 보전이의와는 구별된다. 물론 보전취소사유가 있을 때에는 이를 보전이의의 사유로 할 수도 있으므로 양자는 공통된 영역을 가지고 있기도 하지만, 보전취소제도는 원칙적으로 보전재판 이후에 발생한 사유를 가지고 보전명령의 취소를 구한다는 점에서 보전이의제도와는 구별되는 것이다.[1] 이러한 이유에서 보전취소절차는 형성소송절차이며,[2] 법은 이의절차에서 보전명령이 인가된 이후에도 사정변경에 의한 취소신청을 할 수 있도록 하고 있다(제288조 1항 전문).[3]

또한 구법상 취소신청에 대해서는 결정으로 재판하는 경우와 변론을 거쳐 판결로 재판하는 경우로 구별하고 있었으나, 현행법은 모두 결정으로 재판하도록 하고 있다.

---

1) 보전신청을 위하여 소송위임이나 선정행위를 한 경우에 판례는 보전신청사건에 관한 소송행위뿐만 아니라 본안의 제소명령을 신청하거나, 상대방의 신청으로 발하여진 제소명령결정을 송달받을 권한에까지 미친다고 하면서도(소송위임에 관하여, 대결 2003.3.31, 2003마324), 막상 보전취소신청사건에는 권한이 없다고 한다(선정에 관하여, 대판 2001.4.10, 99다49170. 판지에 반대: 이시윤, 502면).

2) 拙稿, 보전명령의 취소, 민사소송 제8권1호(2004), 406면 이하.

3) 보전명령에 대해 취소신청이 있는 때에는 이의사건과는 달리 보전명령사건과 별도의 기록을 조제한다. 즉, 사건번호도 별도로 기재하며, 다만 관련사건으로 보전명령사건의 번호를 기재한다. 이 기록은 보전처분 기록에 첨철(添綴: 사건입력 프로그램에 전산입력한 민사접수서류를 별책으로 편철하되 주기록과 끈으로 연결하고 보존도 주기록과 함께 하도록 하는 것)하고, 보전처분 기록의 관련사건란에 취소사건의 번호를 기재한다(재민 91-1).

2. 보전취소제도의 종류

가압류명령에 대해서는 본안제소기간 도과(제287조 3항), 사정변경(제288조 1항 1호), 담보제공(제288조 1항 2호), 3년간 본안소송 부제기(제288조 1항 3호) 등의 사유를 들어 취소신청을 할 수 있다. 이 중 본안제소기간에 관해서는 법원에 따로 본안의 제소명령을 하여주도록 신청하고, 이 명령을 따르지 않은 가압류 권리자에 대한 제재의 방법으로 가압류를 취소하도록 한 것이나, 나머지의 취소신청 사유는 채무자가 채무를 변제하거나 다른 사유로 채권채무가 소멸하는 등의 사정변경이 있거나, 담보를 제공하여 가압류를 할 필요가 없게 된 경우에 하는 취소신청이다. 그리고 3년간 본안소송을 제기하지 않은 때에도 가압류 권리자에게 채권을 실현할 의지가 없는 것으로 보아 가압류의 취소를 신청하게 한 것으로 생각할 수 있다.

가처분에 대해서는 가압류명령에 대한 취소신청이 그대로 준용되는 외에, 특별한 사정이 있는 때에는 가처분의 취소를 신청할 수 있도록 하고 있다(제307조).

II. 본안제소기간 도과로 인한 취소

》 설문 ❺

甲은 채무자 乙에 대한 채권의 집행을 보전하기 위하여 가압류를 하였는데, 乙이 본안의 제소명령을 신청하여 법원이 이를 받아들였다. 이때 甲이 乙에 대해 해당 채권의 존재확인 청구의 소를 제기한 경우, 법원은 이를 이유로 가압류를 취소하여야 하는가, 아니면 본안이 제소된 것으로 보아야 하는가?

1. 의 의

가압류는 어디까지나 본안절차에서 채권채무관계가 확정되어 실현될 때까지 잠정적으로 채무자의 책임재산을 보전하여 채권자에게 권리실현의 기회를 놓치지 않게 하려는 제도이므로 가압류 이후 오랜 기간 동안 가압류가 방치되는 것은 적절하지 못하다. 통상적인 경우라면 가압류와 동시에 또는 그 이전에 이미 본안소송이 제기되어 채권자와 채무자 사이에 문제된 법률관계가 정리되어야 하지만, 본안소송이 제기되지 않고 있다면 가압류의 본안인 채권채무관계가 언제 정리될지 알 수 없게 된다. 이러한 것은 채권자로서도 가압류만 해두어서는 권리실현을 할 수 없는 것이지만, 채무자로서는 법률관계에 대한 결론이 나지 않은 채로 책임재산만 구속되어 있게 되므로 막대한 손해를 입게 된다. 이때 채무자가 스스로 채권채무관계의 부존재를 구하는 것도 불가능한 것은 아니나,[4] 채무자가 이러한 소를 제기하는 것이 적절치 않은 경우도 많이 있으므로, 채무자는 채권자에 대해 소를 제기하도록 법원에 제소명령을 신청할 수 있고, 제소명령을 지키지 않으면 가압류의 필요가 없는 것으로 보아 가압류를 취소할 수 있도록 한 것이다.[5] 가처분에도 제소명령을 신청하여 채권자가 이에 위반하면 취소신청을 할 수 있다.

2. 본안의 소

(1) 본안과 피보전권리의 동일성

가압류나 가처분은 그 자체로 권리를 실현시키는 것이 아니라, 본안에 의하여 권리가 실현될 때까지 잠정적으로 보전하는 것을 내용으로 하는 것이므로 궁극적으로 보전처분과 본안은 동일한 것이어야 한다. 이때 본안과 실질적으로 동일성을 가져야 하는 것은 피보전권리라고 할 수 있다.

그러나 실제 가압류나 가처분의 신청을 할 때에는 본안이 제기되기 전인 경우가 많아서 막상 본안소송을 제기할 때에는 훨씬 잘 정리가 이루어진 모습의 청구가 이루어지게 되고, 또 보전신청은 시급하게 이루어지는 경우가 많기 때문에 보전처분과 본안신청이 정확하게 일치되는 것은 기대하기 어려운 경우도 많다. 그렇기 때문에 엄격하게 양자의 동일성을 요구하면 일껏 고생해서 해놓은 보전처분이 무의미하게 되는 상황이 생길 수도 있을 것이고, 그렇다고 너무 방만하게 동일성을 인정한다면 채무자의 보호가 문제될 수도 있을 것이다.

이와 같은 이유에서 적절한 기준을 찾는 것이 중요한데, 대체로 학설은 청구변경(민소 제262조)에 관한 법리를 수용하여 양자 사이에 청구기초의 동일성이 인정되면 충분하다

---

4) 이시윤, 505면.
5) 이석선(上), 322면.

고 한다.[6] 판례도 피보전권리과 본안소송의 소송물은 완전히 동일할 것을 요하지 않으며, 청구의 기초가 동일하면 된다고 한다.[7]

(2) 본안소송의 종류

본안소송으로 되는 것은 소송이면 충분하고 반드시 독립의 소일 필요는 없다. 따라서 반소의 형태나 독립당사자참가, 공동소송참가 등 소송의 성질을 가진 것이면 본안으로 되는데 지장이 없다.[8]

가압류의 경우에는 본안이 되기 위해서는 금전채권의 이행소송이어야 함이 원칙이겠으나, 금전청구에 갈음할 수 있는 이행청구라도 무방하다고 한다. 이때 현재이행의 소뿐만 아니라, 장래이행의 소도 본안이 될 수 있다.[9] 다만 이행청구가 아닌 확인소송이나 형성청구의 경우에도 가압류의 본안이 될 수 있는지 문제인데, 확인의 소에 의해 청구권이 확정되는 것은 가능하므로 가압류의 대상인 금전채권의 존부에 관한 분쟁이 해결될 수 있다고 보는 입장에서는 본안이 된다고 한다.[10] 그러나 형성소송은 성질상 가압류의 본안이 되기는 어렵다고 할 것이다.[11]

다툼의 대상에 관한 가처분은 대체로 가압류의 경우와 같이 볼 수 있다. 따라서 특정물에 관한 이행청구가 가장 전형적인 본안으로 될 것이나, 그 청구권의 존부를 확정하기 위한 확인의 소도 본안이 될 수 있다고 보는 것이 일반적인 입장이다. 그러나 형성소송의 경우에는 가압류와 마찬가지로 성질상 다툼의 대상에 관한 가처분의 본안이 되기는 어려울 것이다.

임시의 지위를 정하기 위한 가처분의 경우에는 이행소송보다는 확인의 소나 형성의 소가 본안으로 되는 것이 자연스럽다고 할 수 있다. 예컨대 대표이사의 직무집행정지가처분의 경우에는 그 대표이사의 선임결의 무효확인의 소나 선임결의 취소의 소는 각각 그 본안으로 될 수 있을 것이다. 이러한 확인의 소나 형성의 소는 가처분의 대상인 권리관계의 존부를 확정하거나 권리관계에 관한 다툼을 해결함으로써 분쟁을 종국

6) 김상원/정지형, 312면; 방순원/김광년, 500면; 박두환, 722면; 주석, 229면.
7) 대판 1982.3.9, 81다1223,81다카991; 대판 1992.9.25, 92다24325.
8) 김상원/정지형, 316면; 주석, 232면; 실무제요, 154면.
9) 김상원/정지형, 317면; 주석, 232면.
10) 김상원/정지형, 318면; 한종렬, 340면; 주석, 232면. 그러나 이러한 입장은 이행청구가 확정되지 않으면 강제집행을 할 수 없으므로 가압류를 종결시킬 수 없다는 관점에서 의문이 없지 않다.
11) 주석, 233면. 반대: 이시윤, 504면.

적으로 해결하기 때문이다. 형성소송 중에서 형식적 형성의 소도 본안이 될 수 있는데, 예컨대 상린지(相隣地)에 관한 분쟁을 해결하기 위하여 처분금지가처분을 한 때에 경계확정의 소가 본안이 되는 것과 같다. 임시의 지위를 정하기 위한 가처분 중에서 예컨대 건물의 명도나 철거를 명하는 단행가처분과 같은 경우에는 굳이 본다면 당해 건물의 명도나 철거를 구하는 이행소송이 본안이 될 수 있을 것이다.

한편 민사소송 외에 가사소송이나 가사비송도 본안으로 될 수 있는가에 관하여는 가사소송법이 가사소송사건이나 마류 가사비송사건에 대해 가압류 · 가처분을 할 수 있다고 규정하고 있으므로(가소 제63조 1항), 적극적으로 볼 것이다. 가사조정의 신청도 같다(동조 3항). 그러나 라류 가사비송사건은 이를 본안으로 보기 어렵다고 생각한다.

외국법원에 소를 제기하는 것이 가압류나 가처분의 본안으로 될 수 있는가에 대해서는 통상 외국법원에 소송계속이 된 경우에도 우리 법원에 계속된 경우와 마찬가지로 보고 있고, 외국판결의 승인제도나 외국판결의 집행이 일반적으로 인정되어 있음을 생각할 때 긍정적으로 보아야 할 것이다.[12)]

(3) 본안소송으로 되는지 의문이 있는 경우

앞에서 살펴본 것과 같은 통상의 소송 외에도 제소전 화해나 조정신청, 중재신청, 지급명령의 신청 내지 파산신청 등이 본안으로 될 수 있는지 살펴볼 필요가 있다.

이 중 중재신청은 소의 제기와 동일시될 수 있으므로 본안이 됨에 의문이 없다. 중재판정은 확정판결과 동일한 효력이 있으므로, 소송과 마찬가지로 법률관계를 확정할 수 있기 때문이다.

제소전 화해나 조정의 신청은 화해나 조정의 불성립시에는 피보전권리의 존부에 관하여 아무것도 확정되지 않는다는 점에서 본안소송이 될 수 없다는 소극설[13)]과 소송과 마찬가지로 본안소송으로 될 수 있다고 보는 적극설[14)]이 대립하고 있다. 적극설은 그 성립시에 확정판결과 동일한 효력이 생기고 이에 의하여 피보전권리가 확정될 뿐만 아니라, 제소전 화해가 불성립하여도 소제기 신청에 의하여 화해신청시에 소급하여 소가 제기된 것으로 보게 되고, 조정불성립의 경우에도 마찬가지로 다루어지므

---

12) 서울가결 2004.8.16, 2004즈단419.
13) 이석선(上), 326면; 방순원/김광년, 501면; 박두환, 722면.
14) 김상원/정지형, 314면, 316면; 이시윤, 504면; 강대성, 597면; 한종렬, 339면; 주석, 230-231면; 실무제요, 154면.

로 본안의 제기가 있는 것으로 보아야 한다는 것이다. 생각건대 이는 화해나 조정절차가 소송계속이 되는가의 문제와 관련하는 것으로 보아야 할 것이므로 적극설의 입장이 옳다고 생각한다.

한편 지급명령의 신청을 본안제기로 볼 수 있는가에 관해서는 일률적으로 말하기 어렵다. 지급명령은 금전이나 대체물 내지 유가증권의 일정 수량의 지급을 목적으로 하는 청구를 대상으로 하므로 다툼의 대상에 관한 가처분의 경우에는 본안으로 볼 여지가 없다. 그러나 일단 가압류나 임시의 지위를 정하기 위한 가처분의 경우에는 논의의 여지가 있다. 지급명령은 채무자의 이의가 없으면 확정되어 집행권원으로 되고(민소 제474조, 민집 제56조),[15] 채무자가 이의를 제기하여 지급명령이 확정되지 않거나 채권자가 소제기신청을 한 때 또는 법원이 소송절차에 부치는 결정으로 한 때에는 지급명령 신청시에 소가 제기된 것으로 보게 되는데, 이를 종합하면 지급명령의 신청은 어떤 경우이건 청구를 종국적으로 확정할 수 있다는 점에서 볼 때 지급명령의 신청은 본안소송의 제기와 마찬가지로 볼 수 있다고 한다.[16] 이에 따르는 경우에도 임시의 지위를 정하기 위한 가처분의 경우에는 채권자의 만족을 내용으로 하는 단행가처분에 한하여 그 가처분의 본안으로 보게 된다.

3. 본안의 제소명령

(1) 신청권자와 상대방

본안의 제소명령은 가압류 채무자가 신청하는 것이다. 따라서 제소명령을 신청할 수 있는 것은 채무자 외에도 그 일반승계인, 파산관재인 등이다. 채무자의 특정승계인은 승계참가의 절차를 거쳐 제소명령을 신청할 수 있다. 채무자의 채권자가 채무자를 대위하여 제소명령을 신청할 수 있는가에 대해 판례는 긍정적으로 보고 있다.[17] 이외에 제3채무자를 비롯한 제3자는 가압류에 대해 이해관계가 있다 하여도 제소명령의 신청권이 없다.[18]

---

15) 다만 지급명령이 확정되면 확정판결과 동일한 효력이 생긴다고 하여도(민소 제474조), 기판력이 생기지 않기 때문에(민집 제58조 3항 참조) 강제집행을 할 수 있다는 것과 별도로 별소를 통해 피보전권리를 확정할 수 있다는 것은 적극설에 대해 의문을 가지게 함도 사실이다.

16) 김상원/정지형, 314면; 방순원/김광년, 501면; 박두환, 722면; 주석, 229면.

17) 대결 1993.12.27, 93마1655. 동지: 이시윤, 502면.

18) 대판 1993.10.15, 93마1435.

제소명령 신청의 상대방으로 하여야 할 것은 물론 채권자와 그 승계인 등이다. 채무자가 채권자의 채권승계사실을 알지 못하여 채권자를 상대방으로 한 경우에도 채권자의 승계인은 채권자에 대한 제소명령에 응하여 승계인의 이름으로 소를 제기할 수 있다.[19]

《가처분결정에 대한 본안제소명령의 신청권이 채권자대위권의 목적이 될 수 있는지 여부》(대법원 1993.12.27. 자 93마1655 결정)

민사소송법 제715조에 의하여 가처분절차에도 준용되는 같은 법 제705조 제1항에 따라 가압류 · 가처분결정에 대한 본안의 제소명령을 신청할 수 있는 권리나 같은 조 제2항에 따라 제소기간의 도과에 의한 가압류 · 가처분의 취소를 신청할 수 있는 권리는 가압류 · 가처분신청에 기한 소송을 수행하기 위한 소송절차상의 개개의 권리가 아니라, 제소기간의 도과에 의한 가압류 · 가처분의 취소신청권은 가압류 · 가처분신청에 기한 소송절차와는 별개의 독립된 소송절차를 개시하게 하는 권리이고, 본안제소명령의 신청권은 제소기간의 도과에 의한 가압류 · 가처분의 취소신청권을 행사하기 위한 전제요건으로 인정된 독립된 권리이므로, 본안제소명령의 신청권이나 제소기간의 도과에 의한 가압류 · 가처분의 취소신청권은 채권자대위권의 목적이 될 수 있는 권리라고 봄이 상당하다.

《제3채무자의 본안제소명령 신청》(대법원 1993.10.15. 선고 93마1435 판결)

소유권이전등기청구권에 대한 처분금지가처분의 제3채무자는 가처분에 대한 본안제소명령의 신청권이 없으므로 제3채무자가 채권자를 상대로 한 본안제소명령신청은 부적법하다.

(2) 관할법원

제소명령을 발할 수 있는 법원은 가압류를 한 법원이므로(제287조 1항), 제소명령의 신청은 당연히 이 법원에 하여야 한다. 전속관할이다. 가압류신청을 기각한 결정에 즉시항고를 한 경우에, 항고법원이 가압류신청이 이유 있는 것으로 판단하여 가압류명령을 한 때에는 처음에 가압류신청을 받은 법원이 제소명령의 관할법원이 된다는 입장도 있었으나,[20] 현재에는 가압류명령과 제소명령이 직접적으로 연결되어 있다고 보아야 할 것이므로 실제 가압류명령을 한 법원의 직무관할이라는 이유로 항고법원에 제소명령을 신청하여야 한다고 본다.[21]

---

19) 승계집행문과 같은 승계절차가 필요하지 않다는 의미이다. 김상원/정지형, 311면; 주석, 224면.
20) 吉川大二郎, 保全處分の研究, 309-310면.
21) 김상원/정지형, 310면; 한종렬, 337면; 주석, 224면; 실무제요. 143면.

다만 제소명령에 관한 법원의 업무는 사법보좌관이 할 수 있는 것으로 되어 있다(법원조직법 제54조 1항 2호).

(3) 제소명령의 신청

제소명령의 신청은 그 신청의 취지와 이유를 적은 서면으로 하여야 한다.

가압류가 현재 유효하기만 하면 제소명령을 함에 지장이 없으므로, 예컨대 가압류가 아직 집행되고 있지 않다거나 집행이 취소되었다고 하더라도 채무자는 제소명령의 신청을 할 수 있다. 그러나 가압류가 존속하고 있어야 하므로 가압류가 취소된 경우에는 제소명령을 할 수 없는 것은 당연하다.

제소명령을 신청함에는 가압류명령의 발령사실을 소명함으로써 충분하다. 따라서 이때 제소명령의 신청을 하면서 가압류명령이 취소되지 아니하였다는 사실이나 본안이 계속되어 있지 않다는 사실을 소명하여야 하지 않는가 하는 의문이 있으나, 이러한 것은 채권자가 후에 소명하여야 할 사항으로 생각된다. 당연한 것이지만, 본안이 계속되어 있는 때에는 제소명령을 할 수 없으므로 채권자가 이미 소를 제기한 경우는 물론, 채무자가 피보전권리에 관하여 채권채무부존재확인청구를 한 때에는 제소명령의 신청을 할 수 없다. 또한 채권자가 이미 집행권원을 가지고 있는 경우에도 제소명령을 할 수 없다.

제소명령의 신청은 언제라도 채권자의 동의 없이 취하할 수 있다(제290조 2항에 의한 제285조의 준용).

양식 8 제소명령신청서

제 소 명 령 신 청 서

인 지
2000원

신 청 인 (이름) ○ ○ ○ (주민등록번호 -)
(주소)
(연락처)

피신청인 (이름) ○ ○ ○ (주민등록번호 -)
(주소)

위 당사자간 20○○. ○○. ○○에 내려진 ○○법원 20○○카단(합)○○○ 가압류(가처분) 결정에 대하여 채권자는 현재까지 본안소송을 제기하지 아니하므로 피신청인에게 상당한 기간 내에 본안소송을 제기할 것을 명령하여 주시기 바랍니다.

소 명 자 료

가압류(가처분)결정사본 1부

20○○. ○○. ○○.

신 청 인 ○ ○ ○ (날인 또는 서명)

○○○○**법원 귀중**

◇ 유의사항 ◇

1. 신청인은 연락처란에 언제든지 연락 가능한 전화번호나 휴대전화번호(팩스번호, 이메일 주소 등도 포함)를 기재하기 바랍니다.
2. 이 신청서를 접수할 때에는 당사자 1인당 2회분의 송달료를 송달료 수납은행에 납부하여야 합니다. 다만, 송달료 수납은행이 지정되지 아니한 시 · 군법원의 경우에는 송달료를 우편으로 납부하여야 합니다.

(4) 제소명령

적법한 제소명령의 신청이 있으면 법원은 변론 없이 결정으로 제소명령을 하여야 한다(제287조 1항). 제소명령의 내용은 채권자에게 일정한 기간 내에 문제된 가압류의 피보전권리를 본안으로 하는 소를 제기하여 이를 증명하는 서류를 제출하거나, 이미 소를 제기한 경우에는 소송계속사실을 증명하는 서류를 제출하도록 명하는 것이다. 이때 제기하여야 할 본안소송의 형식이나 제소법원을 결정할 필요는 없다.

통상 제소명령의 주문은 다음 보기와 같이 한다.

채권자는 이 결정이 송달된 날로부터 ○○일 안에 본안의 소를 제기하여 이를 증명하는 서류를 제출하거나 이미 소를 제기하였으면 소송계속사실을 증명하는 서류를 제출하라.

제소기간은 제소명령에 필수적인 요소이다. 제소기간을 정하지 않으면 명령을 위반하여 제소를 하지 않았다고 하여 가압류를 취소할 수 없게 되고, 따라서 제소명령을 하는 것이 무의미하게 되기 때문이다. 이때 제소기간은 2주 이상으로 정하여야 한다(제287조 2항). 이미 소가 제기되어 있지 않다면 당사자는 이 기간 내에 소를 제기하여 소제기를 증명하는 서면을 제출하여야 한다.

제소기간은 적정하여야 하므로, 제소기간이 너무 길게 정해지면 제소명령을 거부한 것이나 다름없다고 하는 의견이 있다.[22] 그러나 법이 제소기간을 2주 이상으로 하도록 하고 있으므로 이보다 짧게 정하는 것은 당연히 위법한 명령으로 되어, 가압류에 대한 취소절차나 취소결정에 대한 즉시항고절차에서 정당성 여부가 심리될 수 있을 것이다.

제소기간이 불변기간인지, 아니면 재정기간인지 의문이다. 법원이 그 기간을 정한다는 의미에서 재정기간이라고 할 수 있지만, 그렇다고 해서 순수한 재정기간은 아닌 것으로 보인다. 불변기간이면 법원이 이를 늘이거나 줄일 수 없고, 재정기간이면 그렇게 할 수 있으나, 법문이 "2주 이상으로 정하여야 한다."고 하여 늘일 수는 있으되, 줄이지는 못하게 하고 있기 때문이다.[23] 제소기간은 특별히 정한 바가 없으면, 명령의 정본이 채권자에게 고지 내지는 송달된 때로부터 진행하게 된다.

제소명령은 이를 신청한 채무자와 채권자에게 고지하여야 하지만, 신청을 배척하는 경우에는 채무자에게만 고지하면 된다(규칙 제7조 2항). 이때 채권자에 대한 고지는 송달의 방법으로 하여야 한다(규칙 제206조 1항).

(5) 제소명령에 대한 불복

제소명령에 대해서 채권자는 불복을 하지 못한다. 항고는 규정이 없으면 할 수 없는 것이 원칙이므로 제소명령에 대한 불복규정이 없다는 것은 불복신청이 허용되지 않는 것으로 보아야 하기 때문이다. 따라서 제소명령에 대해 불복이 있는 채권자는 가압류의 취소결정 절차에서 불복사항을 주장하거나, 가압류취소결정에 대한 즉시항고를 함으로써 제소명령의 당부를 주장할 것이다.[24]

그러나 제소명령의 신청이 기각 내지 각하된 경우에는 채무자는 항고를 제기할 수

---

22) 김상원/정지형, 311면; 주석, 225면; 실무제요, 151면.

23) 주석, 225면은 이를 재정기간(민소 제172조)으로 보아, 법원이 늘이거나 줄일 수 있다고 하고 있으나, 이는 법문에 배치되는 해석이다.

24) 김상원/정지형, 311면; 방순원/김광년, 501면; 박두환, 722면; 주석, 226면; 실무제요, 151-152면.

있다(민소 제439조).

4. 제소기간의 도과로 인한 취소

(1) 취소신청

채권자가 제소명령을 따르지 않더라도 당연히 가압류를 취소할 수 있는 것은 아니고, 채무자가 가압류를 취소하여 달라는 신청을 하여야만 법원은 가압류를 취소하는 결정을 하게 된다(제287조 3항). 이때 제소명령신청이 가압류의 취소신청으로 되는 것은 아니므로 별도로 취소신청을 하여야 하는데, 그 신청은 신청의 취지와 이유를 적은 서면으로 하여야 한다(규칙 제203조 1항 5호).

양식 9 가압류결정취소신청서

가압류결정취소신청서

수입인지 2000원

신 청 인(채무자) (이 름) ○ ○ ○ (주민등록번호 -)
(주 소)
(연락처)
피신청인(채권자) (이 름) ○ ○ ○ (주민등록번호 -)
(주 소)

신 청 취 지

1. 위 당사자간 ○○○○법원 20○○ 카단 ○○○○ 호 신청사건에 관하여 이 법원이 20○○. ○○. ○○ 별지 목록 기재 각 부동산에 대하여 한 가압류 결정을 취소한다.
2. 소송비용은 피신청인의 부담으로 한다.

라는 재판을 구함

신 청 이 유

1. 피신청인은 신청인에 대한 ○○대금 지급 청구권 보전을 위하여 귀원으로부터 신청취지 기재 가압류 결정을 얻어 별지 목록 기재 부동산을 가압류하였습니다.
2. 피신청인은 가압류 집행 후에도 본안소송을 제기하지 아니하므로 신청인의 신청에 의하여 귀원은 20○○ 카단 ○○○○ 호로 제소명령을 하여 피신청인에게 송달되었으나, 피신청인은 제소기간 경과 후인 현재까지 소제기를 증명하는 서면을 제출하지 않고 있

습니다.
3. 따라서 위 가압류결정은 민사집행법 제287조제3항의 규정에 의하여 취소되어야 할 것이므로 위 규정에 따라 취소결정을 하여주실 것을 신청하는 바입니다.

소 명 방 법

1. 가압류결정 사본 1부
2. 제소명령 사본 1부

20○○. ○○. ○○.

위 신청인 ○ ○ ○ (날인 또는 서명)

○○○○법원 귀중

◇ 유의사항 ◇

1. 신청인은 연락처란에 언제든지 연락 가능한 전화번호나 휴대전화번호(팩스번호, 이메일 주소 등도 포함)를 기재하기 바랍니다.
2. 이 신청서를 접수할 때에는 당사자 1인당 8회분의 송달료를 송달료 수납은행에 납부하여야 합니다. 다만, 송달료 수납은행이 지정되지 아니한 시 · 군법원의 경우에는 송달료를 우편으로 납부하여야 합니다.

제소기간 도과로 인한 가압류의 취소신청은 취하할 수 있으며, 이 때 상대방의 동의는 필요 없다(제290조 2항에 따른 제285조의 준용).

(2) 단행가처분의 집행정지

당사자가 제소기간 도과를 이유로 가처분취소신청을 한 때에는 그 가처분이 단행가처분으로서 주장한 사유가 법률상 정당한 사유가 있다고 인정되고, 주장사실에 대한 소명이 있으며, 그 집행에 의하여 회복할 수 없는 손해가 생길 위험이 있다는 사정에 대한 소명이 있는 때에는, 법원은 당사자의 신청에 따라 담보를 제공하게 하거나 담보를 제공하게 하지 아니하고 가처분의 집행을 정지하도록 명할 수 있고, 담보를 제공하게 하고 집행한 처분을 취소하도록 명할 수 있다(제310조에 의한 제309조의 준용). 일반적으로 가압류나 다툼의 대상에 관한 가처분 등은 집행정지의 필요가 없으나, 임시의 지위를 정하기 위한 가처분 중 단행가처분의 경우에는 집행정지의 필요가 있기 때문이다.

이때 재판기록이 원심법원에 있는 때에는 원심법원이 집행정지의 재판을 하는데(제309조 3항), 주장사실과 손해가 생길 위험이 있다는 사정에 대한 소명은 보증금을 공탁하거나 주장이 진실함을 선서하는 방법으로 대신할 수 없다(제309조 2항).

법원이 후에 취소신청에 대한 재판을 할 때 집행정지결정을 인가 · 변경 또는 취소하여야 한다(동조 4항). 집행정지에 관한 법원의 결정에 대해서는 불복할 수 없다(동조 5항).

(3) 사건의 이송

제소기간의 도과로 인한 가압류 취소사건은 현저한 손해 또는 지연을 피하기 위한 필요가 있는 때에는 심급을 달리하는 경우를 제외하고, 직권으로 또는 당사자의 신청에 따라 결정으로 그 가압류 사건의 관할권이 있는 다른 법원에 사건을 이송할 수 있다(제290조 1항의 규정에 따른 제284조의 준용). 그러나 이때 사건이 이송될 법원이 본안법원이라면 채권자가 제소명령에 따랐다는 것으로 되는데, 그렇다면 굳이 본안법원으로 이송할 필요 없이 취소신청을 기각하면 될 것으로 본다.[25]

(4) 심 리

채권자가 제소기간을 도과하여 소제기증명을 제출하지 않았다는 것을 이유로 가압류의 취소신청이 접수되면 법원은 그 당부에 대해 심리하여야 한다. 이때 변론을 열어서 재판할 수도 있으나 결정으로 재판하는 것이므로 통상 심문이나 서면심리를 통하여 재판하게 될 것이다. 입증방법은 당연히 소명에 의한다.

법원은 취소절차에서 가압류의 당부에 대해서는 심리하지 않으므로 실제 심리는 채권자가 소제기를 증명하는 서면을 제출하였는가가 중심으로 된다. 절차상 채무자가 적극적 당사자의 지위에 서게 되지만 채무자는 제소기간 내에 소제기증명이 없었음을 주장하면 충분하고, 오히려 채권자가 소제기증명서가 제출되었음을 소명하여야 한다. 이때 이미 소제기증명이 제출되었다 하더라도 당해 본안소송이 취하 또는 각하되면 소제기 증명이 없는 것으로 보아 가압류를 취소하게 된다(제287조 4항).[26]

이외에도 법원은 제소명령이나 제소기간의 당부, 제소기간의 도과 여부, 제소기간

---

25) 주석, 226면은 이 경우에 본안법원으로 이송할 수 있다고 하나, 소송경제를 생각하면 바로 취소신청을 기각함이 옳다고 생각한다.

26) 대판 2000.2.11, 99다50064.

이 도과되었다면 이것이 채권자의 책임인가 여부, 소제기증명이 된 경우라면 당해 소송과 가압류와의 연관성 여하, 제기된 소가 본안이라고 할 수 있는가 등의 문제도 심리하여야 한다.

《[1] 제소기간 도과를 이의사유로 주장할 수 있는지 여부(적극) 및 본안소송이 취하간주 등으로 종료선언된 때의 처리, [2] 본안의 소에 대한 각하판결이나 중재절차 종료선언의 위법이 제소기간 도과 여부의 판단에 영향을 미치는지 여부(소극)》(대법원 2000.2.11. 선고 99다50064 판결)

[1] 가압류이의소송은 가압류결정의 취소 변경을 구하는 절차라는 면에서 제소기간 도과로 인한 가압류취소소송과 다를 바 없고, 소송경제적 측면과 보전소송의 긴급성의 요청에 비추어 볼 때 제소명령기간 내에 본안소송을 제기하지 아니한 때에 그 기간이 도과되었다는 것도 가압류 이의사유로 주장할 수 있으며, 제소기간의 도과 여부를 판단함에 있어서 제소명령에 응하여 채권자가 제기한 본안의 소송이나 중재판정절차가 취하되거나 당사자의 불출석으로 인하여 취하간주 또는 종료선언되거나 소송요건의 흠결을 이유로 한 소각하 판결이 확정되었을 때에는 본안의 소 제기나 중재신청을 하지 아니한 것과 같이 보아야 할 것이다.

[2] 가압류결정에 대한 제소명령에 응하여 제기한 본안의 소를 각하한 판결이나 중재절차를 종료한 선언의 당부는 당해 절차에서 판단되어야 할 것이고, 제소기간의 도과 여부를 심리하는 법원이 그 당부에 관하여 심리 · 판단할 수 있는 것이 아니므로, 그 판결이나 중재절차에 위법이 있다 하더라도 위 가압류결정에 대한 제소명령기간의 도과 여부를 판단함에 있어서는 아무런 영향도 미칠 수 없다.

(5) 재 판

제소명령에 문제가 없고, 채권자에게 소제기 증명을 제출하지 못한데 대한 책임이 있는 것으로 밝혀지면 법원은 가압류를 취소한다. 이 재판은 결정으로 하며, 당사자들에게 송달하여야 한다(규칙 제203조의4). 채무자는 가압류가 취소되면 집행기관에 재판의 정본을 제출하여 가압류집행을 취소하도록 한다.

그러나 제소명령이 적절하지 못하거나 채권자가 적법하게 소제기증명을 제출한 때, 또는 소제기증명이 없더라도 그 책임이 채권자에게 없는 때에는 가압류를 취소하지 못한다.

(6) 결정에 대한 불복

제소기간 도과를 이유로 한 가압류 취소신청에 대한 재판은 신청을 인용하였는가 배척하였는가를 불문하고 당사자는 즉시항고로서 불복할 수 있다(제287조 5항). 이 재판은 당사자 누구에게라도 그 결과가 중대한 이해가 있으므로 상급심에서 당부를 심사받을 수 있게 한 것이다.

법원이 가압류를 취소한 경우에 즉시항고로서 불복한 때에는 집행을 정지시키지 않으므로(제287조 5항의 규정에 따른 민소 제447조의 준용 부정), 즉시항고를 하였더라도 결정대로 가압류 집행의 취소신청을 할 수 있게 된다. 그러나 일단 가압류가 취소되고 나면 다시 가압류를 하더라도 채권자의 이익을 보호할 수 없는 경우가 많이 생길 수 있으므로, 법은 가압류를 취소하는 결정에 대하여 즉시항고가 있는 경우에, 불복의 이유로 주장한 사유가 법률상 정당한 사유가 있다고 인정되고 사실에 대한 소명이 있으며, 그 가압류를 취소함으로 인하여 회복할 수 없는 손해가 생길 위험이 있다는 사정에 대한 소명이 있는 때에는 법원은 당사자의 신청에 따라 담보를 제공하게 하거나 담보를 제공하지 아니하게 하고 가압류취소결정의 효력을 정지시킬 수 있다(제289조 1항)고 하여, 결정으로 가압류집행을 취소시키지 않고 그 효력을 유지시킬 수 있는 것으로 하고 있다. 이 결정은 후에 항소심에서 다시 심사받게 된다(동조 4항).

III. 사정변경에 의한 가압류 취소

⋙ 설문 ❻

乙이 甲의 건물에 전세권을 얻어 사무실을 운영하던 중, 丙이 자신의 채권을 보전하기 위하여 위 전세권을 가압류하였다. 그 후 전세기간이 만료되었으나 乙이 전세권등기를 말소하지 아니하므로 甲은 乙을 상대로 전세권말소등기청구소송을 제기하여 승소판결을 받아, 이 판결이 확정되었다. 이때 甲은 丙을 상대로 하여 가압류의 취소를 신청할 수 있는가?

〈해설: 이 경우에는 丙의 승낙이 없으면 乙이 위 전세권의 말소등기를 할 수 없으므로, 乙을 상대로 하여 가압류 취소신청을 할 수 있지 않을까 생각할 수도 있으나, 甲은 채무자나 그 지위를 승계한 자 내지 대위권자가 아니므로 가압류의 취소를 신청할 수 없다. 따라서 甲은 丙을 상대로 하여 말소등기에 대한 승낙의 의사표를 구하는 소송을 제기할 수 있을 뿐이다. 이러한 사정은 전세권 또는 저당권이 붙은 채권을 가압류한 경우에도 같다.〉

1. 의 의

가압류의 요건이 흠결된 경우에는 전술한 바와 같이 이의신청을 통하여 가압류의 취소를 구하게 된다. 그러나 가압류가 적법하게 이루어졌으나 그 이후에 피보전권리가 소멸하거나 보전의 필요가 없어진 경우에는 이러한 것을 사정변경으로 보아 가압류의 취소를 할 수 있도록 하는 것이 공평하다고 할 수 있다. 즉 가압류가 유지될 수 없도록 하는 사정이 생긴 경우에는 그러한 사정에도 불구하고 가압류를 유지하도록 하는 것도 적절하지 않지만, 당연히 가압류가 취소되도록 하는 것도 적절하지 않기 때문이다. 이와 같이 가압류의 존속을 방해하는 사후적 사유를 이유로 하여 가압류를 취소하도록 하는 것이 사정변경에 의한 가압류의 취소제도(제288조)이다. 이는 강제집행에 있어서의 청구이의의 소(제44조)와 유사성을 가지고 있으나,[27] 사정변경으로 되는 사유는 후술하는 바와 같이 피보전권리에 관한 것뿐 아니라, 보전의 필요에 관한 것도 있어서 청구이의의 사유와는 구별된다.

가압류에 대한 이의신청을 한 때에는 이의 사유 외에 사정변경을 주장하여 가압류를 취소할 수도 있다. 그러나 이는 소송경제를 위하여 절차의 중복을 피하기 위한 것이고, 따라서 이의제도와 취소신청제도는 가압류의 성립을 부정하는 것인가, 사후의 사정변경을 이유로 하는 것인가 하는 점에서 구별될 수 있다. 또한 사정변경에 의한 가압류취소는 가압류 요건이 실질적으로 소멸하였다는 것을 이유로 하는 것이므로 형식적으로 본안소송을 제기하지 않았다는 것을 이유로 하는 제소기간 도과로 인한 취소신청(제287조)과도 다르고, 가압류집행을 문제 삼는 집행의 취소(제299조)와도 구별된다.

당연한 것이지만, 사정변경에 의한 가압류 취소절차는 가처분에도 준용된다.

2. 가압류에서의 사정변경

(1) 사정변경의 태양

가압류는 피보전권리가 존재하고 보전의 필요가 인정되는 때에 인정되는 것이므로 이러한 가압류의 요건은 명령시 뿐만 아니라 가압류의 존속을 위해서도 필요하다

27) 가압류 절차에서는 청구이의의 소가 허용되지 않는다. 이시윤, 505면.

고 하여야 할 것이다. 결국 여기서 사정변경이라 함은 가압류의 전부 내지는 일부의 존속을 방해하는 새로운 사유가 가압류명령 이후에 생긴 것을 말한다고 할 수 있다.

이와 같이 사정변경은 본래 가압류명령 이후에 생긴 것이 원칙이라고 할 것이나, 가압류명령 당시에 이미 가압류 요건이 흠결되어 있었으나 채무자가 이를 사후에 알게 된 것도 포함한다고 한다.[28] 앞의 것을 사정의 객관적 변경, 뒤의 것을 사정의 주관적 변경이라 하는데, 주관적 사정변경도 가압류의 취소사유로 보는 것은 가압류절차가 신속하게 이루어지기 때문에 모든 사정을 전부다 고려하기에는 어려움이 있으며 또 가압류의 잠정성을 고려하면 이후에라도 요건의 흠결은 반영할 필요가 있기 때문이다.

또한 사정변경은 채권자측에 생긴 것이든 채무자측에 생긴 것이든 묻지 아니하며, 피보전권리의 전체에 관한 것뿐만 아니라, 일부에 대해 생긴 사정도 무방하다. 피보전권리의 일부에 생긴 사정변경은 가압류의 일부취소의 원인으로 될 수 있을 것이다.[29]

(2) 피보전권리에 관한 사정변경

가압류를 한 피보전권리의 전부 또는 일부가 소멸하거나 변경되는 것은 가압류의 전부 또는 일부의 취소사유인 사정변경에 해당한다. 따라서 변제, 대물변제, 면제, 상계, 법률관계의 해제 등으로 피보전권리가 소멸하였다면 사정변경을 이유로 가압류의 취소를 신청할 수 있다. 피보전권리가 제3자에게 양도된 경우에는 가압류채권자를 기준으로 볼 때 권리자가 아닌 것으로 되었으므로 사정변경이 있다고 할 수 있으나, 이 때에는 대개 승계인이 가압류의 취소를 다툴 수 있을 것이다.[30] 마찬가지로 피보전권리인 채권이 다른 채권자에 의하여 전부(轉付)된 때에도 가압류채권자는 그 채권을 행사할 수 없게 되므로 사정변경이 있다고 할 수 있다. 그러나 가압류의 목적인 채무자의 제3채무자에 대한 채권이 변제 등으로 소멸하였음이 밝혀졌다고 하더라도 이는 가압류로 채권보전의 목적을 달성할 수 없게 됨에 그칠 뿐, 피보전권리가 소멸하는 것은 아니므로 사정변경이라 할 수 없다.[31]

---

28) 김상원/정지형, 283면; 이석선(上), 243면; 방순원/김광년, 503면; 박두환, 724면; 강대성, 599면; 주석, 236-237면.
29) 김상원/정지형, 283면; 주석, 237면.
30) 대판 1993.7.13, 92다33251.
31) 대판 1979.8.21, 79다876.

《피보전권리 없음이 분명히 된 것과 사정변경》(대법원 1967.9.19. 선고 67다1057 판결)

피보전권리가 없다는 것은 가처분결정에 대한 이의 사유로 할 수 있으나 또한 피보전권리 없음이 분명히 되었다는 것은 사정변경으로 보아 가처분 취소신청을 할 수 있다.

《자기의 부담부분을 넘은 변제를 한 보증인이 채권자가 한 가압류의 효력을 주장할 수 있는지 여부와 다른 보증인의 사정변경에 의한 가압류취소신청을 다툴 수 있는지 여부》(대법원 1993.7.13. 선고 92다33251 판결)

가. 수인의 보증인이 있는 경우에 어느 보증인이 자기의 부담부분을 넘은 변제를 한 때에는 다른 보증인에 대하여 구상권을 행사할 수 있고, 그 구상권의 범위 내에서 종래 채권자가 가지고 있던 채권 및 그 담보에 관한 권리는 법률상 당연히 그 변제자에게 이전되는 것이므로, 채권자가 어느 공동보증인의 재산에 대하여 가압류결정을 받은 경우에, 그 피보전권리에 관하여 채권자를 대위하는 변제자는 채권자의 승계인으로서, 가압류의 집행이 되기 전이라면 민사소송법 제708조 제1항에 따라 승계집행문을 부여받아 가압류의 집행을 할 수 있고, 가압류의 집행이 된 후에는 위와 같은 승계집행문을 부여받지 않더라도 가압류에 의한 보전의 이익을 자신을 위하여 주장할 수 있다.

나. 위의 경우에 변제를 한 보증인은 구상권의 범위 내에서 채권자가 다른 공동보증인에 대하여 가지고 있던 가압류의 피보전권리를 대위 행사할 수 있다고 보아야 할 것이므로, 가압류가 대위변제의 경우에 이전되는 담보에 관한 권리에 해당하지 아니한다거나, 위 변제로 인하여 가압류의 피보전권리가 변제를 한 보증인에게 이전되는 결과 채권자가 그 범위 내에서 피보전권리를 상실한다는 사정 때문에 가압류채권자의 지위를 승계한 보증인이 다른 공동보증인의 사정변경에 의한 가압류취소신청을 다툴 수 없는 것은 아니다.

《피압류채권의 소멸과 사정변경》(대법원 1979.8.21. 선고 79다876 판결)

피신청인(채무자)의 제3채무자에 대하여 가지고 있던 채권이 소론과 같이 적법히 변제가 되어 가압류결정에 의한 피압류채권이 이미 소멸하였다하더라도 이는 그 가압류결정이 결과적으로 채권보전의 실효를 거둘 수 없게 됨에 그치고, 이로써 가압류결정을 취소할 사유는 되지 못한다.

채권자가 본안소송에서 패소하여 이 판결이 확정된 때에는 피보전권리의 부존재로 되므로 사정변경이 된다.[32] 이때 판결이 아직 확정되지 않을 경우라도 판례는 상소심에서 취소될 염려가 없다고 인정되면 사정변경을 인정하고 있다.[33] 피보전권리 부존재의 확정판결에 대해 재심의 소가 제기된 것만으로는 사정변경이 됨에 지장이 없고,[34] 다만 후에 재심판결로 피보전권리가 소멸되면 사정변경이 될 수는 있을 것이다.

32) 대판(전) 1963.9.12, 63다354.
33) 대판 1962.11.1, 62다575.

한편 원고패소판결이 피보전권리의 부존재가 아니라 기한미도래 또는 조건불성취를 이유로 한 때에는 사정변경이 될 수 없는 것이 보통이나,[35] 기한도래 내지 조건성취를 전제로 가압류를 한 때에는 사정변경으로 될 수 있을 것이다.

그러나 본안소송이 소송요건의 흠결로 각하된 경우에는 피보전권리의 존부에는 영향이 없으므로 사정변경이 되지 않는 것은 당연하다.[36]

이와 함께 행정청이 보전처분과 다른 심결을 한 경우 사정변경을 인정할 수 있다는 입장이 있다. 이에 의하면 예컨대 특허사건에 관한 특허심판원의 심결이 보전명령과 저촉하는 경우에는 그 전문적 성질을 존중하여 사정변경이 있다고 할 수 있다는 것이다.[37] 또한 이 견해는 기존의 보전처분과 다른 내용의 보전처분이 있으면 예외적으로 사정변경을 인정하여야 할 경우가 있다고 하고 있다.[38] 그러나 이러한 입장은 아직 일반적으로 받아들이기 어려운 점이 있다.

《본안소송에서 실체적 이유로 패소 확정된 경우와 사정변경》(대법원 전원합의체 1963.9.12. 선고 63다354)

판결가처분의 본안소송에서 가처분을 신청한 사람이 실체적 이유로 패소한 경우에는 민사소송법(구) 제715조의 사정변경이 있다 할 것이고 가처분에 있어서 본안소송의 유용은 허용할 수 없는 것이다.

《본안소송에서 패소한 판결이 아직 확정되지 않은 경우의 사정변경 여부》(대법원 1962.11.1. 선고 62다575 판결)

가처분 신청사건에 있어서 가처분 권리자가 본안소송에서 패소된 경우에 법원은 자유로운 의사에 의하여 그 판결이 상소심에서 취소 파기될 염려가 없다고 인정되면 가처분을 취소할 사정의 변경이 있다고 보아야 한다.

《피보전권리를 부정한 본안판결확정 후의 재심의 소 제기가 사정변경에 영향을 미치는가 여부》(대법원 1974.3.12. 선고 73다1620 판결)

소유권이전등기말소청구권이 확정판결로 부정된 이상 그 말소등기청구권을 보전하기 위한 가처분결정을 존속시킬 이유가 소멸되었으므로 재심의 소가 제기된 것만으로는 이미 발생한 사

---

34) 대판 1974.3.12, 73다1620.
35) 대판 1995.8.25, 94다42211.
36) 대판 2004.12.24, 2004다53715.
37) 이석선(上), 255면.
38) 이석선(上), 255면.

정변경의 원인에 영향을 줄 수 없다.

《패소판결이 피보전권리의 소멸을 내용으로 하지 않는 경우의 사정변경 여부》(대법원 1995.8.25. 선고 94다42211 판결)

갑이 을을 대위하여 병의 부동산에 대한 처분금지가처분을 한 뒤 을의 채권자 정이 을의 병에 대한 소유권이전등기 청구권을 압류한 다음 추심의 소를 제기하여 확정판결까지 받았고, 그 위에 갑이 병을 상대로 새로 제기하여 승소한 본안판결의 내용이 병에게 압류의 해제를 조건으로 을 앞으로 소유권이전등기 절차를 이행할 것을 명하는 것이었다 할지라도, 그 추심판결의 집행으로 소유권이전등기가 실제로 실행되었다는 사정이 보이지 아니하는 이상, 그 추심판결이 확정되었다는 것만으로는 압류의 해제가 당연히 불가능하게 되었다거나 또는 일반 사회의 거래 관념에 비추어 더 이상 이를 기대할 수 없게 되었다고 말할 수 없다는 이유로, 사정변경으로 인한 가처분취소 청구를 배척한 사례.

《본안소송의 각하판결을 받은 것과 사정변경 여부》(대법원 2004.12.24. 선고 2004다53715 판결)

보전처분의 본안소송에서 보전처분 신청인이 실체법상의 이유로 패소판결을 받은 경우에는 민사집행법 제288조 소정의 사정변경이 있다고 할 수 있고, 그 경우에 본안소송의 유용은 허용되지 아니하나, 본안소송에서 소송법상의 이유로 각하판결을 받은 경우에는 일반적으로 사정변경이 있다고 할 수는 없다.

채권자가 여러 개의 피보전권리를 주장하여 가압류를 한 후 본안소송에서 그 중 하나의 피보전권리가 부정된 경우에는 사정변경이 있다고 할 수 있는가. 판례는 본안소송이 이유 없다고 하여 패소확정하였다면 청구원인을 달리하는 다른 소송이 가능하고 또 그 소송이 제기되었다고 하더라도 사정변경이 있다고 하여 보전처분의 취소를 인정하였다.[39] 이는 소위 보전처분의 1회성의 문제로서 채권자가 여러 개의 피보전권리를 순차 주장하여 보전처분의 취소를 막음으로써 부당하게 채무자의 재산권 행사를 제한하는 것을 허용해서는 안 된다는 법리인데, 이는 보전처분의 유용(流用) 가능성과 관련하여서도 논의되어 있다. 즉 이와 관련하여 법원은 하나의 본안을 위하여 발령된 보전처분을 다른 본안을 위하여 유용할 수 없다는 것이다.[40] 이때 이들 본안이 기초가 동일하다고 하는 것은 문제가 되지 않는다.

39) 대판 1973.3.20, 72다165.

40) 이석선(上), 247면. 전게 대판 1963.9.12, 63다354 참조.

《본안이 패소확정되었으나 청구원인을 같이하는 다른 소송이 제기된 경우의 사정변경 여부》(대법원 1973.3.20. 선고 72다165 판결)

보전처분신청인인 채권자가 제기한 본안소송에 있어서 이유 없다는 이유로써 패소확정하였다면 설사 청구원인을 같이하는 다른 소송이 가능하고 또 그 소송이 제기되었다고 하여도 당해 보전처분은 사정변경이 있다고 하여 취소되어야 한다.

(3) 보전의 필요에 관한 사정변경

피보전권리가 소멸하지 않았다 하더라도 보전의 필요가 없어지게 되면 더 이상 가압류를 할 필요는 없게 된다. 따라서 채권자의 채권을 실현하기에 지장이 없도록 담보가 제공되었다거나, 채무자가 채무액을 공탁한 경우에는 보전의 필요가 없게 되었다고 할 수 있다. 또한 가압류의 집행기간을 도과하였거나 가압류가 담보제공을 조건으로 인가된 후에 담보를 제공하지 않으면 사정변경에 준하여 취소할 수 있을 것이다.[41] 또한 다툼의 대상에 관한 가처분이나 임시의 지위를 정하기 위한 가처분의 경우에는 피보전권리가 이행불능으로 된 때에도 결과적으로는 보전의 목적을 달성할 수 없으므로 보전의 필요가 없게 되었다고 하는 경우가 있을 수 있다. 예컨대, 특정물의 인도청구권보전을 위한 처분금지가처분의 집행 전에 채무자가 당해 물건을 유효하게 제3자에게 양도하였는데 그 제3자가 선의취득의 요건을 갖추어 반환이 불가능하게 된 경우,[42] 또는 이사의 직무집행정지 · 직무대행자선임의 가처분명령이 있은 후에 주주총회에서 종전의 이사를 해임하고 신이사를 선임한 경우에는 사정변경이 있다고 하여야 한다.[43] 판례도 같은 입장이다.[44]

《가처분 명령 후 목적 부동산이 제3자에 이전된 경우의 가처분취소》(대법원 1962.9.27. 선고 62다330 판결)

가처분 명령이 있은 후 그 가처분이 붙은 부동산을 제3자에게 이전등기 하였을 때 그 목적물의 특정승계인에게 사정변경을 이유로 그 가처분 취소신청권이 있느냐의 여부는 별문제로 하고 이러한 경우에도 채무자는 의연 가처분 취소신청을 할 수 있다.

---

41) 김상원/정지형, 288면; 방순원/김광년, 504면; 박두환, 725면; 주석, 240면.
42) 대판 1962.9.27, 62다330.
43) 金成基, 保全處分의 取消事由로서의 이른바 "事情變更"에 關하여, 사법논집 제2집(1972), 216면.
44) 대판 1995.3.10, 94다56708.

《가처분에 의하여 직무집행이 정지된 자의 임기가 만료되고 후임자가 선임된 경우, 사정변경의 유무》(대법원 1995.3.10. 선고 94다56708 판결)

법인 등 단체의 대표자를 피신청인으로 하여 그 직무집행을 정지하고직무대행자를 선임하는 가처분결정이 있은 후 직무집행이 정지된 대표자의 임기가 만료되고 새로 단체의 대표자가 선임되었다면, 새로운 대표자의 선임이 그 효력이 없다는 등의 특별한 사정이 없는 한 직무집행이 정지된 위 대표자가 단체의 대표자로서의 직무집행을 계속하여 위 단체에 회복하기 어려운 손해를 입힐 가능성은 없어졌다 할 것이어서 위 가처분결정은 이를 더 이상 유지할 필요가 없는 사정변경이 생겼다고 할 것이다.

채권자가 본안판결 선고 후 소를 취하한 경우에는 재소금지(再訴禁止) 원칙의 적용을 받게 되는데, 이때에는 피보전권리가 소멸하는 것은 아니지만 사실상 소송 등을 통하여 집행권원을 얻을 방법이 없어지게 되므로 사정변경에 해당한다고 보아야 할 것이다.[45] 판례의 입장도 같다.[46] 그러나 단순히 소를 취하하였다는 사정이 있는 것만으로는 특별히 보전의사가 없게 되었다고 볼 수 있는 경우가 아니라면 사정변경이 있다고 할 수 없다.[47]

《본안판결 선고후의 취하로 인한 재소금지원칙과 사정변경》(대법원 1999.3.9. 선고 98다12287 판결)

가처분권자가 가처분결정의 본안소송에서 패소판결을 받고 항소하였다가 항소심에서 소취하를 함으로써 민사소송법 제240조 제2항 규정의 재소금지 원칙에 따라 다시 가처분 부동산에 대한 소유권이전등기청구를 할 수 없게 된 경우, 그 가처분결정은 그 보전의 필요성이 없어 더 이상 유지될 수 없는 사정변경이 생겼다고 할 것이다.

《소취하와 사정변경에 의한 가처분의 취소》(대법원 1967.1.24. 선고 66다2268 판결)

가처분에 대한 본안 소송을 종국판결 전에 취하하더라도 피보전권리의 존부에 영향을 주는 것이 아니며, 따라서 다시 같은 소송을 제기할 수 없는 것은 아니므로, 소 취하로 인하여 보전의사의 포기가 있었다고 인정되지 아니하는 이상 소 취하가 가처분취소의 원인으로서의 사정변경에 해당할 수는 없다고 할 것이다.

45) 이석선(上), 262면.

46) 대판 1999.3.9, 98다12287.

47) 대판 1967.1.24, 66다2268; 대판 1992.6.26, 92다9449. 이와 달리, 본안사건이 심판기일에 당사자 쌍방 불출석으로 취하 간주 되었다면 그 가압류집행은 취소됨이 상당하다고 한 판례도 있었으나(대결 1979.9.5, 79스9), 이는 대판(전) 1998.5.21, 97다47637에 의하여 폐기되었기 때문에, 현재 판례의 입장은 통일되어 있다고 할 수 있다.

채권자가 가압류나 가처분을 할 의사를 포기하였거나 상실한 경우에도 보전의 필요는 없게 되었다고 할 수 있다. 보전명령 집행 후에 채권자가 집행을 임의로 해방시킨 경우,[48] 가처분채권자가 본안소송에서 승소하여 즉시 본집행을 할 수 있음에도 장기간 그 집행을 않고 있는 경우[49] 보전의 필요성이 소멸되었다고 할 수 있다는 것이다.

《집행권원 취득 후 본집행에 착수하지 않는 것과 사정변경》(대법원 1984.10.23. 선고 84다카935 판결)

가처분채권자가 본안소송에서 승소하고 채무명의를 획득하여 즉시 본집행을 할 수 있는 요건을 갖추었음에도 불구하고 그 집행을 하지 아니하고 있는 경우에는 피보전권리에 대한 보전의 필요성은 소멸되었다고 할 것이고, 이와 같이 가처분결정 후에 보전의 필요성이 소멸된 때에는 그 가처분을 그대로 존속시켜 놓을 수 없는 사유인 사정변경이 있다고 보아야 할 것이다.

《집행채권자의 의사에 의해 즉시 이행될 수 있는 정지조건부 집행채권에 대해 채권자가 집행을 해태하고 있는 경우의 보전의 필요성 소멸 여부》(대법원 1985.4.9. 선고 84다카2331 판결)

가처분채권자가 본안소송에서 승소판결을 받은 그 집행채권이 정지조건부인 경우라 할지라도 그 조건이 집행채권자의 의사에 따라 즉시 이행할 수 있는 반대의무의 이행인 경우, 정당한 이유 없이 그 반대의무의 이행을 게을리 하고 집행에 착수하지 않고 있다면 보전의 필요성은 소멸되었다고 보아야 한다.

한편 피보전권리에 관하여 재판상 화해가 성립한 경우에는 화해의 내용상 집행이 조건에 걸린 경우를 제외하고는 화해조서에 집행력이 있으므로 보전의 필요가 소멸한다는 입장이 있으나,[50] 이러한 입장은 문제가 있다. 왜냐하면 화해에 의해서 피보전권리가 소멸하거나 내용이 달라지면 피보전권리의 소멸로 인한 사정변경이 있다고 할 수 있을지 몰라도, 화해조서의 집행력 때문에 보전의 필요가 소멸한다고 단정하기는 어려운 것이다. 그렇다면 채권자 승소의 본안판결의 확정도 사정변경이 있다고 하여야 할 것이나, 그렇게 볼 수는 없는 것이다. 이런 경우에는 채권자가 보전의 이익을 포기하였는지를 구체적으로 검토하여 이를 긍정할 수 있는 때에 한하여 사정변경이 있다고 하는 판례[51]의 태도가 타당하다.

---

48) 김성기, 앞의 논문, 216면.
49) 대판 1984.10.23, 84다카935.
50) 주석, 240면; 김성기, 앞의 논문, 218면; 金起東, 事情變更과 保全命令의 取消, 재판자료 제46집, 518면.
51) 대판 1955.10.6, 4288민상80.

3. 취소신청

(1) 당사자

취소신청을 할 수 있는 자는 원칙적으로 채무자나 이에 준하는 자인 것은 당연하다. 가처분명령의 대상인 부동산이 제3자에 이전된 경우라도 채무자는 취소신청을 할 수 있다는 것이 판례이다.[52] 또한 법인 등 단체의 대표자를 피신청인으로 하여 그 직무집행을 정지하고 직무대행자를 선임하는 가처분이 있은 경우 그 후 사정변경이 있으면 그 가처분에 의하여 직무집행이 정지된 대표자는 그 가처분의 취소신청을 할 수 있는 것이고, 그 대표자의 임기가 만료되어 새로 대표자가 선임되었다고 하여도 가처분채무자로서의 지위를 상실하는 것이 아니므로 그 가처분이 존재하는 한 그 직무집행이 정지된 대표자로서 그 취소신청을 할 수 있다고 보아야 한다.[53]

채무자의 일반승계인이나 파산관재인이 신청권자임은 당연하나, 특정승계인의 경우에는 직접 취소신청을 할 수 있다는 적극설[54]과 채권자대위권을 통하여 취소신청을 할 수 있음에 그친다는 소극설[55]이 대립하고 있다. 적극설은 가압류 이후 목적물을 양수한 사람은 그 효력이 제한되기는 하나, 물권을 취득함으로써 소송상 가압류 채무자의 지위도 승계한다고 보아야 한다고 한다. 이에 비하여 소극설은 특정승계인은 직접 취소신청을 할 수는 없다고 한다. 판례는 채무자와 그 일반승계인을 지목하여 취소신청권자라 한 것[56]도 있고, 특정승계인의 취소신청권을 인정한 것[57]도 있다. 생각건대 가압류 목적물의 양도가 가압류 채무자로서의 지위를 승계하는가의 여부에 논의의 실질이 있다고 할 것인데, 피보전권리의 양도가 있었다면 그 양수인은 당연히 채무자의 지위를 승계하는 것이므로 취소신청권도 양수하는 것으로 볼 수 있을 것이나, 가압류의 목적물의 양도는 이와 구별되는 목적물의 양도에 지나지 않는 것이므로 채무자의 지위를 승계하는 것은 아니다. 따라서 특정승계인은 취소신청권을 직접 행사할 수 없고, 다만 양도인인 채무자의 취소신청권을 대위행사할 수 있음에 그친다고 할 것이다. 특정승계인 외에도 채무자의 다른 채권자가 요건을 갖추면 채권자대위권을 행사하여

52) 대판 1962.9.27, 62다330.
53) 대판 1995.3.10, 94다56708.
54) 김상원/정지형, 290면; 이석선(上), 269면; 주석, 245면; 실무제요, 145면.
55) 방순원/김광년, 505면; 박두환, 727면; 한종렬, 343면; 강대성, 601면.
56) 대판 1962.3.15, 4294민상1430(특별사정에 의한 가처분 취소사건).
57) 대판 1968.1.31, 66다842.

취소신청을 할 수 있을 것이다.

채무자 이외의 제3자가 소송참가의 요건을 갖추고 있는 경우에는 참가를 할 수 있다. 다만 보전절차가 결정절차에 의해 이루어지므로 참가인이 할 수 있는 소송행위는 제한을 받을 것이나, 보조참가의 경우에 피참가인이 취소신청을 하지 않으면 참가신청과 동시에 취소신청을 할 수 있다.[58]

그리고 채권자는 스스로 보전신청의 취하 내지 집행을 취소할 수 있는 지위에 있으므로 취소신청권을 인정할 여지가 없다.[59] 또한 채권가압류나 채권의 처분금지가처분에 있어서 제3채무자가 취소신청권을 가지지 못하는 것은 본안제소신청의 경우와 같다.

취소신청의 상대방은 채권자이다. 채권자의 승계인으로서 가압류 절차상 채권자의 지위를 취득한 자도 피신청인이 될 수 있다. 이때 승계인은 승계집행문을 받을 필요가 없고, 절차상 자신이 승계인인 사실만 입증하면 족하다.[60]

《특별사정에 의한 가처분 취소 신청권자》(대법원 1962.3.15. 선고 4294민상1430 판결)

특별한 사정에 의한 가처분취소신청권자는 가처분채무자와 그 일반승계인이다.

《사정변경에 의한 직무집행정지 및 직무대행자선임 가처분의 취소신청권자》(대법원 1995.3.10. 선고 94다56708 판결)

법인 등 단체의 대표자를 피신청인으로 하여 그 직무집행을 정지하고 직무대행자를 선임하는 가처분이 있은 경우 그 후 사정변경이 있으면 그 가처분에 의하여 직무집행이 정지된 대표자는 그 가처분의 취소신청을 할 수 있는 것이고, 그 대표자의 임기가 만료되어 새로 대표자가 선임되었다고 하여도 그 가처분이 존재하는 한 그 직무집행이 정지된 대표자로서 그 취소신청을 할 수 있다고 보아야 한다.

《가처분이 집행된 부동산 전득자의 사정변경에 의한 가처분 명령 취소 신청권》(대법원 1968.1.31. 선고 66다842 판결)

가처분이 집행된 목적물은 그 임의처분이 금지되지만 그 처분자체가 무효인 것은 아니고 다만 가처분의 목적의 범위에 있어서 가처분 채권자에게 대하여 대항 할 수 없음에 그치는 것이

58) 김상원/정지형, 292면; 주석, 245-246면.

59) 반대: 이석선(上), 269면.

60) 승계집행문은 집행개시에 필요하고, 이의나 취소절차는 집행의 효력에 관한 것이기 때문이다. 주석, 247면.

므로 가처분이 집행된 이후에 있어서도 가처분 목적물에 대한 물권을 취득 할 수 있음은 물론이나 그것은 가처분의 대항을 받는 이른바 가처분절차에 있어서의 소송상태가 반영부착된 물권을 취득하게 되는 것인즉 그 목적물의 양수인은 민사소송법 제706조, 제715조에 의한 사정변경에 인한 가처분 명령의 취소 신청을 할 수 있는 채무자의 지위에 있다고 해석함이 상당하다 할 것이다.

(2) 관할법원

사정변경에 의한 가압류 취소사건의 관할은 본래 가압류를 명한 법원의 전속관할에 속하나, 본안이 이미 계속된 때에는 본안법원이 전속관할권을 가지게 된다(제288조 2항). 가압류 법원 외에 본안법원에 취소사건의 관할권을 인정한 이유는 가압류의 부수성을 고려한 것으로서, 본안사건의 결과와 보전사건의 결과를 일치시키고자 한 것이다. 이러한 것은 취소신청 후에 본안의 제소가 행해진 경우에 문제될 수 있으나, 법은 이때에는 이송을 통하여 재판의 저촉을 피하도록 하고 있다. 즉 법원은 가압류 취소신청사건에 관하여 현저한 손해 또는 지연을 피하기 위한 필요가 있는 때에는 직권으로 또는 당사자의 신청에 따라 결정으로 그 가압류사건의 관할권이 있는 다른 법원에 사건을 이송할 수 있다. 다만, 그 법원이 심급을 달리하는 경우에는 그러하지 아니하다(제290조에 의한 제284조의 준용). 여기서 문제는 본안사건이 항소심에 계속되어 있는 경우에 다른 법원에 취소신청을 한 경우에 생기는데, 이때에는 위 규정에 불구하고 사건을 항소법원에 이송하여야 한다. 왜냐하면 이때의 관할은 전속관할이기 때문이다.[61]

가압류법원과 본안법원 사이의 관할 배분은 취소신청 당시에 본안이 계속되어 있는가의 여부를 기준으로 한다. 일단 제기된 본안소송이 소의 취하 · 각하 · 판결의 확정 등으로 종료한 후에는 가압류를 명한 법원에 취소신청을 하여야 한다. 그러나 취소신청 후 본안관할이 소멸하여도 관할의 존재에는 변함이 없다. 여기서 본안의 관할법원은 원칙적으로 제1심 법원이지만, 본안이 제2심에 계속되어 있는 때에는 제2심 법원이 본안법원이 된다(제311조). 그러나 본안사건이 대법원에 계속 중인 때에는 본안법원은 제1심 법원이다.[62] 제1심 법원에서 본안판결이 선고되었으나 아직 항소장이 접수되기 전이라면 항소법원이 아니라, 제1심 법원에 취소신청을 하여야 한다.[63]

61) 이석선(上), 268면; 주석 243-244면.
62) 대결 1969.3.19, 68스1.
63) 김상원/정지형, 290면; 주석, 243면; 실무제요, 143면.

(3) 신청의 시기

사정변경에 의한 가압류의 취소신청은 가압류명령의 효력이 생긴 후에 이 가압류명령이 실효하기까지는 언제라도 할 수 있다. 가압류 집행이 완료되었거나, 집행이 취소되어도 취소신청을 함에 지장이 없다. 가압류 집행이 취소된다고 해도 가압류가 실효하는 것은 아니기 때문이다. 또한 이의절차에서 가압류가 인가되어도 취소신청이 가능하다(제288조 1항 전문). 다만 가압류의 부수성에 의해 가압류가 본압류로 이행되고 난 후에는 취소신청을 할 수는 없다. 마찬가지로 제소기간 도과로 인한 보전처분의 취소신청을 기각하는 결정이 확정된 후에도 사정변경에 의한 취소신청을 할 수 있다. 한편 만족적 가처분의 집행이 종료된 후 취소신청을 할 수 있는가 하는 문제에 대해서는 원상회복이 가능한 이상 적극적으로 해석하고 있다.[64]

(4) 취소신청과 취하

사정변경으로 인한 보전처분의 취소신청의 방법은 이의신청 내지 제소기간 도과로 인한 취소신청의 방법과 같다. 즉 취소신청은 신청의 취지와 이유 및 사실상의 주장을 소명하기 위한 증거 방법을 적은 서면으로 하여야 하고(규칙 제203조 1항 5호, 2항), 이 신청서는 그 부본을 채권자에게 송달하여야 한다(규칙 제206조 2항).

가압류의 취소신청을 하고 가압류 집행의 집행정지나 취소신청을 할 수 있는가에 대해서 구법상 다툼이 있었으나, 민사집행법은 이를 허용하지 않고 있다.[65] 다만 가처분에 대해서는 그 가처분의 내용이 권리의 보전에 그치는 것이 아니라 채권자로 하여금 종국적 만족을 얻게 하는 것이고, 그 집행에 의하여 채무자에게 회복할 수 없는 손해가 생길 우려가 있는 때에 한하여 집행정지를 허용하고 있다(제310조의 규정에 의한 제309조의 준용).

취소신청을 한 후에 신청을 취하할 수 있음은 물론이다(제290조 2항에 의한 제285조의 준용). 이때에는 이의신청의 취하에 따른 규정이 준용되므로 중복하여 설명하지 않는다.

64) 주석, 247면; 실무제요, 146면.
65) 주석, 248면.

4. 취소신청에 대한 심리

(1) 심리절차의 성질

사정변경에 의한 취소신청이 있을 때 이에 대한 심리는 가압류명령절차와 별도로 행해지게 된다. 따라서 채무자가 적극적 당사자가 되고, 채권자가 그 상대방이 된다. 이러한 점에서 가압류명령절차의 속행절차인 이의절차와 구별된다.

(2) 심리의 진행

적법한 취소신청이 있으면 법원은 변론기일 또는 당사자 쌍방이 참여할 수 있는 심문기일을 정하고 당사자에게 이를 통지하여야 한다(제288조 3항에 의한 제286조 1항의 준용). 이때 취소신청서 부본을 채권자에게 송달한다(규칙 제206조). 심리방법으로서의 변론기일은 번잡하고 시간이 오래 걸리므로 많은 경우에 심문절차를 통하여 심리가 진행될 것이다.

심리의 내용은 사정변경의 유무이다. 여기서는 피보전권리의 존부나 보전의 이유는 따질 필요가 없다.[66] 입증은 가압류 명령절차와 마찬가지로 소명으로 하며, 사정변경이 존재한다는 데 대한 증명책임은 신청인 즉 채무자에게 있다.

《사정변경에 의한 가처분 취소소송에서의 판단범위》(대법원 1982.3.23. 선고 81다1041 판결)
사정변경에 의한 가처분취소소송에 있어서는 피보전권리나 보전의 필요성 유무에 관하여 판단할 필요가 없으며, 오로지 가처분취소의 사정변경의 유무만 판단하여야 하고, 이로써 족하다.

사정변경에 의한 가압류 취소사건에서 담보제공이나 3년간 본안소송을 제기하지 않았음을 주장하는 것은 당연히 가능하다고 할 것이나, 제소기간 도과(제287조)나 가처분의 특별사정(제307조)도 함께 주장할 수 있는가가 문제될 수 있다. 이러한 것은 모두 보전재판 자체의 취소를 목적으로 하는 것으로서 굳이 따로 심리할 필요 없이 한꺼번에 주장하여도 무방하다고 할 것이다. 더구나 모두 결정절차로 된 현행법 하에서는 따로 심리하여야 할 이유가 없다. 이때 법원은 그 중의 어느 하나에 취소사유가 있으면 다른 사유를 심리할 필요 없이 보전명령을 취소할 수 있다.

---

66) 대판 1961.11.23, 4294민상134; 대판 1982.3.23, 81다1041.

(3) 심리의 종결

법원은 심리를 종결하고자 하는 경우에는 상당한 유예기간을 두고 심리를 종결할 기일을 정하여 이를 당사자에게 고지하여야 한다. 다만, 변론기일 또는 당사자 쌍방이 참여할 수 있는 심문기일에는 즉시 심리를 종결할 수 있다(제288조 3항에 의한 제286조 2항의 준용). 법원이 심리를 충분히 진행하여 결정을 하기에 충분할 정도로 심증이 형성되었다면 심리를 종결하는 것은 당연하다. 그러나 이때 당사자에게 알리지 않고 갑자기 심리를 종결한다면 당사자가 충분히 주장과 입증을 할 수 없는 경우가 있으므로, 그러한 우려가 적은 변론기일이나 당사자 쌍방이 참여할 수 있는 심문기일이 아닌 때에는 미리 종결할 기일을 당사자에게 알려 대처할 수 있도록 하고자 한 것이다.

5. 재 판

(1) 재판의 형식

사정변경에 의한 가압류 취소신청에 대한 재판은 결정으로 한다(제288조 3항에 의한 제286조 3항의 준용). 구법상 사정변경에 의한 취소신청에 대해서는 이의신청의 경우와 마찬가지로 판결로 재판하도록 하고 있었으나, 보전소송 전체의 재판을 결정으로 하도록 하고 있는 현행 민사집행법은 취소재판도 모두 결정으로 하도록 하여 재판의 신속과 경제성을 도모하고 있다.

결정으로 재판을 하더라도 이 재판에는 이유를 붙여야 한다. 다만 변론을 거치지 않은 경우에는 이유의 요지만을 적을 수 있다(제288조 3항에 의한 제286조 4항의 준용). 신청에 대한 결정의 이유를 적을 때에는 보전처분의 신청에 대한 결정을 인용할 수 있다(규칙 제203조의3 제2항). 이 결정은 당사자들에게 송달하여야 한다(규칙 제203조의4).

(2) 재판의 내용

심리결과 사정변경이 있고 이에 따라 가압류를 유지할 수 없다고 판단한 경우에는 가압류를 취소한다. 취소신청을 인용하는 결정의 주문은 통상 아래와 같이 한다. 사정변경이 인정되지 않을 때는 신청을 기각하고, 소송비용은 신청인이 부담하는 결정을 하게 된다.

위 당사자 사이의 ○○지방법원 20○○카단○○○ 가압류 신청사건에 관하여 위 법원이 20○○. ○○. ○○에 한 가압류 결정을 취소한다. 소송비용은 피신청인이 부담한다.

보전명령이 전체로서 불가분적이면 그 전체를 일률적으로 판단할 수밖에 없으나, 가압류나 가처분이 가분적이고 그 일부에만 사정변경이 있는 것으로 인정된 때에는 그 일부만을 취소하고 나머지 부분에 대한 취소신청을 기각할 수 있을 것이다.[67] 예컨대, 채권자에게 목적물건의 사용을 허락한 가처분에 대해 취소신청이 있는 경우에 심리결과 채권자에게 계속하여 사용을 허락할 필요는 없어졌으나 채권의 보전을 위하여 가처분의 필요는 존속할 때에는 취소신청을 일부 인용하고 일부 기각할 수 있을 것이다.

가압류를 취소하는 결정은 즉시 효과가 생기는데, 법원은 가압류를 취소하는 결정을 하는 경우에 채권자가 그 고지를 받은 날부터 2주를 넘지 아니하는 범위 안에서 상당하다고 인정하는 기간이 경과하여야 그 결정의 효력이 생긴다는 뜻을 선언할 수 있다(제288조 3항에 의한 제286조 6항의 준용). 이 경우에는 법원이 정한 기간이 경과하여야 취소의 효과가 생김은 물론이다.

한편 가처분을 명한 재판에 기초하여 채권자가 물건을 인도받거나, 금전을 지급받거나 또는 물건을 사용 · 보관하고 있는 경우에는, 법원은 가처분을 취소하는 재판에서 채무자의 신청에 따라 채권자에 대하여 그 물건이나 금전을 반환하도록 명할 수 있다(제308조).

(3) 결정에 대한 불복

취소신청에 대한 법원의 결정에 대해서는 즉시항고를 할 수 있다(제288조 3항에 의한 제286조 7항의 준용). 채권자 채무자를 막론하고 재판에 불복이 있는 당사자는 결정을 고지받은 날로부터 1주일 이내에 즉시항고를 제기하여 불복할 수 있다. 이때의 즉시항고는 집행정지의 효력은 없다. 그러나 가압류를 취소하는 결정에 대하여 즉시항고가 있는 경우에, 불복의 이유로 주장한 사유가 법률상 정당한 사유가 있다고 인정되고 사실에 대한 소명이 있으며, 그 가압류를 취소함으로 인하여 회복할 수 없는 손해가 생길 위험이 있다는 사정에 대한 소명이 있는 때에는, 법원은 당사자의 신청에 따라 담보를 제공하게 하거나

67) 주석, 251면.

담보를 제공하지 아니하게 하고 가압류취소결정의 효력을 정지시킬 수 있다(제289조 1항). 이 때의 소명은 보증금을 공탁하거나 주장이 진실함을 선서하는 방법으로 대신할 수 없다(동조 2항). 이 재판은 항고법원이 하는 것이 보통이겠으나, 재판기록이 원심법원에 있는 때에는 원심법원이 재판을 한다(동조 3항). 항고법원은 항고에 대한 재판에서 가압류취소결정의 효력을 정지하는 결정을 인가 · 변경 또는 취소하여야 한다(동조 4항). 가압류취소결정의 효력을 정지하는 결정이나 이를 인가 · 변경 또는 취소하는 결정에 대해서는 불복할 수 없다(동조 5항).

Ⅳ. 담보제공에 의한 가압류 취소

1. 제도의 취지

법원이 정한 담보를 제공하면 가압류가 인가된 후에도 그 취소를 신청할 수 있다(제288조 1항 2호). 사정변경으로 인한 가압류취소 부분에서 본 것과 같이 충분한 담보가 제공되면 가압류의 필요가 없게 된다고 할 수 있고, 법은 그러한 취지에서 법원이 정한 담보를 제공하면 가압류를 취소할 수 있게 한 것이다.

담보제공에 의한 취소신청제도는 가처분에 대해서는 적용이 없다.[68] 왜냐하면 가처분은 그 특성상 담보를 제공하고 이 규정에 의해 명령을 취소하는 경우를 상정하기 쉽지 않다. 따라서 그러한 것이 있다면 특별사정에 의한 가처분의 취소여하를 검토하여야 할 것이다(제307조 1항 참조).

그리고 이 제도는 후술하는 바와 같이 담보와 관련한 문제점도 있고, 또 실무상 다른 제도와 중복되는 감이 있어 거의 이용되고 있지 않다. 그러한 이유에서 이 규정은 이미 폐지가 검토되었고,[69] 또 폐지하는 것이 바람직할 것이다.[70]

---

68) 대판 1956.5.10, 4289민상26.

69) 民事訴訟法(强制執行編) 改正着眼點, 法院行政處, 199면 이하.

70) 일본 민사보전법의 경우에는 그 제도적 문제점과 거의 이용되고 있지 않다는 점 등을 고려하여 폐지하였다. 山崎 潮, 新民事保全法の解說, 金融財政事情硏究會, 242-244면.

2. 담 보

통상 가압류에서의 담보라고 한다면 금전 또는 이에 상응하는 유가증권으로 제한된다.[71] 동산이나 부동산을 담보로 제공할 수 있게 한다면 기존의 가압류나 다를 바가 없기 때문이다. 이때 채무자가 제공할 담보에 대해서는 가압류해방금액 외에 법원이 정한 담보의 공탁을 말하는 것이라고 하면서,[72] 이들 담보가 제공되면 가압류를 취소할 수 있다고 하여, 여기서의 담보가 가압류 해방금액과 같은 것으로 보고 있지만, 이러한 해석방법에는 의문이 있다. 가압류해방금액의 경우 공탁을 하면 가압류를 취소하여야 하는 것은 그 취지상 당연하기 때문에 별도로 취소제도를 둘 필요가 없다. 이러한 것은 가처분에 해방금액을 인정한다고 하더라도 달라지는 것은 아니다. 한편 일설에 의하면, 가압류해방금액은 가압류 목적물을 대신하는 것으로서 채권자는 그 공탁금회수청구권을 가압류하는 것과 동일한 효과를 가질 뿐 여기에 대해 어떤 우선변제권을 가지는 것이 아님에 대하여, 여기서의 담보는 직접 피보전권리를 담보하는 것으로서 채권자는 이에 대해 일종의 질권을 가지게 된다고 한다.[73]

또한 가압류에 금전적 담보 이외에 채권자가 담보를 제공하여 채무자에 대한 이행을 보장하는 경우를 생각하기 쉽지 않다는 현실을 생각하면,[74] 이 규정은 단지 구법상의 규정을 무비판적으로 수용한 것으로서 없어도 무방한 것이 아니면 법규정이 부주의하게 정해져 있거나, 실무가 너무 안이하게 해석하고 있는 것은 아닌가 생각한다. 법원이 재량적으로 해방금액 아닌 담보를 명하려면 특별히 그와 같은 담보를 제공할 만한 계기가 있어야 할 것이나, 채무자가 명령절차에 거의 관여할 수 없으므로 가압류명령에서는 이를 기대하기 어렵다. 그렇다면 채무자가 가압류의 집행 후 취소신청을 하면서 별도의 담보제공신청을 하고, 이를 토대로 담보제공, 가압류취소판결 또는 담보제공을 조건으로 하는 가압류취소판결을 하는 절차를 취하게 될 것이다. 그러나 가압류명령 후 새로운 담보를 정한다는 것이나 그에 의해 가압류를 취소한다고 하는 것

71) 제도적으로는 보증보험증권의 제출을 생각할 수 있으나, 현재 이러한 보험증권을 발급하는 기관이 없다. 주석, 252면.

72) 실무제요, 161면.

73) 보전소송, 사법연수원 교재, 2004, 186면.

74) 위 법원실무제요에 설명되어 있는 바와 같이 보증보험증권을 공탁한다거나, 여러 개의 가압류에 대해 한 번 공탁함으로써 가압류를 취소하게 할 수 있느냐 하는 문제는 지엽적이거나 그 필요성이 그리 크다고 할 수 없다.

은 자연스럽지 못하고,[75] 또 금전 이외의 담보형태가 개발된 것이 없다면 부정적으로 볼 수밖에 없다. 만약 굳이 가압류 인가 후에 채무자에게 해방금액과 별도의 담보를 제공하게 하고 취소를 명령할 수 있게 하는 취지라면, 제288조 1항에서 분리하여 "법원은 가압류의 인가 후에도 담보를 제공하게 하고 그 가압류를 취소할 수 있다"는 취지로 문언을 고치는 것이 바람직하지 않을까 생각한다.[76]

해방금액 외에 채무자가 담보를 제공하게 된다면 이때의 담보는 가압류의 목적물을 대신하는 가압류해방금과는 달리 피보전채권을 직접 담보하는 것으로 되고, 채권자는 이에 대해 일종의 질권자와 동일한 권리를 가진다(민소 제123조).[77]

3. 취소절차

본래의 제도적 취지로 본다면 채무자는 법원이 정한 담보를 제공하고 가압류의 취소신청을 할 수 있다는 것이나, 이러한 경우에는 사정변경의 취소절차와 마찬가지로 된다. 그러나 담보제공명령의 신청뿐만 아니라 담보제공 후의 취소신청과 법원에 의한 담보제공명령 및 취소결정까지도 이 절차에 의하여 다할 수 있다고 본다면,[78] 채무자는 적절한 담보를 제공하게 하고 가압류를 취소하여 달라는 신청을 하고, 법원이 이에 따라 담보제공명령을 한 후 그 이행을 기다려 가압류취소 결정을 하거나, 담보의 제공을 조건으로 가압류취소 결정을 하게 될 것이다. 채무자가 담보제공명령의 신청을 할 때에는 담보의 종류, 액수 등을 특정하여 표시할 필요는 없다.

---

75) 법의 본래 취지가 법원이 취소를 명하면서 담보제공을 하게 하는 것인지는 의문이 있다. 즉 제288조 1항의 해당 법조문은 "…가압류가 인가된 때에도 그 취소를 신청할 수 있다"고 하고 그 사유의 하나로서 2호에서 "법원이 정한 담보를 제공한 때"를 들고 있는데, 문언상으로 보아 담보를 정하는 것은 신청이전이라고 보는 것이 자연스럽고, 이렇게 법원에 의해서 정해진 담보를 제공한 채무자가 비로소 취소신청을 할 수 있다는 것이 본래의 취지라고 본다면, 이러한 경우를 쉽게 상정하기 어렵다는 것이다.

76) 拙稿, 保全命令의 取消, 民事訴訟 vol.8-1(2004.02), 417면.

77) 김상원/정지형, 296면; 박두환, 725면; 주석, 253면; 실무제요, 161-162면.

78) 주석, 253면 참조.

V. 3년간 본안소송 부제기로 인한 취소

1. 제도의 의의

가압류가 집행된 뒤에 3년간 본안의 소를 제기하지 아니한 때(제288조 1항 3호)에도 가압류명령이 취소된다. 구법상 그 기간은 10년이었으나(구민소 제706조 2항), 이 기간은 피보전채권의 소멸시효 완성과 겹쳐서 그 의미가 크지 않았고, 10년이라고 하는 장기간동안 기록을 보관하여야 하는 부담 등이 과중하여 신법이 이를 5년으로 단축하였다가 이를 다시 3년으로 줄인 것이다.

가압류 후 오랫 동안 본안소송이 제기되지 않으면 채무자는 제소명령을 통하여 본안소송을 제기하게 하고 이를 통하여 분쟁과 보전사건을 종결시킬 수 있다. 그러나, 제소명령을 통해 해결할 사정이 되지 못하여 본안소송이 제기되지 못하고 장기간이 흐른 때에 의의가 있는 것으로 생각할 수 있다.

2. 취소사유

가압류의 취소를 신청할 수 있는 사유는 단순하다. 이유여하를 막론하고 가압류가 집행된 후 3년간 본안소송이 제기되지 않은 것으로 충분하다. 법은 이를 보전의 필요가 없게 된 것으로 보아 가압류를 취소할 수 있게 한 것이다. 따라서 가압류 취소 후에 본안소송을 제기하여도 가압류를 되살릴 수 없다.[79)]

《가압류 · 가처분집행 후 장기간 본안의 소를 제기하지 아니하여 취소된 후에 본안의 소를 제기한 경우, 그 취소를 배제할 수 있는지 여부》(대법원 1999.10.26. 선고 99다37887 판결)

가압류 · 가처분채권자가 가압류 · 가처분집행 후 10년간 본안의 소를 제기하지 아니한 때에는 가압류 · 가처분채무자 또는 이해관계인은 그 취소를 신청할 수 있고, 그 기간이 경과되면 취소의 요건은 완성되며, 그 후에 본안의 소가 제기되어도 가압류 · 가처분 취소를 배제하는 효력이 생기지 아니한다.

---

79) 대판 1999.10.26, 99다37887.

3. 취소절차

3년간 본안소송 부제기로 인한 취소절차는 사정변경에 의한 취소절차와 같다. 그러나 여기서 한 가지 다른 점은 이해관계인이 취소신청을 할 수 있다는 것이다. 채무자 외에 이해관계인으로 될 수 있는 자는 채무자의 특정승계인 정도가 거론되어 있다.[80)]

80) 주석, 245면.

4 가처분에 대한 취소신청

I. 가압류 취소절차의 준용

1. 준용의 범위

가압류명령절차나 가압류명령에 대한 이의절차와 마찬가지로 가압류명령에 대한 취소신청절차도 가처분에 대해 준용된다(제301조). 따라서 본안의 제소명령과 제소기간 도과로 인한 가압류의 취소(제287조), 사정변경 등에 따른 가압류취소(제288조) 절차는 가처분에 준용된다. 다만 앞에서 설명한 바와 같이 법원이 정한 담보를 제공함으로써 가압류를 취소하는 것(제288조 1항 2호)은 가처분에 대해서는 준용되지 않는다.

2. 만족적 가처분의 특례

한편 만족적 가처분은 가처분에 의하여 권리가 실현되는 것과 같은 효과가 생기기 때문에 민사집행법은 이에 대한 불복절차에 대해 특칙을 규정하고 있다. 그 중 하나는 이의신청이 있는 경우 등에서의 가처분의 집행정지의 문제이고, 다른 하나는 가처분이 취소되는 경우에 있어서의 원상회복재판의 문제이다.

(1) 가처분의 집행정지

본래 가압류에 대한 이의신청은 가압류의 집행을 정지하지 아니한다(제283조 3항). 이는 다툼의 대상에 관한 가처분의 경우에도 마찬가지이다. 그러나 만족적 가처분에 있어서는 가처분에 의하여 소송물인 권리 또는 법률관계가 이행되는 것과 같은 결과가 생기게 되므로 민사집행법은 가처분을 명한 재판에 대하여 이의신청이 있는 경우에, 이의신청으로 주장한 사유가 법률상 정당한 사유가 있다고 인정되고 주장사실에 대한 소명이 있으며, 그 집행에 의하여 회복할 수 없는 손해가 생길 위험이 있다는 사정에 대한 소명이 있는 때에는, 법원은 당사자의 신청에 따라 담보를 제공하게 하거나 담보를 제공하게 하지 아니하고 가처분의 집행을 정지하도록 명할 수 있고, 담보를 제공하게 하고 집행한 처분을 취소하도록 명할 수 있다(제309조)고 규정하고 있다. 집행정지의 재판을 위해서는 반드시 실제상의 소명이 필요하며, 집행정지의 재판은 이의신청에 대한 재판에 인가여부를 결정하게 된다.

가처분의 집행정지에 관한 민사집행법 규정은 본안제소기간 도과로 인한 가처분의 취소(제287조 3항), 사정변경으로 인한 가처분의 취소(제288조 1항), 특별사정에 의한 가처분의 취소(제307조)에도 준용된다(제310조).

(2) 원상회복재판

가처분을 명한 재판에 기초하여 채권자가 물건을 인도받거나, 금전을 지급받거나 또는 물건을 사용 · 보관하고 있는 경우에 가처분이 취소되면 채무자로서는 당연히 그 물건이나 금전을 돌려받기를 원하게 될 것이다. 그런데 종래 그 반환에 관한 법규도 없었을 뿐 아니라, 법원도 적극적으로 반환명령을 하지 않았기 때문에 채무자가 이를 돌려받기 위해서는 채권자를 상대로 부당이득을 원인으로 하는 반환청구소송을 제기할 수밖에 없었다. 그러나 이는 불필요하게 우회하는 것으로서 가집행선고가 취소된 경우에 가지급물을 반환하도록 한 것(민소 제215조 2항)과의 균형을 생각하더라도 적절하다고 할 수 없는 것이었기 때문에, 민사집행법은 가처분을 취소하는 재판에서 채무자의 신청에 따라 채권자에 대하여 그 물건이나 금전을 반환하도록 명할 수 있는 제도를 신설하였다(제308조).

가처분 취소에 따른 원상회복재판은 가처분에 대한 이의 내지 가처분 취소신청 및 그에 대한 항고절차 등에서 가처분을 취소하는 명령에 부수하는 재판으로서, 독립하여 가처분취소신청과 별도로 원상회복을 신청하거나 원상회복재판 만에 대해 불복하는 것은 허용되지 않는다.

또한 원상회복재판은 당사자의 신청이 있어야 하고, 신청이 있다고 하여 가처분을 취소하는 재판에 반드시 원상회복을 명하여야 하는 것은 아니다. 법원이 피보전권리나 보전의 필요에 관한 이유를 들어 가처분을 취소하더라도 후에 본안소송에 의하여 다른 결과를 예상할 수 있는 때도 있을 수 있으므로 원상회복을 명할 것인가의 여부는 법원의 재량에 달려있다.[1)]

원상회복의 명령은 가처분에 의하여 채무자로부터 채권자에게 인도 또는 지급된 물건이나 금전의 반환에 한정되고, 가처분에 의한 손해배상을 명할 수는 없다. 이는 가집행선고가 취소된 경우와는 다르다. 손해배상을 구하기 위해서는 별도의 청구를 하여야 한다.

원상회복의 재판이 있는 경우에는 이 재판도 결정의 형식으로 행해지므로 고지된 때로부터 바로 효력이 생긴다. 다만 이의절차에서 가처분의 취소결정을 하면서 효력발생에 유예기간을 정한 경우(제286조 6항)에는 그 유예기간이 경과하여야 원상회복을 받을 수 있게 되고, 가처분취소결정이 법원에 의하여 효력이 정지된 경우(제289조 1항)에는 정지결정이 실효하여야 원상회복을 받을 수 있게 된다.

이러한 경우 외에 원상회복명령이 효력이 생기게 되면 채무자는 채권자를 상대로 하여 강제집행을 신청할 수 있게 되며, 이때 승계가 일어난 경우를 제외하면 집행문은 필요하지 않다.[2)]

II. 특별사정에 의한 가처분의 취소

⋙ 설문 ❼

甲은 乙이 운행하는 차량에 치여 부상을 당하였으나, 양자 사이에 합의가 원만하게 이루어지지 않아 치료비를 받지 못하고 있다. 이에 시급히 치료를 받지 않으면 장애가 발생할 수 있다는 이유를 들어 치료비의 가지급을 명하는 가처분을 받았는데, 乙이 자신에게 재산이 충분하므로 치료비는 나중에 본안소송이 확정되면 얼마든지 지급할 수 있다는 이유를 들어 가처분의 취소를 신청하였다면 이 취소신청은 받아들일 수 있는가?

1) 주석, 468면.
2) 박두환, 776면.

1. 제도적 취지

(1) 의 의

민사집행법은 가처분 명령에 대한 특수한 취소제도로서 특별사정에 의한 가처분 취소제도를 규정하고 있다(제307조). 따라서 가처분에 대해서는 가압류의 취소제도인 제소기간 도과로 인한 취소와 사정변경 등에 의한 취소 외에 특별사정에 의한 취소제도를 고려하여야 한다. 특별사정에 의한 가처분취소제도는 다툼의 대상에 관한 가처분과 임시의 지위를 정하기 위한 가처분의 양자에 모두 적용이 있으나, 성질상 전자에 적용이 많을 것으로 생각된다.

(2) 특별사정의 기초

통상적으로 가처분은 금전채권의 보전을 목적으로 한 것이 아니므로, 가압류와는 달리, 담보만을 제공하게 하고 취소시킬 수 없음은 당연한 귀결이라고 할 수 있다. 그런데 가처분 중에는 이런 보편적인 경우를 떠나 공평의 관념상 가처분을 존속시키는 것이 부당하다고 생각되는 경우에[3] 담보를 제공하게 하고 가처분을 취소하여야 할 경우도 있을 수 있다. 당해 가처분의 특성상 금전적 보상이 가능하거나 가처분을 유지함으로써 채무자가 이상적으로 큰 손해를 입게 될 경우에는 통상 가처분이 취소될 수 있는 특별사정이 있다고 하는 것이다.[4]

특별사정에 의한 가처분의 취소제도 또한 채권자와 채무자의 이익형량 내지 공평의 관념에서 나온 것이라고 할 수 있다. 이러한 입장에서 가처분제도가 아직 권리가 확정되지 않은 상태임에도 불구하고 간이 · 신속히 행해지는 강력한 비상수단으로서 자칫하면 채권자 편중에 빠질 우려가 있으므로 공평의 관념상 가급적 채무자를 보호하려는 견지에서 특별한 사정을 이해하여야 한다고 한다.[5]

(3) 다른 취소제도와의 관계

또 사정변경에 의한 취소와 특별사정에 의한 취소는 상호별개의 제도이다. 따라서

---

3) 강대성, 617면.
4) 김상원/정지형, 230면; 黃道淵, 特別事情의 本質, 司法論集 제1집(1970), 459면.
5) 이석선(上), 283면.

가처분에 있어서 사정변경이 인정된다면 특별사정의 요건을 따지거나, 담보를 제공하게 하지 않고도 가처분을 취소할 수 있음은 당연하다.[6] 한편 담보와 관련하여 보면, 가압류의 경우에는 사후에 법원이 정한 담보를 제공하기만 하면 그 가압류의 취소를 인정하는 것이 제288조 1항 2호의 취지라고 할 수 있는데, 특별사정에 의한 가처분의 취소제도는 그 특별규정이라고 할 수 있다. 따라서 가압류의 경우와는 달리, 가처분은 담보제공만으로는 취소될 수 없고, 특별사정이 인정되어야만 취소가 가능하다고 하는 것이다.[7] 또한 특별사정에 의한 가처분 취소제도와 해방금액도 직접적 관련성을 인정하기는 어렵다.[8]

앞에서 본 바와 같이 이의제도는 보전취소제도를 포괄하는 제도이므로 가처분명령에 대한 이의절차에서도 특별사정을 주장할 수 있다. 다만 이때에는 법원은 반드시 담보를 제공하게 하고 가처분을 취소하여야 할 것이다.[9]

2. 특별사정

(1) 특별사정의 내용

담보를 제공하게 하고 가처분을 취소할 수 있는 특별사정은 금전보상이 가능하다는 것과 가처분을 취소하지 않을 경우에 채무자가 입을 손해가 이상적으로 크다는 것인데, 이 두 가지의 요건을 모두 갖출 필요는 없고, 어느 한 가지라도 인정되면 가처분을 취소할 수 있다.[10] 이는 궁극적으로 보전의 필요를 조각(阻却)하는 사유라고 할 수

6) 대판 1966.2.28. 65다2560.

7) 담보에 관하여 민사집행법 제307조를 제288조 1항 2호의 특별규정이라고 할 때, 후자의 의의가 의심스럽다고 하여 전자에 대해서도 마찬가지로 볼 수는 없다. 그것은 가압류의 경우, 거의 예외 없이 해방금액의 표시가 있으므로 별도의 담보를 제공하게 하는 경우가 그만큼 드물다는 것이며, 또 실제 이용되는 경우도 많다고 하기 어렵고, 법문과 해석 내지 실무의 태도가 괴리를 가지고 있다는 것이나, 특별사정에 의한 가처분 취소의 경우에는 가처분 명령시에 미리 정해진 담보가 없으므로 담보제공에 의한 취소의 필요가 분명히 존재하고, 또 가처분의 특성을 고려할 때 특별사정의 필요는 반드시 고려되어야 한다고 할 수 있기 때문이다.

8) 일설은 법원은 특별한 사정이 있는 경우에 한하여 가처분의 집행을 취소하게 하기 위하여 가처분명령 중에 채무자가 공탁하여야 할 금액(이른바 해방공탁금)을 기재할 수 있다고 하나(崔恩洙, 特別事情에 依한 假處分取消, 재판자료 제46집, 532면), 가처분 취소제도는 가처분 발령 이후에 가처분명령 당시의 시급한 심리과정에서 걸러지지 못한 공평의 원칙을 지키려고 하는 것이므로 가처분명령 법원이 특별사정까지도 심리하여야 한다는 것은 그 제도적 취지와 상통하지 않는다.

9) 拙稿, 保全命令의 取消, 民事訴訟 제8권 제1호, 419면.

10) 대판 1981.1.13. 80다1334; 대판 1967.1.24. 66다2127; 대판 1966.10.18. 66다1748; 대판 1992.4.14. 91다31210; 대판 1997.3.14. 96다21188.

있다.[11] 다만 이러한 사유가 가처분 이후에 발생한 것이어야 하는가 하는 문제가 있는데, 이에 대해서는 일반적으로 가처분 이전에 발생한 사유라고 하더라도 주장할 수 있다고 한다.[12]

《특별한 사정이 있는 때》(대법원 1967.1.24. 선고 66다2127 판결)

"특별한 사정이 있을 때"라 함은 피보전권리가 금전적 보상으로 목적을 다할 수 있거나 또는 가처분 채무자가 가처분으로 다대한 손해를 받고 있는 사정들이 있음을 말한다.

《가처분취소사유로서의 "특별사정"의 의미》(대법원 1992.4.14. 선고 91다31210 판결)

가. 가처분취소사유로서 민사소송법 제720조가 규정하는 "특별사정"은 "피보전권리가 금전적 보상에 의하여 그 종국의 목적을 달성할 수 있는 사정" 또는 "채무자가 가처분에 의하여 통상 입는 손해보다 훨씬 큰 손해를 입게 될 사정" 중 어느 하나가 존재하는 경우를 말하는 것이고, 그중 후자의 사정이 있는지 여부는 가처분의 종류, 내용 등 제반 사정을 종합적으로 고려하여 채무자가 입을 손해가 가처분 당시 예상된 것보다 훨씬 클 염려가 있어 가처분을 유지하는 것이 채무자에게 가혹하고 공평의 이념에 반하는지 여부에 의하여 결정된다.

나. 공사금지가처분의 취소를 구하는 피신청인이 가처분 이후에 신청인에 대한 피해를 줄이기 위하여 설계를 변경하고 가처분의 대상이 된 지역의 지하굴착시에는 폭약으로 발파하지 아니하고 팽창력에 의하여 바위를 갈라지게 하는 무진동 파쇄제를 사용하여 굴착하기로 계획하고 있고, 신청인 소유의 건물 자체는 지하층이 지하의 암반 위에 기초되어 있는 한편 피신청인이 건축하고자 하는 건물은 지하 6층 지상 18층의 오피스텔로서 50%가 이미 분양되어 있으며, 가처분결정의 대상 지역을 제외한 나머지 부분은 지하굴착공사가 거의 완료되어 있다면 가처분결정이 취소되어 공사가 속행될 경우 신청인 소유의 건물이 입게 될 추가피해가 그다지 크지 않으리라고 보여지나 가처분결정이 유지될 경우 피신청인은 더 이상 공사를 진행할 수 없어 막대한 손해를 입게 될 우려가 있는 점을 인정할 수 있어 위와 같은 제반 사정을 종합하여 보면 피신청인에게 위 "가"항의 "특별사정"이 있다.

다. 위 "가"항의 "특별사정"의 유무는 채무자가 가처분에 의하여 통상 입는 손해보다 훨씬 큰 손해를 입게 될 사정이 있느냐의 여부에 의할 것이지 그 손해가 반드시 공익적 손해임이 요구되는 것은 아니다.

11) 황도연, 전게 논고, 468면; 이석선(上), 279면; 주석, 457면.

12) 이석선(上), 309-310면; 주석, 465면.

(2) 금전보상의 가능

먼저 금전보상이 가능한가의 여부는 장래 본안소송에 있어서의 청구의 내용, 당해 가처분의 목적 등 모든 사정을 참작하여 사회통념에 따라 객관적으로 판단하여야 할 것이고, 피보전권리의 침해로 인하여 입게 되는 가처분채권자의 손해액의 산정이나 입증이 불가능하거나 현저히 곤란한 경우에는 실질적으로 금전보상이 불가능하다고 보아야 할 것이다.[13] 금전보상이 가능한가의 여부는 가처분의 종국적 목적이 금전적 가치의 파악에 있느냐의 여부에 달려있다고 할 수 있다.[14] 따라서 금전채권의 처분금지가처분이나 토지에 대한 소유권이나 점유방해배제청구권을 피보전권리로 하는 가처분은 금전보상이 가능하다고 볼 수 있지만, 공업소유권이나 온천수의 용수권 등을 피보전권리로 하는 가처분이나 공사중지가처분, 직무집행정지 가처분과 같은 임시지위를 정하기 위한 가처분 등은 금전 이외의 부분에도 보호의 필요가 인정될 수 있으므로 금전보상을 인정하기 어렵다. 사람의 신분에 관한 권리, 명예나 신용에 관한 권리, 특허권이나 예술작업에 관한 권리 등도 금전보상이 어려운 것에 속한다고 할 수 있다. 다만 금전보상이 가능하다고 하더라도 치료비나 임금의 임시지급을 명하는 가처분은 당해 금원의 즉시지급을 필요로 하는 경우에 발령하는 것이므로 후에 금전보상이 가능하다고 하여 가처분을 취소할 수 없음은 당연하다.[15]

《특별사정과 금전보상》(대법원 1987.1.20. 선고 86다카1547 판결)

가. 민사소송법 제720조에 정한 특별사정에 의한 가처분취소신청 사건에 있어서는 피보전권리의 존부 및 보전의 필요 유무 즉, 가처분의 당부는 심판의 대상이 되지 아니하고 오직 가처분 취소사유인 특별사정의 유무를 판단하여야 할 것이며 다만 가처분의 당부는 특별사정의 채부에 관한 하나의 자료에 지나지 않는다.

나. 민사소송법 제720조에서 말하는 "특별한 사정이 있는 때"라 함은 가처분에 의하여 보전되는 권리가 금전보상으로 그 종국의 목적을 달할 수 있다는 사정이 있거나 또는 가처분 집행으로 가처분 채무자가 특히 현저한 손해를 받고 있다는 사정이 있는 경우를 가리킨다.

다. 금전보상이 가능한가의 여부는 장래 본안소송에 있어서의 청구의 내용, 당해 가처분의 목적등 모든 사정을 참작하여 사회통념에 따라 객관적으로 판단하여야 할 것인 바, 장래 본안소송

---

13) 대판 1987.1.20. 86다카1547.

14) 이 경우에도 주의하지 않으면 안되는 것은 모든 권리는 금전으로 환원시킬 수 있는 것이므로, 이를 감안하여 가처분제도와 금전보상 사이의 관련성을 잘 파악하여, 그 범위를 너무 넓히지 않도록 하여야 한다. 이석선(上), 287면.

15) 실무제요, 165면.

에서 피보전권리의 침해로 인하여 입게 되는 가처분 채권자의 손해액의 산정이나 입증이 불가능하거나 현저히 곤란한 경우에는 실질적으로 금전보상이 불가능하다고 보아야 한다.

라. 근저당권과 같은 담보권은 금전보상으로 종국의 목적을 달성할 수 있는 권리라 할 것이나 가처분의 피보전권리가 근저당권 일부 이전등기청구권으로서 가처분 채권자로서는 그 일부 이전의 부기등기를 경료한 뒤 근저당권이 실행되어 경매절차에서 목적부동산이 근저당권자의 잔여채권액을 상회하는 가격으로 경락될 경우에 이를 우선 변제하고 남은 금액을 배당받을 수 있을 것을 기대할 수 있을 뿐이므로 그와 같은 경매가 실행되지 아니하고는 가처분채권자가 변제받을 수 있는 금액을 산정할 수 없을 것이므로 위 가처분이 취소되어 근저당권자가 경매 이외의 방법으로 위 근저당권을 처분할 경우에는 가처분 채권자가 입게 되는 손해액을 확정할 수 없을 것이어서 결국 금전보상이 불가능하게 된다.

(3) 채무자의 이상 손해

또 채무자의 손해가 이상적으로 크다는 것은 채무자가 가처분에 의하여 통상 입는 손해보다 훨씬 큰 손해를 입게 될 사정이 존재하는 경우를 말하는 것이고, 그 사정이 있는지 여부는 가처분의 종류, 내용 등 제반사정을 종합적으로 고려하여 채무자가 입을 손해가 가처분 당시 예상된 것보다 훨씬 클 염려가 있어 가처분을 유지하는 것이 채무자에게 가혹하고 공평의 이념에 반하는지 여부에 의하여 결정될 것이다.[16] 요컨대, 가처분에 의하여 채무자가 입은 손해가 후일 돌이킬 수 없을 정도로 과다하고, 통상적으로 가처분을 통하여 본래의 채권의 목적을 달성하는 것 이상의 제약을 채무자에게 입히고 있다면 이러한 경우에 해당한다고 볼 수 있을 것이다. 특별사정의 유무는 채무자가 가처분에 의하여 통상 입는 손해보다 훨씬 큰 손해를 입게 될 사정이 있느냐의 여부에 의할 것이나, 손해의 공익성이 인정되는 경우에는 특별사정이 인정될 가능성이 커진다고 할 수 있고,[17] 제3자가 손해를 입는 경우에는 이익형량의 참고사유로 될 수는 있을 것이다.[18] 그러나 이때의 손해가 반드시 공익적일 필요는 없는 것은 당연하다.

---

16) 대판 1992.4.14. 91다31210.
17) 대판 1957.12.12. 4290민상654.
18) 제3자의 손해는 원칙적으로 참작할 수 없다는 입장은, 이석선(上), 301면; 주석, 461면.

3. 특별사정에 의한 가처분의 취소절차

(1) 취소신청

특별한 사정에 의한 가처분취소신청권자는 가처분채무자와 그 일반승계인이다.[19] 이외에 채무자의 파산관재인도 신청권이 있으며, 채무자의 채권자가 채권자대위권을 행사하여 신청할 수 있다. 또한 소송참가도 가능하다.

만족적 가처분에 대해 취소신청을 하는 때에는 제309조의 요건을 갖추면 당해 가처분의 집행정지를 신청할 수 있다(제310조에 의한 제309조의 준용).

취소신청의 방법은 이의신청이나 여타 취소신청의 방법과 같다. 따라서 신청권자는 가처분채권자를 상대방으로 하여, 신청의 취지와 이유 및 사실상의 주장을 소명하기 위한 증거방법을 적은 서면을 제출하여야 한다(규칙 제203조 1항 5호, 동조 2항).

취소신청은 가처분을 발령한 법원의 전속관할에 속하나, 본안이 계속되어 있는 때에는 본안법원이 전속관할권을 가진다(제301조에 의한 제288조 2항 및 3항의 준용). 따라서 현저한 손해 또는 지연을 피하기 위하여 사건을 관할법원에 이송하여야 할 경우도 있다(제307조 2항에 의한 제284조의 준용).

가처분이 존속하고 있는 동안에 그로 인한 불이익을 제거하기 위하여 가처분의 취소를 인정하는 것이므로 가처분이 효력을 가지고 있다면 취소신청을 할 수 있다. 따라서 이의절차에서 가처분이 인가되었다 하더라도 취소신청을 할 수 있으며, 가처분의 집행이 아직 이루어지지 않았다거나 이미 집행이 완료되었다는 것, 또는 집행취소의 결정이 있다는 것 등은 취소신청에 지장이 없다.

특별사정에 의한 가처분의 취소신청도 이후 취하할 수 있으며, 취하의 절차 · 방법 등은 다른 취소신청의 경우와 같으므로 반복하여 설명하지 않는다(제307조 2항에 의한 제285조의 준용).

(2) 심리절차 및 심리의 대상

심리절차도 다른 보전취소절차와 마찬가지이다. 법원은 적법한 가처분의 취소신청이 있는 때에는 변론기일 또는 당사자 쌍방이 참여할 수 있는 심문기일을 정하여 당사자들에게 통지하여야 한다(제307조 2항에 의한 제286조 1항의 준용).[20]

특별사정에 의한 가처분취소신청 사건에 있어서는 가처분취소사유인 특별사정의

---

19) 대판 1962.3.15, 4294민상1430.

20) 심리의 종결에 관한 제286조 2항도 함께 준용된다. 제307조 2항 참조.

유무만이 심판의 대상이 되는 것이고, 가처분의 당부는 특별사정의 채부에 관한 자료에 불과하다.[21]

《특별사정에 의한 가처분취소신청과 가처분의 당부》(대법원 1981.1.13. 선고 80다1334 판결)
가. 특별사정에 의한 가처분취소신청사건에 있어서는 가처분취소사유인 특별사정의 유무만이 심판의 대상이 되는 것이고 가처분의 당부는 특별사정의 채부에 관한 자료에 불과하다.
나. 민사소송법 제720조 소정의 "특별사정이 있는 때"라 함은 가처분에 의하여 보전되는 권리가 금전적 보상에 의하여 그 종국의 목적을 달할 수 있거나 가처분집행으로 가처분 채무자가 특히 현저한 손해를 받고 있는 사정이 있는 경우를 가리키는 것이므로 의장권은 무형의 사상으로서 무한정의 이익이 내포되어 있어 그 침해에 대한 손해액의 사정이 어려울 뿐만 아니라 공업소유권이 침해된 경우에 그 권리자의 명예신용의 훼손으로 인한 정신적 손해는 금전적 보상으로만 만족될 수 없으며 또 가처분채권자가 스스로 공업소유권을 실시하는 경우에는 타인에게 실시케 하는 경우에 비하여 금전적 보상의 가능성이 적다고 보아야할 것이므로 이러한 경우에는 특별사정이 있다고 할 수 없다.

특별사정을 심리함에 있어서도 먼저 금전보상의 가능 여부를 실질적으로 검토하여 이를 긍정할 수 있으면 이상손해의 유무를 가릴 것도 없이 특별사정을 인정하여 가처분을 취소하면 되고, 금전보상이 여의치 않은 경우에 비로소 이상손해의 유무를 살펴 그 결과에 따라 특별사정의 유무를 판단할 것이다.[22] 그러나 이때 법원은 특별사정의 유무에 관한 당사자의 주장에 얽매일 필요가 없으며, 자유롭게 당사자의 주장과 소명자료에 대해 판단할 수 있다.

(3) 재 판

특별사정에 의한 가처분 취소신청에 대한 재판은 다른 경우와 마찬가지로 결정으로 한다(제307조 2항에 의한 제286조 3항의 준용). 심리의 결과 특별사정이 인정되지 않으면 신청을 기각하는 재판을 하고, 금전보상이 가능하거나 채무자에게 이상의 손해가 발생할 염려가 있는 것으로 인정될 때에는 신청을 인용하여 가처분을 취소하는 재판을 한다. 피보전권리가 가분적이고 특별사정이 부분적으로만 인정될 때에는 일부의 가처분에 대해 취소하는 것도 불가능하지는 않다.

---

21) 대판 1981.10.13. 80다1334; 대판 1961.12.28. 4294민상216.
22) 주석, 458면.

가처분을 취소하는 재판을 할 때에는 반드시 담보를 제공케 하여야 하는데, 특별사정이 없는데도 담보만을 제공케 하고 가처분을 취소할 수도 없지만, 특별사정이 있다고 하여 담보를 제공케 하지 않고 가처분을 취소할 수도 없다.

이때 법원은 담보의 제공을 조건으로 가처분을 취소하는 재판을 하거나, 미리 담보를 제공하게 하고 담보의 제공을 기다려 가처분을 취소하여도 무방하다.

법원이 가처분을 취소하는 재판을 하면서 재판의 효력발생을 유예하는 결정을 할 수 있고(제307조 2항에 의한 제286조 6항의 준용), 또 해당 가처분이 만족적 내용을 가지고 있는 때에는 원상회복(제308조), 집행정지(제309조) 등의 재판을 할 수 있다.

가처분의 취소신청에 대한 재판은 당사자에게 송달하여야 하며(규칙 제203조의4), 즉시항고로써 불복할 수 있다(법 제307조 2항에 의한 제286조 7항의 준용).

(4) 담 보

가처분을 취소할 때 채무자가 제공하는 담보는 성질상 피보전권리 자체를 담보하는 것이 될 수 없고 가처분권리자가 본안소송에서 승소하였으나 가처분이 취소되어 입게 되는 손해를 담보하기 위한 것이므로, 가처분채권자는 가처분취소로 인하여 입은 손해의 배상청구소송을 제기, 승소판결을 얻어 배상을 받게 된다. 그러나 이때에도 그 담보에 대해 질권자와 동일한 권리를 가지는 것으로서 우선변제를 받음에 그친다(민집 제19조 3항, 민소 제123조).[23]

《특별사정에 의한 가처분취소와 담보의 성질》(대법원 1998. 5. 15. 선고 97다58316 판결)

민사소송법 제720조에서 특별한 사정이 있을 때 담보의 제공을 조건으로 가처분의 취소를 구할 수 있게 한 것은, 가처분을 존속시키는 것이 공평의 관념상 부당하다고 생각되는 경우, 즉 가처분에 의하여 보전되는 권리가 금전적 보상으로써 그 종국의 목적을 달할 수 있다는 사정이 있거나 또는 가처분 집행으로 가처분채무자가 특히 현저한 손해를 받고 있는 경우에 가처분채무자로 하여금 담보를 제공하게 하여 가처분의 집행뿐 아니라 가처분명령 자체를 취소하여 가처분채무자로 하여금 목적물을 처분할 수 있도록 하는 데에 있고, 따라서 처분채무자가 제공하는 담보는 가처분채권자가 본안소송에서 승소하였음에도 가처분의 취소로 말미암아 가처분목적물이 존재하지 않게 됨으로써 입는 손해를 담보하기 위한 것이므로, 가처분채권자는 가처분취소로 인하여 입은 손해배상 청구소송의 승소판결을 얻은 후에 민사소송법 제475조 제3항, 제113조에 의하여 그 담보에 대하여 질권자와 동일한 권리를 가지고 우선변제를 받을 수 있다.

---

23) 대판 1998.5.15. 97다58316.

5 즉시항고

I. 보전재판에 대한 상소제도

가압류나 가처분에 관한 법원의 재판에 대해서는 앞에서 살펴본 이의절차나 취소신청 등이 마련되어 있으나, 이들은 법원이 채권자의 보전신청을 인용한 경우에 채무자가 제기하는 불복방법이므로, 보전신청이 배척된 경우에도 채권자가 불복할 수 있도록 하지 않으면 안 된다. 그 외에 이의신청이나 취소신청에 대한 재판에도 불복방법이 인정되어야 하므로, 민사집행법은 즉시항고에 의한 불복을 할 수 있도록 하고 있다.

말하자면 보전신청에 대한 재판은 그 신속성의 요구에 응하여야 하므로 심리가 약식으로 진행되어 피보전권리의 존재나 보전의 필요에 대해 충분히 심리할 수 없는 경우도 있으므로 이의절차를 통하여 비교적 충실하게 심리할 수 있도록 할 필요가 있고, 또 가압류나 가처분이 존속될 수 없는 사유가 발생한 경우에는 사건에 대해 가장 가까이 있는 보전법원이나 본안법원이 그 취소여부를 결정할 수 있도록 한 것이다. 그러나 이러한 긴급절차 이후에 불복이 있는 경우에는 굳이 보전법원이 그 사건을 계속하여 심리하는 것보다는 상급법원이 심리하는 것이 더 나을 수 있으므로 즉시항고에 의하도록 한 것이다.

구법상 불복방법으로는 이러한 것들 외에도 항소까지도 가능하였으나, 현행 민사집행법은 보전절차에서는 모두 결정으로 재판하도록 하였으므로, 상소제도로서는 즉시항고만이 인정되어 있다.

II. 즉시항고의 의의

1. 즉시항고의 성격

보전절차상의 즉시항고는 민사소송법이 규정하고 있는 상소방법의 일종이다. 통상적으로 결정이나 명령으로 행해지는 재판에 대해서는 항고로 불복하게 되어 있는데, 이 경우에는 항고의 제기기간의 제한이 없으므로 상소의 이익이 인정되는 한 항고를 제기할 수 있다. 그러나 즉시항고의 경우에는 재판이 고지된 때로부터 1주일의 불변기간 내에 항고를 제기하지 않으면 안 된다(민소 제444조).

또한 항고는 결정이나 명령에 대해 제한 없이 제기할 수 있으나, 즉시항고는 법이 허용한 경우에 한하여 그 제기가 허용된다.

2. 즉시항고의 대상

즉시항고를 제기할 수 있는 보전재판은 다음의 몇 가지로 규정되어 있다.

가압류신청을 기각하거나 각하하는 결정(제281조 2항),[1] 이의신청에 대한 재판(제286조 7항),[2] 본안 제소기간 도과로 인한 가압류취소 신청에 대한 결정(제287조 5항), 사정변경 등에 따른 가압류취소신청에 대한 재판(제288조 3항에 의한 제286조 7항의 준용), 특별사정에 의한 가처분취소신청에 대한 재판(제307조 2항에 의한 제286조 7항의 준용) 및 가압류 해방금액의 공탁에 따른 가압류 취소결정(제299조 3항). 이 외의 재판에 대해서는 즉시항고로 불복할 수 없다.

---

1) 무담보의 가압류명령을 신청했는데 담보부 가압류명령을 한 경우나, 과다한 액수의 담보를 제공케 한 가압류명령은 일부기각의 재판이라고 할 수 있으므로 이에 대해서는 즉시항고를 할 수 있다. 이시윤, 495면.

2) 일본 民事保全法은 이의의 재판에 대해서는 보전항고를 할 수 없다고 규정하고 있다(동법 제41조 1항 단서).

III. 즉시항고 절차

1. 항고당사자

일반적으로 본다면 즉시항고를 제기할 수 있는 자와 그 상대방은 보전절차상의 당사자와 같다. 따라서 가압류 · 가처분 신청이 기각되거나 각하된 경우 내지 이의신청이나 보전명령의 취소신청이 인용된 때에는 채권자가 채무자를 상대로 항고를 제기하게 되고, 반대로 이의신청이나 보전명령의 취소신청이 배척된 때에는 채무자가 채권자를 상대로 항고를 제기하게 된다.

이외에 당사자의 일반승계인이나 파산관재인이 절차를 승계하여 항고를 제기할 수 있는 것, 요건을 갖춘 경우 채권자 대위권의 행사가 가능하고 참가를 할 수 있다는 것도 앞에서 일반적으로 설명한 바와 같다.

2. 항고의 제기

(1) 항고의 제기방법

즉시항고는 서면으로 하여야 하므로 항고장에 신청의 취지와 이유 및 사실상의 주장을 소명하기 위한 증거방법을 적어(규칙 제203조 1항 7호, 2항) 원심법원에 제출하여야 한다(민소 제445조).

(2) 즉시항고의 효력

본래 즉시항고는 집행정지의 효력이 있으나(민소 제447조), 보전신청을 배척하는 재판은 집행정지의 필요가 없고, 또 이의신청이나 취소신청에 대한 재판은 집행정지의 효력이 생기지 않는 것으로 하고 있다(제286조 7항 및 이 규정을 준용하는 제288조 3항, 제307조 2항과 제287조 5항). 따라서 보전처분취소 결정이 내려지면 즉시항고의 제기여부와는 상관없이 채무자는 즉시 그 재판의 정본을 집행기관에 제출하여 보전집행을 취소시킬 수 있다. 그러나 민사집행법은 가압류를 취소하는 결정에 대하여 즉시항고가 있는 경우에, 불복의 이유로 주장한 사유가 법률상 정당한 사유가 있다고 인정되고 사실에 대한 소명이 있으며, 그 가압류를 취소함으로 인하여 회복할 수 없는 손해가 생길 위험이 있다는 사정에 대한 소명이 있는 때에는 법원은 당사자의 신청에 따라 담보를 제공하게 하거나 담보를 제공하지 아니하게 하고 가압류취소결정의 효력을 정지시킬 수 있다(제289조)고 규정하고 있다. 이는 보전처분이 취소되면 채권자가 돌이킬 수 없는 손해를 입을 수 있는 경우가 있으므로 이런 경우에 채권자를 보호하기 위하여 규정하고 있는 것이다.

이의신청이나 취소신청에 대한 결정에 대하여 즉시항고가 있는 경우, 원심법원이 항고에 정당한 이유가 있다고 인정하는 때에 그 결정을 경정할 수 있는가의 문제가 있고, 이에 대해서는 성질상 인정하기 어렵다고 하는 입장이 있으나,[3] 이를 금지하는 명문의 규정이 없으므로 현행법상의 원칙(민소 제446조)에 따라 경정할 수 있다고 보아야 할 것이다.

3. 항고심의 심리

즉시항고가 제기된 경우의 항고심의 심리방법은 원심의 경우와 같다. 따라서 재판이 결정으로 이루어지기 때문에 법원은 그 선택에 따라서 변론을 열거나 심문절차를 열어 심리를 하게 된다. 다만 이때 즉시항고의 원심절차가 변론 내지 당사자 쌍방이 참여할 수 있는 심문절차를 열도록 하고 있는 경우(제286조 1항, 제288조 3항, 제307조 2항)에는 당연히 항고심의 절차도 이에 따라야 할 것이다. 그러한 규정이 없는 경우(제280조 1항, 제287조 3항, 제299조 1항)에는 문제이나, 본안 제소기간을 도과한 경우나 해방금액이 공탁된 경우와 같이 객관적으로 재판의 내용이 분명하게 나타나는 경우는 별론으로 하더라도 가급적 당사자 쌍방이 참여할 수 있는 기회를 마련해주는 것이 좋을 것이다.

4. 항고심의 재판

항고심은 심리의 결과에 따라 신청을 인용하거나 배척하는 재판을 하여야 한다. 즉시항고에 대한 재판도 결정으로 하지만, 결정서를 작성하여 당사자에게 송달하여야 한다(규칙 제203조의4). 그러나 채권자가 가압류 · 가처분 신청을 배척한 재판에 대해 즉시항고

3) 최란주, 개정 민사집행법에 의한 보전이의 · 취소소송에 대한 소고, 實務硏究 Ⅳ, 2005, 447면. 한편 일본 민사보전법은 원법원은 보전항고의 이유를 판단하지 말고 사건을 항고법원으로 송부하여야 한다(제41조 2항)고 규정하고 있다.

를 제기하였으나 이를 기각하거나 각하하는 재판은 채무자에게 고지할 필요가 없다(제281조 3항).

상급심에서 보전처분취소 결정을 취소, 변경함으로써 그 보전처분에 관하여 새로운 집행이 필요하게 된 때에는, 법원이 집행기관이 되는 경우에 한하여 취소결정을 한 항고법원이 직권으로 그 집행 절차를 진행한다(제298조 1항). 절차의 신속을 위하여 마련된 규정이다. 다만 그 법원이 대법원인 경우에는 채권자의 신청에 따라 제1심법원이 진행한다(동조 2항).

5. 재 항 고

즉시항고에 대한 항고심의 재판에 대해 재판에 영향을 미친 헌법, 법률, 명령 또는 규칙의 위반이 있는 때에는 재항고를 할 수 있다(민소 제442조).[4] 이때의 재항고는 성질상 본래의 항고와 마찬가지로 즉시항고라고 해석하여야 한다.

재항고의 경우에 상고이유에 관한 주장이 ① 원심판결이 헌법에 위반되거나, 헌법을 부당하게 해석하였다고 하는 것, ② 원심판결이 명령 · 규칙 또는 처분의 법률위반 여부에 대하여 부당하게 판단였다고 하는 것, 그리고 ③ 원심판결이 법률 · 명령 · 규칙 또는 처분에 대하여 대법원 판례와 상반되게 해석하였다는 것이 아니면 대법원은 더 나아가 심리를 하지 아니하고 판결로 상고를 기각한다(상고심절차에 관한 특례법 제4조 2항). 소위 심리불속행사유인데, 이는 통상 소송의 사유보다 더 엄격히 한 것으로서, 예컨대 중대한 법령위반이 있어도 가압류 · 가처분의 경우에는 재항고를 할 수 없게 한 것이다. 물론 그 이유는 신속성의 요청 때문이다.

이때 재항고절차에 대해서는 민사집행법상의 즉시항고의 규정(제15조)에 따르게 되는지 아니면 민사소송법상의 재항고규정을 따르게 되는지 의문이 있으나,[5] 후설에 따라 재항고의 기간은 20일이 된다는 입장이 있다.[6]

---

4) 일본 민사보전법은 보전항고에 대한 재판에 대해서는 다시 항고를 제기할 수 없다고 규정하고 있다(제41조 3항).

5) 민사집행규칙 제14조의2 제2항은 집행절차에 관한 재항고에 관하여 민사집행법 제15조를 준용한다고 규정하고 있는데, 보전절차상의 재항고가 집행절차에 관한 것인지의 여부에 따라 결론이 달라지게 된다.

6) 이시윤, 496면.

part 04

보전집행과 절차의 종료

보전집행 일반

I. 보전집행의 의의

1. 보전재판의 성질과 집행

일반적인 가압류나 가처분 재판은 그 자체로서는 채무자에 대해 구속력이 생기는 것은 아니므로, 집행이 필요하게 된다. 따라서 보전명령의 재판이 있으면 원칙적으로 채권자는 집행기관에 집행을 신청하여 그 내용대로 집행이 이루어져야 비로소 보전이 이루어지게 된다. 이러한 의미에서 보전명령은 보전집행의 집행권원이 된다. 물론 임시의 지위를 정하기 위한 가처분 중에는 집행하지 않고 그 자체로 효력이 생기는 것도 있다.

보전명령과 집행의 관계는 민사소송상의 법리와 다소 차이가 있는데, 통상 민사소송상의 재판 중에서 이행판결은 강제집행의 대상이 되지만, 확인판결이나 형성판결은 집행과 친하지 않다. 그러나 가압류 · 가처분 결정은 채무자에게 그 의무의 이행을 명하는 소위 이행재판은 아니고, 또 채권자에게 가압류나 가처분을 할 수 있다는 것을 확인하는 확인재판도 아니다. 굳이 말하자면 이는 재판에 의해서 가압류나 가처분의 대상인 재산처분권이나 법률관계의 변동 등이 금지되는 등 법률관계를 창설하는 이른바 형성재판이라고 하여야 할 것이고, 일반적 법리에 의한다면 이에 의하여 집행을 하기는 어렵기 때문이다.

그러나 보전절차에서도 강제집행법과 마찬가지로 민사소송상의 법리가 항상 그대로 유지되어야 하는 것은 아니므로, 민사집행법은 소송법과 다른 법리로 규율하고 있다. 즉 보전재판은 집행을 하지 않고 재판만을 받아둔다는 것을 예정하기 어려우므로,

그 재판의 성격에 불구하고 집행에 친하다고 하여야 한다는 것이다. 그러한 관점에서 법은 후술하는 바와 같이 집행절차 및 구제방법 등 절차전반에 관하여 민사소송법뿐만 아니라, 통상의 강제집행절차에 대해서도 특례를 인정하고 있다.

여기서는 주로 강제집행절차에 대한 보전집행절차의 특칙 및 가압류 집행과 가처분 집행의 차이를 중심으로 살펴보기로 한다. 강제집행절차에 대한 가처분집행의 특징은 주로 가처분절차가 본안소송절차에 대비되는 성격을 가지고 있음으로 인해 나타나는 것이라고 할 수 있고, 가압류 집행에 대한 가처분집행의 특칙은 양자의 목적이나 태양 등의 차이로 인한 것이다.

2. 보전집행의 이념

(1) 공평한 집행

가압류 · 가처분집행에 있어서도 강제집행의 경우와 마찬가지로 개인의 인격권을 보호하여야 한다는 차원에서 채무자의 보호가 요구된다. 따라서 집행은 채권자를 위하여 행해진다고 하더라도 그의 이익만을 위한 것이 되어서는 안 되고, 채권자와 채무자가 공평하게 대우되어야 한다. 집행절차에 있어서의 채무자의 지위는 여전히 소극적일 수밖에 없으므로 집행은 채무자의 이익을 중시하여야 하며, 채무자를 지나치게 제약하는 것이어서는 안 된다.

(2) 보전목적에 따른 집행

보전집행은 채권자의 보전목적을 달성하기 위한 집행이다. 이러한 의미에서 집행은 보전목적을 달성할 수 있도록 하는 것이어야 한다. 이러한 점에서 신속한 집행의 요구는 강제집행의 경우보다 더 철저히 지켜져야 하지만, 이는 어디까지나 잠정적이면서도 임시적인 조치이므로 종국적인 집행이 이루어지지 않는 것을 원칙으로 하는 것이다.[1] 그러나 만족적 가처분의 예에서 보는 바와 같이 이는 절대적인 원칙은 아니다.

(3) 강제집행 방법에 따른 집행

가압류의 집행절차는 원칙적으로 강제집행에 관한 규정을 준용하게 되어 있고

1) 이석선(上), 399면.

(제291조), 또 가처분집행절차는 가압류의 집행절차를 준용하고 있으므로(제301조), 가압류와 가처분의 집행절차는 모두 강제집행절차와 대동소이한 모습으로 행해진다. 물론 여기에는 예외가 있다(제291조 단서, 제301조 단서).

그런데 이와 같이 보전집행에서 강제집행절차를 준용한다는 것은 보전집행의 방법이 강제집행방법의 한계를 벗어나지 못한다는 점으로도 작용한다. 즉 강제집행으로도 허용되지 않는 방법으로 보전집행을 할 수는 없다는 것이다.[2)]

《가처분과 본안판결의 강제집행의 범위》(대법원 1964.11.10. 선고 64다649 판결)

계쟁물에 대한 가처분은 본안판결의 강제집행의 범위를 넘어서는 할 수 없는바, 본안소송으로 광구에 대한 광업권이전등기의 말소를 구하면서 계쟁물에 대한 가처분으로 광구의 출입금지를 구하는 것은 본안판결의 강제집행의 범위를 넘어서는 것으로서 본안 전 가처분신청으로 취급되어야 함에도 불구하고 원심이 본안재판으로서 이를 처리한 것은 잘못이다.

《가처분으로써 행정행위의 금지를 구할 수 있는지 여부》(대법원 1992.7.6. 자 92마54 결정)

민사소송법상의 보전처분은 민사판결절차에 의하여 보호받을 수 있는 권리에 관한 것이므로, 민사소송법상의 가처분으로써 행정청의 어떠한 행정행위의 금지를 구하는 것은 허용될 수 없다 할 것이다.

II. 보전집행의 주체

1. 당사자

보전집행을 신청하는 것은 채권자이고, 그 상대방으로 되는 것은 채무자이다. 채권자와 채무자는 가압류 · 가처분 결정에 당사자로 표시된 자로 특정된다. 따라서 이미 사망한 자를 채무자로 하는 보전명령은 그 승계인에게 효력이 생기는 것이 아니다.[3)] 그러나 당사자 쌍방을 소환하여 심문절차를 거치거나 변론절차를 거침이 없이 채권자 일방만의 신청에 의하여 바로 내려진 처분금지가처분결정은 신청 당시 채무자가 생존하고 있었던 이상 그 결정 직전에 채무자가 사망함으로 인하여 사망한 자를 채무자로

2) 주석, 260면.
3) 대판 1982.10.26, 82다카884.

하여 내려졌다고 하더라도 이를 당연무효라고 할 수 없으므로,[4] 승계집행문을 받아 집행할 수 있다. 사단법인이 해산하고 새로운 법인을 결성하여 구법인이 신법인을 승계하였더라도 구법인의 청산절차가 종결할 때까지는 신법인과 별개의 법인으로 보아야 하므로 신법인을 채무자로 한 가처분의 효력은 구법인에게는 미치지 않으며,[5] 참칭상속인을 채무자로 한 처분금지가처분의 효력은 상속회복자에게 미치지 않는다.[6]

《구법인의 청산절차가 종료하지 않은 단계에서 신법인에 대한 가처분의 효력》(대법원 1989.8.8. 선고 88다카26123 판결)

[1] 사단법인의 구성원들이 그 법인을 해산하고 신법인을 결성한 경우 구법인과 신법인의 구성원이 동일하고 그 두 법인의 임원과 대표자가 일시 부분적으로 중복된 때가 있었으며 두 법인의 설립목적이 같고 구법인이 해산하면서 그 재산을 신법인에 승계시키기로 결의하고 신법인이 구법인의 재산을 사실상 인수하여 관리한 바 있더라도 구법인이 그 청산절차를 종료하지 않은 이상 의연히 법인으로 존속하므로 구법인과 신법인과는 별개의 법인으로 보아야 한다.

[2] 전항의 경우 제3자가 신법인을 상대로 처분금지가처분을 하였다면 구법인 명의로 된 목적부동산의 소유권보존등기가 신법인을 위한 것으로 명의만 신탁된 것이고 그 실질적인 소유권과 처분권이 신법인에게 있더라도 그 가처분결정의 효력이 구법인에까지 미친다고 할 수 없으므로 구법인에 대하여 가처분집행이 되었더라도 그 효력이 없다.

채권자와 채무자에 관하여 승계가 있는 경우에는 승계인은 집행절차에서 당사자로서의 지위를 가진다. 승계는 일반승계나 특정승계를 가리지 않고, 원칙적으로 보전명령 발령 후에 승계한 자인가도 묻지 않는다. 이는 가압류 신청 후 채권자나 채무자에게 승계가 있었으나 미처 절차중단 및 수계절차를 밟지 못하는 사이에 가압류명령이 발령되었다고 할 때, 발령 전의 승계인이라고 하더라도 유효히 집행당사자로 될 수 있다는 것을 의미하는 것이다.[7] 원칙적으로 본다면 발령 후의 승계인에 대해서만 당사자의 지위가 승계된다고 볼 수도 있겠지만, 보전절차의 신속성이나 경제성을 고려하여 보전절차에서는 민사소송절차의 특례를 인정하는 것이 타당하다는 것이다.

4) 대판 1993.7.27, 92다48017.
5) 대판 1989.8.8, 88다카26123.
6) 대판 1964.7.14, 64다135.
7) 김상원/정지형, 197면; 주석, 272면; 실무제요, 19면.

2. 보전집행기관

보전집행절차상 집행기관은 그 절차와 목적에 따라 집행법원과 집행관이 되는 것은 강제집행과 같다. 집행관은 유체동산의 가압류, 동산 또는 부동산 인도의 가처분, 채무자의 점유해제 · 집행관 보관의 가처분 등을 담당한다. 부동산이나 선박 · 항공기 · 자동차 · 건설기계에 관하여 등기 내지 등록을 하여야 하는 경우(제293조 2항, 제295조 2항 전단)나 채권에 관한 보전집행(제296조 2항), 기타의 재산권에 대한 가압류와 처분금지가처분 등은 집행법원이 담당한다. 여기서 특정한 예외를 제외하고는 대개 발령법원이 집행법원이 된다. 그 연장에서 가압류의 취소결정을 상소법원이 취소한 경우에 법원이 그 가압류의 집행기관이 되는 때에는 그 취소의 재판을 한 상소법원이 직권으로 가압류를 집행하게 되고(제298조 1항), 이 경우에 그 취소의 재판을 한 상소법원이 대법원인 때에는 채권자의 신청에 따라 제1심 법원이 가압류를 집행한다(동조 2항), 가압류나 가처분의 발령법원이외의 법원이 집행하는 예외의 예로서는 선박국적증서의 제출을 명하는 방법으로 하는 가압류 집행을 정박지의 지방법원(제295조 2항 후단)이 하는 경우를 들 수 있다.

III. 보전집행의 대상

보전집행의 대상은 달리 말하면 가압류 · 가처분집행의 목적을 말한다. 가압류 집행을 함에 있어서는 후에 본집행으로 이행하였을 때 책임재산이 될 재산이 그 목적이 될 것이고, 다툼의 대상에 관한 가처분에 있어서는 그 계쟁물이 가처분의 목적이 될 것이다. 임시의 지위를 정하는 가처분에 있어서는 일률적으로 말할 수 없지만, 이때에는 대개 임시의 지위를 정하게 될 법률관계 등이 보전집행의 대상이 될 것이다.

가압류나 다툼의 대상에 관한 가처분의 경우, 집행시를 기준으로 하여 그 목적물이 실재하고 채무자에게 속하는 것이어야 한다. 가압류나 처분금지가처분과 같은 것은 특히 소유권이 채무자에게 속하여야 하고, 이미 채무자가 그 물건을 처분하였거나 기타 사유로 그 물건에 대해 권리를 가지고 있지 않다면 집행은 불능으로 된다.[8] 마찬가지로 점유이전금지가처분과 같은 경우에는 채무자에게 해당 목적물에 대한 점유권

8) 주석, 353면. 동지: 대판 1997.7.11, 97다15012.

이 있어야 함은 물론이다.

임시의 지위를 정하는 가처분의 경우에는 피보전권리를 실현할 법률관계가 채무자에게 속해 있어야 한다. 채무자에 대해 가처분을 집행하여도 채무자가 피보전권리를 실현할 수 없다면 집행은 불가능할 수밖에 없다. 예컨대 단체의 대표자의 직무집행을 정지하는 가처분의 경우에 채무자가 단체의 대표자의 직에서 이미 물러났다면 집행을 할 수는 없는 것이고, 부당해고의 취소를 위하여 지위보전의 가처분을 하였더라도 이미 회사가 해산하였다면 집행은 불가능하게 되는 것과 같다.

집행의 목적이 실재하고 집행이 가능한 상태인 것은 채권자가 소명하여야 하며, 그렇지 않을 때의 위험부담은 채권자에게 있다.

《가처분등기 경료 이전에 채무자가 처분을 하고 소유권이전등기를 한 때의 등기의 효력》(대법원 1997.7.11. 선고 97다15012 판결)

아파트에 대한 분양금지 가처분결정을 받았다고 하더라도 그 가처분은 그 집행에 해당하는 등기에 의하여 비로소 가처분채무자 및 제3자에 대하여 구속력을 갖게 되는 것이므로 그 가처분등기가 경료되기 이전에 가처분채무자가 그 가처분의 내용에 위반하여 처분행위를 함으로써 이에 따라 제3자 명의의 소유권이전등기가 마쳐진 경우, 그 소유권이전등기는 완전히 유효하다.

IV. 집행의 요건

1. 집행권원의 존재

가압류 · 가처분의 집행을 함에 있어서도 집행권원으로서의 가압류 내지 가처분명령이 필요한 것은 두 말할 나위도 없다. 본래 강제집행을 할 때의 집행권원은 확정판결 내지 가집행선고가 붙은 판결 등으로 제한이 있으나, 보전명령은 확정되지 않아도 당연히 집행할 수 있다. 이러한 것은 보전명령을 모두 결정으로 하게 하는 현행법하에서 당연시할 수도 있으나, 이는 재판의 형식에서 나온 것이 아니라, 긴급성이라고 하는 가압류 · 가처분의 성질에서 나온 것이다. 따라서 보전재판을 판결로도 할 수 있도록 한 개정 전 구법 하에서도 가집행선고 없이 당연히 집행을 할 수 있는 것이었음은 물론이다. 따라서 보전명령이 고지되면 즉시 집행을 할 수 있다. 집행에 집행신청을 기다리지 않고, 원칙적으로 집행문 없이 집행할 수 있게 한 것도 같은 취지이다.

2. 승계집행문

가압류나 가처분의 집행에는 집행문이 필요하지 않다. 본래 집행문은 집행권원으로 되는 재판이 확정 등으로 집행력을 발휘할 수 있는가를 나타내는 것인데, 보전재판은 당연히 집행을 전제로 하는 재판으로서 확정의 필요 없이 고지 즉시 집행할 수 있도록 하였으므로 가압류 · 가처분 명령 만으로 집행력이 생기고, 이를 집행문으로 보완할 필요가 없는 것이다.

그러나 당사자의 지위에 승계가 있는 경우에는 집행기관이 결정에 나타난 당사자와 승계인 사이의 관계를 판단할 수 없으므로 승계집행문이 필요하다. 이때 승계의 모습은 일반승계나 특정승계를 가리지 않으며, 승계인과의 관계에서도 피보전권리와 보전의 필요가 인정되어야 승계집행문이 부여된다.[9]

3. 집행기간

››› 설문 ❶

甲은 乙에 대한 2,000만원의 금전채권을 보전하기 위하여 3월 5일 가압류결정을 받아 3월 7일 집행관에게 집행신청을 하였다. 그런데 乙이 자신의 주거에 들어가는 것을 완강히 거부하므로 집행관이 집행을 실시하지 못하다가, 3월 21일에야 겨우 저항을 제압하고 집행을 실시하였다. 그런데 이에 대해 乙이 집행기간을 도과한 집행이라는 이유로 집행에 관한 이의신청을 하였다면 법원은 이에 대해 어떻게 판단해야 하는가?

(1) 집행기간의 의의

가압류나 가처분은 신속성이 생명이라고 할 수 있으므로 재판이나 집행이 지연되는 것은 바람직하지 않다. 같은 차원에서 재판을 받아놓고 집행을 하지 않고 시간을 끌

9) 이시윤, 512면은 보전의 필요만을 말하고 있으나, 피보전권리도 승계인과의 관계에서 인정될 수 있어야 함은 당연하다.

게 되면 이 역시 옳지 않고, 또한 가압류나 가처분에 관한 사정이 변경되었음에도 불구하고 이를 반영하지 못한 상태에서 종래의 보전재판을 집행하게 되어 부당한 결과로 될 수 있으므로, 법은 채권자에게 재판을 고지한 날로부터 2주일을 넘긴 때에는 그 재판을 집행하지 못하도록 하고 있다(제292조 2항). 이를 집행기간이라 하는데, 이는 재판의 시간적 한계를 규정한 것이므로 법원이 연장할 수 없고, 채무자도 임의적으로 처분하거나 포기할 수 없다. 마찬가지로 채권자에게 책임 없는 사유로 그 기간을 지키지 못했다고 하여(민소 제173조 참조), 추후에 보완할 수도 없는 것이다.[10] 다만 채무자가 집행을 방해하여 집행에 착수할 수 없었던 때에는 집행기간이 채무자의 보호를 위하여 마련된 것이라는 점을 생각할 때 방해를 하는 동안에는 기간의 진행이 정지되고, 방해행위가 종료된 때부터 다시 집행기간이 진행되는 것으로 보아야 할 것이라는 입장이 강하다.[11]

(2) 집행의 착수

채권자는 집행기간이 경과하기 전에 집행을 완결해야 하는 것은 아니고, 그 전에 집행에 착수하기만 하면 된다. 여기서 집행의 착수의 의미에 대해 살펴볼 필요가 있는데, 이에 관하여 유체동산 집행은 집행관이 압류할 재산을 찾기 위하여 채무자의 가옥 등의 장소에 관해 수색에 나아가면 집행의 착수가 있다고 하고, 부동산 가압류 등의 경우에는 등기촉탁서를 발송하면 집행의 착수가 있다고 하며, 또한 채권가압류는 가압류명령을 제3채무자에게 발송한 때, 어음 · 수표 기타 배서로 이전할 수 있는 증권으로서 배서가 금지된 증권채권의 가압류는 집행관이 그 증권의 점유를 개시한 때(제291조에 의한 제233조의 준용) 집행의 착수가 있다는 입장이 있다.[12] 그러나 이 입장은 채권자가 집행기간 내에 집행신청을 했음에도 불구하고 집행기관의 사정으로 착수가 늦어진 경우에는 집행이 불가능하게 된다고 하는 결론에 도달한다. 이는 채권자가 집행을 미룸으로써 발생하는 문제점을 방지하기 위한 집행기간제도의 취지에도 맞지 않는다. 따라서 집행기간의 준수와 관련된 집행의 착수는 집행기관이 실제 집행에 착수한 시기가 아니라,[13] 채권자가 집행기관에 대해 집행신청을 한 때를 기준으로 보아야 할 것이다.

---

10) 김상원/정지형, 198면; 이석선(上), 411면; 주석, 273면; 실무제요, 171면. 반대설: 菊井維大 · 村松俊夫, 仮差押 · 仮処分, 青林書院新社(1965), 126면(법정기간으로서 법원이 늘일 수 있다고 함).

11) 김상원/정지형, 199면; 윤경, 307면; 이시윤, 513면; 실무제요, 171면.

12) 주석, 276-277면.

13) 위 학설이 제시하고 있는 대판 2001.8.21, 2000다12419 판례는 국세징수권의 소멸시효의 중단사유의 하나로 규정하고 있는 압류는 세무공무원이 납세자의 재산에 대한 압류 절차에 착수하는 것을 가리키는 것

(2) 집행기간의 계산

집행기간은 채권자가 재판을 고지받은 후 실제 집행이 가능한 시점부터 기산되며, 다만 채무자가 방해행위를 함으로써 집행할 수 없었던 기간은 진행이 멈추는 것으로 보아야 한다. 이미 집행된 보전명령이 이의 등으로 취소되어 집행까지 취소되었으나, 후에 즉시항고에 의하여 보전명령이 인가된 때에는 다시 집행을 하여야 하므로 항고심의 결정이 고지된 날로부터 기산하는 것으로 보아야 한다.[14] 그러나 이의절차에서 보전명령이 인가된 때에는 이에 의해 집행기간을 갱신하지 않는다.

가처분 중에는 재판의 고지 즉시 집행에 착수할 수 없는 것이 있는데, ① 대체집행이나 간접강제에 의하여야 하는 작위의무의 경우에는 가처분 재판의 고지로부터 2주일 내에 수권재판의 신청이 있으면 충분하고, 다만 가처분에서 명하는 부대체적 작위의무가 일정 기간 계속되는 경우라면, 채무자가 성실하게 그 작위의무를 이행함으로써 강제집행을 신청할 필요 자체가 없는 동안에는 위 집행기간이 진행하지 않고, 채무자의 태도에 비추어 작위의무의 불이행으로 인하여 간접강제가 필요한 것으로 인정되는 때부터 집행기간이 기산되는 것으로 보아야 할 것이다.[15] ② 집행을 요하지 않는 단순한 부작위를 명하는 경우에는 그 자체로 집행기간의 문제는 생길 수 없으나, 채무자의 명령위반이 있음을 채권자가 알게 되어 집행을 할 수 있을 때[16]로부터 그 제거나 방지를 위한 신청의 집행기간이 개시된다. ③ 정기이행을 명하는 경우에는 집행기간을 제한할 수 없다는 견해[17]도 있으나, 매 이행기 별로 각자 진행한다고 보는 것이 타당할 것이다.[18] ④ 임시의 지위를 정하기 위한 법인 임원 등에 대한 직무집행정지와 대행자를 선임하는 가처분과 같은 것은 본래 형성적 처분이므로 집행기간의 문제가 생기지 않는다.[19] 다만 이때의 등기는 제3자에 대한 대항요건인 동시에 집행처분으로

이므로, 세무공무원이 체납자의 가옥 · 선박 · 창고 기타의 장소를 수색하였으나 압류할 목적물을 찾아내지 못하여 압류를 실행하지 못하고 수색조서를 작성하는 데 그친 경우에도 소멸시효 중단의 효력이 있다고 하는 것으로서 세무당국이 바로 압류를 하는 경우를 말하는 것이기 때문에 여기서 보는 집행 착수의 개념과는 차이가 있다.

14) 김상원, 332면; 방순원/김광년, 508면; 주석, 220-221면.

15) 대결 1982.7.16, 82마카50; 대결 2001.1.29, 99마6107. 동지: 윤경, 308면.

16) 김상원, 335면; 한종렬, 383면. 반대: 박두환, 765면; 주석, 410면; 실무제요, 172면. 이에 의하면 채권자가 위반행위를 한 때로부터 기산한다고 한다.

17) 김상원, 335면; 방순원/김광년, 545면; 주석, 411면. 이 견해는 첫 번째의 집행에 대해서만 기간이 제한된다는 견해와 맞닿아 있는 것 같다.

18) 윤경, 308면; 박두환, 777면; 실무제요, 172면.

19) 윤경, 309면.

서의 의미도 가진다고 할 것이므로, 각 개별법상의 등기기한과 무관하게 집행기간의 제한이 적용된다.[20]

《부작위를 명하는 가처분의 효력발생과 집행기간》(대법원 1982.7.16. 자 82마카50 결정)

부작위를 명하는 가처분은 그 가처분재판이 채무자에게 선고 또는 송달됨으로써 그 효력이 발생하고 채무자가 그 명령위반행위를 한 때에 비로소 대체집행 또는 간접강제의 방법에 의하여 부작위 상태를 실현시킬 필요가 생기는 것이므로 위 가처분에는 집행기간에 관한 민사소송법 제708조 제2항이 준용되지 않으나, 다만 위 가처분에서 그 취지를 공시할 것을 아울러 명한 경우에는 이 명령부분은 즉시 집행이 가능하므로 이 부분의 집행에 관해서는 위 집행기간의 규정이 준용되며, 그 가처분 재판이 변론을 거쳐 선고된 경우에는 선고 뒤에 재판서가 송달되었다 하여도 위 집행기간은 선고일로부터 기산하여야 한다.

《부대체적 작위채무의 이행을 명하는 가처분 결정에 대한 간접강제의 집행기간과 그 기산일》(대법원 2001.1.29. 자 99마6107 결정)

부대체적 작위채무의 이행을 명하는 가처분 결정을 받은 채권자가 간접강제의 방법으로 그 가처분 결정에 대한 집행을 함에 있어서도 민사소송법 제715조에 의하여 민사소송법 제708조 제2항의 규정이 준용되므로, 특별한 사정이 없는 한 가처분 결정이 송달된 날로부터 14일 이내에 간접강제를 신청하여야 함이 원칙이고, 위 집행기간이 지난 후의 간접강제 신청은 부적법하다고 할 것이며, 다만 가처분에서 명하는 부대체적 작위의무가 일정 기간 계속되는 경우라면, 채무자가 성실하게 그 작위의무를 이행함으로써 강제집행을 신청할 필요 자체가 없는 동안에는 위 집행기간이 진행하지 않고, 채무자의 태도에 비추어 작위의무의 불이행으로 인하여 간접강제가 필요한 것으로 인정되는 때에 그 시점부터 위 14일의 집행기간이 기산되는 것으로 보아야 할 것이다.

여러 개의 목적물에 대해 집행을 하는 경우에도 모든 목적물에 대한 집행의 착수가 집행기간 내에 이루어져야 한다. 따라서 여러 개의 동산에 대해 집행을 하는 경우, 일부의 동산에 대해 집행신청을 하였더라도 다른 동산에 대해 집행기간 도과 후에 집행신청을 할 수는 없는 것이다.[21] 부동산에 대해 가압류나 처분금지가처분 집행을 하는 경우에도 원칙적으로 마찬가지로 보아야 할 것이나, 각 부동산마다 집행기간을 계산하는 것이 아니라 그 중 한 부동산에 대해 기간을 준수하면 다른 부동산에 대한 집행은 그 속행으로 볼 수 있으므로 집행기간을 경과해도 무방하다고 하는 입장도 있다.[22]

20) 실무제요, 173면.
21) 주석, 275면.
22) 주석, 410면.

(3) 집행기간 도과의 효과

집행기관은 기간의 준수여부를 직권으로 조사하여야 한다. 이때 집행기간을 도과한 보전처분은 그 자체로 무효로 되는 것은 아니나, 채무자는 사정변경을 이유로 보전처분의 취소를 신청할 수 있게 된다(제288조). 집행기간을 도과하여 가처분을 집행하면 위법한 집행으로 되고, 이러한 위법집행에 대해서 채무자는 집행에 관한 이의로 구제를 받을 수 있다. 그러나 집행기간을 경과한 후라도 채권자가 다시 가처분을 신청하는 것은 막을 이유가 없다.

그러나 착수한 집행을 완성하기 위하여 집행절차를 계속하거나 이미 집행된 가압류에 관하여 그 보관방법을 변경하는 것과 같이 새로운 집행을 하지 않는 것이라면 집행기간 후에도 이를 할 수 있다.[23]

4. 집행권원의 송달

보전집행에서 집행권원으로 되는 것은 보전신청에 대한 재판, 즉 가압류 · 가처분 신청을 받아들여 가압류 · 가처분을 명하는 재판인데, 이는 당사자에게 송달하여야 한다(규칙 제203조의4). 집행의 근거나 대상, 집행방법은 채무자에게도 중요한 사항이므로, 보전집행의 적법성이 담보되는 집행권원의 내용을 채무자에게 알리고자 하는 것이 집행과 관련한 집행권원의 송달 이유이다.

이 경우 민사집행법은 가압류나 가처분의 집행은 송달 이전에도 할 수 있는 것으로 규정하고 있는데(제292조 3항), 그 이유는 집행 전에 미리 보전명령을 송달하게 되면, 채무자가 집행을 회피하기 위하여 재산을 은닉하는 등의 행위를 할 우려가 있기 때문이다. 승계집행문이나 담보제공증명서와 같은 것도 집행권원과 함께 송달하면 된다.[24]

통상적으로 집행법원이 집행하는 경우에는 등기필증의 도착 내지 제3채무자에 대한 송달보고서의 도착 등으로 집행이 완료되었음을 확인한 때에 송달한다. 그러나 집행관이 집행하는 경우에는 집행신청을 받은 집행관이 집행에 착수할 때 직접 송달하거나 집행착수 이후에 우편에 의하여 송달하게 된다. 만약 법원이 송달의 착수 여부를 알 수 없는 때에는 집행기간이 경과한 이후에 집행권원을 송달하여, 채무자에 의한 강

---

23) 대결 1957.10.21, 4290민재항35.

24) 김상원/정지형, 207면; 이석선(上), 408면; 방순원/김광년, 509면; 박두환, 731면; 주석, 278면.

제집행의 면탈을 방지하고 있다.

그러나 집행 후 상당한 기간이 지나도록 송달을 하지 않으면 채무자는 집행에 관한 이의로서 불복할 수 있게 된다.

V. 보전집행신청의 필요

가압류 · 가처분을 집행하기 위해서도 원칙적으로 채권자가 집행신청을 하여야 한다. 그러나 가압류나 가처분의 집행을 할 때 발령법원이 집행법원인 경우에는 채권자의 집행신청을 기다리지 않고 즉시로 집행에 착수한다. 여기에 해당하는 것으로는 채권이나 부동산, 기타 이에 준하는 선박 · 항공기 · 자동차 · 건설기계 등에 대한 가압류 · 가처분 등이 있다. 이는 채권자가 보전처분에 관한 집행권원을 받아놓고 집행을 하지 않고 기다리는 것을 생각하기 어렵기 때문이다.[25] 따라서 이때에는 보전신청시에 그 인용재판에 대한 집행신청도 함께 한 것으로 해석하여 별도의 집행신청 없이 보전명령과 함께 집행에 착수하게 된다.

그러나 집행관이 집행기관이 되는 경우에는 채권자가 집행권원을 집행관에게 제시하고 집행신청을 하여야 한다. 집행신청은 문서로 하여야 한다(규칙 제203조 1항 6호).

VI. 보전집행비용

가압류 · 가처분의 집행비용은 보전소송비용과는 별도로 산정된다. 이때 집행비용은 최종적으로 본안소송에서 패소한 당사자가 부담하게 되는데, 보전집행단계에서는 환가 등을 통한 종국적 만족이 따르지 않으므로 우선 집행채권자가 예납하여 집행하고, 본안의 집행단계에서 함께 변상을 받게 된다.[26]

본안청구가 금전집행이 아닌 때에는 본안집행 후 본안판결을 집행권원으로 하여 집행비용을 추심할 수 있다. 이때 집행비용확정결정과 같은 별도의 권원은 필요 없다.[27]

---

25) 실무제요, 169면.
26) 김상원/정지형, 201면.
27) 김상원/정지형, 201면.

2 가압류 집행

I. 가압류 집행의 원칙

가압류는 금전채권보전을 위하여 인정되어 있으나, 가압류 집행으로서 채권자가 만족을 얻는 것은 아니고, 어디까지나 최종적인 만족은 본안의 집행절차에 따르게 된다. 따라서 가압류 집행은 본안집행의 범위 내에서 본안집행의 보전이라는 목적을 달성하기 위하여 필요한 범위 내에서 이루어져야 한다.

그러나 보전집행이라고 하여 다른 집행방법이 있는 것은 아니므로 보전집행도 강제집행과 마찬가지의 모습을 가질 수밖에 없다. 이에 민사집행법은 가압류의 집행에 관하여 강제집행에 관한 규정을 준용하도록 하고 있다(제291조 본문). 이와 같은 이유에서, 이하에서는 여러 가지 집행의 대상에 관한 가압류의 집행에 대해서 민사집행과 차이 나는 점을 중심으로 살펴보기로 한다(동조 단서 참조).

II. 부동산 가압류 집행

》》 설문 ❷

甲은 자신이 乙에 대해 가지고 있는 2억원의 금전채권의 집행보전을 위하여 乙 소유의 토지를 가압류하였다. 그런데 법원의 촉탁에 의하여 등기부에 해당 가압류가 등기되고 난 후 乙이 이 토지를 丙에게 매각하였음을 알게 되었다. 이때 甲의 가압류와 丙의 소유권은 어떠한 관계에 서게 되는가?

1. 부동산 가압류 집행방법

부동산에 대한 가압류의 집행방법으로는 가압류 명령을 등기부에 기입하거나(제293조), 강제관리를 하는 방법(제294조)의 두 가지가 강제경매와 강제관리에 대응하여 인정되고 있다. 이들 두 가지 방법은 함께 실시할 수 있다(제78조 3항).

가압류 명령을 등기부에 기입하는 것은 이로써 부동산 소유자의 처분권을 제한하여 본안집행을 위한 보전을 하려는 것이다. 이에 비하여 강제관리는 관리를 통하여 얻어진 금액을 공탁하고, 후에 이 금액으로 채권자의 만족을 얻으려고 하는 것이다. 따라서 실제 채권자가 만족을 얻는 것은 본안집행절차에 의하게 된다.

부동산 가압류 집행은 법원의 관장사항이므로 가압류명령을 한 법원이 집행을 하게 되며(제93조 2항), 강제관리의 경우에는 관리인이 따로 임명되어 집행을 보조하게 된다.

2. 가압류 명령의 등기부 기입

(1) 가압류의 목적

가압류의 목적인 부동산은 외형에 의하여 특정할 수 없으므로, 집행을 위해서는 가압류 결정시에 그 부동산이 특정되어 있어야 한다. 독립된 건물이나 단독필지의 토지라면 특정방법에 어려움이 없으나, 일정지분을 가압류하는 경우에는 「서울 ○○구 ○○동 390 대 250㎡에 대한 15/27 지분」과 같이 그 지분이 정확히 표시되어야 한다.

미등기 건물에 대한 가압류 집행은 강제집행의 경우에 따라 채무자 명의로 등기할 수 있다는 것을 증명할 서류를 첨부하여 집행신청을 하여야 하는데(제81조 1항 2호), 이 경우에는 등기관이 직권으로 채무자 명의의 소유권보존등기를 한 후 가압류 등기의 기입을 한다. 또한 예컨대 상속이 있었음에도 상속등기를 하지 아니한 부동산에 대해서는 가압류 기입등기 이전에 대위에 의한 상속등기를 하여 등기의무자의 표시가 등기부와 부합하도록 하여야 한다.[1]

---

1) 이때 대위의 원인은 "20○○년 ○○월 ○○일 ○○지방법원의 가압류 결정"이라고 기재하고, 대위원인증서로 가압류결정의 정본 또는 그 등본을 첨부한다(등기예규 1019호).

(2) 등기의 촉탁

가압류 명령을 등기부에 기입하는 방법으로 하는 집행은 별도의 집행신청이 없어도 법원이 가압류 결정 즉시 실시한다. 가압류는 집행을 전제로 하는 것이므로, 가압류 신청 때 집행신청도 있다고 보기 때문이다. 이때 가압류등기는 법원사무관 등이 촉탁한다(제293조 3항). 등기의 촉탁은 반드시 법원이 하여야 하고, 채권자가 직접 등기공무원에게 기입등기를 신청할 수는 없다. 마찬가지로 법원은 촉탁서를 당사자에게 교부하여 등기공무원에게 직접 신청하게 하여서도 안 된다.[2]

등기의 촉탁은 가압류 명령을 채권자에게 고지하거나 송달한 다음 날로부터 2주일 이내에 하여야 한다(제292조 2항).

부동산 가압류의 집행 외에 법원이 등기·등록을 촉탁하는 방법으로 집행하는 경우에는 제292조가 준용되어 대체로 같은 방법으로 집행한다.

(3) 집행의 효력

가압류 명령을 등기부에 기입하면 즉시 그 효력이 발생하며, 이러한 효력은 채권자가 가압류 신청이나 집행신청을 취하하거나 재판에 의해 가압류 명령이나 집행이 취소되면 소멸하게 된다.

부동산에 가압류 명령이 집행되어도 부동산의 소유자를 비롯한 권리자는 그 사용에 지장이 없으나 매매나 증여, 담보권 설정 등 처분을 할 수 없게 된다. 가압류에 위반한 처분의 효력에 대해서는 가압류의 목적이 채권자의 금전채권을 보전하는 것이므로 그 범위 내에서만 처분금지를 하는 것이 타당하다는 견지에서 그 처분을 절대무효로 하지는 않는다. 따라서 처분행위의 당사자와 그로부터 권리를 취득한 제3자 사이에서는 처분이 유효하다고 볼 것이나, 그 처분으로 채권자에 대항할 수 없는 상대적 무효로 보는 것이 통설, 판례[3]이다. 따라서 가압류채권자는 처분을 유효한 것으로 인정할 수 있고,[4] 이후에 가압류가 소멸하거나, 피보전권리가 변제 등으로 소멸한 때[5] 또는 가압류가 무효인 것으로 밝혀지게 되면[6] 이러한 처분은 확정적으로 유효하게 된다.

---

2) 주석, 281–282면.
3) 대판 1987.6.9, 86다카2570.
4) 대판 2007.1.11, 2005다47175.
5) 대판 1982.9.14, 81다527; 대결 1982.9.30, 82그19.
6) 대판 1982.10.26, 82다카884; 대판 1996.6.14, 96다14494.

《가압류에 위반한 처분의 효력 등》(대법원 1987.6.9. 선고 86다카2570 판결)

부동산에 대하여 가압류등기가 먼저 되고 나서 담보가등기가 마쳐진 경우에 그 담보가등기는 가압류에 의한 처분금지의 효력 때문에 그 집행보전의 목적을 달성하는데 필요한 범위 안에서 가압류채권자에 대한 관계에서만 상대적으로 무효라 할 것이고 따라서 담보가등기권자는 그 보다 선순위의 가압류채권자에 대항하여 우선변제를 받을 권리는 없으나 한편 가압류채권자도 우선변제청구권을 가지는 것은 아니므로 가압류채권자보다 후순위의 담보가등기권자라 하더라도 가등기담보등에관한법률 제16조 제1, 2항에 따라 법원의 최고에 의한 채권신고를 하면 가압류채권자와 채권액에 비례하여 평등하게 배당받을 수 있다.

《채권자가 가압류에 위반한 처분의 효력을 인정할 수 있는지 여부》(대법원 2007.1.11. 선고 2005다47175 판결)

가압류채무자가 가압류에 반하는 처분행위를 한 경우 그 처분의 유효를 가압류채권자에게 주장할 수 없지만, 이러한 가압류의 처분제한의 효력은 가압류채권자의 이익보호를 위하여 인정되는 것이므로 가압류채권자는 그 처분행위의 효력을 긍정할 수도 있다.

《제3취득자가 가압류의 피보전채권을 변제한 경우의 가압류의 효력》(대법원 1982.9.14. 선고 81다527 판결)

가압류 부동산을 양수한 제3취득자의 변제로 인하여 피보전채권이 소멸되면 그 제3취득자는 가압류 채권자에 대한 관계에 있어서도 소유권 취득을 대항할 수 있게 되어 가압류 채권자에 의한 강제집행은 결국 채무자이외의 제3자의 소유물에 대하여 시행된 것이 되어 허용될 수 없다.

《피보전채권의 변제를 원인으로 한 제3자이의소송》(대법원 1982.9.30. 자 82그19 결정)

가압류된 부동산을 취득한 자는 채무자를 대위하여 그 피보전채권을 변제함으로써 그 채권자에 대하여 가압류의 제한을 받지 아니하는 완전한 소유권을 주장할 수 있으므로 강제집행에 대하여 이의를 주장할 수 있는 법률상 이유가 있다 할 것이나 이를 이유로 제3자 이의소송을 제기한 경우에 있어서 당사자의 신청에 의하여 강제집행정지를 명함에 있어서는 피보전채권에 대한 변제사실의 소명이 있음을 요한다.

《무효인 가압류의 처분금지적 효력》(대법원 1982.10.26. 선고 82다카884 판결)

가. 가압류신청이 사망자를 상대로 한 것이면 사망자 명의의 그 가압류결정은 무효라 할 것이다.

나. 가압류결정시까지 이 사건 부동산에 관하여 원고 명의의 소유권이전등기가 경료되지 않았으나, 피고의 가압류신청이 사망자를 상대로 한 것이라면 사망자 명의의 그 가압류결정은 무효라고 할 것이고 따라서 무효의 가압류결정에 기한 가압류집행에 대해서는 그 집행이후 소유권을 취득한 원고도 그 집행채권자인 피고에 대하여 그 소유권취득을 주장하여 대항할 수 있다고 할 것이므로 원고는 제3자이의의 소에 의하여 위 집행의 배제를 구할 수 있다.

가압류에 위반한 처분에 대해 무효를 주장할 수 있는 자의 범위에 대하여 학설이 대립하고 있다. 가압류채권자 외에도 해당 부동산에 대해 가압류 이전에 집행에 참가한 자에 대해서는 그 처분으로 대항할 수 없다는 개별상대효설이 통설, 판례[7]이나, 집행참가의 선후를 묻지 않고 모든 참가인에 대해 대항할 수 없다는 절차상대효설도 주장되고 있다.[8]

그 구체적 의미에 대해서는 후술하는 가압류 집행의 효력부분에서 설명한다.

3. 가압류를 위한 강제관리

(1) 부동산 가압류에서의 강제관리

강제집행의 경우와 마찬가지로 부동산에 대한 가압류 집행의 하나로 강제관리의 방법이 인정되고 있다(제294조). 강제관리는 부동산을 관리하여 생기는 지료(地料)나 차임(借賃) 등으로 채권자의 금전채권을 만족시키는 집행방법이나(제78조 2항 2호, 제163조 이하), 가압류에서는 성질상 채권을 만족시키는 단계까지는 나아가지 않으므로, 관리인이 위 금액을 채권자를 위하여 공탁하게 하는 것이다.[9]

강제관리는 쉽게 처분하기는 어렵지만 임대수익을 얻을 수 있는 부동산에 대해 특히 유용하다. 이때 채무자가 이미 해당 물건을 임대하고 있는 경우는 물론, 사용하고 있지 않은 부동산을 새로이 임대하여 그 수익을 공탁하는 것도 가능할 것이다. 다만 채무자가 직접 사용 중인 물건을 빼앗아 관리에 들어가는 것은 용이하지 않다.[10]

실제 강제관리는 그다지 이용되고 있지 않은데, 그것은 관리의 번잡성에 비하여 수익이 크지 않고, 일시에 채권을 만족하려고 하는 채권자의 의사가 강력하기 때문이다. 그러나 해당 물건의 가격이 폭락하여 매각시기를 기다려야 하는 등의 사정이 있는 때에는 일단 가압류를 통하여 처분금지의 효력과 병행하여 강제관리를 통한 수익을 꾀하는 것도 좋은 방법이 될 수 있을 것이다.

---

7) 대판 1987.6.9, 86다카2570.
8) 강대성, 609면.
9) 일본에서는 2003년 擔保不動産收益執行의 제도가 창설되어(民事執行法 제180조 2호), 담보물에 대한 강제관리를 할 수 있도록 하고 있다.
10) 실무제요, 민사집행(II), 725면.

(2) 강제관리의 절차

가압류를 위한 강제관리는 채권자가 따로 신청하여야 개시되는 절차이다. 강제관리의 신청은 가압류신청을 하면서 할 수도 있고, 가압류 결정 후에 할 수도 있다. 가압류 결정 후에 강제관리의 신청을 하는 경우에는 결정이 고지 또는 송달된 날로부터 2주 이내에 하여야 함은 당연하다. 아래의 예는 가압류 결정 후에 강제관리신청을 하는 경우를 보인 것이다.

신청서에는 채권자 · 채무자와 법원의 표시, 부동산의 표시, 경매의 이유가 된 일정한 채권과 집행할 수 있는 일정한 집행권원(제163조에 의한 제80조의 준용) 외에, 수익의 지급의무를 부담하는 제3자가 있는 경우에는 그 제3자의 표시와 그 지급의무의 내용을 적어야 한다(규칙 제83조).

관할법원은 부동산 소재지의 지방법원이다(제79조). 이외 대체적인 사항은 본집행으로서의 강제관리와 같다.

양식 10 가압류를 위한 부동산강제관리신청

가압류를 위한 부동산강제관리신청

채 권 자 ○ ○ ○ (주민등록번호 -)
(주소)
채 무 자 ○ ○ ○ (주민등록번호 -)
(주소)
제 3 자 ○ ○ ○ (주민등록번호 -)
(주소)

청구채권의 표시 금 ○○○○만원정 (20○○년 ○○월 ○○일 채권자가 채무자에게 대여한 대여금채권)

목적 부동산의 표시

별지목록 기재와 같음

신 청 취 지

채무자 소유의 별지목록 기재의 부동산에 대하여 강제관리절차를 개시한다.

채무자는 관리인의 사무에 간섭하거나 위 부동산으로부터의 수익을 처분하여서는 아니 된다.
제3자는 위 부동산의 수익을 관리인에게 인도하여야 한다.
라는 재판과 관리인의 선임을 구함.

신 청 이 유

1. 채권자는 채무자에 대하여 위 채권이 있으므로 귀원 20○○ 카 ○○호 부동산 가압류결정을 얻어 채무자 소유의 별지 목록 기재 부동산에 대하여 20○○년 ○○월 ○○일 가압류 기입등기를 하였습니다.
2. 다시 채권자는 채무자를 상대로 귀원 20○○가합 ○○○○호 대여금반환청구소송을 제기하였으나 판결확정시까지 상당한 시일이 소요될 뿐만 아니라, 최근 부동산 경기의 하락으로 판결 확정 후 가압류한 부동산의 가격으로는 채권충당이 어려울 것으로 보이므로 현재 채무자가 제3자에게 임대하여 월○○만원씩 받고 있는 수익을 강제관리를 통하여 공탁함으로써 후일의 채권만족을 꾀하고자 이 신청을 하는 것입니다.

소 명 방 법

1. 등기부등본 2통
1. 가압류 결정등본 1통
1. 소제기 증명 1통

첨 부 서 류

1. 소명서류 1통
1. 납부서 1통

20○○년 ○○월 ○○일

위 채권자 ○ ○ ○ ㊞

○○지방법원 귀중

강제관리 신청에 문제가 없으면 법원은 강제관리를 개시하는 결정을 하게 된다. 아래의 문례는 가압류 결정 이후에 강제관리신청을 한 경우에, 이를 받아들여 강제관리개시결정을 하는 것이다.

양식 11 가압류를 위한 부동산강제관리결정

○ ○ 지 방 법 원

결 정

사 건 20○○ 타기 ○○ 가압류를 위한 부동산 강제관리
채 권 자 ○ ○ ○
채 무 자 ○ ○ ○
제 3 자 ○ ○ ○

주 문

채무자 소유의 별지목록 기재 부동산에 대하여 강제관리절차를 개시한다.
채무자는 관리인의 사무에 간섭하거나 위 부동산으로부터의 수익을 처분하여서는 아니 된다.
제3자는 위 부동산의 수익을 관리인에게 지급하여야 한다.
아래 사람을 이 사건의 관리인으로 임명한다.

○○지방법원 집행관 ○ ○ ○

청 구 금 액

금 ○○○만원 (20○○년 ○○월 ○○일자 대여금) 및 이에 대한 20○○년 ○○월 ○○일부터 20○○년 ○○월 ○○일까지 연20%에 의한 이자
합계금 ○○○만원

이 유

채권자가 위 청구금액을 보전하기 위하여 ○○지방법원 20○○ 카 ○○호 부동산 가압류결정에 기하여 한 이 사건 신청은 이유 있으므로 주문과 같이 결정한다.

20○○년 ○○월 ○○일

판사 ○ ○ ○ ㊞

수익을 지급할 제3자가 없는 때 또는 그 존재가 판명되지 않은 때에는 제3자의 표시와 제3자가 그 수익을 관리인에게 지급하여야 한다는 내용을 표시하지 않으며, 관리인을 추후에 임명할 경우에도 그 내용을 기재하지 않는다.

(3) 수익금의 공탁

관리인은 제3자가 지급한 수익에서 그 부동산의 부담으로 되어 있는 조세 기타 공과금과 관리비용을 변제한 나머지를 공탁한다(제294조). 이 공탁은 집행공탁의 일종으로서, 공탁서는 법원에 제출하여 보관한다. 이때 가압류의 효력은 위 공탁금의 회수청구권에 미치게 된다.[11]

공탁금의 총액이 가압류 청구채권액에 달하게 되면 법원은 직권으로 강제관리의 취소결정을 하고, 이 결정이 확정되면 법원사무관 등은 가압류 등기의 말소를 촉탁한다(제171조).

가압류를 위한 강제관리가 종료한 후, 본안소송에서 채권자가 승소확정판결을 받은 때에는 본집행으로 이행(移行)할 보전집행이 없으므로, 본집행으로서 강제관리개시결정을 얻어 공탁금에 대한 배당을 받아야 한다.[12]

III. 선박 등 가압류 집행

》 설문 ❸

甲은 乙에 대해 30억원의 금전채권을 가지고 있는데, 乙이 기한이 지났음에도 변제를 해주지 않아 소송을 고려하고 있다. 그런데 소송을 준비하면서 乙이 어떤 재산을 가지고 있는지 알아보았더니, 특별한 것은 없고, 파나마에 선적을 가지고 있는 화물선이 한 척 있음을 알게 되었다. 마침 이 선박이 우리나라에 입항을 하고 있다면 甲은 이 선박을 가압류할 수 있는가?

1. 선박 등 가압류 집행의 원칙

강제집행의 경우와 마찬가지로 선박이나 항공기, 자동차, 건설기계 등은 그 성질상 동산이기는 하지만 이동이 용이하고 고가인 것이 보통이어서 점유만으로는 그 권리관계를 표상할 수 없기 때문에 보전절차에서도 이를 따로 취급하는 것으로 하고 있

11) 주석, 283면; 실무제요, 188면.

12) 주석, 285면.

다. 이에 따라 보전집행의 양상은 오히려 부동산집행의 경우와 유사하게 이루어지나, 등기·등록 외에도 물건의 직접적 확보가 중요시되는 경우도 없지 않다.

이들 4가지 종류의 물건은 대체로 선박과 항공기의 집행이 보다 유사하고, 자동차와 건설기계의 집행이 또한 유사한 측면을 가진다.

2. 선박에 대한 가압류 집행

(1) 선박의 가압류

선박은 본래 동산이지만 일정한 규모 이상의 선박은 등기와 등록을 하여야 할 뿐만 아니라, 가액이 상당히 고가로서 다수의 이해관계인이 있는 경우가 많아 부동산과 유사한 성질이 있다. 이에 민사집행법은 선박에 대한 가압류의 집행에 기본적으로 부동산 집행, 특히 강제경매에 관한 규정을 준용하도록 하고 있다(제291조에 의한 제172조의 준용).

가압류의 대상이 되는 선박은 총톤수 20톤 이상의 기선과 범선 및 총톤수 100톤 이상의 부선(艀船) 중 선박계류용·저장용 등으로 사용하기 위하여 수상에 고정하여 설치하는 것을 제외한 부선이다(선박법 제8조, 선박등기법 제2조). 이들은 등기할 수 있는 선박으로서 실제 등기가 되어 있는지, 선적이 우리나라에 속하는지 등은 묻지 않는다. 또한 선박의 속구(屬具)로서 그 상용(常用)에 제공되고 있는 것은 일체로서 가압류의 대상이 된다(상법 제742조). 이때 항해준비를 완료한 선박과 그 속구는 항해준비를 위한 채무에 대한 것이 아니면 가압류의 대상이 되지 못하나(상법 제744조), 이러한 채권은 선박우선특권의 대상이 되는 경우가 많은데(상법 제777조), 이러한 우선특권 있는 채권은 경매청구를 통하여 우선변제를 받을 수 있으므로 채권보전을 위하여 가압류를 할 필요가 없다는 것을 주의할 필요가 있다.[13]

《선박우선특권 있는 채권에 기한 선박가압류의 적부(소극)》(대법원 1988.11.22. 선고 87다카1671 판결)

선박우선특권 있는 채권자는 선박소유자의 변동에 관계없이 그 선박에 대하여 채무명의 없이도 경매청구권을 행사할 수 있으므로 채권자는 채권을 보전하기 위하여 그 선박에 대한 가압류를 하여둘 필요가 없다.

---

13) 대판 1988.11.22, 87다카1671.

등기할 수 있는 선박에 대한 가압류를 집행하는 경우에는 가압류등기를 하는 방법이나 집행관에게 선박국적증서등을 선장으로부터 받아 집행법원에 제출하도록 명하는 방법으로 한다. 이들 방법은 함께 사용할 수 있다(제295조 1항). 종래 규정되어 있던 선박에 대한 정박명령은 선박을 운행하지 못하게 막음으로써 그로인한 손실을 발생시켰으므로, 현재에는 감수보존(監守保存)의 필요가 있는 경우에만 강제집행의 규정을 준용하여 이를 할 수 있도록 하고 있다(제295조 참조).

건조 중인 선박은 소유권보존등기를 할 수 없어서 가압류기입등기의 촉탁을 할 수 없고, 선박국적증서도 발행되지 않으므로 유체동산집행절차에 의하여야 한다고 한다.[14]

(2) 선박에 대한 가압류 신청과 명령

선박에 대한 가압류는 가압류할 선박 등이 있는 곳을 관할하는 지방법원 또는 본안의 관할법원이 관할한다(제278조). 선박이 있는 곳이란 현재 선박이 입항하여 정박 중인 곳을 말한다.

선박에 대한 가압류의 신청은 ① 선박등기부 등본, ② 항해준비를 마치지 않았다는 보고서, ③ 정박증명서(관할법원을 정하기 위하여 필요하다), ④ 선가증명서(담보액을 정하기 위하여 필요하다), ⑤ 선장의 주소 · 성명을 첨부하여야 한다. 이때 선장은 선적항 외에서 채무자인 선주를 대리하여 재판상 및 재판외의 행위를 할 수 있다(상법 제749조).

선박에 대한 가압류를 명하는 때의 주문은 다음 보기와 같다.

> 채무자 소유의 별지 기재 선박을 가압류한다.
> (○○지방법원 소속 집행관은 위 선박의 선박국적증서, 그밖에 선박운행에 필요한 문서를 선장으로부터 받아 이 법원에 제출하라.)
> 채무자는 다음 청구금액을 공탁하고 집행정지 또는 그 취소를 신청할 수 있다.

위 주문례 중 제2항은 선박국적증서 등을 제출하는 방법에 의하여 집행하는 경우에 발령하게 된다.

---

14) 주석, 286면.

(3) 선박에 대한 가압류 집행

가압류등기를 하는 방법에 의한 가압류집행은 가압류명령을 한 법원이, 선박국적증서등을 받아 제출하도록 명하는 방법에 의한 가압류집행은 선박이 정박하여 있는 곳을 관할하는 지방법원이 집행법원으로서 관할한다(제295조 2항).

가압류 등기를 하는 방법으로 집행을 하는 때에는 법원사무관 등이 등기를 촉탁하게 되고(제295조 3항에 의한 제293조 3항의 준용), 선박국적증서 등을 제출하는 방법으로 하는 가압류의 집행은 집행법원이 집행관에게 선박국적증서와 그 밖의 선박운행에 필요한 문서를 선장으로부터 받아 법원에 제출할 것을 명한다(제295조 1항). 외국선박에 대해서는 등기를 할 수 없으므로 선박국적증서를 제출하는 방법으로 집행할 수밖에 없다(제186조 참조).

가압류의 효력은 원칙적으로 채무자에게 가압류 결정이 송달된 때나 가압류 등기가 된 때에 생기는 것이나, 집행이 송달 이전에 행해지는 경우도 많으므로 집행관이 선박국적증서 등을 받은 때 또는 감수 · 보존처분을 하였을 때에도 생긴다. 결국 이들 중 가장 빠른 것에 의해 효력이 생긴다.[15)]

선박을 가압류하였더라도 운행허가를 얻어 운행을 할 수 있고(제176조 2항), 운항을 위하여 반환한 선박국적증서 등은 운항의 종료 후 다시 받아야 한다. 이와는 별도로 가압류 신청 전에는 선박국적증서 등의 인도명령을 구할 수는 없는 것으로 해석되어 있다(제175조 참조).[16)]

(4) 선박의 지분에 대한 가압류 집행

선박의 지분에 대한 가압류는 선박 가압류의 방법이 아니라, 그 밖의 재산권에 대한 가압류의 방법에 의한다(제185조 1항). 그 밖의 재산권에 대한 집행방법은 채권집행의 예에 따라서 실시하되 필요시 일괄매각을 하는 방법을 의미한다고 하여야 할 것이나(제185조 1항에 의한 제251조의 준용), 실제 가압류물은 매각하지 못하므로(제296조 5항), 현실적으로 가압류 집행은 압류 단계에서 그치게 된다.

선박의 지분에 대한 가압류를 신청하기 위해서는 채무자가 선박의 지분을 소유하고 있다는 사실을 증명할 수 있는 선박등기부의 등본이나 그 밖의 증명서를 내야 한다(제185조 2항). 법원이 가압류명령을 한 때에는 채무자 외에 선박관리인(상법 제764조)에게도 송달

---

15) 주석, 290면; 실무제요, 191면.
16) 박두환, 735면; 주석, 290면.

하여야 한다(제185조 3항). 가압류명령은 선박관리인에게 송달되면 채무자에게 송달된 것과 같은 효력을 가진다(동조 4항).

가압류명령의 집행은 가압류 법원의 법원사무관 등이 그 가압류 기입등기를 촉탁함으로써 실시한다.[17]

3. 항공기에 대한 가압류 집행

(1) 항공기의 가압류

항공기는 대체적인 성질이 선박과 유사한 점이 많기 때문에 강제집행도 선박의 예에 따라 실시하도록 되어 있고(규칙 제106조), 이에 따라 가압류도 선박 가압류의 방법으로 하게 되어 있다.

다만 선박의 등기는 물권변동의 대항요건이나,[18] 항공기의 등록은 효력요건이고(항공법 제5조 1항), 항공기의 등록은 행정청인 국토해양부 장관의 소관인 것 등이 주요한 차이점이라 할 수 있다.

항공기에 대한 가압류의 관할권은 목적인 항공기가 있는 곳을 관할하는 지방법원 또는 본안의 관할법원에 속한다(제278조). 채권자가 가압류를 신청할 때에는 국토해양부 장관이 발급한 항공기등록원부 등본을 첨부하여야 하며, 목적물을 특정하기 위하여 등록원부에 기재된 등록기호, 종류, 형식, 제작자, 항공기의 제작번호, 정치장, 등록연월일 등을 명시하여야 한다. 그러나 기장(機長)의 표시는 할 필요가 없다.[19]

(2) 항공기에 대한 가압류 집행

항공기에 대한 가압류의 집행은 선박의 예에 따라 실시하도록 하고 있으므로(규칙 제209조), 등록사무 소관청인 국토해양부 장관에게 해당 선박에 대한 가압류의 기입등록을 촉탁하거나, 항공기등록증명서를 제출받는 방법으로 집행하여야 한다.

가압류등록을 하는 방법에 의한 가압류집행은 가압류명령을 한 법원이, 항공기등록증명서 등을 받아 제출하도록 명하는 방법에 의한 가압류집행은 항공기가 정류하여

17) 실무제요, 193면.
18) 다만 소형선박의 경우는 등록이 효력발생요건이다(선박법 제8조의2).
19) 주석, 292면; 실무제요, 194면.

있는 곳을 관할하는 지방법원이 집행법원으로서 관할한다(제295조 2항).

가압류 등기를 하는 방법으로 집행을 하는 때에는 법원사무관 등이 등기를 촉탁하게 되고(제295조 3항에 의한 제293조 3항의 준용), 항공기등록증명서 등을 제출하는 방법으로 하는 가압류의 집행은 집행법원이 집행관에게 항공기등록증명서와 그 밖의 항공기의 운항에 필요한 문서를 받아 법원에 제출할 것을 명한다(제295조 1항). 외국 항공기에 대해서는 등록을 할 수 없으므로(항공법 제6조 2항) 항공기등록증명서를 제출하는 방법으로 집행할 수밖에 없다.

4. 자동차에 대한 가압류 집행

(1) 자동차에 대한 가압류

자동차에 대한 가압류의 집행도 선박이나 항공기에 준하여 볼 수 있다. 따라서 본래 동산이기는 하지만 그 권리가 등록에 의하여 표상되는 재산이므로 원칙적으로 부동산의 집행방법에 준하여 집행하도록 하고 있다(규칙 제210조 1항).

자동차에 대한 가압류의 신청은 특별시장 · 광역시장 또는 도지사가 발급한 자동차의 등록원부 등본을 붙여야 하며, 목적물의 특정을 위하여 등록원부에 기재된 등록번호, 형식승인번호, 차명, 차종, 차대번호, 원동기의 형식 및 연식, 사용본거지, 등록연월일 등을 명시하여야 한다.

가압류사건을 관할하는 법원은 본안법원과 자동차가 있는 곳을 관할하는 지방법원이다. 법원이 가압류를 명하는 때에는 채권자의 신청에 따라 채무자에 대하여 자동차를 집행관에게 인도할 것을 명할 수 있다(규칙 제210조 2항). 이때에는 강제집행절차에서 자동차를 인도받은 때의 규정을 준용하는데(규칙 제210조 3항), 이에 의하면 압류물을 제3자가 점유하게 된 경우에는 법원은 채권자의 신청에 따라 그 제3자에 대하여 그 물건을 집행관에게 인도하도록 명할 수 있고(규칙 제112조에 의한 제193조의 준용), 법원은 영업상의 필요, 그 밖의 상당한 이유가 있다고 인정하는 때에는 이해관계를 가진 사람의 신청에 따라 자동차의 운행을 허가할 수 있다(규칙 제117조 1항).

(2) 자동차에 대한 가압류 집행

자동차에 대한 가압류 집행은 가압류 명령을 한 법원이 집행법원이 되어 자동차등록원부에 가압류를 기입등록할 것을 특별시장, 광역시장, 도지사에게 촉탁하여 실시한다(규칙 제210조 1항).

강제경매개시결정이 송달되거나 등록되기 전에 집행관이 자동차를 인도받은 경우에는 그때에 압류의 효력이 생긴다(규칙 제111조 3항). 그러나 이때 자동차를 매각하는 등 현금화를 하지 못한다. 다만, 이를 즉시 매각하지 아니하면 값이 크게 떨어질 염려가 있거나 그 보관에 지나치게 많은 비용이 드는 경우에는 집행관은 그 물건을 매각하여 매각대금을 공탁하여야 한다(규칙 제210조 3항에 의한 법 제296조 5항의 준용).

자동차에 대해 가압류 등록이 있은 후에 그 자동차의 소유권이 제3자에 이전된 경우에는 가압류채권자가 후에 본압류를 하여 열린 배당절차에 가압류 채무자의 다른 채권자는 배당에 참가할 수 없다. 왜냐하면 가압류의 처분금지적 효력에 의하여 제3취득자가 대항할 수 없는 것은 가압류 채권자뿐이기 때문이다.[20]

(3) 자동차의 지분에 대한 가압류 집행

자동차의 지분에 대한 강제집행은 그 밖의 재산권에 대한 집행방법을 준용한다(규칙 제210조 4항에 의한 제129조와 법 제251조의 준용). 이때 그 집행은 가압류 명령을 채무자에게 송달하는 외에 가압류 기입등록을 촉탁하는 방법으로 하게 된다(규칙 제175조). 이때 가압류의 효력은 채무자에게 권리처분을 금지하는 명령을 송달한 때(제251조 2항) 또는 기입등록을 한 때에 생긴다.[21]

5. 건설기계 및 소형선박에 대한 가압류 집행

건설기계나 소형선박에 대한 가압류에는 자동차의 가압류에 관한 규정이 준용된다. 다만 이때 등록을 하는 장부는 "건설기계등록원부", "선박원부 · 어선원부 · 수상레저기구등록원부"로, 이들 장부에 등록을 하는 주체는 건설기계에 관해서는 자동차와 같으나, 소형선박의 경우는 "지방해양수산청장"이나 "시장 · 군수 또는 구청장"이 된다(규칙 제211조).

20) 대판 1998.11.13, 97다57337.

21) 실무제요 197면.

《가압류 등록 후 중기에 대해 제3취득자에게 소유권이 이전된 경우의 배당관계》(대법원 1998.11.13. 선고 97다57337 판결)

중기관리법에 의하여 등록된 중기에 대하여 가압류등록이 먼저 되고 나서 제3자 앞으로 소유권이전등록이 된 경우에 그 제3자의 소유권 취득은 가압류에 의한 처분금지의 효력 때문에 그 집행 보전의 목적을 달성하는데 필요한 범위 안에서 가압류채권자에 대한 관계에서만 상대적으로 무효일 뿐이고 가압류채무자의 다른 채권자 등에 대한 관계에서는 유효하다 할 것이므로, 위와 같은 경우 채무명의를 얻은 가압류채권자의 신청에 의하여 제3자의 소유권 취득 후 당해 중기에 대하여 개시된 강제경매절차에서 가압류채무자에 대한 다른 채권자는 당해 중기의 경락대금의 배당에 참가할 수 없다.

Ⅳ. 유체동산 가압류 집행

⋙ 설문 ❹

甲은 乙에 대해 가압류명령을 얻어 乙 소유의 소 20마리를 가압류하였다. 그런데 가압류 집행 후 갑자기 사료 값이 폭등하여 보관에 어려움을 겪고 있다면 甲은 가압류집행 중인 소를 매각할 수 있는가?

1. 유체동산 가압류

(1) 가압류의 대상인 유체동산

여기서 유체동산이라 함은 등기할 수 없는 토지의 정착물로서 독립하여 거래의 객체가 될 수 있는 것이나 토지에서 분리하기 전의 과실로서 1월 이내에 수확할 수 있는 것, 유가증권으로서 배서가 금지되지 아니한 것을 포함하는 개념이다(제189조 2항).

등기할 수 있는 선박(제172조)이나 항공법에 의해 등록된 항공기(규칙 제209조), 자동차관리법에 의해 등록된 자동차(규칙 제210조)나 건설기계관리법에 의해 등록된 건설기계 및 선박법에 의하여 등록의 대상인 소형선박(규칙 제211조)은 성질상 동산이라고 할 수 있으나 이들은 부동산집행에 준하여 별도로 가압류를 하게 되어 있으므로, 이들은 유체동산 집행의 대상에서 제외된다.

가압류의 대상인 유체동산은 채무자가 점유하고 있는 것이 보통이지만(제189조 1항), 채권자가 점유하고 있거나 점유하는 제3자가 제출을 거부하지 않으면 집행을 할 수 있다(제191조). 제3자가 제출을 거부하는 경우에는 가압류를 할 수 없으므로, 채무자의 그 제3자에 대한 인도청구권을 가압류할 수밖에 없을 것이다(제243조).

채무자가 제3자와 공유하고 있는 물건은 지분권을 가압류하여야 하고, 물건 자체를 집행할 수 없는 것이 원칙이나, 예외적으로 부부공유의 유체동산은 그 부부 일방에 대한 채권으로 가압류를 할 수 있다(제190조).

(2) 유체동산 가압류의 특징

다른 가압류와는 달리 유체동산 가압류의 경우에는 가압류 신청시에 그 대상인 유체동산을 특정하지 않고 채무자의 유체동산 전부를 그 대상으로 하는 것이 보통이나, 그 대상을 특정하여도 무방하다. 통상 집행관은 채무자 소유의 유체동산에 대해 직접적으로 점유하는 방법보다는 압류증표를 부착하고 채무자에게 보관시키는 방법을 취하는데(제189조 1항), 이러한 집행은 채무자에게 주는 심리적 내지 신용상의 타격이 매우 크므로, 신중히 할 필요가 있다. 따라서 가압류 신청을 심리할 때 특히 피보전권리와 보전의 필요에 대한 심사를 엄격히 하여야 하고, 채무자에게 다른 재산이 없거나 다른 재산을 조사할 여유가 없다는 소명이 필요하다고 한다.[22]

2. 유체동산 가압류의 집행

(1) 가압류 집행의 절차

동산에 대한 가압류의 집행은 압류와 같은 원칙에 따라야 하므로(제296조 1항), 유체동산의 가압류는 집행관이 목적으로 되는 동산을 점유하는 방법으로 집행을 하여야 한다는 것(제189조 1항)을 의미한다.

채권자가 유체동산 가압류의 집행신청[23]을 하는 때에는 집행관에게 한다. 집행관은 가압류할 유체동산을 채권자나 채무자로부터 간섭받지 않고 스스로 선택하여 집행할 수 있으며, 채권액에 달하기까지 여러 개의 유체동산에 대해 집행하면 된다.

22) 실무제요, 198면.
23) 민사집행규칙 제212조 등은 "집행위임"이라고 하고 있으나, 국가기관인 집행관에게 위임하는 것은 적절하지 않으므로, 집행신청으로 고쳐 읽어야 한다. 방순원/김광년, 116면.

목적물을 가압류하면서 채무자에게 보관시킨 경우에는 집행관이 그 물건을 옮겨갈 때까지 채무자의 점유가 계속된다.[24)]

《동산에 대한 가압류와 채무자의 점유》(대법원 1963.10.10. 선고 63다309 판결)

민사소송법 제709조 제1항은 동산에 대한 가압류의 집행은 압류의 동일한 원칙에 의하여 한다고 하였고 동법 527조 제1항은 채무자의 점유에 있는 유체동산의 압류는 집달리가 그 물건을 점유하되 채권자의 승낙이 있거나 그 운반에 중대한 곤란이 있는 때에는 채무자에게 보관하게 할 수 있고 이 경우에는 봉인 기타의 방법으로 압류를 명확히 할 것을 규정하고 있음으로 동산에 대한 가압류가 있다하여 채무자가 그 동산의 점유(보관)을 당연히 상실하는 것이 아니고 집달리가 그 가압류한 동산을 다른 곳으로 운반하여 갔다는 사유가 없는 이상 채무자의 점유(보관)는 계속한다.

(2) 금전의 가압류 집행

금전에 대해 가압류를 한 때에는 해당 금전을 공탁하여야 한다(제296조 4항). 이때 공탁한 금전에 대한 가압류의 효력은 앞에서 본 환가금의 공탁과 같다.

(3) 가압류물의 현금화

가압류물은 현금화를 하지 못한다. 다만, 가압류물을 즉시 매각하지 아니하면 값이 크게 떨어질 염려가 있거나 그 보관에 지나치게 많은 비용이 드는 경우에는 집행관은 그 물건을 매각하여 매각대금을 공탁하여야 한다(제296조 5항). 이때 집행법원의 명령 없이 집행관의 판단에 따라 현금화를 하면 된다.[25)] 가압류의 대상인 물건에 대해 제3자이의의 소가 제기되고 가압류의 집행정지결정이 있는 때에도 이러한 현금화는 가능하다. 왜냐하면 이는 해당 물건에 대한 보존행위의 일종으로서 가압류의 상태를 변경하는 것이 아니기 때문이다.[26)]

이때 공탁된 금전에 가압류의 효력이 미치게 되는데, 뒤에 가압류가 취소되면 집행관은 공탁금을 회수하여 채무자에게 반환하고, 가압류 집행이 본집행으로 이전하거나 다른 채권자가 강제집행을 하는 경우에는 집행관에게 동산집행을 하여 집행관이

24) 대판 1963.10.10, 63다309.
25) 실무제요, 201면.
26) 실무제요, 201면.

그 공탁금을 회수하여 그 금전에 대해 강제집행을 하게 된다.[27]

가압류물의 현금화에 관한 규정이 예외적으로 가처분에 준용되느냐에 관한 문제가 있으나, 이를 긍정하는 입장이 있다.[28]

V. 채권 등 가압류 집행

≫ 설문 ❺

甲은 乙에 대해 가지고 있는 금전채권을 보전하기 위하여 乙이 丙에 대해 가지고 있는 채권을 가압류하였는데, 가압류된 채권이 丙의 부동산에 대해 저당권으로 담보된 것이라면 가압류의 효력은 이 저당권에도 미치는가?

1. 채권가압류 집행의 원칙

(1) 채권가압류의 특징

채권가압류는 채무자가 제3채무자에 대해 가지고 있는 채권을 가압류하는 것이므로 일반적인 재산권과는 다소 구별되는 특징이 있다. 우선 채권자와 채무자 외에 반드시 제3채무자가 존재하여 가압류 명령은 이 제3채무자에게 송달되어 제3채무자로부터 채무자에게 변제를 금지하는 방법으로 집행이 이루어지게 된다.

대상인 채권의 종류도 다종다양하지만, 일반적인 가압류의 방법은 대동소이하다. 그런데 특히 예금채권과 같이 금융기관이 제3자로 되는 경우, 이에 대한 가압류는 필연적으로 채무자의 신용에 나쁜 영향을 미치게 되어 기업이 도산하는 원인이 되기도 한다. 또 채무자의 임금채권은 그의 생계수단이 되는 점에서 섣불리 지급을 금지하기 어려운 측면이 있다. 이러한 이유에서 채권가압류의 심리도 유체동산 가압류와 마찬가지로 엄격하게 하여야 할 것으로 주장되고 있다.[29]

채권가압류에 대해서는 제3채무자의 보통재판적 소재지의 법원이 가압류할 물건이 있는 곳을 관할하는 법원이 되며, 그 외 본안의 관할법원도 관할권을 가짐은 앞에

27) 주석, 300면; 실무제요, 201면.
28) 김상원/정지형, 416면; 주석, 324면; 실무제요, 202면.
29) 실무제요, 205면.

서 본 바와 같다. 이때 가압류의 집행은 가압류명령을 한 법원이 관할한다(제296조 2항).

(2) 대상인 채권의 특정

채권의 가압류에는 제3채무자에 대하여 채무자에게 지급하여서는 아니 된다는 명령만을 하여야 한다(제296조 3항). 그런데 이때 제3채무자가 같은 채무자에게 여러 개의 채무를 지고 있는 때 등에는 지급하지 못하게 되는 채권이 어떤 것인지 문제될 수 있으므로 가압류의 대상인 채권을 명확하게 특정할 필요가 있게 된다. 이에 따라 법은 가압류를 신청할 때에는 그 대상인 채권의 채권자(가압류 절차의 채무자), 채무자(제3채무자), 채권의 종류, 발생원인, 금액, 변제기 등을 명백히 표시하도록 하고 있다(제225조 1항, 규칙 제159조 1항). 그러나 이때 가압류채권자의 입장에서는 자신의 책임으로 이를 특정하여야 하는 것은 분명하지만, 사실 이 채권은 채무자와 제3채무자 사이의 채권으로서 공시되지도 않아 그 내용을 명확히 알 수 없는 것이므로 실제 이를 특정하는 것이 쉽지 않다. 이러한 이유로 채무자와 제3채무자만을 표시하는 경우가 있어서 문제로 되고 있으나, 이러한 채권을 가압류하게 되면 양자 사이의 모든 채권이 가압류되는 예기치 못한 결과로 될 수 있으므로 적절하지 않다. 따라서 어떻게 하든 그 채권이 다른 채권과 구별될 수 있도록 특정되어야 함은 분명하다.[30)]

(3) 제3채무자의 공탁

현행법은 중복압류가 없어도 제3채무자가 가압류의 대상인 금전채권을 공탁할 수 있는 것으로 규정하고 있고(제248조 1항), 또 금전채권 중 압류되지 아니한 부분을 초과하여 거듭 압류명령 또는 가압류명령이 내려진 경우에 그 명령을 송달받은 제3채무자는 압류 또는 가압류채권자의 청구가 있으면 그 채권의 전액에 해당하는 금액을 의무적으로 공탁하여야 하는 것으로 규정하고 있다(동조 3항). 이때 제3채무자가 채무액을 공탁한 때에는 그 사유를 법원에 신고하여야 하는데, 상당한 기간 이내에 신고가 없는 때에는 가압류채권자도 그 사유를 법원에 신고할 수 있다(동조 4항). 이때 공탁의 신고는 먼저 송달된 가압류명령을 발령한 법원에 하여야 한다(규칙 제172조 3항).

제3채무자가 가압류 집행된 금전채권액을 공탁한 경우에는 그 가압류의 효력은 그

---

30) 주석, 301면; 실무제요, 204면.

청구채권액에 해당하는 공탁금액에 대한 채무자의 출급청구권에 대하여 존속한다(제297조).

2. 지명채권의 가압류

(1) 지명채권에 대한 가압류 명령

채권자가 특정되어 있는 지명채권에 대한 가압류 명령은 그 채무자인 제3채무자에게 채권자(가압류의 채무자)에 대한 지급을 금지하는 명령을 하고(제296조 3항), 채무자에 대해 자신의 채권을 처분하거나 영수하는 것을 금지하지 않는다(제227조 1항 참조). 제3채무자에 대한 변제금지만으로 채권이 확보될 수 있기 때문이다.

이 경우 제3채무자의 표시도 중요한 요소가 되는데, 개인이라면 통상의 경우와 같이 주소, 성명으로 특정될 수 있을 것이나, 법인이나 공공단체, 국가 등의 경우에는 소관부처를 명확히 기재하여야 할 것이며, 아울러 채무자를 표시함에 있어서도 그 소속이나 지위, 주민등록번호 등을 표시하면 업무가 수월히 처리될 수 있다(재민 94-3).

한편 채권자와 채무자 사이에 양도금지특약이 있는 경우에 가압류를 할 수 있을까 문제될 수 있으나, 대법원은 이에 대해 사인이 양도금지재산을 설정할 수는 없다는 이유로, 양도금지특약이 있어도 압류나 가압류 또는 전부명령을 함에 지장이 없다고 하고 있다.[31)]

《양도금지 특약이 있는 채권을 압류 및 전부명령에 의하여 이전할 수 있는지 여부》(대법원 1976.10.29. 선고 76다1623 판결)

당사자 사이에 양도금지의 특약이 있는 채권이라도 압류 및 전부명령에 의하여 이전할 수 있고, 양도금지의 특약이 있는 사실에 관하여 압류채권자가 선의인가 악의인가는 전부명령의 효력에 영향을 미치지 못한다.

(2) 지명채권에 대한 가압류 집행

지명채권에 대한 가압류 집행도 가압류 명령을 한 법원이 직접 실시하므로 보통의 경우에는 따로 집행신청을 할 필요 없다. 이때의 집행방법은 제3채무자에게 채무자에

31) 대판 1976.10.29, 76다1623.

대한 지급을 금지하는 명령이 기재된 가압류 재판 정본을 송달하는 방법으로 한다.

이 재판이 제3채무자에게 송달되면 가압류의 효력이 발생한다(제227조 3항). 송달 이전에 제3채무자가 채무를 변제하거나, 채무자가 채권을 제3자에게 양도하는 것은 문제가 없으나, 송달 이후의 변제나 양도로 가압류 채권자에게 대항하지 못한다. 그러나 이러한 효과는 채무자가 제3채무자에 대해 청구를 하는 것까지 금지하는 것은 아니다.[32]

《가압류된 채권의 청구》(대법원 1989.11.24. 선고 88다카25038 판결)
채권가압류가 된 경우, 제3채무자는 채무자에 대하여 채무의 지급을 하여서는 안 되고, 채무자는 추심, 양도 등의 처분행위를 하여서는 안 되지만, 이는 이와 같은 변제나 처분행위를 하였을 때에 이를 가압류채권자에게 대항할 수 없다는 것이며, 채무자가 제3채무자를 상대로 이행의 소를 제기하여 채무명의를 얻더라도 이에 기하여 제3채무자에 대하여 강제집행을 할 수는 없다고 볼 수 있을 뿐이고 그 채무명의를 얻는 것까지 금하는 것은 아니라고 할 것이다.

채권양도의 통지와 가압류 명령의 송달은 빠른 것이 우선함은 당연하나, 동시에 채무자에게 도달한 때에는 양수인과 채권자는 다 같이 채무의 전액을 청구할 수 있고, 제3채무자가 이들 중 어느 누구에게라도 그 채무 전액을 변제하면 자신은 책임을 면한다. 그런데 이들 채권액의 합계가 제3채무자에 대한 채권액을 초과할 때에는 공평의 원칙상 각 채권액에 안분(按分)하여 이를 다시 정산하여야 한다.[33]

《채권양도와 가압류 명령의 우열》(대법원 1994.4.26. 선고 93다24223 전원합의체 판결)
가. 채권이 이중으로 양도된 경우의 양수인 상호간의 우열은 통지 또는 승낙에 붙여진 확정일자의 선후에 의하여 결정할 것이 아니라, 채권양도에 대한 채무자의 인식, 즉 확정일자 있는 양도통지가 채무자에게 도달한 일시 또는 확정일자 있는 승낙의 일시의 선후에 의하여 결정하여야 할 것이고, 이러한 법리는 채권양수인과 동일 채권에 대하여 가압류명령을 집행한 자 사이의 우열을 결정하는 경우에 있어서도 마찬가지이므로, 확정일자 있는 채권양도 통지와 가압류 결정 정본의 제3채무자(채권양도의 경우는 채무자)에 대한 도달의 선후에 의하여 그 우열을 결정하여야 한다.
나. 채권양도 통지, 가압류 또는 압류명령 등이 제3채무자에 동시에 송달되어 그들 상호간에 우열이 없는 경우에도 그 채권양수인, 가압류 또는 압류채권자는 모두 제3채무자에 대하여 완

32) 대판 1989.11.24, 88다카25038.
33) 대판 1994.4.26, 93다24223 전원합의체.

전한 대항력을 갖추었다고 할 것이므로, 그 전액에 대하여 채권양수금, 압류전부금 또는 추심금의 이행청구를 하고 적법하게 이를 변제받을 수 있고, 제3채무자로서는 이들 중 누구에게라도 그 채무 전액을 변제하면 다른 채권자에 대한 관계에서도 유효하게 면책되는 것이며, 만약 양수채권액과 가압류 또는 압류된 채권액의 합계액이 제3채무자에 대한 채권액을 초과할 때에는 그들 상호간에는 법률상의 지위가 대등하므로 공평의 원칙상 각 채권액에 안분하여 이를 내부적으로 다시 정산할 의무가 있다.

다. 채권양도의 통지와 가압류 또는 압류명령이 제3채무자에게 동시에 송달되었다고 인정되어 채무자가 채권양수인 및 추심명령이나 전부명령을 얻은 가압류 또는 압류채권자 중 한 사람이 제기한 급부소송에서 전액 패소한 이후에도 다른 채권자가 그 송달의 선후에 관하여 다시 문제를 제기하는 경우 기판력의 이론상 제3채무자는 이중지급의 위험이 있을 수 있으므로, 동시에 송달된 경우에도 제3채무자는 송달의 선후가 불명한 경우에 준하여 채권자를 알 수 없다는 이유로 변제공탁을 함으로써 법률관계의 불안으로부터 벗어날 수 있다.

라. 채권양도 통지와 채권가압류결정 정본이 같은 날 도달되었는데 그 선후관계에 대하여 달리 입증이 없으면 동시에 도달된 것으로 추정한다.

(3) 예금채권의 가압류 집행

금융기관에 예치되어 있으나 기간의 만료 등 사유에 의하여 반환청구를 할 수 있는 예금채권은 지명채권의 일종이므로 앞에서 본 지명채권의 가압류에 대한 사항이 대체로 적용될 수 있다. 따라서 가압류명령을 해당 금융기관에 송달하는 방법으로 집행을 하게 되는데, 다만 금융기관이 다수자와 금융거래를 하고 있기 때문에 가압류 채권을 어떻게 특정할 수 있을까가 문제로 된다. 특히 현재는 금융실명제와 관련하여 예금자의 비밀보호를 이유로 예금채권의 내용을 제3자인 채권자가 잘 알 수 없게 되어 있어서 채권자에게 일반의 경우와 마찬가지로 채권특정의 책임을 지운다면 가압류는 거의 불가능하게 되므로, 그 엄격성을 완화할 필요가 있다.[34)]

《가압류 및 압류절차에서 예금계좌의 특정》(대법원 2007.11.15. 선고 2007다56425 판결)

예금의 종류는 다종다양하여 일반인이 각 금융기관별로 예금의 종류를 모두 파악하기는 어렵고, 은행예금은 특별한 사정이 없는 한 그 비밀이 보장되어 예금주의 채권자는 구체적으로 예금주의 예금의 종류와 금액 등을 상세히 알기 어려운 점 등에 비추어 볼 때, 예금주의 채권자가 예금채권의 가압류 또는 압류를 신청하면서 채무자의 다른 예금채권과 구별할 수 있을 정도로

34) 대판 2007.11.15, 2007다56425.

예금의 종류와 금액을 기재하여 그 동일성을 식별할 수 있을 정도라면 이로써 가압류 또는 압류의 대상이 되는 예금채권은 특정되었다고 할 것이고, 예금주에게 하나의 예금계좌만 있을 때에는 반드시 예금의 종류와 계좌를 밝히지 않더라도 가압류 또는 압류의 대상이 특정된 것으로 볼 수 있다고 판단하고, 나아가 이와 같은 법리를 전제로 하여 이 사건 가압류결정과 채권압류 및 추심명령에서 가압류 또는 압류할 예금채권으로 자유저축예금, 보통예금 등은 명시된 반면 이 사건 예금계좌와 같은 기업자유예금은 명시되어 있지 않으나, 기업자유예금은 자유저축예금, 보통예금 등과 함께 입출금이 자유로운 예금으로서 기본적인 성격이 유사하고 다만 그 명칭, 예금이율, 가입대상 등에서 일부 차이가 있을 뿐이며, 특히 이 사건 가압류결정이 피고에게 송달될 당시 구자진이 피고에 대하여 가지고 있던 예금채권은 이 사건 예금계좌가 유일한 것이었으므로, 이 사건 가압류결정과 채권압류 및 추심명령의 효력은 이 사건 예금계좌의 예금채권에 미친다고 봄이 상당하다.

한편 예금거래관계는 계속적으로 발생하기 때문에 궁극적으로 예금채권은 장래 입금될 금액의 반환청구권까지도 포함하는 장래의 채권의 성격을 가지게 되므로 이러한 채권까지도 포함하는 내용을 가져야 한다.

또한 마찬가지로 같은 이름을 가진 사람이 많이 있을 수 있고, 이사 등에 의해 주소가 사람을 잘 특정하지 못하는 경우도 있으므로, 채무자의 주민등록번호나 사업자등록번호를 표시하는 것이 좋으며, 은행의 경우에도 취급점을 기재하는 것이 업무의 신속성에 기여한다.

통상 실무에서 많이 이용되는 예금채권의 기재례는 다음과 같다.

양식 12 가압류할 채권의 표시

가압류할 채권의 표시

금 ○○○○원

다만 채무자(　　　–　　　)주1가 제3채무자(취급점: ○○지점)에 대하여 가지는 다음 예금채권 중 다음에서 기재한 순서에 따라 위 청구금액에 이를 때까지의 금액

다　　음

1. 압류되지 않은 예금과 압류된 예금이 있는 때에는 다음 순서에 의하여 가압류한다.
   가. 선행 압류 · 가압류가 되지 않은 예금
   나. 선행 압류 · 가압류가 된 예금

> 2. 여러 종류의 예금이 있는 때에는 다음 순서에 의하여 가압류한다.
> 가. 정기예금, 나. 정기적금, 다. 보통예금, 라. 당좌예금, 마. 별단예금
> 3. 같은 종류의 예금이 여러 계좌 있는 때에는 계좌번호가 빠른 예금부터 가압류한다.

주 1. 채무자의 주민등록번호 또는 사업자등록번호

3. 담보권이 붙은 채권의 가압류 집행

(1) 저당권이 있는 채권의 가압류 집행

채권에 저당권이 붙어있는 경우에는 저당권의 부종성으로 말미암아 금전채권을 가압류하면 저당권에도 그 효력이 미친다. 이때 가압류나 집행을 하는 방법은 통상의 금전채권 가압류와 마찬가지이나, 물상보증 또는 저당권설정 후 제3자의 취득 등으로 제3채무자와 저당권의 대상인 부동산의 소유자가 다른 때에는 저당부동산의 소유자도 가압류명령에 표시하여야 하고, 저당권에 관한 등기가 필요하게 된다. 그리고 당연한 것이지만, 저당권만을 따로 가압류할 수는 없다.[35]

가압류명령은 제3자에게 송달하는 외에 저당부동산의 소유자에게도 송달하여야 한다. 해당 부동산에 등기를 하기 위하여 소유자에게 송달하는 것이 필요한데, 이후 법원은 즉시 등기소에 등기를 촉탁하여야 한다. 이 등기는 채권자의 신청이 있어야 하나, 채무자의 승낙은 필요 없다(제228조). 채권자는 가압류신청을 할 때 이러한 신청을 할 수 있다. 등기가 되어도 제3채무자에게 가압류명령이 송달되지 않으면 가압류의 효력이 생기지 않음을 주의하여야 한다. 저당권 등기는 공시의 효력밖에 없기 때문이다.[36]

저당권이 있는 채권에 대해 가압류 등기를 한 후, 가압류 신청이 취하되거나 가압류 명령의 취소 결정이 확정된 때 또는 피보전채권이 공탁으로 소멸하였음을 증명하는 문서가 제출되면 법원의 촉탁에 의하여 가압류 등기는 말소된다(규칙 제167조 4항).

(2) 다른 담보권이 있는 채권의 가압류 집행

전세권이 있는 채권에 대한 가압류는 대체로 저당권이 있는 채권의 가압류와 유사

35) 김상원/정지형, 398면.
36) 실무제요, 214면.

하나, 이는 목적물건에 대한 임대차계약과 연결되어 있어서 다소의 차이가 있다. 따라서 전세권이 종료하여 전세금 반환청구권이 발생한 경우이거나 전세권이 아직 존속하고 있는 경우에는 전세권의 종료를 기한 내지 조건으로 하여 그 전세금 반환청구권을 가압류하게 된다. 이때 가압류결정은 제3채무자에게 송달하여야 가압류의 효력이 발생하게 되고, 부동산에 대한 전세권은 등기촉탁이 필요하다.

유치권이 있는 채권을 가압류한 경우에도 그 가압류의 효력이 유치권에 미침은 당연하다. 이때 성질상 유치권의 등기는 필요하지 않으나, 유치권의 존속을 위하여 채권자는 채무자로 하여금 채권자가 위임하는 집행관에게 목적물을 인도하라는 명령을 구할 수 있다.[37)]

4. 지시채권의 가압류 집행

(1) 지시채권에 대한 가압류

지시채권은 특정인 또는 그 사람으로부터 지시받은 사람에게 변제해야 할 증권적 채권을 일컫는데, 통상 어음이나 수표, 선하증권, 화물상환증, 창고증권 등의 지시증권에 수반한다.

지시채권에 대한 가압류 집행은 그 지시증권이 배서를 할 수 있는 것이냐의 여부에 따라 집행방법이 달라진다. 따라서 지시증권의 배서가 금지된 것은 채권집행의 방법으로 가압류집행을 하게 되고(제233조), 배서가 가능한 것은 유체동산집행의 방법으로 집행한다(제189조 2항 3호).

지시채권은 성질상 불가분이므로 채권의 일부를 가압류하는 것은 허용되지 않는다.[38)]

(2) 배서가 금지된 지시채권의 가압류 집행

배서가 금지된 지시채권에 대한 가압류는 해당증권의 점유취득을 통하여 채권가압류가 이루어지도록 하는 방법으로 이루어진다.

---

37) 주석, 307면.
38) 주석, 308면.

> 채무자의 제3채무자에 대한 별지기재 약속어음에 기한 채권(화물상환증에 기한 별지 기재의 유체동산 인도청구권)을 가압류한다.
> 제3채무자는 채무자에게 위 채무의 지급을 하여서는 아니 된다.
> 채권자의 위임을 받은 집행관은 채무자로부터 위 약속어음을 빼앗아 점유하고 위 어음의 권리보전에 필요한 조치를 취하여야 한다.

채권가압류의 방법으로 집행하는 것이므로, 제3채무자에게 결정 정본을 송달하고, 지시채권의 성질에 따라 집행관이 증권을 점유하면 가압류의 효력이 생긴다. 집행은 가압류의 발령법원이 직접 하게 되고, 증권의 점유는 채권자가 집행관에게 신청하여 실시한다. 증권을 제3자가 보관하고 있으면서 제출을 거부하는 때에는 채무자의 증권 인도청구권에 기하여 강제집행을 하여야 한다. 증권의 보관은 집행관이 직접 하여야 하고, 채무자에게 보관시킬 수 없다.

압류된 지시채권이 금전채권인 경우에는 채권집행의 예에 따라 추심명령 또는 전부명령으로 현금화하고, 절차 진행 중 지급기일이 도래한 때에는 집행관이 지급제시를 통하여 채권금을 수령한 후 법원에 제출하게 된다. 그러나 물건인도청구권을 내용으로 하는 지시채권은 후에 유체동산인도청구권에 대한 집행절차가 따로 필요하게 된다.

(3) 배서를 할 수 있는 지시채권의 가압류 집행

배서를 할 수 있는 지시채권은 유체동산 집행의 방법에 의하게 되므로, 유체동산에 대한 가압류 집행 중 이러한 증권을 발견한 집행관은 증권을 점유함으로써 가압류를 하게 된다. 이때에는 특별히 제3채무자에게 통지할 필요는 없다.

이후 집행관은 지급제시나 청구가 필요하게 되면 채무자에 갈음하여 필요한 행위를 하여야 한다(제212조).

VI. 유체물 인도청구권 등의 가압류 집행

1. 유체동산의 인도 또는 권리이전청구권에 대한 가압류

(1) 유체동산 인도청구권 등의 가압류

책임재산은 현실적으로 채무자가 현재 재산을 보유하고 있는 경우뿐 아니라, 제3자로부터 물건의 인도청구권을 가지고 있을 때에도 이 인도청구권을 행사함으로써 확보할 수 있다. 그런데 채무자가 인도청구권을 실제로 행사하게 되면 그 물건을 은닉하거나 처분할 우려가 있으므로 채권자로서는 미리 인도청구권을 가압류할 필요가 있게 된다. 유체동산의 인도 내지 권리이전청구권이 주로 문제되는 것은 매입상품의 인도청구권, 신주발행되는 무기명주식의 인도청구권과 같은 것이다.

이러한 인도청구권 등의 가압류는 책임재산 확보를 위한 것이므로 채무자 소유물의 인도청구권이나 권리이전에 의해 채무자의 소유로 되는 것에 한하는 것이다. 따라서 임차권에 기한 임차물 인도청구권 같은 것은 가압류의 대상이 아니다.

유체동산 인도청구권의 가압류를 명하는 주문은 다음 예와 같이 할 수 있다.

채무자의 제3채무자에 대한 별지목록기재 유체동산 인도청구권을 가압류한다. 제3채무자는 채무자에 대하여 위 유체동산을 인도하여서는 아니 된다. 채무자는 위 인도청구권을 처분하거나 위 유체동산을 영수하여서는 아니 된다.

(2) 유체동산 인도청구권 등의 가압류 집행

유체동산 인도청구권 등에 대한 가압류 집행은 발령법원이 집행법원이 되어 제3채무자에게 결정정본을 송달함으로써 집행하는 것은 지명채권 가압류집행의 경우와 같다.

이때 가압류집행을 하면서 인도청구권을 집행하여 채무자로 하여금 위 유체동산을 집행관에게 인도할 것을 명할 수 있는가가 문제되어 있으나, 그렇게 되면 인도청구권은 가압류가 아니라 본집행이 되는 것과 마찬가지의 결과로 되고 말기 때문에 가압류로 본집행을 할 수 없다는 의미에서 부정적으로 해석한다(제243조의 준용 부정).[39]

39) 결과 동지: 김상원/정지형, 400면; 주석, 310면; 실무제요, 801면.

2. 부동산의 인도 또는 권리이전청구권에 대한 가압류

(1) 부동산 인도청구권 등의 가압류

채무자가 부동산을 소유하고 있는 때에는 누가 점유하고 있는가를 묻지 않고 압류나 가압류를 하는 것이 가능하므로, 당해 부동산의 인도청구권을 가압류할 필요는 적다. 그러나 부동산소유권 이전등기청구권과 같은 권리이전청구권을 가지고 있는 경우에는 이를 가압류할 필요가 있게 된다.

여기서 가압류의 대상이 되는 것은 부동산 외에도 광업권, 어업권, 선박, 항공기, 자동차, 건설기계 등을 모두 포함하는 것으로서 이러한 물건의 인도청구권 등을 가압류하였다가, 후에 집행권원을 얻어 강제집행을 하게 된다.

부동산의 권리이전청구권의 가압류를 명하는 주문은 다음과 같이 할 수 있다.

채무자의 제3채무자에 대한 별지목록 기재 부동산의 소유권 이전등기청구권을 가압류한다. 제3채무자는 채무자에게 위 부동산에 관한 소유권 이전등기절차를 이행하여서는 아니 된다. 채무자는 위 소유권 이전등기청구권을 양도하거나 그밖의 처분을 해서는 아니 된다.

(2) 부동산 인도청구권 등의 가압류 집행

부동산의 인도청구권 등에 대한 가압류 집행도 제3채무자에 대해 가압류결정 정본을 송달하는 방법으로 한다. 이때 가압류의 대상은 인도청구권 등 채권이고 부동산이 아니므로 등기를 하지는 않는다. 다만 이전등기청구권이 등기되어 있다면 부기등기의 방법으로 등기를 할 수 있다.[40] 소유권 이전등기청구권이 가등기된 경우에도 제3채무자에게 결정을 송달 후 기입등기를 촉탁한다.

그러나 일반적으로 등기를 하지 않은 가압류의 효력은 제3자에게는 효력이 생기지 않으므로 이후 제3자가 해당 부동산에 대해 소유권을 취득하였다고 하더라도 원인무효를 주장하여 등기말소를 청구할 수 없다.[41]

---

40) 동지: 주석, 312면. 반대: 이시윤, 517면.
41) 대판 1992.11.10, 92다4680 전원합의체.

《등기하지 않은 부동산 이전등기청구권에 대한 가압류의 효력》(대법원 1992.11.10. 선고 92다4680전원합의체판결)

가. 소유권이전등기청구권에 대한 압류나 가압류는 채권에 대한 것이지 등기청구권의 목적물인 부동산에 대한 것이 아니고, 채무자와 제3채무자에게 결정을 송달하는 외에 현행법상 등기부에 이를 공시하는 방법이 없는 것으로서 당해 채권자와 채무자 및 제3채무자 사이에만 효력을 가지며, 압류나 가압류와 관계가 없는 제3자에 대하여는 압류나 가압류의 처분금지적 효력을 주장할 수 없으므로 소유권이전등기청구권의 압류나 가압류는 청구권의 목적물인 부동산 자체의 처분을 금지하는 대물적 효력은 없다 할 것이고, 제3채무자나 채무자로부터 소유권이전등기를 넘겨받은 제3자에 대하여는 취득한 등기가 원인무효라고 주장하여 말소를 청구할 수 없다.

나. 부동산소유권이전등기청구권의 가압류는 채무자 명의로 소유권을 이전하여 이에 대하여 강제집행을 할 것을 전제로 하고 있으므로 소유권이전등기청구권을 가압류하였다 하더라도 어떠한 경로로 제3채무자로부터 채무자 명의로 소유권이전등기가 마쳐졌다면 채권자는 부동산 자체를 가압류하거나 압류하면 될 것이지 등기를 말소할 필요는 없다.

다. 일반적으로 채권에 대한 가압류가 있더라도 이는 채무자가 제3채무자로부터 현실로 급부를 추심하는 것만을 금지하는 것이므로 채무자는 제3채무자를 상대로 그 이행을 구하는 소를 제기할 수 있고, 법원은 가압류가 되어 있음을 이유로 이를 배척할 수 없는 것이 원칙이나, 소유권이전등기를 명하는 판결은 의사의 진술을 명하는 판결로서 이것이 확정되면 채무자는 일방적으로 이전등기를 신청할 수 있고 제3채무자는 이를 저지할 방법이 없으므로 이와 같은 경우에는 가압류의 해제를 조건으로 하지 아니하는 한 법원은 이를 인용하여서는 안 되고, 제3채무자가 임의로 이전등기의무를 이행하고자 한다면 민사소송법 제577조에 의해 정해진 보관인에게 권리이전을 하여야 할 것이고, 이 경우 보관인은 채무자의 법정대리인의 지위에서 이를 수령하여 채무자 명의로 소유권이전등기를 마치면 된다.

그런데 어떠한 방법으로든 가압류 등기가 된 이후에는 제3자에 대해서도 가압류의 효력이 생긴다고 할 것이므로 이후 제3자가 소유권을 취득하여도 가압류 채권자에 대항할 수 없으므로 무효로 된다.[42]

《가등기된 부동산소유권이전등기청구권에 대한 가압류의 기입등기 후의 가압류의 효력》(대법원 1998.8.21. 선고 96다29564 판결)

[1] 부동산에 관하여 전소유자로부터 채무자 명의의 소유권이전등기가 되고 같은 날 채무자로부터 제3자가 소유권이전등기를 넘겨받기 전에 이미 가압류채권자 명의의 적법한 가압류기입등기가 되어 가압류결정이 공시되어 있었던 경우, 가압류채권자는 제3자에 대하여 위 가압류의

42) 대판 1998.8.21, 96다29564.

처분금지적 효력을 주장할 수 있다 할 것이어서, 제3자 명의의 소유권이전등기는 등기된 가압류의 채권자와의 관계에서는 무효이다.

[2] 제3자에 의하여 채무자 명의의 가등기에 기한 소유권이전의 본등기가 마쳐진 경우, 그 가등기된 부동산소유권이전등기청구권을 가압류한 채권자의 신청에 의한 당해 부동산에 대한 강제집행절차는 정당하고, 그 강제경매절차에 의하여 적법하게 부동산을 낙찰받은 낙찰인 명의의 소유권이전등기 역시 적법 · 유효하다.

VII. 그 밖의 재산권에 대한 가압류 집행

》설문 ❻

甲은 乙에 대해 가지고 있는 금전채권을 보전하기 위하여 가압류명령을 얻어 집행을 하려고 한다. 甲이 乙 재산을 알아본 결과 乙이 丙회사의 신주를 2만주 가지고 있음을 알고 이 주식을 가압류하려고 하는데, 丙회사는 아직 주권을 발행하지 않은 상태이고 당해 신주의 납입기일이 4개월밖에 지나지 않은 상황이다. 甲은 乙의 주식을 어떻게 가압류하게 되는가?

1. 그 밖의 재산권에 대한 가압류 집행

(1) 가압류의 대상으로서의 그 밖의 재산권

가압류의 대상으로서 그 밖의 재산권이라 함은 지금까지 살펴본 유체동산이나 금전채권, 유체물의 인도나 권리이전을 목적으로 하는 채권 이외에 부동산을 목적으로 하지 않는 채권을 말한다(제251조 1항 참조). 여기에 속하는 것으로서는 유체동산에 대한 공유지분권, 특허권 · 실용신안권 · 상표권 · 디자인권 · 저작권 등의 지적재산권, 합명회사 · 합자회사 · 유한회사의 사원권, 조합원의 지분권, 골프회원권과 같은 설비이용권, 주권발행 전의 주식이나 신주인수권, 예탁유가증권, 전세권 등이 있다.

건설업 면허[43]나 자동차운수사업면허[44] 등은 강제집행의 대상으로 삼기에 적합하지 않으므로 가압류를 할 수 없다. 또 임차권은 임대인의 승낙이 있어야 집행이 가능

43) 대결 1994.12.15, 94마1802, 94마1803.

44) 대결 1996.9.12, 96마1088,1089.

하다(민법 제629조). 고용계약에 의하여 사용자가 노무제공을 받을 권리도 근로자의 동의가 없으면 집행할 수 없다(민법 제657조).

《건설업면허가 강제집행에 적합한 것인지 여부》(대법원 1994.12.15. 자 94마1802,94마1803 결정)

건설업법 제6조, 제7조, 제9조, 제16조의2, 제13조, 제15조의 규정에 의하면, 건설부장관의 인가를 받아 건설업의 양도가 적법하게 이루어지면 건설업면허는 당연히 양수인에게 이전되는 것일 뿐, 건설업을 떠난 건설업면허 자체는 건설업을 합법적으로 영위할 수 있는 자격에 불과한 것으로서 양도가 허용되지 아니하는 것이라 할 것이므로, 결국 건설업자의 건설업면허는 법원이 강제집행의 방법으로 이를 압류하여 환가하기에는 적합하지 아니한 것이라 할 것이다.

《자동차운수사업면허의 강제집행 적합성》(대법원 1996.9.12. 자 96마1088,1089 결정)

자동차운수사업법의 관계 규정에 따르면, 인가를 받아 자동차운수사업의 양도가 적법하게 이루어지면 그 면허는 당연히 양수인에게 이전되는 것일 뿐, 자동차운수사업을 떠난 면허 자체는 자동차운수사업을 합법적으로 영위할 수 있는 자격에 불과하므로, 자동차운수사업자의 자동차운수사업면허는 법원이 강제집행의 방법으로 이를 압류하여 환가하기에 적합하지 않은 것이다.

(2) 그 밖의 재산권에 대한 가압류 절차

여기서 보는 그 밖의 재산권에 대한 가압류는 금전채권의 압류에 관한 규정(제223조 내지 제227조)를 준용하여 실시한다. 따라서 관할법원은 채무자의 보통재판적 소재지의 법원이 되고, 그 관할법원이 없는 경우에는 제3채무자의 보통재판적 소재지의 법원이 관할한다(제224조).

가압류를 하기 위해서는 가압류할 재산권이 명백히 특정되어야 하고, 앞에서 본 바와 같이 제3자의 동의 또는 승낙이 필요한 경우에는 그를 입증하는 자료를 제출하여야 할 것이다.

가압류명령은 채무자에게 송달하여야 하며, 제3채무자가 있는 때에는 그에게도 송달하여야 한다. 기타의 재산권에 대한 가압류절차의 제3채무자는 일반적인 채권집행에서의 제3채무자와는 성격이 다소 차이가 있다. 이에 속하는 것으로는 물건 또는 권리의 이용권에 있어서는 그 귀속자, 설비의 이용권에 있어서는 그 경영자, 사원권에 있어서는 회사 등의 사단, 조합의 지분권에서는 나머지 조합원, 공유지분에서는 다른 공유자 등이다.[45] 그러나 특허권 · 실용신안권 · 상표권 · 디자인권 · 저작권 등의 지적

재산권에는 제3채무자가 없다.

가압류채권자는 제3채무자로 하여금 가압류명령을 송달받은 날부터 1주 이내에 가압류의 목적인 재산권에 대해 서면으로 진술하게 하도록 법원에 신청할 수 있고,[46] 가압류된 재산권에 대해서는 후에 전부명령이나 추심명령 기타 특별현금화 방법으로 환가하게 된다.

2. 골프회원권 등에 대한 가압류 집행

(1) 회원권의 종류

골프회원권, 스포츠회원권, 콘도회원권 등은 그 회원이 골프장이나 스포츠 시설, 콘도 등을 이용할 수 있는 권리를 가지고 있는 시설이용권이나, 이러한 회원권은 재산권의 성격을 가지고도 있기 때문에 가압류의 대상이 되는 것이 보통이다. 그런데 그 회원이 그 시설 등에 대해 어떠한 지위를 가지고 있는가에 따라 가압류를 하는 방법이 달라지는데, 대체로 예탁금 회원제, 주주회원제, 사단법인 회원제 등이 있다고 한다.

(2) 예탁금 회원제의 경우

골프회원권 등은 대부분 회원이 가입할 때 일정 금액의 예탁금을 예치함으로써 회원자격을 취득하며, 후에 탈퇴 등 회원자격이 종료할 때 예탁금의 반환을 청구할 수 있는 형태로 구성되어 있다. 이 경우에는 대부분 회원권 자체를 가압류하는 경우가 많으나, 예탁금 반환청구권을 가압류할 수도 있다. 후자의 경우는 통상의 채권집행의 경우와 다르지 않다.

《골프회원권에 대한 강제집행방법》(대법원 1989.11.10. 선고 88다카19606 판결)

[1] 피고 회사에 의하여 운영되는 컨트리클럽의 골프개인회원권은 입회희망자가 피고 회사 이사회의 입회승인을 얻어 입회금을 납입함으로써 취득하게 되며 재산적 가치를 갖는 계약상의 지위로서 자유로이 양도할 수 있으나 그 회칙상 회원자격심사위원회의 심의와 이사회의 승인을 얻은 후 소정의 수수료를 납부하도록 되어 있다면, 그 회원권의 양수인이 위 이사회의 승인을 얻지 못한 단계에서는 그 회원권 양도양수계약은 계약당사자 사이에서만 효력이 있을 뿐 피고

45) 주석, 314면; 실무제요, 225면.
46) 박두환, 738면; 주석, 314면; 실무제요, 225면.

회사나 제3자에 대한 관계에서는 양수인이 아직 회원으로서의 지위를 취득하지 못하여 여전히 양도인이 회원권자라고 할 수 밖에 없고, 그 양도인의 채권자는 양도인이 보유하는 회원권이나 또는 회원으로서의 지위에서 피고 회사에 대하여 가지는 입회금반환청구권을 가압류할 수 있을 것이며 그 가압류 후에는 그 회원권의 양수인이 피고 회사 이사회의 승인을 얻어 회원의 지위를 취득하였더라도 위 가압류채권자에 대해서는 그 회원권 취득의 효력을 주장할 수 없다.

[2] 골프회원권은 민사소송법 제584조 소정의 강제집행방법에 의한 집행대상이 되지만 회원이 퇴회할 때 행사할 수 있는 정지조건부 채권인 예치금반환청구권에 대하여 압류 및 전부명령을 받는 방법으로 집행할 수도 있다.

[3] 골프클럽회원의 회원가입계약 해지권이 일신전속적인 권리가 아니고 그 해지(탈퇴)에 특별한 제약이 없는 것인 이상, 입회금반환청구권은 비록 입회금반환사유가 발생할 것을 정지조건으로 하는 채권이라 할지라도 그에 대한 압류 및 전부명령이 제3자인 골프장운영회사에게 송달된 때에 채권자가 집행법원을 통하여 제3자에게 채무자를 대위하여 회원가입계약 해지권을 행사한 것이라고 볼 수 있으므로 입회금반환사유는 그 송달시에 이미 발생하였다고 볼 것이다.

회원권을 가압류하는 경우에는 채권자는 법원을 통하여 회원명부에 가압류 기입등록을 하거나 집행관을 통하여 예탁금증서를 보관하는 방법으로 집행하게 된다. 이 경우의 주문례는 다음과 같다.

채무자의 제3채무자에 대한 별지기재의 골프회원권을 가압류한다.
제3채무자는 위 골프회원권에 대하여 예탁금을 반환하거나, 채무자의 청구에 의하여 명의변경 기타 일체의 변경절차를 하여서는 아니 된다.
채무자는 위 골프회원권에 대하여 예탁금의 반환을 청구하거나, 매매, 양도, 질권의 설정 기타 일체의 처분행위를 하여서는 아니 된다.

(2) 주주회원제

주주회원제는 회원을 주주로 하는 주식회사의 형태로 골프장 등이 운영되는 경우를 말한다. 이때 회원권은 주권의 형태로 될 것이므로, 가압류는 주식에 대한 가압류의 방법을 취하게 된다.

(3) 사단법인 회원제

골프장을 주식회사가 아닌 사단법인의 형태로 경영하는 경우에 회원이 그 사단법인의 구성원으로 되는 경우이다. 이때 회원권은 당해 사단법인의 지분권이 되므로 사원의 지분에 대한 가압류의 방식에 따른다.

3. 주식에 대한 가압류 집행

(1) 주식의 상태에 따른 집행방법

주식에 대한 가압류는 그 주식에 대한 주주의 권리가 어떤 상황인가에 따라 가압류의 집행방법이 천차만별이라고 할 수 있다. 여기서는 모든 경우를 다 살필 수는 없으므로 특히 권리주, 주권 발행 전의 주식, 주권발행 후의 주식으로만 나누어서 살펴보기로 한다.

(2) 권리주의 가압류

권리주는 주식회사의 설립 전 또는 신주발행의 효력발생 전에 주식인수인이 가지는 권리 내지 법적 지위를 통상 권리주라고도 하는데, 이는 주식이 아니므로 권리주를 양도하더라도 회사에 대해 효력이 생기지 않는다(상법 제319조, 제425조 1항). 따라서 권리주는 가압류의 대상이 되지 아니 한다.

그러나 주식인수인은 주식회사의 설립등기 또는 납입기일 후 회사에 대해 주권의 교부청구권을 가지게 되므로, 이 주권의 교부청구권을 가압류한다면 후에 본집행에서 주권을 교부받아 현금화하는 것이 가능하게 될 것이다.

(2) 주권발행 전의 주식

일반적으로 주식은 양도성이 있지만, 주권발행 전의 양도는 회사성립 후 또는 신주의 납입기일 경과 후 6월이 경과하기까지는 회사에 대해 효력이 없다(상법 제335조 3항). 따라서 이 두 가지를 별도로 살펴보아야 한다.

먼저 회사성립 후 또는 신주의 납입기일 경과 후 6월이 경과한 경우에는 주권이 없어도 주식을 양도할 수 있고, 양수인은 회사에 대하여 양수인 명의로 명의개서 후 주권발행을 청구할 수 있으므로 주식 자체에 대한 압류 및 가압류가 가능하다. 이때의 가압류 방법은 그 밖의 재산권에 대한 집행방법에 따르게 된다(제251조).

그런데 6월이 되기까지는 회사에 대해 양도의 효력이 생기지 않는다고 하면, 이는 권리주와 마찬가지로 주식을 가압류할 수는 없고, 채무자인 주주가 회사에 대해서 가지는 주권교부청구권을 가압류하여 후에 주권을 교부받아 본집행을 하게 된다는 입장[47]과, 압류에 의해서는 주식의 처분이 금지될 뿐이어서 이러한 주식의 양도가 회사에 대해 효력이 없는 점은 그 후의 환가단계에서 고려하면 족하다는 점을 들어 압류도 가능할 뿐만 아니라, 가압류에서는 집행보전을 위한 처분금지의 단계이어서 목적물의 환가성이 현재화할 필요는 없다고 하여 가압류가 가능하다는 입장[48]이 대립하고 있다. 생각건대 위 상법의 규정은 본래 회사의 의무인 주권발행을 회사가 지체하고 있는 경우에 주주의 권리보호를 위하여 마련된 것이므로, 6월 전의 양도라 하더라도 그때까지 회사에 대하여 효력이 생기지 않을 뿐, 위 기간이 경과함으로써 효력이 생기는 것으로 보아야 한다.[49] 그렇다면 일단 가압류는 가능하다고 하되, 본압류로 인한 환가절차에서 매수인은 위 기간이 경과 후에 회사에 대해 양수를 주장할 수 있는 것으로 보아야 할 것으로 생각한다.

《회사성립 후 또는 신주의 납입기일 후 6월이 경과할 때까지 회사가 주권을 발행하지 않은 경우 위 양도의 회사에 대한 효력》(대법원 2002.3.15. 선고 2000두1850 판결)

상법 제335조 제3항은 "주권발행 전에 한 주식의 양도는 회사에 대하여 효력이 없다. 그러나 회사성립 후 또는 신주의 납입기일 후 6월이 경과한 때에는 그러하지 아니하다."라고 규정하고 있는바, 주권발행 전의 주식의 양도는 지명채권의 양도에 관한 일반원칙에 따라 당사자의 의사표시만으로 효력이 발생하는 것이고, 한편 주권발행 전에 한 주식의 양도가 회사성립 후 또는 신주의 납입기일 후 6월이 경과하기 전에 이루어졌다고 하더라도 그 이후 6월이 경과하고 그 때까지 회사가 주권을 발행하지 않았다면, 그 하자는 치유되어 회사에 대하여도 유효한 주식양도가 된다고 봄이 상당하다.

(3) 주권발행 후의 주식

주권발행 후에는 주식을 가압류하되, 집행관이 주권을 점유하는 방법으로 집행하게 된다. 이후 주식을 양도받은 양수인은 주권을 회사에 제시하여 명의개서를 청구할 수 있다.

---

47) 주석, 317면; 실무제요, 228면; 권광중, 주식에 대한 강제집행, 재판자료 제37집, 236면. 舊상법 시대의 판례도 같다. 대결 1974.12.28, 73마332.

48) 권성 외, 298면; 김상원/정지형, 408면.

49) 대판 2002. 3.15, 2000두1850.

4. 출자증권에 대한 가압류

출자증권이란 특별한 법률에 의하여 설립된 특수법인이 출자한 자에게 지분을 표창하는 유가증권을 말하는데, 주식회사의 주권과는 달리 출자자의 경영참가권은 인정되지 않는다. 이에 속하는 것으로는 건설공제조합의 지분을 표창하는 출자증권(건설산업기본법시행령 제55조 3항), 전기공사공제조합의 조합원에게 교부되는 출자증권(전기공사공제조합법 제6조 3항) 등이 있다.

이때 이들 조합원의 출자지분에 대한 가압류는 출자증권을 가압류하는 방법에 의하게 되는데, 구체적으로는 배서가 금지된 지시채권의 집행에 관한 방법에 따르게 된다(건설산업기본법 제59조 4항; 전기공사공제조합법 제11조 4항). 따라서 가압류를 집행할 때에는 채무자로부터 출자증권을 수취하여 집행관이 보관하여야 한다(민집 제233조).

그런데 보통의 경우 출자증권을 조합원이 점유하고 있는 것이 아니라, 조합이 질권을 가지고 있어서 증권을 점유하고 있는 경우가 많은데, 이러한 때에는 조합을 제3채무자로 하여 가압류명령을 하게 된다.

5. 예탁유가증권의 가압류

(1) 예탁유가증권

예탁유가증권은 「자본시장과 금융투자업에 관한 법률」에 의해 예탁자인 증권회사나 외국환은행으로부터 한국예탁결제원이 예탁받은 유가증권을 말한다. 여기서 예탁(預託)이란, 매매거래에 따른 결제를 위해 일반 투자고객은 예탁자에게, 예탁자는 예탁결제원에 유가증권을 보관시키고, 보관 중에 발생하는 권리행사의 사무처리 일체를 위임하는 행위를 말하는데, 이러한 예탁 절차에 따라 예탁결제원이 예탁받은 유가증권이 바로 예탁유가증권이다. 이에 관한 집행절차는 동법의 위임(제317조)에 따라 민사집행규칙이 규정하고 있다. 이에 따르면 예탁유가증권을 가압류하는 때에는 예탁결제원 또는 예탁자에 대하여 예탁유가증권지분에 관한 계좌대체와 증권의 반환을 금지하는 명령을 하여야 한다(규칙 제214조)고 한다.

이때 투자고객이 채무자로 되고, 제3채무자는 예탁자와 예탁결제원이 된다. 가압류의 결정은 일반적인 경우와 마찬가지로 채무자와 제3채무자를 심문하지 않고 하며

(규칙 제226조), 가압류 결정은 채무자와 제3채무자인 예탁결제원과 예탁자에게 송달하여야 하고, 이들에게 송달되면 가압류의 효력이 생긴다(규칙 제227조).

(2) 예탁유가증권에 대한 가압류의 집행

이에 대한 집행은 가압류명령을 한 법원이 관할하며(규칙 제296조), 채무자는 채권에 관한 증서가 있으면 이를 압류채권자에게 인도하여야 한다(규칙 제234조).

또한 채권자는 예탁자나 예탁결제원에 대해 결정이 송달된 날로부터 1주 안에 가압류명령에 표시된 계좌가 있는지 유무를 비롯한 계좌의 내용 등을 진술할 것을 법원에 신청할 수 있다(규칙 제178조).

6. 사원의 지분에 대한 가압류

민법상의 조합지분이나 합명회사 · 합자회사 · 유한회사 사원의 지분권, 조합의 형태로 되어 있는 특수법인의 지분권은 원칙적으로 지분의 양도가 자유스럽다고 할 수는 없지만, 재산권으로서의 실질을 가지고 있으므로 가압류가 가능하다고 하여야 한다.[50] 따라서 이에 대해 가압류를 하면 그 조합원이나 사원의 장래의 이익배당 및 지분의 반환을 받을 권리에 대해 효력이 생긴다(민법 제714조; 상법 제223조, 제269조).

이러한 가압류에서는 회사 또는 조합이 제3채무자가 되며, 가압류법원이 집행한다. 집행방법은 가압류결정을 송달하는 것이며, 제3채무자가 위 결정을 송달받은 때 가압류의 효력이 생긴다.

7. 전세권에 대한 가압류 집행

전세권은 부동산을 그 대상으로 하지만 부동산 자체를 집행대상으로 할 수 없으므로 그 밖의 재산권에 대한 집행방법에 따라 가압류를 하게 된다. 이때의 집행방법은 등기부에 전세권이 가압류되었음을 기입하는 방법으로 한다. 전세권 가압류의 효력은 전세권이 소멸한 후 발생한 전세금반환채권에도 미친다.

---

50) 김상원/정지형, 408면; 주석, 320면.

전세권이 종료한 후에는 일반금전채권인 전세금 반환채권에 대한 가압류를 하여야 한다.

8. 지적재산권에 대한 가압류 집행

(1) 지적재산권에 대한 가압류

특허권 · 실용신안권 · 상표권 · 디자인권 · 저작권 등의 지적재산권은 통상 양도가 가능한 재산권이므로 가압류의 대상이 된다고 할 수 있다. 그러나 저작권 중 공표권 · 성명표시권 · 동일성유지권과 같은 소위 저작인격권(저작권법 제11조 내지 제13조)은 일신전속권으로서 양도할 수 없는 것이므로 가압류의 대상이 되지 않는다. 여기서 특허권 · 실용신안권 · 상표권 · 디자인권 등은 등록 등에 의하여 그 권리가 인정되는 것이지만 저작권은 저작한 때로부터 발생하고 어떠한 절차나 형식을 필요로 하지 않는다. 그러나 저작권도 양도를 제3자에게 대항하기 위해서는 등록할 것이 필요하다(저작권법 제54조).

본래 이들 지적재산권은 제3채무자라고 할 사람이 없는 단순한 재산권의 성격을 가지고 있으나, 실시권 등을 가압류하고자 할 때에는 특허권자와 같은 권리자가 제3채무자로 되며, 공유지분에 대한 집행절차에서는 다른 공유자가 제3채무자의 지위에 선다.[51] 다만 공유인 특허권이나 전용실시권, 통상실시권을 가압류하기 위해서는 다른 공유자 내지 특허권자의 동의를 얻어야 한다(특허법 제99조 2항, 제100조 4항, 제102조 5항).

(2) 가압류절차

지적재산권의 가압류집행은 본안관할법원 외에 등록지를 관할하는 지방법원이 관할법원이 된다(규칙 제213조 1항).

특허권 등의 가압류는 등록을 하지 않으면 효력이 생기지 않거나 제3자에게 대항할 수 없으므로 신청시에 등록을 위하여 등록원부의 등본이나 초본을 제출하여야 한다(규칙 제175조 1항). 가압류명령은 채무자에게 송달하고, 법원사무관 등은 직권으로 등록관청에 가압류 기입등록을 촉탁한다. 이때 가압류의 효력은 어느 경우이건 가압류의 등록을 한 때 발생한다(규칙 제175조 3항 단서).

저작권의 경우에 아직 등록이 되지 않았다면 미리 저작권 등록을 촉탁한 후, 가압

---

51) 김상원/정지형, 404면; 주석, 315면; 실무제요, 232면.

류 기입등록을 하여야 하는데, 이때 가압류의 효력은 채무자에 대한 송달과 등록 중 먼저 이루어진 시점에 발생한다(규칙 제175조 3항 본문).

VIII. 가압류집행의 효력

》 설문 ❼

甲은 A에 대해 가지는 5000만 원의 채권을 피보전권리로 하여 A 소유의 부동산에 대해 가압류 결정을 얻어 집행을 하였는데, 그 후 A는 乙로부터 1억 원을 차용하고 위 부동산에 대해 저당권을 설정하였다. 甲은 본안소송에서 승소하여 이 판결이 확정되자 강제집행을 신청하여 절차가 개시되었는데, A에 대해 1억 5천만 원의 채권을 가지고 있던 丙이 배당요구를 하였다. 경매를 실시한 결과 위 부동산의 매각대금으로 6000만 원이 생겼다면 甲, 乙, 丙은 각각 얼마씩을 배당받게 되는가?

〈해설: 위 설문에서 문제되는 것은 乙은 甲에 저당권으로 대항하지 못하지만, 丙도 우선변제청구권자인 乙에 대항하지 못한다는 것이다. 그러나 甲과 丙은 다같이 일반채권자로서 평등배당을 받아야 할 관계에 선다. 이와 같은 상호 모순된 관계에서 甲 · 乙 · 丙 세 사람을 모두 평등하게 배당하여야 한다는 입장이나, 甲을 우선배당한다는 입장은 적절한 결론이 되지 못한다. 이에 따라 이때 가장 합리적으로 배당하는 방법은 일단 이들 세 사람에게 일단 평등하게 배당을 한 후 丙의 배당금액으로부터 乙이 자신의 채권액에 달하기까지 우선변제를 받는 것이다.

이에 의하여 甲 · 乙 · 丙 세 사람은 각각 다음과 같이 배당을 받게 된다. 먼저 甲 · 乙, 甲 · 丙 사이의 관계를 고려하여 평등배당액을 계산하면 다음과 같이 된다.

$$\text{甲} : 6000\text{만 원} \times \frac{5000}{5000 + 1\text{억} + 1\text{억}5000} = 1000\text{만 원}$$

$$\text{乙} : 6000\text{만 원} \times \frac{1\text{억}}{5000 + 1\text{억} + 1\text{억}5000} = 2000\text{만 원}$$

$$\text{丙} : 6000\text{만 원} \times \frac{1\text{억}5000}{5000 + 1\text{억} + 1\text{억}5000} = 3000\text{만 원}$$

여기서 丙은 乙의 우선변제권에 대항하지 못하므로, 丙의 계산액 3000만원은 전부 乙에게 흡수되어, 결과적으로 보면 甲은 1000만 원, 乙은 5000만 원을 배당받게 된다. 丙은 배당액이 없다.〉

1. 가압류 집행의 효력과 범위

(1) 가압류 집행의 두 가지 효력

가압류 명령이 집행되면 이는 원칙적으로 압류가 이루어진 것과 마찬가지의 효력이 생긴다고 할 수 있다. 즉 목적물에 따라 다소의 차이는 있지만 소유자가 그 목적물에 대한 처분을 하지 못하게 되는 소위 처분금지효가 생기게 되고, 또 일정한 범위 내에서 사용 · 수익에 제한을 받게 된다.

이와 함께 채권자는 후에 본집행절차에서 배당을 받을 수 있는 권리를 가지게 된다. 가압류 채권자가 스스로 집행권원을 얻어 집행하는 경우라면 배당을 받는 것은 당연하다고 할 수 있으나, 다른 채권자가 집행하는 절차에서도 배당을 받을 수 있게 되는 것이다.

(2) 가압류 집행의 효력 범위

그러나 이러한 가압류의 효력은 강제집행을 전제로 하는 것이므로 피보전권리의 범위를 넘어서 효력이 생기지 않는다. 달리 말하면 가압류에 저촉하는 처분이 있는 경우에 그 권리자 등이 가압류채권자에 대항하지 못하는 범위는 보전된 채권의 범위 내에 한정된다는 것이다. 따라서 예컨대 가압류의 목적물에 대해 저당권이 설정되었다면, 본래 저당권자는 가압류채권자에 대해 저당권으로 대항하지 못하는 것이지만, 그 범위는 가압류에 저촉하는 처분이 있을 당시의 피보전채권액의 범위에 한하는 것이고, 그 이후에 추가 내지 확장된 채권액에 대해서는 대항할 수 있게 되는 것이다.[52] 이때 제3취득자가 완전한 권리를 취득하려면 위 금액만 변제하면 되고, 이후에 추가 내지 확장된 금액은 변제할 필요가 없다. 판례도 같은 취지이다.[53]

《가압류에 의한 채권의 보전 범위》(대법원 1998.11.10. 선고 98다43441 판결)

[1] 가압류의 처분금지적 효력에 따라 가압류집행 후 가압류채무자의 가압류목적물에 대한 처분행위는 가압류채권자와의 관계에서는 그 효력이 없으므로 가압류 집행 후 가압류목적물의

---

52) 주석, 89면.

53) 대판 1998.11.10, 98다43441. 이 판례는 기준시를 가압류 결정당시라고 하고 있으나, 정확하게 말하면 저촉된 처분이 행해질 당시라고 하는 것이 더 정확하다.

소유권이 제3자에게 이전된 경우 가압류채권자는 채무명의를 얻어 제3취득자가 아닌 가압류채무자를 집행채무자로 하여 그 가압류를 본압류로 전이하는 강제집행을 실행할 수 있고, 이 경우 그 강제집행은 가압류의 처분금지적 효력이 미치는 객관적 범위인 가압류결정 당시의 청구금액의 한도 안에서는 집행채무자인 가압류채무자의 책임재산에 대한 강제집행절차이므로 제3취득자에 대한 채권자는 당해 가압류목적물의 매각대금 중 가압류의 처분금지적 효력이 미치는 범위의 금액에 대하여는 배당에 참가할 수 없다.

[2] 가압류 집행 후 가압류목적물의 소유권이 제3자에게 이전된 경우 가압류채권자는 채무명의를 얻어 제3취득자가 아닌 가압류채무자를 집행채무자로 하여 그 가압류를 본압류로 전이하는 강제집행을 실행할 수 있으나, 이 경우 그 강제집행은 가압류의 처분금지적 효력이 미치는 객관적 범위인 가압류결정 당시의 청구금액의 한도 안에서만 집행채무자인 가압류채무자의 책임재산에 대한 강제집행절차라 할 것이고, 가압류결정 당시의 청구금액이 채권의 원금만을 기재한 것으로서 가압류채권자가 가압류채무자에 대하여 원금 채권 이외에 이자와 소송비용채권을 가지고 있다 하더라도 가압류결정 당시의 청구금액을 넘어서는 이자와 소송비용채권에 관하여는 가압류의 처분금지적 효력이 미치는 것이 아니므로, 가압류채권자는 가압류목적물의 매각대금에서 가압류결정 당시의 청구금액을 넘어서는 이자와 소송비용채권을 배당받을 수 없다.

2. 목적물의 처분금지

(1) 처분금지의 의의와 범위

가압류는 본질적으로 채무자의 책임재산을 보전하여 후일의 강제집행에 대비하려고 하는 것이므로 채무자가 그 목적인 재산에 대해 가지는 처분권을 박탈하는 내용을 가진다. 이때의 처분이란 매매나 증여 등 소유권에 관한 처분 뿐 아니라, 저당권이나 질권의 설정 등과 같은 담보권 설정도 포함하는 개념이다. 말하자면 강제집행에 저촉되는 일체의 처분을 금지한다는 의미이다.

그런데 실제 이러한 처분금지효는 전적으로 채무자의 처분권을 박탈한다는 의미는 아니므로 보전의 범위 내에서만 그 효력이 미침은 당연하다. 따라서 가압류에 저촉하는 처분이라 하더라도 채무자와 제3취득자 사이에서는 유효하며, 또 가압류가 취소되면 완전하게 처분의 효력이 회복된다. 따라서 궁극적으로 가압류에 저촉하는 처분은 본래 가압류 채권자에 대해서만 무효로 되는 상대적 효력을 가질 뿐이다. 따라서 가압류의 목적물인 부동산을 제3자에게 양도하고 등기를 하는 것도 가능하고, 유체동산인 경우에는 선의취득이 있을 수도 있다. 또 채권을 가압류한 경우에 다른 채권자를 위한 전부명령은 어렵겠지만 압류나 추심명령은 당연히 가능한 것이다. 이러한 것은 후에 가압류채권자에 대항할 수 없다는 부분만 제외하고는 적법하게 효력을 가지게 된다.

만약 제3취득자가 피보전채권을 변제하면 가압류가 소멸하게 되므로, 이후 제3채무자는 가압류채권자에 대해 대항할 수 있게 된다.[54]

《가압류 부동산을 양수한 제3취득자가 피보전채권을 변제한 때의 가압류의 효력》(대법원 1982.9.14. 선고 81다527 판결)

가압류 부동산을 양수한 제3취득자의 변제로 인하여 피보전채권이 소멸되면 그 제3취득자는 가압류 채권자에 대한 관계에 있어서도 소유권 취득을 대항할 수 있게 되어 가압류 채권자에 의한 강제집행은 결국 채무자이외의 제3자의 소유물에 대하여 시행된 것이 되어 허용될 수 없다.

이때 가압류에 저촉하는 처분의 상대적 무효를 주장할 수 있는 자의 범위와 관련하여 개별상대효설과 절차상대효설이 대립하고 있다. 전자는 가압류채권자 및 처분행위 이전에 집행에 참가한 자에 대해서만 무효주장을 인정하는 입장[55]이나, 후자는 처분 후에 집행에 참가한 채권자도 처분의 무효를 주장할 수 있다는 입장[56]이다. 판례는 개별상대효설을 취하고 있다.[57]

《가압류등기 후에 경료된 담보가등기의 효력》(대법원 1987.6.9. 선고, 86다카2570 판결)

부동산에 대하여 가압류등기가 먼저 되고 나서 담보가등기가 마쳐진 경우에 그 담보가등기는 가압류에 의한 처분금지의 효력 때문에 그 집행보전의 목적을 달성하는데 필요한 범위 안에서 가압류채권자에 대한 관계에서만 상대적으로 무효라 할 것이고 따라서 담보가등기권자는 그 보다 선순위의 가압류채권자에 대항하여 우선변제를 받을 권리는 없으나 한편 가압류채권자도 우선변제청구권을 가지는 것은 아니므로 가압류채권자보다 후순위의 담보가등기권자라 하더라도 가등기담보등에관한법률 제16조 제1, 2항에 따라 법원의 최고에 의한 채권신고를 하면 가압류채권자와 채권액에 비례하여 평등하게 배당받을 수 있다.

이때 이들의 관계에 대해서는 주의할 점이 있다. 즉 실제 이와 관련된 실제 상황은 가압류 집행단계가 아니라, 본집행에 의한 경매 및 배당과 관련하여 문제된다. 왜냐하

54) 대판 1982.9.14, 81다527.
55) 朱基東, 假押留의 處分禁止的 效力, 재판자료 제45집(1989), 368면; 이시윤, 519면; 주석, 79면.
56) 강대성, 609면.
57) 대판 1987.6.9, 86다카2570.

면 가압류의 경우에는 실제 매각이나 배당까지는 나아가지 않으므로 권리의 저촉관계가 분명하게 나타나지 않고, 본집행에 들어가지 않은 이상 가압류절차에 참가한다는 것은 생각하기 어렵기 때문이다. 따라서 집행절차에서 가압류 이후의 처분과 다시 그 이후에 배당요구 등 집행참가가 있는 경우에 이러한 학설대립의 의의가 분명하게 나타난다. 같은 취지에서 가압류 이전에 처분이 있었다면 그로부터 처분이 영향을 받지 않는 것은 당연하다. 따라서 처분이 있은 후 집행절차에 참가하였다면 처분이 우선하는 것으로 보아야 할 것이고, 처분 이전에 가압류가 있다고 하여 무조건적으로 후순위 집행참가자를 우선시하고 선순위의 처분의 효력을 제한하는 것은 적절하지 못한 것으로 생각된다. 개별상대효설을 따른다.

(2) 처분금지의 구체적 발현

가압류 집행의 효과를 주장할 수 있다거나, 처분의 무효를 주장할 수 있다는 것 내지 처분으로써 가압류채권자 등에게 대항하지 못한다는 것은 개별상대효설에 입각하여 보면 대략 다음과 같은 의미를 가지고 있는 것으로 생각되고 있다.

그 중 하나는 후에 본집행이 완료되어 목적물의 소유권이 제3자에게 이전되면 채무자로부터 직접 권리를 취득한 제3취득자는 자신의 권리를 유지할 수 없게 된다는 것이다. 따라서 제3취득자의 소유권은 물론, 저당권과 같은 것도 모두 소멸하는 운명을 맞게 되고, 경매에 의해 권리를 취득한 제3자는 후순위 취득자로 인하여 권리를 제한받지 않는 것으로 된다.

그러나 이때 제3취득자의 이러한 권리는 상대적으로만 무효로 되므로, 집행절차에서 제3취득자에 우선하는 채권자들이 모두 만족을 얻고도 남은 것은 제3취득자에게 교부하여야 하고,[58] 가압류 후 목적물이 처분되어 제3자에게 양도되었다면 구 소유자에 대한 채권자들은 배당요구를 할 수 없게 된다는 것이다.[59]

《압류 후 목적부동산의 소유권을 취득한 제3자의 권리》(대법원 1992.2.11. 선고 91누5228 판결)

경매신청기입등기로 인한 압류의 효력은 부동산 소유자에 대하여 압류채권자에 대한 관계에 있어서 부동산의 처분을 제한하는 데 그치는 것일 뿐 그 밖의 다른 제3자에 대한 관계에 있어

58) 대판 1992.2.11, 91누5228.
59) 대판 1998.11.13, 97다57337.

서까지 부동산의 처분을 금지하는 것이 아니므로 부동산 소유자는 경매절차 진행 중에도 경락인이 경락대금을 완납하여 목적부동산의 소유권을 취득하기 전까지는 목적부동산을 유효하게 처분할 수 있는 것이고 그 처분으로 인하여 부동산의 소유권을 취득한 자는 그 이후 집행법원에 그 취득사실을 증명하여 경매절차의 이해관계인이 될 수 있음은 물론 배당 후 잉여금이 있는 경우에는 부동산 소유자로서 이를 반환받을 권리를 가지게 되는 것이다.

《가압류등록 후 제3자가 목적물의 소유권을 취득한 다음 가압류채무자의 다른 채권자가 배당에 참가할 수 있는지》(대법원 1998.11.13. 선고, 97다57337 판결)

중기관리법에 의하여 등록된 중기에 대하여 가압류등록이 먼저 되고 나서 제3자 앞으로 소유권이전등록이 된 경우에 그 제3자의 소유권 취득은 가압류에 의한 처분금지의 효력 때문에 그 집행 보전의 목적을 달성하는데 필요한 범위 안에서 가압류채권자에 대한 관계에서만 상대적으로 무효일 뿐이고 가압류채무자의 다른 채권자 등에 대한 관계에서는 유효하다 할 것이므로, 위와 같은 경우 채무명의를 얻은 가압류채권자의 신청에 의하여 제3자의 소유권 취득 후 당해 중기에 대하여 개시된 강제경매절차에서 가압류채무자에 대한 다른 채권자는 당해 중기의 경락대금의 배당에 참가할 수 없다.

(3) 배당절차에서의 우선취급

또 다른 하나는 후순위 취득자가 가압류채권자 등에 대해 대항하지 못함으로 인하여 배당절차에서 가압류채권자가 흡사 우선권을 가진 것과 마찬가지로 다루어지게 된다는 것이다. 본래 가압류채권자는 집행채권자와 마찬가지로 일반채권자로서 우선변제청구권이 없는 것이 보통이다. 그렇지 않다면 담보권이 있는 것이라 할 수 있으므로 바로 담보권 실행을 위한 경매신청을 할 수 있을 것이기 때문이다.[60]

《가등기담보권에 대하여 선순위 및 후순위 가압류채권이 있는 경우 경매에 의한 매득금의 배당방법》(대법원 1992.3.27. 선고 91다44407 판결)

가등기담보권자는 그 담보가등기가 경료된 부동산에 대하여 경매 등이 개시된 경우에 다른 채권자보다 자기 채권에 대하여 우선변제를 받을 권리가 있다고 할 것이고 이 경우 그 순위에 관하여는 그 담보가등기권리를 저당권으로 보고 그 담보가등기가 경료된 때에 저당권설정등기가 행해진 것으로 보게 되므로, 가등기담보권에 대하여 선순위 및 후순위 가압류채권이 있는 경우 부동산의 경매에 의한 매득금 중 경매비용을 제외한 나머지 금원을 배당함에 있어 가등기담보권자는 선순위 가압류채권에 대하여는 우선변제권을 주장할 수 없어 그 피담보채권과 선순위

60) 이에 따라 가압류권자는 흡사 저당권자와 마찬가지로 취급되고 있다. 대판 1992.3.27, 91다44407.

> 및 후순위 가압류채권에 대하여 1차로 채권액에 따른 안분비례에 의하여 평등배당을 하되, 담보가등기권자는 위 후순위 가압류채권에 대하여는 우선변제권이 인정되어 그 채권으로부터 받을 배당액으로부터 자기의 채권액을 만족시킬 때까지 이를 흡수하여 변제받을 수 있으며 선순위와 후순위 가압류채권이 동일인의 권리라 하여 그 귀결이 달라지는 것이 아니다.

즉 가압류 집행 후 후술하는 바와 같이 강제집행이 개시된 경우에 배당요구 없이도 당연히 배당을 받는 것도 마찬가지의 근거에 의하는 것이다. 가압류를 한 목적물을 다른 채권자가 압류한 경우에는 배당요구를 하지 않더라도 당연히 배당을 받을 수 있고(제148조 3호), 이 금액은 공탁되어(제160조 1항 2호) 뒤에 가압류채권자가 본안판결에서 승소확정되면 이로부터 지급을 받게 된다.

또한 채무자가 목적물에 대해 저당권을 설정했는데, 그 후 집행절차가 개시되었다면 가압류채권자보다 후순위의 저당권자는 가압류채권자에게 자신의 우선변제권을 주장하지 못하므로 이들 양자 사이에서는 배당절차상 우선변제권의 차이가 없는 것으로 간주된다는 것이다.

3. 목적물의 사용금지

본질적으로 가압류는 지금당장 환가를 하는 것이 아니므로 반드시 채무자가 목적물을 사용하는 것을 금지할 필요는 없다. 특히 부동산 가압류와 같은 것은 강제관리의 경우를 제외하고는 채무자를 비롯한 권리자들의 사용을 제한하지 않는다. 선박 · 항공기 · 자동차 · 건설기계 등은 등기나 등록 외에 정박이나 특정 장소에의 보관을 내용으로 하는 집행을 하는 경우가 많으므로 이때에는 사용이 제한된다.

그러나 집행방법에 따라서는 불가피하게 사용제한을 수반하는 경우가 있는데, 특히 유체동산과 같은 것이 그러하다. 유체동산의 가압류집행은 원칙적으로 집행관의 점유에 의하게 되어있으므로, 그 물건의 소유자라도 이를 사용할 수 없게 되기 때문이다. 그러나 목적물을 채무자에게 보관시키는 경우에는 채무자는 통상의 사용방법에 따라 사용할 수 있다. 이때 가압류의 집행에 위반하여 제3자가 점유하게 된 때에는 가압류채권자가 그 사실을 안 때로부터 1주일 이내에 법원에 인도명령을 신청할 수 있다(제193조). 이때 제3자가 점유하게 된 실체관계는 묻지 않으므로 설령 그 제3자가 점유를 위한 본권이 있다거나 심지어 선의취득을 하였더라도 인도명령을 함에 지장이 없다. 이 인도명령은 집행권원이 된다.

채권이 가압류된 경우에는 명령에 의하여 지급을 금지하게 되므로 채무자는 제3채무자로부터 수익을 할 수 없음은 당연하다.

4. 배당받을 권리

가압류는 책임재산을 보전함으로써 채권자의 금전채권의 만족을 꾀하고자 하는 제도이므로, 그 자체만으로는 강제집행절차상의 효력은 없다고 하여야 한다. 따라서 가압류채권자가 본안소송에서 승소하여 집행권원을 얻은 후, 가압류집행을 본집행으로 이전하여 채권자의 만족을 얻는 것이 그 본지(本旨)에 따르는 것이다.

그런데 가압류 채권자는 자신이 직접 집행신청을 한 절차가 아니라, 타인이 개시한 집행절차에서 가압류 목적물을 압류하게 되면 배당을 받을 수 있는 권리가 있다. 좀 더 정확하게 말하자면 앞에서 본 바와 같이 집행채권자의 압류에 우선하는 부동산의 가압류권자는 배당요구 없이 배당을 받을 수 있다는 것 외에, 강제집행 개시결정 이후에 부동산 가압류를 한 채권자에게도 배당요구를 할 수 있는 권리를 인정하고 있다는 점이다(제88조 1항).[61]

61) 그러나 유체동산집행이나 채권집행에서는 가압류권자에게 배당요구권을 인정하고 있지 않다(제217조, 제247조 참조).

3 가처분 집행

I. 가처분의 집행방법

가처분은 그 태양이 여러 가지로 다양하기 때문에 일률적으로 집행방법을 말할 수 없다. 따라서 가처분의 대상과 취지에 가장 합당한 방법으로 집행하여야 한다. 일반적으로 말하면 가장 보편적인 집행방법은 가압류의 집행방법에 따라 집행하는 것이다(규칙 제215조). 부동산이나 선박과 같이 등기하여야 하는 것은 가처분명령을 등기함으로써 집행하고, 등록방법이 있는 경우에는 등록을 하는 것이 보통일 것이나 그렇지 않은 경우에는 경우에 따라 다르다고 할 수밖에 없다. 채권적 성격이 있는 가처분은 그 의무자에게 결정을 송달하고, 제3채무자가 있으면 그에게도 송달하는 방법을 취하게 될 것이나 제3자가 이해관계를 가지고 있는 경우에는 그들에 대한 관계에서 가처분의 공시가 문제될 수도 있기 때문이다(규칙 제216조에 의한 제213조의 준용). 이하에서는 가처분의 종류에 따른 집행방법이나 집행의 효력 등을 살펴보기로 한다.

다만 가처분의 집행에서 한 가지 문제될 수 있는 것은 선행가처분의 효력에 저촉하는 가처분의 문제이다. 예컨대 채권자의 사용을 허락하는 점유이전금지가처분이 집행되고 난 후, 제3자가 동일한 목적물을 대상으로 하여 채권자의 사용을 내용으로 하는 점유이전금지가처분을 신청하였다면, 후자의 가처분은 이것이 발령되더라도 앞의 가처분과 저촉하므로 집행할 수 없는 것이다. 이러한 것은 기판력이나 집행력과는 무관한 것으로서 법리상 양 가처분의 집행이 불가능하게 되기 때문에 생기는 문제이다.[1)]

아래에 설명하는 것 중 처분금지가처분과 점유이전금지가처분은 다툼의 대상에 관한 가처분이고 그 외의 가처분은 임시의 지위를 정하기 위한 가처분에 속한다.

---

1) 이시윤, 578면.

II. 다툼의 대상에 관한 가처분의 집행

1. 처분금지가처분의 집행

》 설문 8

甲은 乙로부터 돈 5천만원을 1년 기한으로 빌리면서 그 담보로 자신이 소유하고 있던 토지 1필지에 대한 소유권이전등기를 경료하여 주고, 1년 후 돈을 갚으면 이 이전등기를 말소하기로 하였다. 그런데 아직 기한이 6개월도 더 남은 상황에서 갑자기 자금사정이 나빠진 乙이 미리 지급요청을 하였으나, 甲도 그럴 형편이 못되었기 때문에 이를 거절하자, 乙은 해당 토지의 소유권이 자신에게 있음을 기화로 이 토지를 제3자에게 매각하려고 한다는 것을 甲이 알게 되었다. 이때 甲은 자신이 해당 토지를 담보로 제공하였음을 주장하여 乙의 처분을 금지하는 가처분을 할 수 있는가?

(1) 처분금지가처분의 대상

채무자로 하여금 그가 보유하고 있는 소유권을 비롯한 권리의 처분을 금지하고자 하는 목적을 가지고 있는 처분금지가처분은 다툼의 대상에 관한 가처분의 일종으로서 부동산뿐만 아니라, 동산, 채권 등에 대해서도 광범위하게 인정된다. 통상 처분금지가처분은 특정물채권의 보전을 위하여 신청하는 경우가 많으나, 예외적으로 소송의 상대방이 특정한 권리관계에 있는 자여야 할 때에는 권리이전을 금지함으로써 당사자항정(當事者恒定)의 효과를 얻을 수도 있다. 예컨대 자신의 토지에 무단으로 건물을 건축한 자에 대해 건물철거 및 토지인도의 청구소송을 제기하기 위하여 가처분을 하는 경우와 같다.

저당권등기청구권이나 임차권등기청구권과 같은 피보전권리를 가지고 처분금지가처분을 신청할 수 있는지에 대해서는 양설이 있으나, 실무는 채권자에게 처분금지를 구할 이익이 있고 이 가처분에 의해 채무자에게 필요이상의 불이익을 주는 것은 아니므로 적극적으로 해석하고 있다.[2)]

가처분의 목적물로 될 수 있는 것은 부동산 외에도 선박 · 항공기 · 자동차 · 건설

2) 실무제요, 236면.

기계 등의 특수한 동산, 채권, 주식과 같은 유가증권, 지적재산권 등 양도 가능한 재산권들이다. 그러나 유체동산의 경우에는 처분금지를 시키더라도 이를 공시할 방법이 없기 때문에 이에 위반한 처분도 선의취득이 되는 경우가 많아서 처분금지가처분 만으로는 그 목적을 달성할 수 없다. 따라서 유체동산에는 점유이전금지가처분을 하거나, 처분금지와 더불어 점유이전을 금지하는 가처분을 함께 하는 방법이 많이 쓰인다.

(2) 부동산 처분금지가처분과 집행

처분금지가처분의 대상이 되는 부동산은 등기에 의하여 집행을 하는 것이므로 등기된 1필지의 부동산 전부를 목적으로 하는 것이 원칙이다. 그 이외의 경우라면 가처분의 등기가 가능하여야 한다는 것이 조건이 된다. 건축허가를 받아 건물을 완공하였으나 준공심사를 받지 못하여 보존등기를 하지 못한 건물에 대해서는 부동산집행이 가능하므로(제81조 1항 2호), 바로 부동산처분금지가처분을 신청할 수 있다. 부동산을 미등기 전매한 경우에 처분금지가처분이 가능할 것인가 문제가 있으나, 부동산등기특별조치법(제2조 2항, 3항)의 규정취지는 사법상의 거래까지 무효로 하는 취지라고 할 수는 없으므로, 양수인이 양도인을 대위하여 직접 등기부상의 소유자인 원매도인을 상대로 처분금지가처분을 신청할 수 있다.[3] 또한 양도담보권을 담보하기 위하여 가처분을 할 수 있는가에 관하여 판례는 양도담보로 제공한 부동산은 그 채무를 변제하기 전에는 말소청구를 할 수 없는 것이므로 그 등기가 원인무효임을 전제로 말소등기청구권보전을 위한 가처분을 한 것은 당초부터 피보전권리가 없는 것이고 채권자가 타에 처분 등기한 것이 그 가처분 등기 후라 할지라도 채권자의 처분이 적법한 이상 위 원인무효를 전제로 한 가처분의 피보전권리를 침해한 것이라고는 할 수 없다고 하고 있었으나,[4] 최근 피보전권리와 보전의 필요를 인정하는 쪽으로 입장을 변경하였다.[5] 그럼에도 불구하고 판례는 부동산으로 담보된 채무를 변제하지 않고서는 그 부동산의 처분행위를 방지할 수 없다는 입장은 고수하고 있다.

---

3) 그러나 이때 매매로 인한 소유권이전등기청구권을 양도하는 것은 특별한 경우가 아니면 제한되는 것이고, 반드시 채무자의 동의나 승낙을 받아야 양도의 효력이 발생하는 것이므로(대판 2001.10.9, 2000다22543), 매매로 인한 소유권이전등기청구권의 양수인이 매도인을 상대로 직접 처분금지가처분을 구하는 경우에는 매도인의 동의나 승낙이 있어야만 가처분을 할 수 있게 된다.

4) 대판 1971.3.23, 70다3018.

5) 대판 2002.8.23, 2002다1567.

《양도담보와 가처분》(대법원 1971.3.23. 선고 70다3018 판결)

양도담보로 제공한 부동산은 그 채무를 변제하기 전에는 말소청구를 할 수 없는 것이므로 그 등기가 원인무효임을 전제로 말소등기청구권보전을 위한 가처분을 한 것은 당초부터 피보전권리가 없는 것이고 채권자가 타에 처분 등기한 것이 그 가처분등기 후라 할지라도 채권자의 처분이 적법한 이상 위 원인무효를 전제로 한 가처분의 피보전권리를 침해한 것이라고는 할 수 없다.

《양도담보와 가처분의 보전요건》(대법원 2002.8.23. 선고 2002다1567 판결)

[1] 가처분이란 장래의 집행불능 또는 곤란을 예방하기 위한 것이므로, 그 피보전권리는 가처분 신청 당시 확정적으로 발생되어 있어야 하는 것은 아니고 이미 그 발생의 기초가 존재하고 그 내용이나 주체 등을 특정할 수 있을 정도의 요건만 갖추어져 있으면, 조건부 · 부담부 청구권이라 할지라도 그 피보전권리로 될 수 있다.

[2] 채무자들의 차용금채무를 담보하기 위하여 부동산에 관하여 채권자 명의의 가등기 및 본등기가 경료된 경우에 채무자들이 아직 그 차용금채무를 변제하지 아니한 상태라 할지라도, 채무변제를 조건으로 한 말소등기청구권을 보전하기 위하여 그 담보목적 부동산에 관하여 처분금지가처분을 신청할 수도 있다 할 것이며, 그 경우 채권자가 담보목적 부동산에 대한 담보권 행사가 아닌 다른 처분행위를 하거나, 피담보채무를 변제받고서도 담보목적 부동산을 처분하는 것을 방지하는 목적 범위 내에서는 보전의 필요성도 있다고 할 것이다(다만, 이러한 가처분을 허용한다고 하여도 피담보채무가 변제되지 아니한 경우에는 채권자가 담보권 행사로서 담보목적 부동산의 처분행위를 방지하는 효력이 없어 위 가처분으로서는 채권자의 처분행위의 효력을 다툴 수 없게 될 뿐이다).

일반적인 처분금지가처분의 절차는 가압류의 경우와 대동소이하다. 부동산을 목적으로 하는 경우 주문례는 다음과 같다.

> 채무자는 별지 목록 기재 부동산에 대하여 매매, 증여, 저당권 설정 그 밖에 일체의 처분행위를 하여서는 아니 된다.

부동산의 처분금지가처분의 집행은 가처분법원이 집행법원이 되어 등기부에 처분금지의 사실을 기입하는 방법으로 한다. 이때 당사자가 촉탁서류를 받아 등기소에 접수시킬 수 없다. 미등기 부동산이라도 보존등기가 가능한 것이면 되므로 보존등기를 한 연후에 가처분등기를 한다. 부동산의 일부에 대한 가처분은 분필등기를 한 후 가처분등기를 하는 것이 원칙이나, 그렇지 않다면 당해 필지 전체에 대해 가처분등기를 하게 된다.[6] 또한 상속받은 부동산을 아직 등기하지 않은 상태라면 대위에 의하여 상속등기를 한 후 가처분등기를 한다.

《분필등기를 할 수 없는 경우의 토지 일부에 대한 가처분 집행》(대법원 1975.5.27. 선고 75다190 판결)

부동산등기법 92조 소정의 등기명의인인 근저당권자의 승낙서 또는 이에 대항할 수 있는 재판의 등본을 첨부할 수 없는 경우에는 근저당권의 목적이 된 등기부상 1필지의 토지 중의 특정부분을 분할등기하여 이에 대한 소유권이전등기를 할 수 없는 것이므로 위 특정부분의 토지에 대한 소유권이전등기 청구권을 보전하기 위하여는 1필지의 토지 전부에 대한 가처분을 할 수 밖에 없다.

처분금지가처분을 하게 되면 권리자는 그 내용대로 처분을 금지당하는 이른바 처분금지효가 생기게 된다. 그런데, 처분금지효는 재판의 효력인가 아니면 집행의 효력인가에 관하여 의견대립이 있다. 통설과 판례는 처분금지효는 집행의 결과로 생기는 효력이고, 따라서 가처분명령의 등기 전에 채무자가 가처분명령의 내용에 위반하여 처분행위를 하고 그에 기하여 제3자 명의로 소유권이전등기를 필하였다면 그 등기는 완전히 유효하고, 이 때 가처분명령은 집행이 불능으로 된다고 본다.[7] 이에 비하여 소수설은 가처분에 의한 등기를 집행이 아니라, 공시처분에 불과한 것으로 보기 때문에 처분금지효가 가처분명령 자체의 효력으로서 발생하는 것이라 한다.[8] 실제로 가처분에 의한 등기나 집행관 보관 등의 처분을 본래적인 의미의 집행이라고 부르기에는 다소 어색한 부분이 있는 것은 사실이지만, 조금만 그 개념을 융통성 있게 받아들인다면 이를 집행이라고 하기가 불가능한 것은 아니다. 이런 관점에서 이들을 집행이라고 할 수 있다면 재판의 효력이 발생하는 것이 집행시라고 본다고 해서 잘못이라고 할 수 없을 것이다. 결국 채무자건 제3자건 집행 이전에는 그 내용을 알 수 없으므로 그들에게 재판의 내용을 강행하는 것은 불가능하기 때문이다.

그 연장선에서 가처분 등기 전에 가등기가 되었으나, 가등기에 기한 본등기는 가처분등기 후라면 가처분으로 본등기의 무효를 주장할 수 있을 것인지 의문이 있을 수

6) 대판 1975.5.27, 75다190.
7) 대판 1963.4.4, 63다44; 대판 1997.7.11, 97다15012. 이석선(上), 430면; 주석, 352면; 실무제요, 241면.
8) 권성, 앞의 논문, 114면.

있으나, 이때에는 가등기가 가처분에 우선하므로 그 본등기는 유효한 등기로 인정되는 것이다.

《처분금지가처분등기 이후에 권리를 취득한 자와 가처분권자와의 관계》(대법원 1963.4.4. 선고 63다44)
[1] 처분금지 가처분등기가 유효하게 기입된 이후에는 그 본안소송의 운명여하에 불구하고 그 가처분의 취소판결을 얻어서 그 가처분등기가 말소되기까지에는 그 가처분등기 이후에 권리를 취득한 자는 가처분권자에게 상대적으로 대항할 수 없다.
[2] 처분금지 가처분등기 이후 그 부동산에 위 가처분내용에 위반된 등기를 한 자는 나중에 가처분권리자가 본안승소판결에 의한 등기의 기재를 청구할 수 있게 되고 나아가 위 등기의 말소를 청구할 때에는 이에 응하여야 한다.

따라서 처분금지가처분의 등기, 즉 집행 후에는 채무자가 가처분에 위반하여 제3자에게 목적 재산을 양도하거나 담보권을 설정하는 등 처분행위를 한 경우에는 채권자가 그 처분행위의 효력을 부정할 수 있다. 즉 무효로 할 수 있다. 그러나 이러한 제한은 가처분 채권자의 권리를 보호하기 위한 범위 내에서 효력이 생기는 것이므로, 실제 가처분 등기 이후에라도 채무자가 부동산을 양도하기 위한 계약을 하거나, 이전등기를 하는 것을 금지하는 것은 아니다. 이러한 처분행위나 등기는 그 자체로는 유효하다(상대적 효력).[9] 다만 가처분 채권자가 본안소송에서 승소확정판결을 받는 등 채권자의 권리의 존재가 확정된 때에는 가처분에 위반한 처분행위의 효력을 부정할 수 있게 되는 것이다.[10] 따라서 가처분 등기가 되어있는 동안에는 채무자가 가처분에 위반되더라도 목적물을 양도하여 등기를 할 수 있고, 그에 따라 양수인은 임대를 하여 차임을 청구하는 등 권리를 행사하거나, 심지어 제3자이의의 소를 제기하는 것도 가능하다. 마찬가지로 제3취득자의 채권자가 강제집행을 하는 것도 불가능하다고 할 이유가 없다.[11] 이러한 것은 가처분채권자가 본안승소판결을 얻어 본집행을 하게 되면 모두

9) 통설이다. 김상원/정지형, 332면; 이석선(上), 430면; 이시윤, 470면. 판례도 같다. 대판 1993.5.27, 92다20163; 대판 1999.7.9, 98다13754, 13761.

10) 부동산처분금지가처분 등기가 유효하게 기입된 이후에도 가처분채권자의 지위만으로는 가처분 이후에 경료된 처분등기의 말소청구권은 없고, 나중에 가처분채권자가 본안 승소판결에 의한 등기의 기재를 청구할 수 있게 되면서 가처분등기 후에 경료된 가처분 내용에 위반된 등기의 말소를 청구할 수 있을 뿐이다. 대판 1996.3.22, 95다53768. 이 판례를 유추하여 등기공무원이 등기를 직권말소할 수 있다는 입장은, 방순원/김광년, 548면.

부인되겠지만, 이후 가처분이 적법하게 말소된 경우에는 확정적으로 유효하게 되어 가처분권리자에 대해서도 대항할 수 있는 것이다.[12] 이와는 별도로 채무자는 목적 재산의 권리자로서의 지위에는 변함이 없으므로 가처분으로 금지되지 않는 임대차나 기타의 사용수익을 하는 데에는 지장이 없다.

《처분금지가처분이 되어있는 물건을 매매한 때의 효력》(대법원 1999.7.9. 선고 98다13754, 13761 판결)

매매의 목적이 된 부동산에 관하여 이미 제3자의 처분금지가처분등기나 소유권말소예고등기가 기입되었다 할지라도, 가처분등기는 단지 그에 저촉되는 범위 내에서 가처분채권자에게 대항할 수 없는 효과가 있는 것이고, 예고등기는 등기원인의 무효 또는 취소로 인한 등기의 말소 또는 회복의 소가 제기된 경우에 그 등기에 의하여 소의 제기가 있었음을 제3자에게 경고하여 계쟁 부동산에 관하여 법률행위를 하고자 하는 선의의 제3자로 하여금 소송의 결과 발생할 수도 있는 불측의 손해를 방지하려는 목적에서 하는 것이므로, 위 각 등기에 의하여 곧바로 부동산 위에 어떤 지배관계가 생겨서 소유권등기명의자가 그 부동산을 임의로 타에 처분하는 행위 자체를 금지하는 것은 아니라 할 것이어서, 가처분등기 및 예고등기로 인하여 소유권이전등기절차 이행이 불가능하게 되어 바로 계약이 이행불능으로 되는 것은 아니다.

《처분금지 가처분이 취소된 경우의 효력》(대법원 1968.9.30. 선고 68다1117 판결)

가처분 결정에 의하여 처분이 금지된 부동산을 매수한 자는 그 후 그 가처분등기가 적법하게 말소된 경우에는 가처분 채권자에게 소유권취득의 효력을 대항할 수 있다.

이러한 제한의 범위를 살펴보면, 먼저 주관적 측면에서 가처분의 본질이 권리를 이전하는 것이 아니라 잠정적으로 채권자의 이익을 위하여 권리를 보전하는 것이므로 가처분 채권자에 대항할 수 없음에 그치는 것으로 보아야 할 것이다. 따라서 가처분 채무자와 그 상대방 내지 제3자 사이에서는 가처분 위반의 처분행위라도 무효로 볼 필요는 없다. 이와 관련하여 갑, 을, 병으로 부동산이 순차 매도된 경우에 병이 을에 대해 가지고 있는 소유권이전등기청구권을 보전하기 위하여 을을 대위하여 을이 갑에 대해 가지고 있는 소유권이전등기청구권의 보전을 위한 처분금지가처분을 한 경우, 그 가처분 등기 후 갑이 을에게 소유권이전등기를 하여준 것이 가처분에 위반하는가

11) 채무자는 이러한 행위를 하였다고 하여 채권자에게 불법행위로 인한 손해배상책임을 지지 않는다. 대판 1964.12.22, 64다807.

12) 대판 1968.9.30, 68다1117.

에 대해 판례는 이때의 갑의 등기는 가처분에 위반되지 않는다고 하고 있다.[13] 그런데 이 설례에서 갑으로부터 을이 등기를 이전받은 후, 병이 아니라 정에게 등기를 이전하여버린다면 문제이다. 왜냐하면 을이 정에게 한 이전등기는 가처분에 위반하는 것이 아니기 때문이다.[14] 이때 병은 을을 상대로 직접 처분금지가처분을 하면 좋겠지만 이는 등기할 방법이 없다.

한편 객관적으로는 피보전권리의 한도 내에서 가처분 위반행위의 효력을 부정할 수 있는 효력이 생긴다. 예컨대 저당권이나 임차권설정등기청구권을 피보전권리로 한 처분금지 가처분 뒤에 행해진 소유권이전은 무효로 되는 것이 아니라, 양수인이 저당권이나 임차권의 존재를 부정하지 못하는 제한을 받은 채로 소유권을 취득하게 되는 것이며, 건물철거 및 토지인도청구권 보전을 위한 건물의 처분금지가처분 후에 건물의 소유권을 취득한 제3자는 소유권을 부인당하는 것이 아니라, 건물철거와 토지인도청구권의 실현을 감수하여야 한다는 것이다.[15]

《순차 이전된 부동산 이전등기청구권을 보전하기 위한 가처분의 원소유자에 대한 효력》(대법원 1972.12.12. 선고 72다1860,1861 판결)

갑이 을 소유의 대지에 대하여 을의 채권자인 병을 대위하여 그 처분금지가처분등기를 한 경우 그 가처분결정에서 을에 대하여 제3자에 대한 처분을 금지하였다 하여도 그 제3자 중에는 병은 포함되지 않는 것이고 위 가처분의 피보전권리는 병의 을에 대한 그 소유권이전등기청구권의 보전에 있을 뿐이고 갑의 병에 대한 그 소유권이전등기청구권이 보전까지 포함되어 있는 것이 아니다.

《채권자가 채무자를 대위하여 제3채무자에게 한 처분금지가처분과 금지되는 처분의 인적 범위》(대법원 1989.4.11. 선고 87다카3155 판결)

채권자가 채무자를 대위하여 제3채무자에게 한 처분금지가처분은 채권자 자신의 채무자에 대한 청구권 보전을 위하여 제3채무자가 채무자 이외의 다른 사람에게 소유권이전 등 처분행위를 하지 못하도록 하는 데 그 목적이 있으므로 실질상의 가처분권리자인 채무자에 대한 처분의 금지가 포함되는 것은 아니다.

이러한 효력은 처분금지가처분을 집행함으로써 대외적으로 공시한 결과 생기는

13) 대판 1972.12.12, 72다1860,1861. 이 판결은 위의 등기가 가처분에 위반된다고 한 대판 1956.7.28, 4289민상201사건을 사실상 변경한 것이다.

14) 대판 1989.4.11, 87다카3155.

15) 실무제요, 243면.

효력이므로, 이러한 공시가 불가능한 건축주명의변경금지가처분과 같은 것은 채무자에게 결정을 송달하였다 하더라도 제3자가 채무자로부터 권리를 양수하여 소유권보존등기를 하였다면 가처분을 내세워 그 권리취득의 효력을 부인할 수 없다.[16)]

《등기가 불가능한 처분금지가처분을 위반한 처분의 효력》(대법원 1997.5.7. 선고 97다1907 판결)

건축주에 대하여 명의 변경을 금지하는 가처분이 있다 하더라도 그와 같은 가처분은 결정을 송달하는 외에 현행법상 등기부에 이를 공시하는 방법이 없어 대물적 효력이 인정되지 아니하므로, 제3자가 채무자로부터 실제로 권리를 양수하여 소유권보존등기를 하였다면 가처분을 내세워 그 권리취득의 효력을 부인할 수 없다.

(3) 선박 등에 대한 처분금지가처분 집행

부동산 이외에 선박 · 항공기 · 자동차 · 건설기계 등은 입질(入質)이 금지되어 있으므로(상법 제789조, 자동차 등 특정동산 저당법 제9조), 가처분으로 질권 설정을 금지할 필요가 없다. 그러나 선박은 임대차 등기에 관한 규정이 있으므로(상법 제849조), 임차권의 설정은 금지하여야 한다. 선박 등에 대한 처분금지가처분을 한 때에는 소관관청에 가처분의 기입등기 또는 등록을 촉탁하여 집행한다. 그 절차는 부동산의 경우와 같다. 전화가입권이나 어업권, 각종의 재단에 관한 처분금지도 이에 준한다.

(4) 채권 등에 대한 처분금지가처분 집행

또 채권이 허위표시에 의해 성립된 경우, 제3자가 선의취득을 하는 것을 방지하고자 할 때, 또는 채권양도에 다툼이 있어 양수한 채권을 보전하기 위하여 원래의 채권자가 채권을 추심하는 것을 금지하고자 할 때에는 채권의 추심 및 처분금지가처분을 하게 되는데, 이 때 가처분의 집행은 발령법원이 집행법원으로서 하며 따로 집행신청을 할 필요도 없다. 다만 이 때 집행방법은 채무자에 대해 통지함으로써 집행을 완료하고 따로 공시방법도 없다. 제3채무자가 있는 경우에는 그에게도 가처분을 받게 하기 위하여 가처분명령정본을 송달하여야 원하는 목적을 달성할 수 있게 된다.

아래 주문례는 채무자에 대해 처분을 금지하면서 제3채무자에게 지급금지까지 구

16) 채권자 보호를 위한 입법적 해결이 요망된다는 의견으로, 김광년, 민사보전처분에 관한 몇 가지 생각, 민사집행법연구 제1권(2005), 262면; 이시윤, 584면.

하는 경우를 보이는 것이다.

> 채무자는 제3채무자로부터 별지 기재의 채권을 추심하거나 타에 양도, 질권의 설정, 그 밖에 일체의 처분을 하여서는 아니 된다.
> 제3채무자는 채무자에게 위 채권을 지급하여서는 아니 된다.

미등기건물의 분양을 받은 자가 이를 매도한 경우에 그 양수인이 수분양자명의변경금지가처분을 신청한 때에는 당초의 분양계약이 전매를 허용하는 것인가에 따라 차이는 있으나, 통상의 경우에는 분양자의 동의나 승낙을 얻으면 가처분이 허용된다. 이러한 것은 공시방법이 없지만 일반적으로 허용되어 있고, 또 분양대장상의 명의변경금지가처분과 병행하여 이루어지는 경우도 많다. 한편 분양계약상의 권리를 양도하지 않고 미등기건물을 전매한 경우에는 양수인이 양도인인 수분양자를 채무자로 하여 소유권이전등기청구권의 처분을 금지하는 가처분을 할 수도 있다. 그러나 이때 분양자를 제3채무자로 하여 이전등기청구권의 이행을 금지하는 신청을 하는 경우도 있으나, 우리나라의 실무는 가처분채권자에게 이를 구할 이익이나 권리가 없다는 이유로 이를 부정하고 있다.[17)]

(5) 유가증권에 대한 가처분의 집행

어음이나 수표, 화물상환증, 선하증권 등의 유가증권의 인도청구권을 보전하기 위해서는 그 증권에 대한 채무자의 점유를 박탈하고 처분을 금지할 필요가 있다. 이때에는 집행관이 증권을 점유하도록 하면서, 증권에 표상된 권리의 보존을 위한 행위를 할 수 있도록 하여야 한다. 그렇지 않으면 권리가 소멸하는 경우가 있기 때문이다. 집행관에게 보관을 명하는 가처분은 집행관에게 집행을 신청하여야 하고, 처분금지를 명하는 부분이 있으면 제3채무자에게 송달하는 방법으로 집행한다.

---

17) 실무제요, 208면.

> 채무자의 별지목록 기재 약속어음에 대한 점유를 풀고 채권자가 위임하는 집행관에게 보관을 명한다.
> 집행관은 위 어음의 권리보전을 위한 행위를 할 수 있다.

> 채무자는 별지목록 기재 약속어음에 대하여 지급을 위한 제시를 하거나 권리를 행사하거나 또는 배서양도 그밖에 일체의 처분행위를 하여서는 아니 된다. 다만 소구권 보전을 위한 행위는 할 수 있다.
> 제3채무자는 위 약속어음에 대한 지급을 하여서는 아니 된다.

그리고 주식의 처분금지가처분은 채무자의 주식에 대한 점유를 풀고 채권자가 위임하는 집행관이 주식을 점유함으로써 집행한다.[18] 주식을 집행관이 보관하게 되면 처분이 불가능하게 되므로 별도로 처분금지를 명할 필요는 없다. 주주는 주식을 집행관에게 보관하였다고 하여 주주로서의 권리의무를 행사하는데 지장이 없다. 이때 처분금지를 위하여 회사에 주주명부의 명의개서를 금지할 수 있는가의 문제가 있으나, 실무는 부정적으로 보고 있다.[19] 왜냐하면 주식의 이전은 주식의 양도로서 하고, 주주명부의 명의개서는 주권행사를 위한 대항요건에 지나지 않기 때문이다.

(6) 지적재산권에 대한 처분금지가처분의 집행

특허권이나 실용신안권, 디자인권, 상표권 등은 양도가 가능하고 질권이나 전용실시권을 설정하고, 통상실시권을 허락하는 등 처분이 자유로우므로 이전등록청구권이나 말소등록청구권을 보전하기 위하여 처분금지가처분을 할 수 있다. 저작권도 등록을 하면 마찬가지가 되므로 역시 가처분을 할 의미가 있다.

가처분의 관할법원은 본안법원이나 등록을 하는 곳을 관할하는 법원이므로 특허청에 등록하기로 되어 있는 특허권 등의 가처분은 대전지방법원의 관할에 속하고, 저작권은 문화체육관광부에 등록을 하도록 되어 있으므로 서울중앙지방법원이 관할한다.

다음은 특허권의 처분을 금지하는 경우의 주문례를 보인 것이다.

---

18) 광주고판 1975.2.28, 74나178.

19) 실무제요, 358면.

> 채무자는 별지목록기재 특허권에 관하여, 양도, 질권 또는 전용실시권의 설정, 통상실시권의 허락 그 밖에 일체의 처분행위를 하여서는 아니 된다.

이러한 가처분의 집행은 발령법원이 집행법원이 되므로 별도의 집행신청 없이도 발령즉시 특허청장이나 문화체육관광부 장관에게 가처분기입등록을 촉탁하여야 한다.

양식 13 등록 촉탁서

○ ○ 지 방 법 원

등록 촉탁서

특허청장 귀하

사 건	20○○ 카 ○○ 특허권 가처분
특허권의 표시	별지목록 기재와 같음
등록권리자	○ ○ ○ (채권자의 성명과 주소)
등록의무자	○ ○ ○ (채무자의 성명과 주소)
등록원인과 그 연월일	20○○년 ○○월 ○○일 가처분 결정
등록목적	양도, 질권, 전용실시권의 설정, 통상실시권의 허락, 그 밖에 일체의 처분행위를 금지하는 가처분의 기입
과세표준	1건
등 록 세	금 ○○○원
지방교육세	금 ○○○원
첨 부	결정 정본 1통

위 등록을 촉탁합니다.

20○○년 ○○월 ○○일

법원사무관 ○ ○ ○ ㉑

(7) 허가권 등의 양도금지가처분

식품위생법(제39조), 여객자동차운수사업법(제14조), 공유수면매립법(제23조) 등에 의하여 영업허가나 면허를 받은 자가 타인에게 이를 양도할 수 있는 경우에는 양수인이 양도인을 상대로 명의변경절차 이행청구권을 피보전권리로 하는 양도금지가처분을 할 수 있다. 종래 그 양도양수에 공시방법이 없이 신고만이 규정되어 있어서 가처분을 허용하지 않았으나 양수인이 가처분명령을 소관 행정청에 제출하면 행정청이 양도인으로부터 제3자에 대한 명의변경을 거절하여 실질적으로 가처분의 목적을 달성할 수 있기 때문이다. 이때 소관 행정청을 제3채무자로 하여 양도금지를 명하는 것도 아니고, 소관 행정청에 송달을 하지도 않는다. 따라서 채권자가 결정문을 행정청에 제출하면 사실상의 집행이 이루어지는 셈이다.

2. 점유이전금지가처분의 집행

⋙ 설문 ❾

甲은 자신의 토지에 무단으로 건물을 지어 점거하고 있는 乙에 대해 건물의 철거와 토지의 인도를 구하는 소를 제기하기 위하여 준비 중이다. 그런데 최근 乙이 이 건물을 다른 사람에게 넘기려고 한다는 것을 알게 되었다. 이때 甲은 乙에 대해 어떠한 가처분을 하여야 자신의 권리를 충분히 보전할 수 있는가?

⋙ 설문 ❿

甲은 乙이 무단으로 점유하고 있는 건물의 반환을 청구하는 소를 제기하면서, 이 건물에 대해 점유이전금지가처분을 받아 乙에게 통보하고, 그 건물에 이러한 취지의 게시물을 부착하였다. 그런데도 乙이 이 건물의 점유를 丙에게 이전한 경우에는 어떠한 방법으로 원상회복을 할 수 있는가? 만약 乙이 건물의 동일성을 저해할 정도로 건물에 변형을 가한 경우에는 어떠한가?

(1) 점유이전금지가처분의 의의

점유이전금지가처분은 다툼의 대상에 관한 가처분의 일종으로서, 목적물에 대한 인도・명도청구권을 보전하기 위하여 그에 대한 주관적・객관적 현상의 변경을 금지한다.

주관적 현상변경을 방지한다는 것은 채무자가 목적물의 점유를 제3자에게 이전되는 것을 방지하고자 하는 것이다. 이는 특히 소송 도중에 목적물에 대한 점유가 이전되는 것을 방지하여 권리자를 보호하고자 할 때 의미가 있는데, 이는 변론종결 전의 승계인에 대해 기판력이 미치지 않는 우리 민사소송법 하에서는 소송 중에 소송의 목적물이 이전되는 것을 방지하여 당사자가 변경되지 않도록 할 수 있고, 또 점유이전으로 인한 집행의 곤란을 방지할 수 있게 된다.

객관적 현상변경을 방지한다는 것은 채무자가 목적물의 현상을 변경시키는 것을 금지하는 것이다. 즉 채무자가 통상의 수선을 함에는 문제가 없으나, 그 범위를 벗어나 목적물을 증 · 개축하거나 일부를 파손하는 등 목적물의 동일성이 인정되기 어려울 정도로 변경시키게 되면 후에 승소판결을 받아 집행하려고 하여도 가능하지 않을 수 있다는 것이다. 이러한 후일의 집행곤란과 함께 채무자가 비용상환청구권(민법 제203조)을 행사하여 유치권의 항변을 할 수도 있으므로 이러한 것을 방지하기 위한 목적도 있다.[20]

점유이전금지가처분의 피보전권리는 인도 · 명도청구권으로서 채무자에게 행사할 수 있는 것이면 물권이든 채권이든 묻지 않는다. 또한 보전의 필요는 채무자가 목적물의 점유상태를 변경하거나 변경할 우려가 있어 이에 의하여 채권자가 인도청구권을 실행하지 못하거나 실행이 매우 곤란해질 우려가 있는 것이다.

(2) 부동산 점유이전금지 가처분

일반적으로 점유이전금지 가처분의 모습은 피보전권리를 보전하는 목적을 달성하기 위하여 충분하여야 할 것이므로, 건물로부터의 퇴거 및 토지인도를 구하는 청구권의 경우에는 건물에 대해서만 점유이전금지를 구하면 되고, 토지에 대한 점유이전금지를 구할 필요는 없다. 그러나 무단으로 건축된 건물의 철거와 토지인도를 구하는 청구권의 보전을 위해서는 건물과 토지의 점유이전금지가처분으로는 불충분하고 건물에 대한 처분금지가처분을 하여야 한다. 왜냐하면 이 건물의 철거의무자는 점유자가 아니라 소유자 내지 그 건물의 처분권자이기 때문이다.[21]

《타인의 토지 위에 건립된 건물의 철거의무자와 점유이전금지가처분의 효력》(대법원 1987.11.24. 선고 87다카257,258 판결)

[1] 타인의 토지위에 건립된 건물로 인하여 그 토지의 소유권이 침해되는 경우 그 건물을 철

20) 실무제요, 250면.

21) 대판 1987.11.24, 87다카257,258.

거할 의무가 있는 사람은 그 건물의 소유권자나 그 건물이 미등기건물일 때에는 이를 매수하여 법률상, 사실상 처분할 수 있는 지위에 있는 사람이다.

[2] 점유이전금지가처분은 그 목적물의 점유이전을 금지하는 것으로서, 그럼에도 불구하고 점유가 이전되었을 때에는 가처분채무자는 가처분채권자에 대한 관계에 있어서 여전히 그 점유자의 지위에 있는 것일 뿐 목적물의 처분을 금지 또는 제한하는 것은 아니다.

이 가처분은 등기를 하지도 않고, 또 보통 채무자의 점유나 사용을 방해하지도 않으므로 많이 이용되고 있으면서도 법원이 보전의 필요에 대해 상당히 완화하여 심리할 수 있는 종류에 속한다.[22]

가처분을 신청함에는 점유이전을 금지하는 대상의 범위를 명확히 특정하여야 한다. 집행방법으로 등기를 하지는 않으므로, 미등기 부동산에 대해서도 이 가처분을 신청할 수 있다. 가장 기본적인 가처분명령의 주문은 다음과 같이 하는 것이 보통이다.

> 채무자는 별지 목록 기재 부동산에 대한 점유를 풀고 이를 채권자가 위임하는 집행관에게 인도하여야 한다.
> 집행관은 현상을 변경하지 아니할 것을 조건으로 채무자에게 이를 사용하게 하여야 한다.
> 채무자는 그 점유를 타인에게 이전하거나 점유명의를 이전하여서는 아니 된다.
> 집행관은 위 명령의 취지를 적당한 방법으로 공시하여야 한다.

다만 이때 채무자에게 사용을 하지 못하게 하면 이는 인도단행가처분이 되므로 그 심리가 훨씬 엄격하게 되어야 함을 주의하여야 한다.

(3) 부동산 점유이전금지가처분의 집행과 효력

가처분의 집행은 등기를 하지 않으므로 집행관이 한다. 채권자가 집행관에게 집행을 신청하면 집행관은 목적물이 집행관의 보관 하에 있음을 밝히는 내용의 공시물을 적당한 곳에 붙이고, 채무자에게 그 내용을 고지함으로써 집행을 실시한다. 이때 집행관의 집행착수에 의하여 가처분의 효력이 발생하는 것은 당연하나, 공시물의 게시가 집행의 효력발생 내지 존속의 요건이라고 할 수는 없고, 또 제3자에 대한 대항요건도 아니다. 다만 가처분에 위반하여 점유가 이전되었을 때에도 가처분채무자는 가처분채권자에 대하여 여전히 그 목적물에 관하여 점유자의 지위에 있는 것으로 취급된다. 따

22) 실무제요, 251면.

라서 채무자가 가처분 후에 현상을 변경하여도 이를 주장할 수 없으므로, 본안소송 등에서 현상변경을 이유로 명도를 거절하거나 유치권 등의 주장을 할 수 없다. 그러나 가처분의 집행에 의하여 소유자에 의한 목적물의 처분이 금지되거나 제한되는 것은 아니므로 집행관이 한 공시는 제3자에 대해서는 경고의 의미를 가지는 정도에 불과하다.[23)]

한편 집행관이 점유를 취득하고 채무자가 사용하는 방법으로 집행한 점유이전금지 가처분의 경우에, 이러한 가처분 집행의 취지에 반하여 채무자가 점유를 이전하였다면 어떠한 방법으로 원상회복을 시킬 수 있는가에 대해 견해의 대립이 있다. 즉 주관적 현상변경에 있어서 제3자의 점유를 배제하는 방법에 관한 문제이다. 학설로서는 여러 가지가 복잡하게 대립하고 있다. 먼저 ① 집행관의 점유는 공법상의 점유이므로 바로 집행관이 원상회복 조치를 취할 수 있다는 점검집행설(點檢執行說[24)])이 있으나, 제3자에 대한 권원 없이 바로 집행할 수 있는가 의문이고, 또 지나치게 집행관의 권한을 확대한다는 비판이 있다. 다음 ② 가처분에 반한 점유의 이전은 가처분 채권자에 대한 관계에서만 무효로 되므로 점유의 양수인에 대해 직접 가처분으로써 퇴거를 강제할 수는 없고, 그가 변론종결 후의 승계인의 지위에 있다는 점에 입각하여 승계집행문을 부여받아 집행을 할 것이라는 승계집행문설(承繼執行文說[25)])이 있는데, 이는 승계인의 범위가 문제될 수 있고 특히 목적물을 무단점유한 자에 대해서는 승계집행문을 받기 어려울 것이라는 비판이 있다. 한편 ③ 이때 제3자에 대해 대체집행의 규정을 준용하여 법원의 수권결정을 얻어 원상회복을 할 것이라는 대체집행설(代替執行說[26)])이 있는데, 이는 그 제3자가 가처분에 대해 몰랐다고 하더라도 악의의 점유자로 추정할 수 있다는 것이다. 일본 민사보전법(제62조)과 같은 명문규정이 없이도 그와 같은 추정을 할 수 있는지 의문이며, 그렇다면 제3자인 점유자에 대해 대체집행의 수권결정을 하기 위한 권원이 있는지 여부가 문제된다. 마지막으로 ④ 당해 가처분으로서는 양수인에 대해 가처분의 효력을 적용할 수 없으므로 다시 가처분을 하여야 한다는 신가처분설(新假處分說[27)])이 있는데, 이는 결국 당해 가처분으로서는 해결책이 없다는 입장이다. 이러한 견해는 어느 것도 완전한 해결책이라 할 수 없으므로 현재로서는 기존의

23) 실무제요, 255면.
24) 한종렬, 379면.
25) 대판 1999.3.23, 98다59118; 이석선(下), 127면; 김상원, 227면.
26) 박두환, 755면; 이시윤, 580면(악의의 점유자로 추정한다고 한다); 주석, 364면; 실무제요, 257면.
27) 윤경, 59면.

가처분으로 해결할 수 없다는 것이 가장 솔직하다고 할 수 있으나, 입법적 해결이 필요하다.[28)]

《점유이전금지가처분에 위반하여 점유이전을 받은 제3자에 대한 가처분의 효력》(대법원 1999.3.23. 선고 98다59118 판결)

점유이전금지가처분은 그 목적물의 점유이전을 금지하는 것으로서, 그럼에도 불구하고 점유가 이전되었을 때에는 가처분채무자는 가처분채권자에 대한 관계에 있어서 여전히 그 점유자의 지위에 있다는 의미로서의 당사자항정의 효력이 인정될 뿐이므로, 가처분 이후에 매매나 임대차 등에 기하여 가처분채무자로부터 점유를 이전받은 제3자에 대하여 가처분채권자가 가처분 자체의 효력으로 직접 퇴거를 강제할 수는 없고, 가처분채권자로서는 본안판결의 집행단계에서 승계집행문을 부여받아서 그 제3자의 점유를 배제할 수 있을 뿐이다.

한편 채무자가 목적물의 동일성을 침해할 정도로 현상의 변경을 한 경우, 즉 객관적 현상변경에 대해서는 어떠한 방법으로 원상회복을 시킬 것인지도 문제된다. 이에 관해서도 위와 마찬가지의 학설이 대립하고 있다. 먼저 ① 집행관이 이러한 현상변경을 발견하였을 경우에는 즉시 원상회복조치를 하거나 일단 허용하였던 채무자의 점유를 배제시키는 등의 조치를 할 수 있다는 점검집행설(點檢執行說)[29)]이 있는데, 집행관이 원상회복을 발견하면 경고나 주의를 통해 시정을 요구할 수는 있겠지만, 가처분 명령에 의해 집행관이 원상회복을 할 권한까지 가지게 된 것은 아니라는 비판이 있다. 다음으로 ② 채무자가 점유이전금지가처분에 의한 부작위명령을 위반하였다면 대체집행의 규정을 준용하여 수권결정을 얻어 원상회복을 할 것이라는 대체집행설(代替執行說)[30)]이 있다. 그리고 마지막으로 ③ 기존의 가처분으로는 해결할 수 없으므로 원상회복을 명하는 새로운 가처분을 할 것이라는 신가처분설(新假處分說)[31)]이 있다. 주관적 현상변경의 경우와는 달리 객관적 현상변경의 경우에는 채무자를 상대로 하여 대체집행을 함에 문제가 없으므로 대체집행설이 타당하다고 하겠다.

---

28) 일본의 민사보전법은 점유이전금지의 가처분 명령의 집행 후에 점유를 개시한 자에 대해 그 집행이 있었다는 것을 안 것으로 추정하고, 그에 대해서도 가처분의 효력이 미치는 것으로 하고 있으며(동법 제62조), 더 나아가 채무자를 특정하지 않고 발령하는 점유이전금지 가처분명령을 신설하여(제25조의2) 가처분에 대한 집행방해에 강력히 대처하고 있다.

29) 한종렬, 388-389면.

30) 박두환, 755면; 이시윤, 579면; 주석, 366면; 실무제요, 257면.

31) 김상수, 434면.

(3) 선박 등의 점유이전금지가처분의 집행

선박 · 항공기 · 자동차 · 건설기계 등은 속성상 이동이 자유로운 것이므로, 이들에 대한 점유이전금지 가처분에서는 채무자에게 보관 또는 사용을 하게 할 것인가가 면밀히 검토되어야 한다. 자동차나 건설기계의 집행은 채무자에게 보관시키는 경우는 거의 없고, 집행관에게 보관케 하거나 채권자가 사용하지 않을 것을 조건으로 채권자에게 보관하게 한다. 선박 · 항공기 등은 일정한 장소에 유치하고 현상을 변경하지 않을 것을 조건으로 채무자에게 보관을 하게 하기도 한다.

(4) 유체동산에 대한 점유이전금지가처분의 집행

점유이전금지가처분은 유체동산에 있어서는 가장 중요한 가처분으로 보아야 하는데, 그것은 유체동산의 특성상 처분금지를 하더라도 목적물을 양수한 제3자는 선의취득에 의하여 권리를 취득하게 될 수 있으므로, 점유이전을 구하는 것이 가장 실효적인 권리보전수단이라 할 수 있기 때문이다. 따라서 처분금지를 구하는 경우에도 점유이전금지도 함께 구하여야 하는 경우가 많다. 유체동산에 대한 가처분을 신청할 때에는 목적물을 명확히 특정하여야 하고, 소재지를 명시하여야 한다.

가처분의 집행은 상황에 따라 집행관이 보관하거나 채무자 또는 채권자가 보관하는 방법을 취하나, 채무자가 보관하는 경우에는 집행관은 언제라도 보관방법을 변경할 수 있다. 다만 집행관이 직접 점유하거나 채권자가 보관하도록 하는 경우에는 채무자에게 돌이킬 수 없는 손해가 생길 수 있으므로 이러한 경우에는 신중히 심리하여야 한다. 이 때, 집행된 동산을 현금화할 수 있는가(제296조 5항 단서의 준용)가 문제되는데, 원칙적으로 가처분은 특정물 또는 권리를 대상으로 하므로 매각할 수 없으나, 채권자가 금전보상으로 만족할 수 있고, 채무자가 멸실이나 훼손을 이유로 매각을 신청한 때에는 굳이 반대할 이유는 없을 것이다.[32)]

32) 동지: 방순원/김광년, 547면; 이시윤, 466면; 한종렬, 373면; 실무제요, 291면.

III. 임시의 지위를 정하기 위한 가처분의 집행

1. 공사금지가처분의 집행

≫ 설문 ⑪

甲은 자신이 소유하고 있는 건물 바로 앞에서 상가를 건축하고 있는 乙을 상대로 일조권 침해를 이유로 하는 손배해상청구소송을 수행하면서, 공사금지가처분을 신청하였다. 이때 甲은 乙의 상가건물이 4층부터 자신의 일조권을 침해한다는 이유로 이미 공사가 완료된 4층 위의 건축부분에 대해 철거를 요구할 수 있는가?

(1) 공사금지가처분의 의의

공사금지가처분은 임시의 지위를 정하기 위한 가처분의 일종으로서, 전형적으로 채무자에 대해 특정한 행위를 금지하는 이른바 부작위를 명하는 가처분이다. 대표적인 것으로 건축공사금지가처분을 들 수 있는데, 이는 건축공사로 인한 소유권이나 점유권의 침해 내지는 생활이익의 침해를 이유로 공사의 중지 내지는 금지를 구하는 것이다. 이외에 일정 토지에 통행을 금지할 것을 구하는 가처분과 같은 것도 유사한 성질을 가지고 있다. 근래에는 일조권, 조망권, 소음 등 환경권[33]을 이유로 한 가처분의 신청이 증가하고 있는 추세이다. 이 가처분과 관련하여 반대편의 분쟁당사자는 건축방해금지가처분을 신청함으로써 대항하는 경우도 많다.

공사금지가처분은 이것이 발령되면 채무자는 공사를 하지 못하게 되므로 채권자에게는 임시의 만족을 주는 결과로 되어 채무자가 입는 손해가 상대적으로 클 수밖에 없으므로 신중한 심리를 요한다. 따라서 채무자를 출석시켜 심문을 하거나 변론을 열어서 가처분 재판을 하여야 한다(제304조). 이때 피보전권리와 보전의 필요에 관한 소명은 통상의 경우보다 더 고도의 것이 요구된다. 그리고 일조 등의 침해를 이유로 한 경

33) 그러나 판례는 사법상의 권리로서 환경권에 관한 명문의 규정이 없는 이상 원칙적으로 환경권에 기하여 직접 방해배제청구권을 인정할 수는 없다고 하면서(대판 1997.7.22, 96다56153; 대결 1995.5.23, 94마2218 등), 종래 토지나 건물의 소유자가 종전부터 향유하고 있었던 경관, 조망, 일조권 등이 하나의 생활이익으로서 가치를 가지고 있다고 객관적으로 인정된다면 인접대지에 건물을 신축함으로써 이러한 생활이익이 일반적인 수인정도를 넘어서 침해될 경우에는 소유권에 기하여 방해의 배제나 예방을 구하기 위하여 필요한 청구를 할 수 있다고 한다(대판 1999.7.27, 98다47528; 대판 1995.9.15, 95다23378 등).

우 이외에 현장검증이나 감정은 하지 않는 것이 통례이다.

공사금지가처분의 주문은 통상 다음과 같이 하지만, 필요에 따라 적절한 내용으로 변경하거나 집행이 필요하면 집행방법을 추가할 수 있을 것이다. 첫째 주문은 토지소유권에 기한 건축금지가처분, 둘째 주문은 건물소유권에 기한 공사금지가처분, 마지막은 일조권 등의 침해로 인한 공사금지가처분의 예를 보인 것이다.

채무자는 별지목록 기재 토지 위에 건물의 축조공사를 하여서는 아니 된다.

채무자는 별지목록 기재 건물에 관하여 증축 · 개축, 그 밖의 공사를 하여서는 아니 된다.

채무자는 별지목록 기재 토지 위에 건축 중인 건물에 관하여 지표면으로부터 ○○미터 이상으로 축조하는 공사를 하여서는 아니 된다.

이 가처분은 소급효가 없으므로 채권자가 가처분명령을 받기 전에 채무자가 가처분에 의하여 금지하려는 행위를 하여 생긴 물적인 결과는 이 가처분으로 제거할 수 없다.[34)]

《가처분의 목적인 금지행위가 이미 종료한 경우》(대법원 1981.3.10. 선고 80다2832 판결)

토지의 소유자가 충분한 예방공사를 하지 아니한 채 건물의 건축을 위한 심굴굴착공사를 함으로써 인접대지의 일부 침하와 건물 균열 등의 위험이 발생하였다고 하더라도 나머지 공사의 대부분이 지상건물의 축조이어서 더 이상의 심굴굴착공사의 필요성이 없다고 보여지고 침하와 균열이 더 이상 확대된다고 볼 사정이 없다면 토지심굴굴착금지청구권과 소유물방해예방 또는 방해제거청구권에 기한 공사중지가처분을 허용하여서는 아니 된다.

(2) 공사금지가처분의 집행과 효력

이러한 가처분은 부작위의무를 지우는데 그치기 때문에 원칙적으로 집행의 필요가 없다. 따라서 가처분의 내용을 채무자에게 고지하면 가처분의 효력이 발생하게 된다. 따라서 원칙적으로 가처분의 집행기간 제한은 이 경우에는 적용이 없다. 왜냐하면

34) 대판 1981.3.10, 80다2832.

채무자가 그 가처분명령에 위반한 행위를 하여야만 부작위상태를 유지하기 위하여 강제집행을 고려하게 되기 때문이다.[35] 일회성의 의무위반은 원상회복 내지 손해배상의 문제로 귀착되는 경우도 많으나, 반복적 · 계속적 부작위를 명하는 가처분에서 채무자가 의무를 위반한 때에는 대체집행이나 간접강제에 의하여 의무의 이행을 강제할 수 있다. 대체집행은 채무자의 위반행위가 어떠한 결과를 남기는 경우에 채권자가 가처분법원으로부터 수권결정을 받아 그 결과로 생긴 건축물 등을 제거할 때 이용하고, 간접강제는 결과를 남기지 않는 의무위반의 경우에 주로 이용하게 된다.

다만 채무자가 가처분 위반행위를 하였음을 알고서도 오랫동안 방치하게 되면 채무자는 채권자에게 집행의 의사가 없는 것으로 생각할 수 있고, 이러한 믿음은 보호되어야 할 것이므로 채권자가 이런 경우에 갑자기 간접강제나 대체집행을 하였다면 채무자는 사정변경 등에 의한 가처분의 취소를 신청하거나, 수권명령절차에서 이러한 사실을 주장하여 보호를 받을 수 있을 것이다.[36]

《부작위를 명하는 가처분의 집행》(대법원 1982.7.16. 자 82마카50 결정)

부작위를 명하는 가처분은 그 가처분재판이 채무자에게 선고 또는 송달됨으로써 그 효력이 발생하고 채무자가 그 명령위반행위를 한때에 비로소 대체집행 또는 간접강제의 방법에 의하여 부작위 상태를 실현시킬 필요가 생기는 것이므로 위 가처분에는 집행기간에 관한 민사소송법 제708조 제2항이 준용되지 않으나, 다만 위 가처분에서 그 취지를 공시할 것을 아울러 명한 경우에는 이 명령부분은 즉시 집행이 가능하므로 이 부분의 집행에 관해서는 위 집행기간의 규정이 준용되며, 그 가처분재판이 변론을 거쳐 선고된 경우에는 선고 뒤에 재판서가 송달되었다 하여도 위 집행기간은 선고일로부터 기산하여야 한다.

2. 受忍義務를 명하는 가처분의 집행

(1) 수인의무를 명하는 가처분의 의의

채권자의 권리행사를 채무자가 방해하고 있거나 방해할 우려가 있을 때 채무자가 이러한 방해행위를 하지 않고 채권자의 적법한 권리행사를 수인(受忍)할 것을 명하는 것으로서, 부작위를 명하는 가처분이다. 이는 현재의 상태를 깨뜨리지 않고 채권자의

35) 대결 1982.7.16, 82마카50. 동지: 대결 2001.1.29, 99마6107.
36) 실무제요, 272면.

권리행사가 가능할 때 발령하는 것으로서, 채권자가 현상을 변경하여 권리행사를 하려고 할 때에는 단행가처분에 의하여야 할 것이고, 이에 의할 수 없다.

수인의무를 명하는 가처분 후에 채무자가 채권자에 대해 이 가처분의 피보전권리가 된 권리행사를 금지하는 가처분을 구하는 것은 허용되지 않는다. 예컨대, 공사방해금지가처분이 내려진 후 채무자가 공사속행금지가처분을 신청하는 것과 같다. 한편으로 생각하면 이 가처분은 수인의무를 명하는 것으로서 채권자의 권리행사와는 무관한 듯이 보이지만, 그 수인의무는 채권자의 권리행사를 전제로 하는 것이므로 수인이라고 하는 단순한 부작위를 넘어서 그 권리행사를 인정하라는 내용을 포함하고 있기 때문이다.

아래 주문례는 점유방해금지가처분과 통행방해금지가처분의 경우를 각각 보이는 것이다.

채무자는 실력으로써 별지목록 기재 건물에 들어가거나 그 밖에 채권자의 위 건물에 대한 점유사용을 방해하여서는 아니 된다.

채무자는 별지목록 기재 토지 중 별지도면 표시 ①, ②, ③, ④, ①의 각 점을 순차로 연결한 선내 ㉮부분의 통로에 통행을 방해하는 철책이나 그 밖의 공작물을 설치하여 채권자의 통행을 방해하여서는 아니 된다.

(2) 수인의무를 명하는 가처분의 집행

수인의무를 명하는 가처분의 본질은 채무자에게 부작위를 면하는 것이므로 집행은 필요치 않고 채무자에게 가처분의 내용을 고지하는 것으로 충분하다. 다만 가처분 명령 후에 채무자가 실력으로 가처분에 위반하여 방해행위를 한 때에는 원상회복 내지 방해의 배제를 내용으로 하는 집행명령을 얻어 집행관의 입회하에 그 방해행위를 배제할 수 있다.[37)]

37) 실무제요, 273-274면.

3. 방해물배제의 가처분의 집행

소유권과 기타의 사용 · 수익권에 기하여 기존의 방해를 제거하기 위하여 채무자에게 대체적인 작위의무를 명하는 가처분이다. 채무자의 작위의무 중에서 대체적인 것이 아닌 일신전속적 작위의무에 대해서는 이 가처분을 할 수 없고, 이미 현실화되어 있는 방해를 제거하기 위한 것이다. 이는 단행가처분의 일종이므로, 변론이나 채무자가 참석할 수 있는 심문기일을 열어서 심리하여야 한다(제304조),

가처분 자체의 집행은 필요로 하지 않으나, 의무불이행에 대하여 대체집행을 할 수 있다. 가처분 신청시에 대체집행의 신청을 하였다면, 가처분과 동시에 집행을 명령할 수 있고 이때에는 의무위반이 있으면 집행을 할 수 있으나, 그렇지 않은 경우에는 의무위반을 기다려 대체집행의 신청을 하게 된다.

아래 주문례는 대체집행의 신청을 함께 한 경우를 보인 것이다. 단순히 방해물배제만을 구한 경우에는 제1항만을 발령하면 된다.

채무자는 이 명령 송달일로부터 ○일 내에 별지목록 기재 토지 위에 있는 ○○를 수거하라. 채무자가 위 명령을 실행하지 아니하면 채권자는 집행관으로 하여금 채무자의 비용으로 위 물건을 수거하게 할 수 있다.

4. 단행가처분의 집행

》 설문 ⑫

甲은 자신의 토지 위에 무단으로 건물을 건축한 乙에 대해 건물의 철거와 토지의 인도를 요구하였으나 듣지 아니하므로 소를 제기하면서 이 건물이 붕괴할 위험이 있어서 붕괴로 인한 피해를 방지하기 위하여 철거단행가처분을 신청하여 인용결정을 얻었다. 이때 甲은 이 건물을 철거하기 위하여 어떠한 절차를 취하여야 하는가?

(1) 단행가처분의 의의

본래 가처분은 임시적 처분에 지나지 않으므로 채권자가 가처분을 통하여 얻을 수 있는 지위는 장차 본안판결이 확정되고 난 뒤에 강제집행 등을 통하여 실현하기에 지장이 없는 정도에 지나지 않는 것이지, 권리를 만족하는 것은 아니다. 그런데 예외적으로 본안이 확정되기 전에 권리를 실현시킬 필요가 있는 경우가 있다. 특히 채권자가 부당하게 해고를 당하여 수입이 없게 됨으로써 생계가 막막해진 경우 등에 부당해고가 취소되어 복직되기 전이라도 임금을 임시로 지급할 필요가 있으므로 이러한 가처분이 인정되었고, 후에 여러 분야로 발전하게 된 것이다. 만족적 가처분이라고도 한다.[38)]

단행가처분은 채권의 존재가 분명하고 이에 대한 채무자의 의무 불이행이 명백하여 채무자의 항변이 거의 인정되지 않는 경우에, 본안판결을 기다려 채권자의 권리를 실현하게 되면 회복하기 어려운 손해가 생기는 등 특수한 경우에 목적물을 채권자에게 이전하거나, 철거, 수거 등 권리가 실현된 것과 같은 상태로 의무를 이행할 것을 명령하는 가처분이다. 성질상 임시의 지위를 정하기 위한 가처분이다. 구민사소송법(제718조)은 따로 명문의 규정을 가지고 있었으나, 지금은 일반적인 임시의 지위를 정하는 가처분의 일종으로 인정된다.[39)]

철거 등의 이행의무는 대체적 작위의무로서 그 집행방법은 대체집행(민법 제389조 2항 후단, 민집 제260조)에 의하게 되므로, 단행가처분의 신청과 더불어 대체집행의 신청도 필요하다. 그런데 채무자에게 적극적인 이행의무가 있는 경우가 아니라 부작위를 청구하는 경우, 예컨대 주위토지 통행을 위하여 가처분을 하는 때에는 채무자가 설치한 담장 등을 제거하여야 할 경우라도 방해물배제의 가처분을 신청할 것이지, 철거단행가처분을 신청할 것이 아니다.

이 가처분이 집행되면 사실상 채권자는 권리의 만족을 얻는 것과 마찬가지로 되므로 본안소송을 제기하지 않고 가처분만 청구하는 경우[40)]도 없지 않은데, 이러한 것이 일반화된다면 채권자는 본안소송에 비하여 손쉬운 가처분을 선호하게 되고, 엄격한

---

38) 만족적 가처분을 본안판결에서 승소하기도 전에 그에 기한 강제집행과 동일한 결과를 일시 실현시킬 것을 목적으로 하는 가처분이라고 정의하면서, 이에 속하는 것으로 부작위를 명하는 가처분, 단행가처분, 금전지급의 가처분을 드는 입장이 있다. 이시윤, 563면. 그러나 부작위를 명하는 가처분은 채권자를 만족시키는 성격이 있기는 하지만, 통상 단행가처분 내지 만족적 가처분과는 달라서 다툼의 대상에 관한 가처분에도 인정된다.

39) 구민사소송법 제718조의 삭제는 소위 만족적 가처분에 대한 인식이 종전과는 달라졌음을 의미하는 것이다. 종래의 입장은 이는 극히 예외적인 것으로서 제한적으로만 인정되어야 하고, 따라서 본안이 제기되지 않는 소위 가처분의 본안화 경향에 대해서 적대적이었다고 할 수 있으나, 현재에는 이러한 인식이 거의 불식되었다는 것을 의미하는 것이다. 拙稿, 保全訴訟의 本案化 傾向에 관한 批判的 硏究, 경성대학교 논문집 12집 1권, 1991. 3, 205면 이하 참조.

40) 이른바 가처분의 본안화 경향이라는 것이나, 이는 본래 가처분은 본안소송에 부수하는 절차라는 의미의 부수성에 반하는 것이다.

절차에 의한 소송은 외면되고 만다. 법원의 입장에서도 이는 재판 부담을 줄이는 것으로 싫지 않을 수도 있으나, 가처분과 소송의 본지에 반하는 것이고 권리구제가 부실해질 우려가 있으므로 권장하거나 방치할 것은 아니다. 말하자면 채무자는 본안소송에 가보지도 못하고 권리를 박탈당하는 등의 결과로 되어 본안이 확정되기도 전에 자신의 권리행사에 상당한 지장을 받게 되기 때문이다. 이러한 이유로 실제 이러한 가처분은 이미 점유이전 집행된 건물에 채무자가 무단침입을 했다는 등 특수한 경우에 인용되는 것이며, 건물 등을 철거하는 것도 후에 원상회복이 불가능하기 때문에 쉽게 인용되기 어렵다.

(2) 인도 등 단행가처분의 심리

구민사소송법에는 단행가처분의 심리를 특히 신중하게 하기 위하여 변론을 열어 재판하도록 하고 있었으나(구민소 제718조), 현행법은 판결로 재판하지 않기 때문에 채무자가 참석할 수 있는 심문이나 변론을 통하여 심리한다(제304조).

단행가처분의 취지상 피보전권리나 보전의 필요는 고도의 소명이 필요하다. 즉 채무자의 항변이 인정되지 않을 정도로 채권자의 청구권이 존재하는 것이 명백하고, 단행가처분을 집행하더라도 채무자의 정당한 권리가 침해되지는 않을 것으로 보여야 하며, 여기에 더하여 본안판결에 의한 집행시까지 집행을 기다리게 되면 채권자에게 회복하기 어려운 손해가 발생할 위험이 있거나 채권자에게 가혹한 부담을 지우게 되는 결과에 이르게 되는 사정이 존재하여야 할 것이다. 따라서 피보전권리나 보전의 필요 중의 어느 하나가 의심스럽거나, 채무자가 이에 대해 적극적으로 항변하는 경우에는 보증을 세우더라도 가처분을 명하기보다는 신청을 기각하여야 한다.[41]

신청에 대체집행의 취지가 포함되어 있는 경우에는 가처분명령과 더불어 수권명령도 하는 것이 일반적이다.

단행가처분의 주문은 목적물을 집행관에게 보관시키고 채권자에게 사용을 허용하는 등의 형식을 취하는 것과 본안판결의 주문형식에 준하여 명령하는 형식이 있다. 마지막의 주문은 대지인도와 더불어 철거를 명하는 대체집행의 수권명령이 포함된 것이다.

41) 실무제요, 277면.

> 채무자는 별지목록 기재 부동산에 대한 점유를 풀고 이를 채권자가 위임하는 집행관에게 인도하여야 한다.
> 집행관은 현상을 변경하지 아니할 것을 조건으로 채권자에게 이를 사용하게 하여야 한다.
> 채권자는 그 점유를 타인에게 이전하거나 점유명의를 변경하여서는 아니 된다.
> 집행관은 위 취지를 적당한 방법으로 공시하여야 한다.

> 채권자는 채권자에게 별지목록 기재 부동산을 임시로 명도하라.

> 채무자는 채권자에게 별지목록 기재 토지 위에 건립된 별지목록 기재 가건물을 철거하고 위 토지를 인도하라.
> 채무자가 이 명령 송달일로부터 ○일 내에 위 가건물을 철거하지 않을 때에는 채권자는 집행관에게 위임하여 채무자의 비용으로 이를 철거하게 할 수 있다.

(3) 인도 등 단행가처분의 집행과 효력

목적물의 인도나 명도를 명하는 단행가처분의 집행은 일반적인 집행방법에 따라 채무자의 점유를 풀고, 채권자에게 현실적으로 점유케 하는 방법으로 한다. 철거를 명하는 경우에는 대체집행의 방법으로 하여야 하므로 대체집행의 수권명령이 필요하다. 따라서 가처분명령에 수권명령이 없는 경우에는 따로 신청하여 명령을 받아 집행한다.

단행가처분이 집행되면 외관상 권리가 실현된 것과 같은 상태로 되나, 어디까지나 잠정적인 것에 불과하므로 최종적인 결과는 본안소송의 승패에 따라 결정된다. 따라서 단행가처분에 의해 목적물의 점유가 채권자에게 이미 이전되었더라도 본안소송의 판단은 아직 그 점유가 채무자에게 있는 것으로 보고 판단하여야 한다.[42]

> 《명도단행가처분의 집행과 채무자의 점유》(대법원 1996.12.23. 선고 95다25770 판결)
> [1] 가처분의 피보전권리는 채무자가 소송과 관계없이 임의로 의무를 이행하거나 본안소송에서 피보전권리가 존재하는 것으로 판결이 확정됨에 따라 채무자가 의무를 이행한 때에 비로소 법률상 실현되는 것이어서 채권자의 만족을 목적으로 하는 이른바 단행가처분의 집행에 의하여 피보전권리가 실현된 것과 마찬가지의 상태가 사실상 달성되었다 하더라도 그것은 어디까지나 임시적인 것에 지나지 않고, 가처분이 집행됨으로써 그 목적물이 채권자에게 인도되었다고 하

42) 대판 1996.12.23, 95다25770 참조.

더라도 그와 같은 잠정적인 상태를 고려함이 없이 그 목적물의 점유는 채무자에게 있다.

[2] 명도단행가처분의 집행채권자가 인도집행 받은 목적물을 제3자에게 인도하였을지라도 그에게 소유권이전을 유보한 매매를 하고 그 점유를 환원할 수 있는 상태에 둔 이상 그 제3자의 직접점유도 아직 집행채권자 및 집행채무자의 간접점유 하에 있는 점유로 보아야 한다.

[3] 목적물을 경락받은 집행채권자가 유치권자인 집행채무자의 점유 하에 있던 목적물을 단행가처분의 집행을 통하여 인도받은 후 제3자에게 처분 · 인도하고 그 목적물에 관하여 소유권이전등기까지 경료하여 그 제3자로 하여금 목적물에 관한 완전한 소유권을 취득하게 하여 버림으로써 목적물에 관한 소유권이나 점유를 환원시킬 수 없는 새로운 사태가 만들어진 경우, 그 때 비로소 가처분의 집행채권자로서 인도집행 받은 목적물의 점유를 타에 이전하거나 점유명의를 변경하여서는 아니 되는 가처분의 결정취지에 반하여 점유를 타에 이전하여 그 점유명의를 변경한 것이 되고 집행채무자의 점유를 침탈하여 유치권을 상실하게 하는 불법행위를 저지른 것이라고 보아야 한다.

(4) 금전지급 단행가처분의 집행

금전지급채무에 관한 다툼이 있고, 채권확정 전에 채권자가 지급을 받지 못하면 현저한 손해를 입을 우려가 있을 때에는 금전의 임시지급을 구하는 가처분을 할 수 있는데, 교통사고로 인한 치료비 또는 해고 근로자의 생계유지를 위한 임금의 가지급 청구 등이 그 현저한 예로 된다. 특히 교통사고 후 보험회사와 피해자 간에 합의가 되지 않으면 보험회사가 치료비 지급을 중단하여 치료를 할 수 없게 된 때 유용하다. 이러한 가처분은 필요성이 높으므로 인용율이 높은 편이다.

금전의 지급을 구하는 가처분을 신청하기 위해서는 피보전채권이 되는 금전채권의 존재와 급박하게 지급되어야 할 필요 있는 금액의 산출근거도 소명되어야 한다. 가처분을 통하여 지급된 금전은 소비되어버리기 때문에 후에 반환이 불가능한 경우가 보통이므로 부실하게 심리되면 채무자에게 돌이킬 수 없는 손해를 입힐 우려가 있게 되지만, 통상 채권자가 경제적 약자로서 지급이 늦으면 또한 회복할 수 없는 손해가 생길 우려가 있으므로 신속히 심리할 것이 요구된다. 교통사고인 경우에는 치료비 뿐만 아니라 생계비도 지급범위에 포함될 수 있다. 지급방법으로는 일시금의 지급이나 정기금의 지급 중 적절한 것을 선택할 수 있다. 아래 주문은 일시금과 함께 정기금의 지급을 명하는 경우를 보인 것이다.

채무자는 채권자에게 금 ○○○원 및 20○○. ○○. ○○일부터 20○○. ○○. ○○일까지 매월 ○○일에 금○○○원씩을 임시로 지급하라.

금전지급을 명하는 가처분은 채무자에게 송달하여 의무를 이행하게 하는 것은 일반적인 이행판결과 같으나, 명령을 받은 기간 내에 그 의무를 이행하지 않으면 금전채권집행의 방법으로 집행한다. 다만 이때에는 2주의 집행제한이 적용되므로, 정기금 지급의 경우 매 기한마다 2주 내에 집행에 착수하지 않으면 도과된 부분을 집행하지 못함을 주의하여야 한다.

다만 금전의 가지급을 명하는 가처분이 집행된 경우에, 본안에서 다시 지급을 명하는 재판을 하게 되면 2중 집행의 우려가 있으나, 사실은 가처분의 집행에 의해 이미 채권은 만족된 상태이므로 다시 집행을 하게 되면 채무자는 집행의 정지(제49조)를 구하거나 청구이의의 소를 제기하여 구제받을 수 있다.

5. 유체동산의 사용금지가처분의 집행

유체동산의 인도청구권을 보전하기 위한 경우에는 통상 점유이전금지가처분을 신청하면 충분하지만 점유이전금지로서는 불충분할 것으로 여겨지는 사유가 있으면 사용금지의 가처분을 신청할 수 있다. 이는 통상 점유이전금지가처분과 함께 사용금지까지 신청하는 경우도 있고, 단독적으로 사용금지를 청구하기도 하는데, 임시의 지위를 정하기 위한 가처분의 일종이다.[43] 이는 소유권유보부매매를 하였으나 대금지급을 받지 못하게 되어 매매목적물의 반환청구권이 발생한 때, 리스대금이 연체되어 리스계약의 해제로 인한 목적물의 반환청구권이 발생한 때 많이 이용되는 가처분이나, 실상은 매매대금 또는 리스료의 지급을 받기 위한 압박수단으로 가처분을 하는 경우가 많다.

통상 점유이전금지가처분은 현상을 변경하지 않을 것을 조건으로 채무자에게 사용을 허락하는 것 비하여 예외적인 형태를 가지고 있으므로, 목적물을 사용하면 현상이 변경되거나 목적물의 가치가 현저히 하락하는 등 특별한 사정에 대한 소명이 있어

43) 실무제요, 292면.

야만 가처분 신청이 인용될 수 있다.

이 가처분의 집행방법은 집행관이 채무자로부터 유체동산의 점유를 취득하여 사용하지 못하게 하는 방법으로 집행하게 된다.

6. 가등기에 관한 가처분의 집행

민사집행법상의 가등기에 관한 가처분은 부동산등기법상의 소위 가등기가처분과는 구별되는 것이다. 후자의 가처분은 가등기의무자의 협력을 얻지 못하여 가등기신청을 할 수 없는 가등기권리자가 법원에 가등기원인을 소명하여 가등기신청을 하고, 그에 기하여 발령된 가처분명령을 첨부하여 단독으로 가등기신청을 하는 것을 의미하는 것으로서 가등기권리자와 의무자 사이에 분쟁이 없어도 할 수 있는 등 비송사건의 특질을 가지고 있다. 이에 비하여 전자의 가처분은 이미 가등기가 경료된 권리에 관한 가처분을 말하는 것이다. 즉 가등기가 무효이거나 매매의 예약이 해제된 경우 그 가등기에 대한 말소등기청구권을 피보전권리로 하여 가등기된 권리의 행사를 금하는 것이다. 이때 가등기의 말소청구소송 중 내지 승소판결의 집행 전에 본등기를 하는 것을 막기 위하여 가등기상의 권리행사를 금하는 가처분과, 가등기된 권리를 타에 이전하는 것을 금하는 가처분의 두 가지를 생각할 수 있는데, 전자는 판례에 의하여 부정되어 있으나[44] 후자의 가처분은 판례가 가등기상의 이전등기를 가등기에 대한 부기등기의 형식으로 하는 것을 인정하고 있기 때문에[45] 이를 할 수 있고, 부동산처분금지 가처분과 같은 방법으로 등기된다. 이 때 만약 처분금지의 가처분 등기가 된 후에 가등기에 기한 본등기가 된 경우에는 본안소송 중에 본등기 말소청구를 하여 말소를 하면 되겠지만, 채무자가 본등기의 말소의무를 지지 않는 경우에도 어차피 그 본등기의 권리자는 가처분채권자에 대항할 수 없으므로 가처분권리자의 권리는 보전된다.

《가등기에 기한 본등기 금지의 가처분의 가부》(대법원 1978.10.14. 자 78마282 결정)

가등기에 터잡은 본등기를 하는 것은 그 가등기에 의하여 순위 보전된 권리의 취득이며 부동산등기법 제2조 소정의 등기사항으로서의 처분의 제한이라고는 볼 수 없으므로 가등기에 기한

44) 대결 1978.10.14, 78마282 참조.

45) 대판 1998.11.19, 98다24105(전원합의체).

본등기금지가처분은 등기할 사항이라 할 수 없다.

7. 단체 임원의 직무집행정지 등 가처분의 집행

》》설문 ⑬

甲은 법인인 고등학교 동창회의 감사로서 최근 업무감사를 하다가 동창회장인 乙이 동창회의 경비를 자신의 이익을 위하여 전용하였음을 알게 되었다. 그런데 乙이 甲을 비롯한 동창회 간부들의 요구에도 불구하고 사퇴를 거부하므로, 우선 乙을 상대로 직무집행정지가처분을 신청하려고 한다. 이러한 가처분은 가능한가?

(1) 본안소송과 관련하여 본 가처분의 허용성

주식회사의 이사를 비롯하여, 감사 · 청산인, 유한회사나 상호회사의 이사 · 감사 · 청산인 등의 선임결의의 무효 · 취소청구 내지 해임의 소가 제기된 때에는 가처분으로 이들의 직무집행정지와 직무대행자를 선임할 수 있다(상법 제407조 1항 등). 급박한 경우에는 위 소가 제기되기 전이라도 가처분을 할 수 있다. 이사선임결의 부존재확인청구소송이 제기된 경우에도 같다(상법 제380조).[46]이는 임시의 지위를 정하기 위한 가처분이다.[47]

이외에 합명회사나 합자회사의 무한책임사원이나 청산인, 민법상의 사단법인이나 재단법인의 이사 등에 대해서도 선임결의무효 확인소송을 본안으로 하여 직무집행정지 가처분을 할 수 있다(민법 제52조의2, 제60조의2, 상법 제183조의2, 제200조의2, 제265조 참조). 민사집행법에는 이 경우의 등기절차가 규정되어 있다(제306조).[48]

《주식회사 이사의 직무집행정지 및 대행자선임 가처분의 성질》(대법원 1989.5.23. 선고 88다카9883 판결)

주식회사 이사의 직무집행을 정지하고 그 대행자를 선임하는 가처분은 민사소송법 제714조

46) 대판 1982.9.14, 80다2425.

47) 대판 1989.5.23, 88다카9883. 이에 대해 상법학계에서는 상법상의 특수한 가처분이라고 한다.

48) 민사집행법의 제정 이전에는 가처분의 등기절차가 규정되어 있지 않았으므로 가처분을 하더라도 이들과 거래하는 제3자에게 불측의 손해를 입힐 우려가 있다고 하여 소극적인 입장도 있었으나, 판례(대판 2000.2.11, 99다30039)나 통설은 가처분에 대해 적극적이었다. 이에 민사집행법에 등기절차를 규정하면서, 민법과 상법에 이들이 등기사항이라는 점과 직무대행자의 업무범위를 규정하였다.

제2항에 의한 임시의 지위를 정하는 가처분의 성질을 가지는 것으로서, 본안소송의 제1심 판결 선고시 또는 확정시까지 그 직무 집행을 정지한다는 취지를 결하였다 하여 당연무효라 할 수 없으나, 가처분에 의해 직무집행이 정지된 당해 이사 등을 선임한 주주총회결의의 취소나 그 무효 또는 부존재확인을 구하는 본안소송에서 가처분채권자가 승소하여 그 판결이 확정된 때에는 가처분은 그 직무집행 정지 기간의 정함이 없는 경우에도 본안승소판결의 확정과 동시에 그 목적을 달성한 것이 되어 당연히 효력을 상실한다.

《이사직무대행자의 업무범위》(대법원 1995.4.14. 선고 94다12371 판결)

민사소송법 제714조 제2항의 임시의 지위를 정하는 가처분은 권리관계에 다툼이 있는 경우에 권리자가 당하는 위험을 제거하거나 방지하기 위한 잠정적이고 임시적인 조치로서 그 분쟁의 종국적인 판단을 받을 때까지 잠정적으로 법적 평화를 유지하기 위한 비상수단에 불과한 것으로, 가처분결정에 의하여 학교법인의 이사의 직무를 대행하는 자를 선임한 경우에 그 직무대행자는 단지 피대행자의 직무를 대행할 수 있는 임시의 지위에 놓여 있음에 불과하므로 학교법인을 종전과 같이 그대로 유지하면서 관리하는 한도 내의 학교법인의 통상업무에 속하는 사무만을 행할 수 있다고 하여야 할 것이고, 그 가처분결정에 다른 정함이 있는 경우 외에는 학교법인의 근간인 이사회의 구성자체를 변경하는 것과 같은 학교법인의 통상업무에 속하지 아니한 행위를 하는 것은 이러한 가처분의 본질에 반한다고 하여야 할 것이다.

주식회사의 이사에 대해서는 주주총회의 결의로 해임할 수 있는 것이 원칙이나(상법 제385조 1항), 발행주식 총수의 100분의 3 이상에 해당하는 주식을 가진 주주는 이사가 그 직무에 관하여 부정행위 또는 법령이나 정관에 위반한 중대한 사실이 있음에도 불구하고 주주총회에서 그 해임을 부결한 때에는 총회의 결의가 있은 날부터 1월내에 그 이사의 해임을 법원에 청구할 수 있다(동조 2항). 결국 이 규정은 주주가 이사의 해임청구의 소를 본안으로 하여 직무집행정지의 가처분을 신청할 수는 있을 것이나, 가처분을 위해서도 위 소를 제기할 수 있을 정도의 요건이 갖추어진 것을 소명하여야 하는 것이다.[49]

《소수 주주의 이사해임의 소를 피보전권리로 하는 이사 직무집행정지 가처분신청의 요건》(대법원 1997.1.10. 자 95마837 결정)

[1] 상법 제385조 제2항에 의하면 이사가 그 직무에 관하여 부정행위 또는 법령이나 정관에 위반한 중대한 사실이 있음에도 불구하고 주주총회에서 그 해임을 부결한 때에는 발행주식 총수의 100분의 5[50] 이상에 해당하는 주식을 가진 주주는 총회의 결의가 있은 날로부터 1월 내

49) 대결 1997.1.10, 95마837.
50) 1999년 개정법률에 의하여 100분의 3 이상으로 소액주주의 요건이 완화되었다.

에 그 이사의 해임을 법원에 청구할 수 있고, 그와 같은 해임의 소를 피보전권리로 하는 이사의 직무집행정지신청은 본안의 소송이 제기된 경우뿐만 아니라 급박한 경우에는 본안소송의 제기 전에라도 할 수 있음은 같은 법 제407조에서 명문으로 인정하고 있을 뿐더러, 그와 같은 직무집행정지신청을 민사소송법 제714조 제2항 소정의 임시의 지위를 정하는 가처분과 달리 볼 것은 아니므로 반드시 본안소송을 제기하였음을 전제로 하지는 않는다.

[2] 이사의 직무권한을 잠정적이나마 박탈하는 가처분은 그 보전의 필요성을 인정하는 데 신중을 기해야 할 것인바, 소수 주주가 피보전권리인 해임의 소를 제기하기 위한 절차로는 발행주식 총수의 100분의 5 이상에 해당하는 주식을 가진 소수 주주가 회의의 목적과 소집의 이유를 기재한 서면을 이사회에 제출하여 임시총회의 소집을 요구하고, 그렇게 하였는데도 소집을 불응하는 때에는 법원의 허가를 얻어 주주총회를 소집할 수 있고, 그 총회에서 해임을 부결할 때 그로부터 1월 내에 이사의 해임을 법원에 청구할 수 있는 것이므로, 그와 같은 해임의 소를 제기하기 위한 절차를 감안해 보면 특별히 급박한 사정이 없는 한 해임의 소를 제기할 수 있을 정도의 절차요건을 거친 흔적이 소명되어야 피보전권리의 존재가 소명되는 것이고, 그 가처분의 보전의 필요성도 인정될 수 있다.

다만 민법상의 법인의 이사, 법인 아닌 사단이나 재단의 대표자, 합명회사나 합자회사의 대표자 등이 부정행위를 하여 단체의 존립을 위태롭게 한 경우에는 직무집행정지 가처분을 할 수 없다는 것이 판례이다.[51] 이때에는 이들을 상대로 해임청구의 소를 제기하여야 할 것이나, 이러한 소는 형성의 소이므로 명문규정 없이 제소를 인정할 수 없는 것인데, 민법이나 상법상 이러한 경우 해임청구를 할 수 있는 근거가 없고, 또 본안소송 없는 가처분은 있을 수 없기 때문이다. 반대설은 이러한 가처분을 할 수는 있으나, 등기할 수 없으므로 당사자에게만 효력이 생기는 제한적인 것에 그친다고 하고 있으나,[52] 본안소송이 없는 가처분을 인정한다고 하는 것은 보전처분의 본질에 반하는 것이고, 단체내부의 분쟁은 그 단체내부의 총의에 의해서 해결되어야 할 것이므로, 그 필요성이 없다고 할 수는 없으나 긍정하기는 어려운 것이다.[53] 임기가 만료되었으나 이사의 정원을 채우지 못하여 잠정적으로 이사의 직무를 수행하는 자(상법 제386조 1항)에 대해서는 마찬가지로 해임소송이 불가능하므로 직무집행정지가처분을 신청할 수는 없고, 그에 대신하여 일시 이사의 직무를 행할 자의 선임을 구하여야 할 것이다(동조 2항).

---

51) 대결 1997.10.27, 97마2269; 대판 2001.1.16, 2000다45020.
52) 이시윤, 465면.
53) 동지: 실무제요, 331면.

《학교법인의 이사장에 대한 해임청구의 소를 본안으로 하는 직무집행정지 및 직무대행자선임 가처분이 허용되는지 여부(소극)》(대법원 1997.10.27. 자 97마2269 결정)

기존 법률관계의 변경 · 형성의 효과를 발생함을 목적으로 하는 형성의 소는 법률에 특별한 규정이 있는 경우에 한하여 허용되는데, 학교법인 이사장에 대하여 불법행위를 이유로 그 해임을 청구하는 소송은 형성의 소에 해당하는바, 이를 허용하는 법적 근거가 없으므로 이를 피보전권리로 하는 이사장에 대한 직무집행정지 및 직무집행대행자 선임의 가처분은 허용되지 않는다.

(2) 직무집행정지 등 가처분의 심리

직무집행정지 가처분의 신청은 본안소송의 제소권자가 되므로, 소송에 따라서 다르나, 주주 · 이사 · 감사나 위법하게 퇴임한 이사 등이 신청인 적격을 가지게 된다. 다만 판례는 회사 등의 대표자 자격을 부인하기 위한 총회결의의 부존재 · 무효확인 · 취소청구소송의 상대방은 회사 등의 단체를 피고로 하여야 한다고 하면서도,[54] 막상 직무집행정지가처분에 있어서는 회사가 아니라, 직무집행의 정지가 요구된 이사 등에 대해서만 피신청인으로 하여 신청하여야 한다고 한다.[55] 그러나 판례이론에 의한다면 본안소송의 피고와 가처분의 피신청인이 달라지게 되어 문제가 있으므로, 학설은 법인도 피신청인이 되어야 한다는 입장이 강하다.

《종중결의 무효 등 확인의 소에 있어서 정당한 당사자》(대법원 1973.12.11. 선고 73다1553 판결)

문제가 되어 있는 대의원회의의 인준결의가 무효 내지 부존재인 것을 확인받아 피고(개인)들의 위 종중의 도유사나 이사가 아닌 사실을 확정판결로 명확히 하려는 확인의 소에 있어서는 피고들 개인을 상대로 제소할 것이 아니요 위의 종중을 피고로하여 제소하여야만 원고로서는 이 소를 제기할 확인의 이익이 있다고 볼 수 있다.

《청산인 직무집행정지 가처분의 피신청인》(대법원 1972.1.31. 선고 71다2351 판결)

임시의 지위를 정하는 가처분인 청산인 직무집행 정지 및 직무대행자 선임 가처분에 있어서는 신청인의 주장자체에 의하여 신청인과 저촉되는 지위에 있는 청산인을 피신청인으로 하여야 하고, 회사는 피신청인의 적격이 없다.

54) 대판 1973.12.11, 73다1553; 대판 1991.6.25, 90다14058.
55) 대판 1972.1.31, 71다2351; 대판 1998.2.9, 80다2424.

이 가처분은 임시의 지위를 정하기 위한 가처분이므로 변론이나 채무자가 참석할 수 있는 심문기일을 열어 재판하여야 한다(제304조). 가처분의 심리에 있어서 피보전권리가 있는가 하는 부분은 비교적 쉽게 판단할 수 있을 것이다. 그러나 보전의 필요에 관한 부분은 단순히 선임절차상의 하자나 직무수행상의 위법성만을 따져서 판단할 것이 아니라, 가처분에 따른 쌍방의 이해, 본안소송의 승패 예상, 기타 제반사정을 고려하여 합목적적으로 판단하여야 한다. 이런 단체는 자율적으로 운영되는 것이므로 가처분으로 대표자 등의 직무집행을 정지한다고 하여도 그 구성원인 주주 등이 지지하고 있다면 이후 다시 대표자로 선임될 것이기 때문이다.

가처분신청을 인용하여 직무집행을 정지하는 경우에는 대상자와 정지되는 업무를 분명히 특정하여야 하고, 기간을 명시하여야 한다. 또한 따로 직무를 수행할 사람이 있는 경우를 제외하고는 정지되는 직무를 대행하기 위한 사람을 선임하여야 하는데, 정관 등에 대행자선임 규정이 있다고 하더라도 가처분으로 대행자를 선임하는 것이 원칙이다. 가처분에 의한 경우에는 그 잠성성에 기하여 회사의 상무(常務)에 속하는 업무만을 수행할 수 있어서(민법 제60조의2 제1항, 상법 제200조의2 제1항, 제265조, 제269조, 제408조 1항), 정관 등에 의한 직무대행자와는 지위가 다르기 때문이다.

신청인의 ○○회사에 대한 주주총회결의 취소사건의 본안판결 확정시까지 피신청인 ◇◇◇는 위 회사의 대표이사 및 이사의 직무를, 피신청인 □□□, △△△는 위 회사의 이사의 직무를 각각 집행하여서는 아니 된다.
위 직무집행정지기간 중 다음 사람을 직무대행자로 선임한다.
 이사 겸 대표이사 직무대행자
  변호사 ○ ○ ○ (-)
   주소
 이사 직무대행자
  변호사 ○ ○ ○ (-)
   주소

(3) 직무집행정지 등 가처분의 집행과 효력

직무집행정지 내지 직무대행자를 선임하는 가처분은 가처분 채권자와 채무자에게 송달하는데, 소속법인 등 단체는 당사자가 아니므로 송달하지 않는다. 또한 법인의 대표자 그 밖의 임원으로 등기된 사람에 대해 직무집행을 정지하거나 직무대행자를 선임한 때 등에는 특히 그 사항이 등기할 것이 아닌 때를 제외하고는 이를 등기하여야 한다(민법 제52조의2, 상법 제183조의2, 제265조). 이러한 등기는 가처분 법원의 법원사무관 등이 촉탁하여 집행한다. 가처분이 등기할 사항인 때에는 이 등기는 본래의 집행이라고 하기보다는, 넓은 의미의 집행이라고 할 것인데,[56] 이러한 의미에서 제3자에 대한 대항요건인 동시에 가처분의 집행방법으로서의 효력을 가지게 된다. 그런데 실제 채권자와 채무자 사이에는 등기 이전에 재판의 고지와 송달에 의하여 가처분의 효력이 생기는 것으로 보아야 하고,[57] 다만 제3자에 대한 효력은 등기시에 생기는 것으로 보아야 할 것이다(민법 제54조 1항, 상법 제37조).[58] 다만 법인 아닌 사단이나 재단의 대표자에 대해서도 여기서 설명하는 민법 내지 민사집행법의 규정을 유추하여 직무집행정지 가처분과 대행자선임의 내용을 등기할 수 있는가 하는 문제가 있으나, 부정적으로 보아야 할 것이 아닌가 하는 의문이 있다. 여전히 법인 아닌 사단 등은 그 단체에 관한 등기가 없기 때문에 단체 자체에 대한 등기를 하기 전에는 대표자에 대한 등기도 불가능한 것이 아닌가 하는 점 때문이다.[59]

가처분의 효력은 통상적으로 가처분 채권자와 채무자 사이에서만 미치는 것이 통례이나, 주식회사 이사 등의 선임결의 취소청구, 무효 및 부존재 확인의 소를 본안으로 하는 가처분은 본안소송의 대세적 효력(상법 제190조, 제376조, 제380조)이 준용되어, 이사만이 채무자로 되었다 하더라도 회사에도 가처분의 효력이 미치며, 그 효력은 가처분이 취소될 때까지 지속한다.[60] 이에 따라 직무집행이 정지된 이사 등은 일체의 직무집행이 배제되고, 대행자가 회사의 상무의 범위 내에서 직무를 수행하게 된다. 이는 민사집행법에는 규정이 없으나, 상법상 이사 등의 해임과 관련하여 가처분으로 직무대행자를 선임한 경우 법원의 허가를 얻거나 가처분명령에 다른 정함이 있는 경우 외에는 회사의 상무에 속하지 아니한 행위를 하지 못한다는 규정(동법 제408조 1항)을 준용한 것이다. 다만 판례는

56) 이시윤, 464면. 이러한 점에서 앞에서 본 처분금지 가처분의 집행으로서의 등기와는 차이가 있다.

57) 동지: 박두환, 767-768면; 권성 외, 408면. 다만 이 견해는 처분금지가처분의 등기와 관련하여 그 입장의 철저함이 주목되나, 이들을 반드시 같은 선상에서 보아야 하는지는 의문이 있다.

58) 다만 이 때 등기에 대항하지 못하는 제3자의 범위는 법에 따라 조금씩 다른데, 민법의 경우에는 등기 이후 모든 제3자에게 대항할 수 있으나(제54조 1항), 상법의 경우에는 등기를 하더라도 선의의 제3자에게는 대항할 수 없고(제37조 1항), 또 등기한 후라도 제3자가 정당한 사유로 인하여 알 지 못한 때에는 역시 대항하지 못한다(같은 조 2항).

59) 반대: 실무제요, 328면.

60) 대판 1992.5.12, 92다5638.

대행자의 업무가 상무를 벗어난 경우에 대해서 입장이 흔들리고 있다.[61]

《직무집행정지 및 직무대행자선임의 가처분의 효력》(대법원 1992.5.12. 선고 92다5638 판결)

[1] 대표이사의 직무집행정지 및 직무대행자선임의 가처분이 이루어진 이상, 그 후 대표이사가 해임되고 새로운 대표이사가 선임되었다 하더라도 가처분결정이 취소되지 아니하는 한 직무대행자의 권한은 유효하게 존속하는 반면 새로이 선임된 대표이사는 그 선임결의의 적법 여부에 관계없이 대표이사로서의 권한을 가지지 못한다.

[2] 위 [1]항의 경우 위 가처분은 그 성질상 당사자 사이에서 뿐만 아니라 제3자에게도 효력이 미치므로, 새로이 선임된 대표이사가 위 가처분에 위반하여 회사 대표자의 자격에서 한 법률행위는 결국 제3자에 대한 관계에서도 무효이고 이때 위 가처분에 위반하여 대표권 없는 대표이사와 법률행위를 한 거래상대방은 자신이 선의였음을 들어 위 법률행위의 유효를 주장할 수는 없다.

《가처분에 의해 선임된 직무대행자의 직무권한 범위》(대법원 1982.12.28. 선고 81다카1168 판결)

가처분법원이 임시의 지위를 정하는 가처분 방법으로 종단종정의 직무집행을 정지함과 동시에 그 직무대행자를 선임하는 경우에 직무대행자의 직무권한의 범위에 관하여 가처분의 목적달성에 필요한 제한을 가할 수 있다고 할 것이지만 가처분법원이 종정직무대행자를 선임하면서 그 직무권한의 범위를 특별히 제한하지 아니한 이상 그 직무권한의 범위는 피대행자의 그것과 동일하다 할 것이므로 종단소속 사찰의 주지해임이 종단의 통상업무에 속하지 않는다는 이유만으로 종정직무대행자가 주지를 해임한 것을 무효라고 할 수 없다.

《법원의 가처분결정에 의하여 학교법인 이사직무대행자로 선임된 자의 법적 지위 및 권한 범위》(대법원 1995.4.14. 선고 94다12371 판결)

민사소송법 제714조 제2항의 임시의 지위를 정하는 가처분은 권리관계에 다툼이 있는 경우에 권리자가 당하는 위험을 제거하거나 방지하기 위한 잠정적이고 임시적인 조치로서 그 분쟁의 종국적인 판단을 받을 때까지 잠정적으로 법적 평화를 유지하기 위한 비상수단에 불과한 것으로, 가처분결정에 의하여 학교법인의 이사의 직무를 대행하는 자를 선임한 경우에 그 직무대행자는 단지 피대행자의 직무를 대행할 수 있는 임시의 지위에 놓여 있음에 불과하므로 학교법인을 종전과 같이 그대로 유지하면서 관리하는 한도 내의 학교법인의 통상업무에 속하는 사무만을 행할 수 있다고 하여야 할 것이고, 그 가처분결정에 다른 정함이 있는 경우 외에는 학교법인의 근간인 이사회의 구성자체를 변경하는 것과 같은 학교법인의 통상업무에 속하지 아니한 행위를 하는 것은 이러한 가처분의 본질에 반한다고 하여야 할 것이다.

61) 대판 1982.12.28, 81다카1168(종정 직무대행자의 직무권한의 범위는 피대행자의 그것과 동일하다); 대판 1995.4.14, 94다12371(학교법인의 이사직무대행자는 학교법인의 통상업무에 속하는 사무만을 행할 수 있다).

8. 노동가처분의 집행

》설문 ⑭

甲은 乙 회사에 수년간 아무 문제없이 근무하여 왔으나, 최근 회사가 전업을 계획하면서 기존의 사원 중에서 나이가 많은 사람들을 해고하였는데 이 중에 포함되어 직장을 잃게 되었다. 이에 甲은 자신이 직장을 잃게 되면 당장 생계가 막막해지고 아울러 노모의 병원비를 감당할 방법이 없게 되었다면, 甲은 회사에 대해 어떠한 가처분을 신청하여야 하는가?

(1) 노동가처분의 특질

노동사건에 관한 가처분은 대개 임시의 지위를 정하기 위한 가처분으로서 가처분의 본안화현상이 강하게 나타나는 것이 특징이라고 할 수 있다. 당사자들이 가처분절차를 통하여 분쟁을 해결하려고 하는 경향이 강하고, 만족적 가처분이 빈번히 이용되며, 그에 따라 가처분 심리절차가 본안절차에 비견할 수 있을 정도로 신중하게 되는 것이 그 이유이다. 또한 노동사건은 자율적인 해결이 우선이기 때문에 가처분을 하는 경우에도 강제집행을 전제로 하지 않는 채무자의 임의이행을 내용으로 하는 가처분도 허용된다.[62] 이러한 가처분은 잠정적으로 법률관계를 정리하여 당사자 사이의 교섭에 기준을 제시하게 되므로 대책 없이 공방을 계속하거나 무조건적으로 과격한 행동으로 진행하는 것을 방지하는 역할을 한다.

(2) 노동가처분의 심리

노동사건과 관련된 가처분은 근로자측이 신청하는 임금지급, 지위보전, 단체교섭 응낙, 단결권침해금지, 직장폐쇄금지 등 가처분과, 사용자측이 신청하는 직장점거배제, 위법적 쟁의행위 금지, 생산 및 출하방해금지, 직장출입금지 등 가처분이 있다. 이때 임금지급, 근로자 지위보전 등과 같이 근로자가 당사자인 경우에는 노동조합은 적격이 없으나 대량적인 정리해고나 위장폐업에 대응하는 경우에는 노동조합이 직접 나서는 것이 효율적인 경우가 있으므로 이러한 경우에는 예외적으로 노동조합의 당사자 적격을 인정할 것이라는 의견이 있다. 이외에 사용자가 직장점거 배제나 위법적 쟁의

62) 이시윤, 566면; 실무제요, 361면.

행위를 금지하는 가처분을 하는 경우에는 노동조합을 채무자로 할 수 있으나, 이때 비조합원이나 제3자도 채무자로 삼는 것이 가처분의 효력을 확실하게 하는데 기여할 수 있다.

노동가처분은 임시의 지위를 정하는 가처분이므로, 변론이나 채무자가 참석할 수 있는 심문절차를 거쳐 신중하게 심리하여야 한다(제304조).

임금지급가처분은 앞에서 설명한 금전지급단행가처분과 거의 같으므로 반복하지 않으나, 지위보전을 위한 가처분은 해고무효확인청구소송 내지 고용관계존재확인청구소송을 본안으로 하는 것으로서 다음 주문례와 같이 하게 된다.

채권자가 채무자에 대하여 근로계약상의 권리를 가지고 있음을 임시로 정한다.

또한 전근명령 등의 효력을 부인하는 가처분의 주문은 다음 예와 같이 할 수 있다.

채무자는 채권자를 채무자 회사의 △△지점에서 ◇◇지점으로 전근을 시켜서는 아니 된다.

사용자가 정당한 이유 없이 단체교섭을 거부한 경우에 노동위원회에 부당노동행위 구제신청을 하는 외에 단체교섭에 응하라는 가처분을 할 수 있는가에 대하여 사용자측의 의무의 내용이 불확정적이어서 의무이행을 어떻게 집행할 수 있을지 불투명하기 때문에 부정적인 의견도 있으나, 실무는 이러한 가처분을 인정하고 있다.[63]

채무자는 채권자와 별지목록 기재 사항에 관한 채권자의 단체교섭 신청에 대하여 성실하게 단체교섭을 하여야 한다.

노동조합이 불법적으로 사용자의 시설을 점거하여 이를 배제하기 위한 가처분을 신청하는 경우에는 다음과 같은 주문을 낼 수 있다.

63) 실무제요, 371면.

> 채무자는 별지목록 기재 건물과 물건에 대한 점유를 풀고 이를 채권자가 위임하는 집행관에게 인도하여야 한다.
> 집행관은 위 보관의 취지를 적당한 방법으로 공시하여야 한다.
> 집행관은 채권자에게 위 건물과 물건을 사용하게 하여야 한다.
> 채무자는 채권자와 채권자의 허락을 받은 자가 위 건물에 출입하는 것을 방해하여서는 아니 된다.

(3) 노동가처분의 집행

노동가처분에 있어서 직접강제가 가능한 것은 임금지급가처분과 방해배제를 위한 시설과 물건을 집행관에게 보관하는 가처분 정도이고, 그 외에는 간접강제를 할 수밖에 없을 것이나, 실제 가처분만으로 분쟁이 종료하는 경우가 많아서 이러한 때에는 집행이 필요하지 않다. 가처분이 금지하는 행위를 하는 자체가 위법하기 때문이다.

9. 지적재산권의 침해금지가처분의 집행

(1) 지적재산권의 침해금지가처분의 의의

특허권이나 실용신안권, 디자인권, 상표권, 저작권 등의 지적재산권에 기한 침해금지청구권을 피보전권리로 하여 채무자의 침해행위의 금지를 구하는 가처분이다. 가처분이 집행되면 채무자는 침해행위 자체를 할 수 없게 되므로 임시의 지위를 정하기 위한 가처분의 일종으로서 만족적 가처분이다. 특허권자뿐만 아니라, 전용실시권자나 통상실시권자도 자신의 권리를 보호하는 범위 내에서는 가처분의 신청을 할 수 있다. 채무자는 특허권 등의 침해를 하고 있거나 침해할 우려가 있는 자가 되며, 침해설비를 가지고 있는 자에 대해서는 그 설비를 집행관에게 보관할 것을 구하는 가처분도 할 수 있다. 심리를 함에 있어서는 변론이나 채무자가 참여할 수 있는 심문을 열어야 한다(제304조).

특허권이나 실용신안권에 기하여 물건의 생산을 금지하는 주문의 예는 다음과 같다. 디자인권에 의하는 경우도 이에 준한다.

> 채무자는 별지도면 및 설명서 기재의 제품을 생산, 사용, 판매, 배포하여서는 아니 된다.
> 채무자는 위 제품과 그 반제품(위의 완성품의 구조를 구비하고 있는 것으로서 아직 완성에 이르지 않은 물건)에 대한 점유를 풀고 이를 채권자가 위임하는 집행관에게 인도하여야 한다.
> 집행관은 위 취지를 적당한 방법으로 공시하여야 한다.

상표권에 기하여 그 침해를 금지하는 경우의 주문례는 다음과 같이 할 수 있다.

> 채무자는 별지1 목록 표시의 각 표장을 부착한 별지2 목록 기재의 제품, 그 포장지, 포장 용기, 선전광고물을 생산, 판매, 반포, 수출, 전시하여서는 아니 된다.
> 채무자는 채무자의 사무소, 공장, 창고, 영업소, 매장에 보관 중인 별지1 목록 표시의 각 표장을 부착한 별지2 목록 기재의 완제품 및 반제품, 포장지, 포장 용기, 선전광고물에 대한 점유를 풀고, 이를 채권자가 위임하는 집행관에게 인도하여야 한다.
> 집행관은 위의 취지를 적당한 방법으로 공시하여야 한다.
> 집행관은 채무자의 신청이 있으면 용기, 선전광고물, 포장으로부터 위 상표를 말소하고 위 물건을 채무자에게 반환하여야 한다.

저작권에 기하여 침해금지 가처분을 명하는 주문례는 다음과 같으나, 음악 등의 경우에는 씨디(CD), 카세트 테이프, 비디오 테이프, 엠피(MP)3 파일, 엠디(MD) 등의 제작이나 판매, 배포를 금지하는 형식으로 하게 될 것이다.

> 채무자는 별지목록 기재 서적을 인쇄, 제본, 판매, 배포하여서는 아니 된다.
> 채무자는 위 서적과 인쇄용 필름에 대한 점유를 풀고 이를 채권자가 위임하는 집행관에게 인도하여야 한다.
> 집행관은 위 취지를 적당한 방법으로 공시하여야 한다.

(2) 지적재산권의 침해금지가처분의 집행

통상의 경우에는 채무자에게 가처분결정을 송달하고, 집행관에게 보관하는 가처분의 집행은 집행관에게 위임하여 집행한다. 집행관이 집행하는 부분은 동산의 점유이전금지가처분의 집행방법에 준하여 점유를 취득하게 된다. 가처분명령 이후에도 계속하여 채무자가 침해행위를 계속하는 경우에는 간접강제를 할 수도 있고, 대체집행의 방법으로 명령에 위반하여 생산된 물건 등을 수거할 수 있다. 이때에는 추가로 수권명령을 얻어야 한다.

IV. 가처분 집행의 효력

가처분명령의 경우에도 집행을 하여야 비로소 그 효력이 발생함은 가압류의 경우와 같다. 따라서 가처분명령이 있다고 하더라도 집행 전에 목적물이 처분되어버리면 가처분의 집행이 불능으로 될 수도 있다. 그러나 가처분의 집행이 완료되면 채무자뿐 아니라 제3자에 대해서도 효력이 생기는 수가 있다. 예컨대 처분금지가처분이 된 물건을 취득한 제3자가 가처분채권자에게 대항하지 못하는 것과 같다. 마찬가지로 적법하게 집행된 가처분은 그 승계인에게도 효력이 생긴다. 이러한 효력은 예컨대 가처분의 집행으로 인한 등기가 불법으로 말소되더라도 소멸하지 않는다.[64]

가처분 채권자가 실제 가처분으로 인한 효력을 주장할 수 있는 것은 가처분명령시나 집행시가 아니라, 가처분 채권자가 채무자에 대한 본안소송에서 승소판결을 받아 확정된 때이다(本案勝訴說).[65] 이때 그 범위는 피보전권리의 한도임은 가압류에서 본 바와 같다(被保全權利 限度說).[66]

---

64) 서울고판 1972.5.3, 71나2758.

65) 김상원, 706면; 이석선(下), 153면; 대판 1972.10.31, 72다1271, 1272.

66) 한종렬, 386면; 주석, 358면; 대판 1966.5.17, 66다586; 대결 1984.4.16, 84마7.

집행의 정지 및 취소

I. 위법부당한 집행에 대한 구제방법

1. 일반적인 구제방법

보전집행절차에서도 민사집행절차의 규정들이 준용되므로 위법부당한 집행이 이루어진다면 마찬가지의 구제방법을 이용할 수 있다. 따라서 집행절차가 법규정에 위반한 소위 위법집행의 경우에는 집행에 관한 이의나 즉시항고를 할 수 있게 된다. 구체적으로는 즉시항고의 규정이 있는 때에는 즉시항고로(제15조 1항), 그렇지 않은 경우에는 집행에 관한 이의로 불복할 수 있다(제16조). 집행이 실체법상의 권리관계와 어긋나는 소위 부당집행의 경우에는 법이 마련한 구체적인 구제방법을 이용하여야 할 것인데, 먼저 집행에 응할 의무가 없는 제3자가 집행으로 인하여 부당한 침해를 당했을 때에는 제3자이의의 소를 제기할 수 있다(제48조). 그러나 가압류나 가처분명령이 재판 후에 채무의 변제 등으로 부당하게 되는 경우에는 사정변경에 의한 취소가 허용되므로 청구에 관한 이의의 소(제44조)는 준용하지 않는다. 집행문과 관련한 불복절차(제33조, 제34조, 제45조)는 원칙적으로 보전명령은 집행문 없이 집행할 수 있으므로 해당사항이 없으나, 승계집행문은 필요한 경우가 있으므로 이와 관련해서는 불복할 수 있다.

다만 보전절차에서 그다지 흔하게 발생할 것은 아니지만, 제3자이의의 소 등이 제기되었을 때 법원은 보전명령의 집행정지나 취소를 명할 수 있다(제46조2항, 제48조 3항). 이러한 집행정지 내지 취소결정에 대한 불복방법에 대해서 논의가 있는데, 판례는 이 결정은 잠정적인 것에 지나지 않고 또 수소법원은 이의의 소의 판결에서 잠정처분까지지도 포함해서 재판하도록 하고 있으므로 따로 불복할 수 없다고 하고 있다.[1)]

《가압류취소결정에 대한 불복》(대법원 1963.3.30. 자 63마5 결정)

가압류 집행취소 신청사건은 같은 법 제509조 제3항 이의의 소에 준용되는 제507조 제2항의 규정에 의하여 처리되어야 할 것인바 같은 규정에는 같은 법 제473조 제3항과 같이 불복을 할 수 없다는 명문의 규정은 없으나 같은 법 제507조 제2항의 규정이 시급한대로 본안에 관하여 판결이 있을 때까지 잠정적으로 하는 것인 성질을 가지고 있고 그 명령에 대하여서는 본안에 관한 재판을 할 때에 같은 법 제508조의 규정에 의한 구제의 길이 있는 점으로 미루어보아 수소법원이 제3자의 신청을 이유 있다고 받아들이는 경우에는 역시 불복을 할 수 없다고 해석하는 것이 타당하다.

2. 무효인 보전처분집행에 대한 구제

보전집행을 하는 방법이나 그 집행을 취소하는 방법은 모두 법에 규정되어 있으므로 이러한 방법에 따르지 않고 바로 보전등기의 말소를 구하는 소를 제기하는 방법을 사용할 수는 없는 것이다.[2] 그러나 보전명령이 무효인 경우 등 보전등기가 무효라면 그 등기의 말소를 구할 수 있을 것이다.[3]

《무효인 가압류등기에 대한 부동산소유자의 말소청구》(대법원 1988.10.11. 선고 87다카2136 판결)

부동산에 대한 가압류등기가 무효인 등기라면 부동산소유자는 가압류채권자를 상대로 그 가압류등기의 말소청구를 할 수 있다.

《가처분결정에 기한 가처분등기의 말소방법》(대법원 1976.3.9. 선고 75다1923,1924 판결)

가처분등기는 사법상의 권리보전을 위한 국가권력의 조력작용으로서 의무자를 제압하는 환경 형성적 효력이 있는 것이어서 동 등기기입이 되면 채권자라도 단독으로 그 집행을 제기할 수 없고 집행법원의 가처분결정의 취소나 집행취소의 방법에 의하여서만 말소될 수 있는 것이니 동 등기경료 후 가처분 목적물에 대한 소유권 취득자는 집행법원에 가처분결정의 취소나 집행취소 신청을 하여 그 결정을 받아 이를 원인증서로 하여야 하고 막바로 가처분등기 자체의 말소를 소구할 수 없고 이러한 이치는 가등기후에 한 가처분등기로서 가등기에 기하여 본등기를 한 권리자에게 대항할 수 없는 경우에도 마찬가지이다.

---

1) 대결 1963.3.30, 63마5.
2) 대판 1976.3.9, 75다1923,1924; 대판 1982.12.14, 80다1872,1873.
3) 대판 1988.10.11, 87다카2136.

《처분금지가처분등기의 말소등기절차이행의 소의 적부(소극)》(대법원 1982.12.14. 선고 80다1872,1873 판결)

법원의 가처분결정에 기하여 그 가처분집행의 방법으로 이루어진 처분금지가처분등기는 집행법원의 가처분결정의 취소나 집행취소의 방법에 의해서만 말소될 수 있는 것이어서 처분금지가처분등기의 말소등기절차의 이행을 소구할 수는 없는 것이다.

II. 보전집행의 정지

》 설문 ⑮

甲은 최근 구입한 토지에 상가를 짓기 위해 공사를 하고 있다. 그런데 공사장 부근에서 다른 상가를 소유하고 있는 乙이 이 건물이 준공되면 자신의 상가에 일조권과 조망권이 침해된다는 것을 이유로 공사금지가처분을 신청하는 바람에 공사를 중단하여, 이로 인한 손해가 막심하다. 그래서 甲은 乙을 상대로 손해배상 등 협상을 진행하면서, 이 가처분의 집행정지를 법원에 신청하려고 한다. 이러한 甲의 신청은 받아들여질 수 있는가?

1. 집행정지의 의의

가압류나 가처분은 원칙적으로 집행방법이 채무자의 재산이나 법률관계를 현상대로 보전하는 것을 원칙으로 하기 때문에 집행의 정지라는 개념을 상정하기 어렵다. 통상 집행정지라고 하면 집행절차가 현상태에서 다음 단계로 진행하는 것을 막는다는 의미로 생각할 수 있기 때문이다. 그러나 가압류에 있어서도 압류만 해두는 것이 아니라 필요시에는 환가절차에 나아갈 수 있는 등의 사유가 있으므로 민사집행법은 해방금액을 공탁하면 집행을 정지할 수 있는 것으로 하고 있고(제282조), 이외에 보전명령에 대해 이의의 방법으로 불복한 경우에는 집행정지가 되지 않는다고 규정하고 있다(제283조 3항).

이러한 통상의 경우 이외에는 종래 법의 태도가 분명하지 아니하였으므로 보전명령에 대한 불복신청시에 집행정지에 관한 민사소송법 제501조 등의 규정을 준용 내지 유추적용하여 가처분명령에 대해 집행정지를 구할 수 있는가에 대해서는 학설이 나뉘고 있다.[4] 판례는 처음에는 부정하는 입장이었으나,[5] 후에 단행가처분에 관하여 긍정하는 쪽으로 견해를 변경하였는데,[6] 민사집행법 제309조는 이와 같은 판례의 태도를 반영한 것이다. 그럼에도 불구하고 해방금액을 공탁하여 집행을 정지할 수 있는 경우 이외에 민사집행법이 규정하고 있는 강제집행절차상의 집행정지(제49조)의 규정을 준용하여 보전집행의 정지를 할 수 있는가에 대해서는 학설의 대립이 여전한 실정이다. 다만 법이 특별히 보전집행의 정지를 별도로 규정한 것을 보면 그 이외의 경우에는 집행정지를 하여서는 안 된다는 의미로도 해석되고, 또 보전집행의 성질은 잠정적 처분인데 이를 정지한다는 것은 집행취소와 마찬가지의 결과로 될 것이므로 부정적으로 보고자 한다.

단행가처분의 집행정지에 관한 제309조의 규정은 본안소송 부제기로 인한 취소신청(제287조 3항)이나, 사정변경에 의한 취소신청(제288조 1항), 특별사정에 의한 가처분의 취소신청(제307조)의 경우에도 준용되어 있다(제310조).

《가처분 집행 정지의 가부》(대법원 1963.9.21. 자 63카10 결정)

가처분에 관한 판결에 대하여는 상소를 제기하였다 하더라도 본법 제473조, 제474조의 규정을 준용하여 집행의 정지 또는 취소를 청구할 수 없다.

《가처분 집행과 집행정지》(대법원 1995.3.6. 자 95그2 결정)

[1] 원래 가처분은 장래 본안소송에 의하여 확정될 청구에 관하여 그 고유 급부를 보전하기에 필요한 긴급조치를 취하는 것에 지나지 아니하므로, 가처분 판결이 집행된다고 하더라도 그것으로써 실현되는 것은, 본안판결에 기한 강제집행이 권리의 종국적 만족을 가져오는 것과는 달리, 어디까지나 원칙적으로 권리보전에 필요한 임시조치의 범위를 넘을 수는 없다. 따라서 가처분 판결에 대하여 상소의 제기가 있고 장차 그 판결이 취소 또는 변경되어질 가능성이 예견되는 경우라고 하더라도 미리 그 집행을 정지하는 등 일시적인 응급조치를 강구할 필요는 없다. 뿐만 아니라 만일 가처분 판결에 대하여도 민사소송법 제474조를 유추적용하여 이에 대한 상소가 제기되었음을 이유로 담보를 제공하게 하고 용이하게 그 집행의 정지를 구할 수 있다고 한다면, 고유한 급부의 보전을 위하여 긴급조치를 취하는 것을 내용으로 하는 가처분은 그 집행정

4) 부정설: 박두환, 561면. 긍정설: 김상원/정지형, 266면; 이석선(下), 249면; 방순원/김광년, 498면; 서태영, 보전처분집행의 정지와 취소, 재판자료 46집, 149-152면; 강용현, 만족적 가처분, 재판자료 46집, 123-124면. 다만 긍정설에도 어떤 경우에 집행정지를 인정할 것인가에 대해 입장차이가 있다.

5) 대결 1963.9.21, 63카10; 대결 1969.2.18, 69그1 등.

6) 대결 1995.3.6, 95그2.

지에 의하여 가처분 재판 그 자체를 취소하는 것과 동일한 결과를 가져오는 것이 되고, 긴급사태에 대하여 행하여진 응급조치의 효과를 저해하게 됨으로써 가처분제도에 의한 특별보호의 목적을 멸각시키는 것이 될 것이다.

[2] 부동산철거단행 가처분 판결과 같이 구체적인 가처분의 내용이 권리보전의 범위에 그치지 않고 종국적 만족을 얻게 하거나 또는 그 집행에 의하여 채무자에게 회복할 수 없는 손해를 생기게 할 우려가 있는 때에는 그 집행은 실질적으로 종국적 집행과 다를 바가 없으므로, 이 경우에는 예외적으로 민사소송법 제473조, 제474조를 유추적용하여 채무자에게 일시적인 응급조치로서 그 집행을 저지할 수 있는 길을 열어줄 필요가 있다.

2. 해방금액의 공탁에 의한 가압류의 집행정지

채무자는 가압류명령이 정한 대로 해방금액을 공탁하여 집행정지를 신청할 수 있는데(제282조 참조), 이때 관할법원은 가압류를 명한 법원 또는 집행법원이 된다. 그러나 해방금액을 공탁한 채무자는 집행의 취소를 신청할 수 있는데 왜 집행정지를 신청할 것인가를 생각해본다면 이는 거의 무의미한 것임을 알 수 있다. 따라서 이외의 절차는 집행취소에 관한 설명으로 미룬다.

가압류에 관하여는 해방금액을 보전명령에 명시하도록 되어 있으나, 가처분에 관하여는 이러한 규정이 없으므로 해방금액을 붙일 수 있는지 학설대립이 있음은 전술한 바와 같다. 가처분에 대해서도 해방금액을 공탁하여 집행정지를 구할 수 있다면 마찬가지로 신청하면 된다.

3. 단행가처분의 집행정지

(1) 집행정지의 대상인 가처분

집행정지의 대상인 가처분은 소송물인 권리 또는 법률관계가 이행되는 것과 같은 내용의 단행가처분이어야 한다. 일반적인 가압류나 가처분의 경우에는 집행정지를 할 수 없다. 따라서 그 대상이 되는 것으로는 앞에서 본 부동산철거단행가처분을 비롯하여, 점포의 명도단행가처분,[7] 회계장부의 열람 · 등사 가처분[8], 임금지급가처분과 같

7) 대결 1996.4.24, 96그5.
8) 대결 1997.3.19, 97그7.

이 이행소송을 본안으로 하는 것에 한하여 허용되고, 경업금지가처분이나 통행방해금지가처분, 이사직무집행정지가처분과 같은 이른바 형성적 가처분은 그 대상이 되지 않는 것으로 본다.[9] 공사금지가처분과 같은 부작위를 명하는 가처분의 경우에는 의문이 있으나, 가처분에 의해 권리가 실현되는 것과 같은 단행적 성격이 있기는 하지만, 집행이 정지되면 공사가 진행되어 가처분채권자에게 돌이킬 수 없는 손해를 발생시킬 우려가 있고, 이를 방지하기 위하여 가처분을 한 것이므로 본래의 가처분을 무위로 돌아가게 하는 이러한 집행정지는 할 수 없는 것으로 보아야 할 것이다.

《점포명도단행가처분의 집행정지》(대법원 1996.4.24. 자 96그5 결정)

가처분 판결에 대하여 상소의 제기가 있고, 장차 그 판결이 취소 또는 변경되어질 가능성이 예견되는 경우라고 하더라도 원칙적으로 미리 그 집행을 정지하는 등 일시적인 응급조치를 강구할 필요는 없으나, 구체적인 가처분의 내용이 권리보전의 범위에 그치지 않고 본안판결에 기한 강제집행과 같이 권리의 종국적 만족을 얻게 하거나 그 집행에 의하여 채무자에게 회복할 수 없는 손해를 생기게 할 우려가 있는 때에는, 그 집행은 실질적으로 종국적 집행과 다를 바가 없으므로 예외적으로 민사소송법 제473조, 제474조를 유추적용하여 채무자에게 일시적인 응급조치로서 그 집행을 저지할 수 있는 길을 열어 줄 필요가 있고 그 집행정지가 가능하다.

(2) 이의신청

위 가처분에 대해 이의신청이 있는 경우이어야 한다. 이는 당사자가 이의신청에 대해 심판을 받는 동안에 생길 수 있는 손해를 방지하고자 하는 것이므로 이의신청 외에도 제소기간 도과나 사정변경, 특별사정 등에 의한 가처분의 취소신청을 할 때에도 집행정지신청을 할 수 있는 것으로 본다.[10]

(3) 이의사유와 소명의 존재

위 이의신청으로 주장한 사유가 법률상 정당한 이유가 있다고 인정되고, 사실에 대한 소명이 있어야 한다. 본래 가처분은 채권자의 이익을 위하여 가처분법원의 재판에 의하여 결정을 하고 집행을 하는 것이므로, 집행정지신청이 있다고 하여 선불리 집행을 정지할 수는 없는 것이다. 따라서 적어도 이의신청이 받아들여질 가능성이 높은

9) 실무제요, 123면.
10) 동지: 실무제요, 124면.

경우라야 집행의 정지를 고려할 수 있다는 것이다.

(4) 회복할 수 없는 손해

단행가처분은 집행이 이루어지게 되면 권리 또는 법률관계가 실현되는 것과 마찬가지의 결과가 되므로, 후에 본안소송에서 채무자가 승소하게 되면 원상회복을 하여야 한다. 이때 금전지급과 같이 원상회복이 비교적 용이한 경우이거나 본안승소 확정 후에 채무자가 권리를 행사하여도 별 문제가 없다면 굳이 집행정지를 할 필요는 없을 것이다. 그러나 집행에 의하여 회복할 수 없는 손해가 생길 위험이 있다면 집행정지를 고려하여야 할 것이다. 채무자는 이러한 사정에 대하여 소명을 하여야 한다.

(5) 집행정지의 절차

집행정지의 신청을 하는 것은 이의신청을 한 자여야 할 것이므로, 그 원칙적인 신청권자는 채무자이다. 집행정지사건의 관할법원은 이의신청을 받은 법원이다. 따라서 원칙적으로는 가처분을 명령한 법원이 된다. 다만 즉시항고가 있었던 경우라도 사건기록이 원심법원에 있는 때에는 원심법원이 집행정지의 재판을 한다(제309조 3항).

집행정지신청을 받은 법원은 심문절차를 열어 요건이 갖추어졌는지를 심리한다. 이때 채무자가 소명할 사항을 보증금을 공탁하거나 주장이 진실함을 선서하는 방법으로 대신할 수 없다(동조 4항). 사안이 중대하기 때문이다. 그러면서 그 심리는 신속하게 이루어질 것이 요구된다.

(6) 재판

법원이 심리의 결과 신청이 이유 있다고 판단한 때에는 당사자의 신청에 따라 담보를 제공하게 하거나 담보를 제공하게 하지 아니하고 가처분의 집행을 정지하도록 명할 수 있고, 담보를 제공하게 하고 집행한 처분을 취소하도록 명할 수 있다(동조 1항). 집행정지시의 담보제공은 임의적이나 집행정지의 취소시에는 필수적으로 담보를 제공하여야 하는 것이다. 후자의 경우 신청은 채권자에 의하게 된다.

후에 법원은 이의신청에 대한 재판을 하면서 집행정지의 재판을 인가 · 변경 또는 취소하여야 한다(동조 4항).

집행정지에 관한 법원의 재판은 불복할 수 없다(동조 5항). 부수적 재판이기 때문이고,

후에 이의신청에 대해 불복하면서 이에 대한 불복이 있을 때에는 그 사유를 지적할 수 있기 때문이다.

III. 보전집행의 취소

》 설문 ⑯

乙은 甲에 대해 5천만원의 채무가 있는데, 이를 갚지 못하여 甲으로부터 자신의 토지를 가압류당하였다. 그런데 乙이 급하게 이 토지를 매각하여 사업자금에 충당하려고 하니, 가압류가 되어있는 토지를 매수하려는 사람이 나서지 않는다. 이에 乙은 자신이 현재 융통할 수 있는 3천만원을 공탁하여 보전집행의 취소를 요청할 수 있는가?

1. 보전집행의 취소사유

(1) 보전명령을 취소하는 결정

가압류나 가처분에 때한 이의 또는 취소절차에서 가압류 · 가처분 명령을 취소하는 결정이 있으면 이에 의하여 보전집행을 취소할 수 있다(제49조 5호, 제50조).[11] 보전명령이 실효하면 그 집행도 당연히 취소되어야 할 것이기 때문이다. 그러나 보전명령이 실효하였다고 하여 당연히 그 집행이 취소되는 것은 아니므로, 채무자는 보전명령의 취소결정을 첨부하여 집행기관에 제출하여 집행취소를 청구할 수 있고, 집행기관은 신청이 있으면 집행을 취소하여야 한다. 집행이 집행기관에 의하여 현실적으로 취소되어야만 보전명령의 효력이 상실되는 것이다. 구법상은 가처분의 취소재판을 판결로 하는 경우가 있어서 이때에는 가집행선고를 붙이도록 하고 있었으나, 현행법은 결정으로 재판하므로 고지와 동시에 재판의 효력이 발생하고, 바로 집행의 취소를 신청할 수 있다. 또 가처분을 명한 재판에 기초하여 채권자가 물건을 인도받거나, 금전을 지급받거

11) 채무자가 법원이 명한 담보를 제공한 때에도 가처분의 취소를 신청할 수 있다고 하여야 할 것인가 하는 문제에 대해서는 부정적으로 보는 입장이 보편적인 것으로 보인다(대판 1956.5.10, 4289민상26; 김상원/정지형, 227면; 이석선(上), 275면; 주석, 252면). 이러한 것은 법이 가처분에 대해서는 특별사정이 있는 때에 담보를 제공하게 하고 가처분을 취소할 수 있는 것으로 하고 있어서(제307조 1항), 가압류에 있어서 단순히 담보제공을 사정변경으로 보는 것(제288조 1항 2호)보다는 취소요건을 엄격하게 요구하고 있기 때문이다.

나 또는 물건을 사용 · 보관하고 있는 경우에는, 법원은 가처분을 취소하는 재판에서 채무자의 신청에 따라 채권자에 대하여 그 물건이나 금전을 반환하도록 명할 수 있다(제308조). 가처분이 실효하고, 집행도 취소되는 마당에 채권자가 그로 인한 물건이나 금전을 보유하고 있을 필요가 없기 때문이다. 다만 부작위를 명하는 가처분과 같이 별다른 집행행위를 요하지 않는 것은 그 취소결정과 동시에 집행취소의 효과가 생긴다고 할 것이다.[12]

보전명령의 취소결정에 유예기간의 설정이 있는 경우에는 그 기간을 경과하여야만 집행의 취소를 구할 수 있다. 채권자는 효력유예기간 내에는 보전집행의 취소를 정지하는 집행정지서류를 받아 집행기관에 제출하여야 집행의 취소를 면할 수 있다.

(2) 보전집행을 취소하는 결정

① 가압류나 통상의 가처분집행절차에서 위법 내지 부당집행이 이루어진 것으로 주장하여 집행에 관한 이의(제16조)[13]나 제3자 이의의 소(제48조)를 제기한 경우에, 이에 의해 집행의 취소를 명하는 재판을 얻은 채무자는 본집행에 있어서와 마찬가지로 위 재판정본을 집행기관에 제출하여 집행의 취소를 구할 수 있다.[14] 예컨대, 집행기간이 도과한 후의 집행이나, 추가적으로 담보를 제공할 것을 조건으로 보전명령이 인가되었는데도 불구하고 채권자가 기간 내에 담보를 제공하지 않은 때에는 채무자는 집행에 관한 이의를 통하여 보전집행의 취소를 구할 수 있게 되는 것이다. 이때 위법한 집행으로 인하여 손해를 입은 채무자는 채권자에 대해 손해배상을 청구할 수 있다.

② 직권에 의해 보전집행이 취소되는 경우로서 채권자가 보전집행신청을 하면서 집행비용을 예납하지 않은 경우에는 법원은 직권에 의하여 집행신청을 각하하거나 집행절차를 취소할 수 있다(제18조 2항). 이때 채권자는 즉시항고를 통하여 불복할 수 있으나(동조 3항), 즉시항고를 하면서 집행비용을 예납하여도 그 하자가 치유되는 것은 아니다.[15]

③ 특수한 경우로서, 소송물인 권리 또는 법률관계가 이행되는 것과 같은 내용의 가처분을 명한 재판에 대하여 이의신청이 있는 경우에, 이의신청으로 주장한 사유가

12) 주석, 219면.
13) 그러나 실체상의 하자를 이유로 가처분의 집행에 대해 이의할 수는 없다. 대결 1968.1.31, 67마1284.
14) 이때 당사자의 신청에 의하여 재판장은 이의에 대한 재판시까지 잠정처분으로 담보를 제공하게 하거나 제공하지 아니하고 집행의 일시정지나 속행을 명할 수 있는데, 이는 이의에 부수하는 재판이므로 독립하여 불복할 수 없다. 대결 1959.12.22, 4292민재항303.
15) 주석, 336면. 동지: 대결 1968.7.29, 68사49(전원합의체); 대결 1996.1.12, 95두61.

법률상 정당한 이유가 있다고 인정되고 주장사실에 대한 소명이 있으며, 그 집행에 의하여 회복할 수 없는 손해가 생길 위험이 있다는 사정에 대한 소명이 있는 때에는, 법원은 당사자의 신청에 따라 담보를 제공하게 하고 집행한 처분을 취소하도록 명할 수 있다(제309조 1항). 즉 이 경우는 소위 단행가처분에 대해 이의신청이 있는 경우에 잠정적으로 집행을 정지하는 외에 집행취소까지도 할 수 있게 한 것이다. 이때 재판기록이 원심법원에 있는 때에는 원심법원이 제1항의 규정에 의한 재판을 하도록 하고 있다(3항). 그러나 이러한 취소는 채권자에게 손해를 줄 수 있으므로 법은 제1항에서 규정한 소명은 보증금을 공탁하거나 주장이 진실함을 선서하는 방법으로 대신할 수 없다(2항)고 하고, 법원은 이의신청에 대한 결정에서 제1항의 규정에 의한 명령을 인가 · 변경 또는 취소하여야 하는 것으로 하고 있으며(4항), 위의 제1항 · 제3항 또는 제4항의 규정에 의한 재판에 대하여는 불복할 수 없는 것으로 하고 있다(5항). 이 규정은 2005년의 개정에 의해 종전과는 다소 다른 모습을 보이고 있다.

《재판장의 소장 각하 명령 후 그 흠결을 보정하면 각하명령을 경정할 수 있는지의 여부》(대법원 1968.7.29. 자 68사49 전원합의체 결정)

재판장의 소장 심사권에 의하여 소장 각하명령이 있었을 경우에 있어서는 즉시항고를 하고 그 흠결을 보정하였을 경우라도 이를 경정할 수 없다.(본 결정으로 대법원 1964.3.24. 63마80 결정 폐기)

(3) 해방금액의 공탁

법원이 가압류명령을 하면서 가압류의 집행을 정지시키거나 집행한 가압류를 취소시키기 위하여 채무자가 공탁할 금액을 정하여야 하므로(제282조), 가압류에 있어서는 채무자가 해방금액을 공탁하면 법원은 집행한 가압류를 취소하여야 한다(제299조 1항). 이때 해방금액의 일부만을 공탁하고 가압류의 일부에 대한 취소를 신청하는 것은 허용되지 않는다.[16]

가압류에는 법원이 해방금액을 정하여 명령을 하므로 채무자는 공탁을 한 후 공탁서를 첨부하여 집행법원(또는 동산에 대해 가압류명령을 한 법원)에 가압류집행의 취소를 신청하여야 한다. 해방금을 공탁하였다 하여 집행이 당연히 취소되는 것은 아니기 때문이다.[17] 집행취소신청에 하자가 없으면 법원은 가압류 집행 취소결정을 하게 된다

16) 실무제요, 396면.

(제299조 1항). 이 결정은 확정의 필요 없이 고지와 동시에 효력이 생긴다(동조 4항). 다만 집행이 취소되더라도 당연히 가압류명령까지 그 효력을 잃는 것은 아니다. 왜냐하면 추후 채권자가 본안소송에서 승소할 때까지 공탁금에 대한 권리의 근거를 확보하고 있어야 하기 때문이다. 즉 해방공탁금은 가처분채권자가 승소판결을 받아 강제집행을 할 때의 목적물이 된다.

그러나 앞에서 살펴본 바와 같이 가처분에 해방금액을 붙일 수 있는가에 대해서는 양론이 있으나, 해방금액을 인정한다면 해방금액을 공탁하여 가처분의 집행을 정지하거나, 이미 집행한 가처분을 취소할 수 있게 된다. 그러나 현재 우리나라의 보전실무는 가처분에 해방금액을 붙이는 것을 허용하지 않고 있으므로, 현실적으로 해방금을 공탁하여 가처분집행의 취소를 신청할 수는 없다.

(4) 보전 신청의 취하

가압류 · 가처분신청을 취하하면 그에 기하여 발령된 가압류 · 가처분명령이 소멸하므로 가압류 · 가처분의 집행도 취소하는 것이 마땅할 것이다(제49조 5호, 제50조). 그렇다면 보전신청이 취하된 경우에는 채무자는 가압류 · 가처분신청취하서 또는 이에 대한 기일조서의 등본을 집행기관에 제출하여 집행취소신청을 할 수 있다고 하여야 한다.[18] 실무도 같은 입장이다.[19] 한편 이 집행취소신청을 민사집행법 제299조에 준하는 것으로 보아 보전이의 또는 보전명령의 취소신청을 하거나 집행에 관한 이의를 신청하여 집행취소신청을 할 수 있다는 입장[20]도 있으나, 일반적인 견해는 앞의 입장과 같다.

보전신청이 취하되면 채무자는 집행기관에 가압류 · 가처분신청 취하증명서를 첨부하여 집행취소의 신청을 하면 된다. 이때 집행기관은 별도의 결정 없이 바로 집행을 취소한다. 이렇게 하여 집행이 취소된 경우, 집행취소의 효력은 보전명령의 효력이 상실된 시점이 아니라, 별도로 집행취소의 요건을 갖춘 때에 발생한다.[21]

---

17) 주석, 190면.
18) 주석, 333면.
19) 실무제요, 398면.
20) 김상원/정지형, 148면.
21) 예컨대, 채권가압류에 있어서 채권자가 가압류신청을 취하하면 가압류결정은 그로써 효력이 소멸하나, 가압류결정 정본이 제3채무자에게 이미 송달되어 채권가압류결정이 이미 집행되었다면 그 취하통지서가 제3채무자에게 송달되었을 때에 비로소 그 가압류집행의 효력이 장래를 향하여 소멸하는 것이다. 대판 2001.10.12, 2000다19373.

《채권가압류신청 취하에 따른 가압류집행의 효력상실시기 등》(대법원 2001.10.12. 선고 2000다19373 판결)

[1] 채권가압류에 있어서 채권자가 채권가압류신청을 취하하면 채권가압류결정은 그로써 효력이 소멸되지만, 채권가압류결정정본이 제3채무자에게 이미 송달되어 채권가압류결정이 집행되었다면 그 취하통지서가 제3채무자에게 송달되었을 때에 비로소 그 가압류집행의 효력이 장래를 향하여 소멸된다.

[2] 채권가압류와 채권압류의 집행이 경합된 상태에서 발령된 전부명령은 무효이고, 한 번 무효로 된 전부명령은 일단 경합된 가압류 및 압류가 그 후 채권가압류의 집행해제로 경합상태를 벗어났다고 하여 되살아나는 것은 아니다.

2. 가처분집행의 취소절차

(1) 집행취소의 신청

집행취소의 신청은 채무자가 하는 것이 원칙이다. 이에 대해서는 이의사유를 보면서 설명한 바이므로 재론하지 않으나, 채권자가 집행취소의 신청을 할 수 있는지 문제가 있다. 이는 채권자가 이미 행해진 가처분의 집행을 취소하여줄 것을 신청하는 것이다. 채권자는 보전처분이 불필요하게 된 경우 바로 보전신청의 취하를 통하여 보전명령을 실효케 할 수 있으므로 보전집행의 취소를 하는 것은 무의미하지 않는가 하는 논의이다. 그러나 채권자가 보전명령은 실효시키지 않으면서 집행만 취소케 하려고 할 수도 있다고 생각할 수 있으므로 굳이 부정할 필요는 없을 것이다.[22] 물론 집행이 완료된 경우에는 채권자가 취소신청을 하였다고 하여도 취소를 하기 어려울 것이지만, 집행상태가 계속하고 있다면 이에 의하여 집행이 취소될 수 있을 것이다. 집행취소는 채무자에게 불리하지 않으므로 그의 동의를 받을 필요는 없으며, 또 집행취소결정에 대해 채무자가 항고할 수는 없는 것이다.[23]

채권자가 집행취소신청을 한 때에는 대체로 채무자나 제3채무자에 대해 불리한 것이 아니므로 집행취소결정 없이 바로 집행취소의 절차를 밟는 것이 보통이다. 이에 대해서 제3채무자에 대해 집행의 취소를 명확히 할 필요가 있으므로 집행취소결정을 필요로 한다는 입장도 있으나,[24] 일반적 입장은 취소결정이 필요 없다고 한다.[25]

---

22) 拙稿, 假處分의 執行과 그 取消, 民事訴訟 vol.9-2(2005.11), 202면.

23) 대결 1980.2.15, 79마351. 동지: 김상원, 370면 등.

양식 14 가압류(가처분)집행해제신청서

가압류(가처분)집행해제신청서

사건번호 20○○카단 ○○○○

채 권 자 (이 름) ○ ○ ○ (주민등록번호 -)
(주 소)
(연락처)

채 무 자 (이 름) ○ ○ ○ (주민등록번호 -)
(주 소)

위 당사자간 귀원 20○○ 카단 ○○○○호 부동산 가압류(가처분)사건에 관하여 쌍방 원만히 합의가 이루어졌으므로 별지 목록기재 부동산에 대한 가압류(가처분)집행을 해제하여 주시기 바랍니다.

20○○. ○○. ○○.

위 채권자 ○ ○ ○ (날인 또는 서명)

○○○○**법원 귀중**

(2) 취소기관

보전처분의 집행을 취소하는 것은 그 집행기관이므로, 집행취소신청은 집행기관에 대해 하여야 한다. 즉 법원이 집행한 부동산가압류나 부동산처분금지가처분과 같은 것은 법원에 신청하여야 하고,[26] 집행관이 집행한 유체동산가압류나 부동산점유이전금지가처분과 같은 것은 집행관에게 그 집행의 취소를 신청하여야 한다.[27] 적법한

24) 이석선(上), 437면; 서태영, 앞의 논문, 135면.
25) 김상원/정지형, 326면; 주석, 330면; 실무제요, 395면.
26) 이때 집행취소신청에 관한 법원의 사무는 사법보좌관이 할 수 있다. 법원조직법 제54조 1항 2호.
27) 주석, 330면; 실무제요, 400면. 이에 대해 집행관이 한 집행에 관하여, 그 집행전체에 관한 권한은 집행법원에 속해 있고 집행관은 원칙적인 집행기관이 아니라, 다만 그 명령을 실현하기 위한 일시적 개별적 권한을 가짐에 지나지 않으므로, 집행법원에 취소신청을 하여야 하고, 집행관은 집행취소결정을 받아 집행취소를 하는 것이라는 견해로, 서태영, 앞의 논문, 135-6면; 김상원/정지형, 251면; 이석선(上), 438면.

집행취소신청이 있으면 집행기관은 스스로 한 집행을 취소하는 절차를 밟아야 한다.

보전처분을 취소하는 결정에 대해 즉시항고가 제기되어 기록이 항고심으로 송부된 후에 채무자가 보전처분을 취소하는 재판서 정본과 보전처분 등기가 경료된 등기부 등본을 첨부하여 집행취소를 신청하면 보전처분을 발령한 법원은 집행의 취소절차를 밟을 수밖에 없다. 이때에는 항고심에 기록송부촉탁을 하여 기록을 송부받거나 사건이 종결되어 기록이 되돌아올 때까지 기다릴 것이 아니라, 바로 말소등기의 촉탁을 하고 등기필증이 도착하면 관련기록을 사건이 계속하고 있는 항고심으로 추송(追送)한다.[28)]

양식 15 가압류집행취소결정례

○ ○ 지 방 법 원

결 정

사 건 20○○카기○○○ 가압류집행취소
채 권 자 ○ ○ ○
채 무 자 ○ ○ ○

주 문

이 법원의 20○○.○○.○○.자 20○○카단○○○ 가압류 결정 정본에 의하여 20○○.○○.○○. 별지 기재 ○○○에 대하여 실시한 가압류의 집행을 취소한다.

이 유

이 법원 20○○카단○○○ 가압류 사건에 관하여 채무자가 가압류 명령에서 정한 금 ○○○○원을 공탁(○○법원 20○○년 금제○○○호)하고 한 가압류집행 취소신청은 이유 있으므로 주문과 같이 결정한다.

20○○. ○○. ○○.

판 사 ○ ○ ○ ㊞

---

28) 주석, 335면; 실무제요, 399-400면.

(3) 집행취소의 방법

보전집행을 취소하는 방법은 그 보전처분의 집행이 어떻게 집행되었는가에 따라 다르다.

① 먼저 부동산이나 선박, 항공기, 자동차 등에 대한 가압류 · 가처분의 집행과 같이 보전처분의 집행에 등기나 등록이 필요한 경우에는 보전집행에 의해 형성된 등기나 등록을 제거하여야 할 것이므로 집행법원의 법원사무관 등이 보전처분 기입등기나 등록의 말소를 촉탁하고, 이에 의하여 말소등기 · 등록이 이루어짐으로써 그 집행이 취소된다.

② 집행관이 집행한 가압류 · 가처분의 집행은 사실행위에 의하여 집행전의 상태가 변경되었을 것이므로, 그 집행의 취소는 집행관이 집행상태를 제거하면 된다. 따라서 유체동산 가압류의 집행에서와 같이 집행관이 채무자의 점유를 배제하고 직접 점유한 물건은 현실적으로 채무자에게 반환하여야 한다. 그러나 부동산점유이전금지가처분과 같은 경우, 집행관이 현장에서 가처분공시문을 제거하고 집행관의 점유를 해제하며 그 점유를 채무자에게 돌려준다는 사실을 채무자에게 선언한다.

③ 그리고 채권집행 또는 집행행위가 필요 없는 채권에 대한 가압류 · 가처분의 집행은 의무자나 관계된 제3채무자에 대해 보전명령을 송달하여 집행하였으므로 그러한 외관을 제거하는 방법으로 집행을 취소하게 된다. 따라서 채권집행의 경우는 제3채무자에 대한 통지로서 집행하였으므로, 집행법원의 법원사무관 등이 집행취소결정 정본을 제3채무자에게 송달하여 집행을 취소한다. 채권자가 집행취소를 신청하거나 보전신청을 취하한 경우에는 집행취소신청서 부본이나 보전처분취하증명서 등과 법원사무관 등이 작성한 집행취소통지서를 제3채무자에게 송달한다. 마찬가지로 부작위 의무를 명하는 가처분과 같이 따로 집행행위가 필요 없고, 의무자에게 결정정본을 송달하여 집행한 가처분의 집행을 취소하는 경우에는 그 취소를 증명하는 서면을 의무자에게 송달한다.

④ 단행가처분집행의 경우에는 아직 집행을 하는 중이라면 그 집행행위를 취소하면 될 것이나, 이미 집행이 완료된 경우에는 취소가 불가능할 수도 있다. 그러나 단행가처분의 집행이 완료된 뒤에도 가처분집행에 의해 인도된 물건의 반환이 가능한 경우가 있고, 위법한 가처분 결정에 기한 부당한 결과는 간이하고도 신속하게 원상회복시킬 필요가 있으므로 단행가처분도 취소재판을 할 수 있고, 가처분을 취소하는 재판

에서 채무자의 신청에 따라 채권자에 대하여 가처분에 기초하여 인도받은 물건의 반환을 명하는 원상회복 재판을 할 수 있다(제308조).[29)]

그리고 금전지급단행가처분의 경우에는 이미 집행이 이루어진 경우라도 이에 의해 법률관계가 완결되어 종료하는 것은 아니고, 어디까지나 잠정적인 처분이 행해졌을 뿐이므로 본안판결은 여전히 채무자의 의무이행을 명하는 것으로 하게 된다. 다만 이러한 본안판결에 기하여 본집행을 하면 가처분집행과 중복되어 이중집행의 우려가 있으므로 가처분 집행의 취소나 정지를 할 것이 아니라, 집행의 정지(제49조)나 청구이의의 소를 제기하여 본집행을 하지 못하도록 하여야 한다.[30)]

3. 집행취소의 효과

보전집행이 취소되면 가압류 · 가처분의 구속에서 벗어나게 되므로 채무자 내지 목적물의 권리자는 목적물에 대한 권리를 행사할 수 있는 상태를 회복하게 된다. 따라서 가압류취소 결정이나 가처분취소결정의 집행으로 가처분등기가 말소되면 그 효력은 확정적인 것이므로 그 이후에 당해 부동산에 관한 소유권 이전등기를 경료한 자는 그 부동산에 관하여 아무런 제한 없이 가압류나 가처분을 신청한 채권자에 대해 그 소유권으로 대항할 수 있는 것이며,[31)] 가처분에 위반하여 부동산을 취득하였더라도 가처분이 취소되면 취득자는 가처분채권자에 대항할 수 있는 것이다.[32)] 보전등기가 말소되기 전에 이전등기를 하여도 마찬가지 효력이 생긴다. 이러한 것은 후에 보전처분취소결정이 다시 취소되었다 하더라도 변함이 없다. 따라서 보전처분취소 결정이 항고심에서 변경된 경우에도 보전처분의 집행취소가 당연히 번복되는 것은 아니다.[33)] 그러나 집행취소는 기왕의 집행을 무효화하는 것은 아니므로, 그 효과는 장래에 대해서만 효력이 있고, 소급하지 아니한다.

---

29) 실무제요, 281면 참조.

30) 실무제요, 302면.

31) 대판 1998.10.13, 96다42307; 대결 1990.7.28, 89그22. 앞의 판결은 「가집행선고부 가처분취소판결」의 집행을 말하고 있으나, 현행 민사집행법은 보전재판을 모두 결정으로 하도록 하고 있으므로, 현행법 하에서는 단순히 가처분을 취소하는 결정을 하게 될 것이다.

32) 대판 1995.8.22, 93다60274.

33) 따라서 말소된 가처분등기가 당연히 회복되는 것은 아니다. 대판 1967.9.5, 67다1215.

《가처분취소판결의 집행에 의한 부동산처분금지 가처분등기 말소의 효력》(대법원 1998.10.13. 선고 96다42307 판결)

가집행선고부 가처분취소판결의 집행에 의하여 처분금지가처분등기가 말소된 경우 그 효력은 확정적인 것이므로, 그 이후에 당해 부동산에 관한 소유권이전등기를 경료받은 자는 그 부동산에 관하여 아무런 제한을 받지 않고 가처분 신청인에게 그 소유권 취득의 효력으로 대항할 수 있다고 할 것이고, 이와 같이 이미 계쟁 부동산에 관하여 제3자 앞으로 소유권이전등기가 경료된 경우에는 가처분 신청인은 더 이상 그 처분금지가처분명령을 신청할 이익이 없게 된다.

《가처분등기 말소와 그 가처분된 부동산을 매수한 제3자의 대항력》(대법원 1995.8.22. 선고 93다60274 판결)

가집행선고 있는 가처분취소 판결에 따라 처분금지가처분등기가 말소된 경우, 그 말소된 효력은 확정적이어서 처분행위가 금지된 부동산을 매수한 제3자는 그 후에는 소유권 취득의 효력을 가처분 채권자에게 대항할 수 있게 된다.

상급심에서 보전처분취소 결정을 취소 · 변경함으로써 그 보전처분에 관하여 새로운 집행이 필요하게 된 때에는 다시 집행하여야 할 것이나, 법원이 집행기관이 되는 경우에 한하여, 취소재판을 한 상소법원이 직권으로 집행한다. 절차의 신속을 위한 것이다. 다만 대법원은 스스로 집행할 수 없으므로 채권자는 제1심 법원에 그 집행을 신청하여야 한다(제298조, 제301조).

4. 집행취소에 대한 구제

집행취소신청이 잘못된 때의 구제는 집행행위에 대한 이의에 의한다. 왜냐하면 집행취소신청은 보전집행절차의 일부를 이루는 행위라고 할 수 있으므로 그 신청이 채권자의 진의에 기한 것인가의 여부는 집행법원이 조사하여 판단할 사항이기 때문이다. 예컨대 가처분 기입등기의 말소촉탁에 대한 집행이의를 통하여 말소의 회복을 구할 수 있다. 이 경우 법원은 이의가 이유 있다고 인정한 경우에는 가처분 기입등기의 말소회복등기를 촉탁하여야 한다. 따라서 채권자는 법원에 말소된 가처분 기입등기의 회복등기절차의 이행을 소구할 수는 없는 것이다.[34] 다만 가처분 기입등기가 말소될 당시 그 부동산에 관하여 소유권 이전등기를 경료하고 있는 경우 등 등기상 이해관계

34) 대판 2000.3.24, 99다27149.

있는 제3자가 있는 경우에는 그의 승낙서를 제출하여야 하므로, 승낙을 하지 않으면 그를 상대로 가처분 기입등기의 회복절차에 대한 승낙청구의 소를 제기할 수는 있을 것이다.[35)]

《가처분 채권자가 법원의 촉탁에 의하여 말소된 가처분기입등기의 말소회복을 구하는 방법》(대법원 2000.3.24. 선고 99다27149 판결)

[1] 부동산처분금지가처분의 기입등기는 채권자나 채무자가 직접 등기공무원에게 이를 신청하여 행할 수는 없고 반드시 법원의 촉탁에 의하여야 하는바, 이와 같이 당사자가 신청할 수 없는 처분금지가처분의 기입등기가 법원의 촉탁에 의하여 말소된 경우에는 그 회복등기도 법원의 촉탁에 의하여 행하여져야 하므로, 이 경우 처분금지가처분 채권자가 말소된 가처분기입등기의 회복등기절차의 이행을 소구할 이익은 없다.

[2] 가처분 채권자의 가처분해제신청은 가처분집행신청의 취하 내지 그 집행취소신청에 해당하는 것인바, 이러한 신청은 가처분의 집행절차를 이루는 행위이고, 그 신청이 가처분 채권자의 의사에 기한 것인지 여부는 집행법원이 조사 · 판단하여야 할 사항이라고 할 것이므로, 그 신청서가 위조되었다는 사유는 그 신청에 기한 집행행위, 즉 가처분기입등기의 말소촉탁에 대한 집행이의의 사유가 된다고 보아야 할 것이며, 따라서 가처분해제신청서가 위조되었다고 주장하는 가처분 채권자로서는 가처분의 집행법원에 대하여 집행이의를 통하여 말소회복을 구할 수 있을 것이고(만일 가처분기입등기의 회복에 있어서 등기상 이해관계가 있는 제3자가 있는 경우에는 그의 승낙서 또는 이에 대항할 수 있는 재판의 등본을 집행법원에 제출할 필요가 있다.), 그 집행이의가 이유 있다면 집행법원은 가처분기입등기의 말소회복등기의 촉탁을 하여야 한다.

《가처분 채권자가 말소된 부동산처분금지가처분등기의 회복절차에 대한 승낙청구의 소를 제기할 수 있는지 여부》(대법원 1997.2.14. 선고 95다13951 판결)

부동산처분금지가처분의 기입등기는 채권자나 채무자가 직접 등기공무원에게 이를 신청하여 행할 수는 없고 반드시 법원의 촉탁에 의하여야 하는바, 이와 같이 당사자가 신청할 수 없는 처분금지가처분의 기입등기가 법원의 촉탁에 의하여 말소된 경우에는 그 회복등기도 법원의 촉탁에 의하여 행하여져야 하므로, 이 경우 처분금지가처분 채권자가 말소된 가처분기입등기의 회복등기절차의 이행을 소구할 이익은 없고, 다만 그 가처분기입등기가 말소될 당시 그 부동산에 관하여 소유권이전등기를 경료하고 있는 자는 법원이 그 가처분기입등기의 회복을 촉탁함에 있어서 등기상 이해관계가 있는 제3자에 해당하므로, 처분금지가처분 채권자로서는 그 자를 상대로 하여 법원의 촉탁에 의한 그 가처분기입등기의 회복절차에 대한 승낙청구의 소를 제기할 수는 있다.

---

35) 대판 1997.2.14, 95다13951; 대판 2002.4.12, 2001다84367.

5 부당한 보전집행으로 인한 손해배상

>>> 설문 ⑰

甲은 평소에 자신을 미워하는 乙에게 골탕을 먹이기 위하여 乙을 상대로 가압류를 신청하였다. 본래 甲은 乙에 대해 채권이 있지는 않았지만, 그 전에 자신이 이미 받은 채권의 증서를 소명자료로 제출하여, 乙의 토지에 대해 가압류집행까지 완료하였다. 이 가압류집행으로 인해 사업을 하고 있던 乙의 신용이 추락하여 많은 피해를 입혔다면, 乙은 甲을 상대로 손해배상을 청구할 수 있는가? 이때 법원의 책임은 어떠한가?

I. 손해배상의 원인으로 되는 부당한 보전집행

1. 보전처분의 위법집행과 부당집행

가압류나 가처분의 심리절차는 약식절차이기 때문에 보전처분이 발령될 때 피보전권리나 보전의 필요가 확정적으로 존재한다는 것을 담보하지는 못한다. 이는 다시 말하면 피보전권리가 후에 본안소송에서 부정될 수도 있고, 또 보전의 필요가 없는 데도 보전명령에 기하여 보전집행이 행해질 수도 있다는 것이다. 이와 같이 채권자가 가압류·가처분에 관하여 집행신청에서 집행절차 그리고 집행결과에 이르기까지 집행 전반에 관하여 이를 정당화하기 위한 실체법상의 근거가 결여되어 있는 집행을 보전처분의 부당집행이라고 함은 앞에서 본 바와 같다. 이러한 부당집행은 집행법상으로는 적법하지만 실체법상으로 문제가 있기 때문에 채무자가 그 집행으로 인해 입은 손해를 배상하여야 하는 문제가 생긴다. 문헌 중에는 위법한 보전집행으로 인한 책임이라고 하는 것도 없지 않으나,[1] 일반적으로는 부당집행으로 인한 책임으로 보며,[2] 판

1) 예컨대, 김상원/정지형, 345면; 윤경현, 위법보전처분의 책임, 司法論集 2輯(1972.2), 175면 이하.

례도 같다.[3)]

부당집행과 구별하여야할 개념이 몇 가지 있는데, 먼저 보전처분의 위법집행은 보전명령의 집행절차상의 하자, 즉 집행법을 위반한 집행을 말한다. 이는 집행절차가 적정하게 법규정에 따라 이루어졌는가의 문제이므로, 보전집행의 실체법적 정당화근거와 관련한 부당집행의 문제와는 다르다. 또 한편 보전집행의 부당한 유지라는 문제도 있는데, 이는 보전신청 당시에는 피보전권리와 보전의 필요성이 있었으나 그 후 사정이 변경되어 보전요건이 소멸되었음에도 불구하고 보전집행을 계속 유지한 것을 말한다.

보전처분의 위법집행과 보전집행의 부당한 유지의 문제는 본질적으로 절차법적 사항으로서 이에 대해서는 앞에서 살펴본 바와 같이 여러 가지의 구제방법이 마련되어 있고, 또 손해배상의 문제가 생긴다고 하여도 이때에는 집행기관 내지 국가책임이 문제되는 것이 원칙이다. 따라서 채권자의 손해배상책임은 특별히 그 고의 또는 과실로 위법집행이 되었다거나, 위법집행을 막을 수 있었음에도 불구하고 아무런 조치를 취하지 않고 방치한 경우에만 집행기관과 연대하여 책임을 지게 될 뿐이다.[4)] 따라서 여기서는 보전처분의 부당집행에 의한 손해배상의 문제를 주로 살펴보는 것으로 하되, 필요시 이들 문제도 살펴보기로 한다.

2. 부당한 보전집행의 유형

(1) 피보전권리의 부존재

확정적으로 피보전권리가 존재하지 않는 것으로 결론이 난 경우에는 이를 보전하기 위한 보전집행은 부당집행으로 된다. 따라서 본안소송에서 채권자가 패소 확정된 경우나, 채권자가 청구를 포기하여 조서에 기재된 경우, 피보전권리의 부존재를 내용으로 하는 화해조서나 조정조서가 작성된 때에도 마찬가지로 된다. 그러나 소의 취하나 소취하 간주의 경우에는 본안이 확정된 것은 아니므로 채권자에게 책임을 묻기는 쉽지 않을 것이다.[5)] 또한 보전이의나 취소절차에서 보전처분이 취소되었다 하더라도

2) 주석, 155면; 방순원/김광년, 234면; 김희태, 보전처분과 손해배상책임, 재판자료 제45집(1989), 323면; 정선주, 부당보전처분과 손해배상책임, 이시윤 박사 화갑기념 논문집(下)(1995), 529면; 오영표, 가압류의 부당집행으로 인한 채권자의 손해배상 책임, 광주지방법원 재판실무연구 1999(2000), 159면.

3) 대판 1995.12.12, 95다34095, 34101.

4) 주석, 154면.

5) 반대: 오영표, 앞의 논문, 24면은 소 취하, 소취하 간주, 청구의 포기의 경우에는 부당집행으로 사실상 추

이는 종국적 판단이 아니므로 부당집행의 책임을 물을 수는 없다.

한편 신분 · 명예 등에 관한 권리의 경우와 같이 강제집행을 할 수 없기 때문에 피보전권리가 될 수 없는 청구권에 대해 가압류 · 가처분이 집행된 경우에는, 이로 인한 손해가 발생하였다고 하더라도 이는 집행의 문제라기보다는 이러한 피보전권리에 대한 보전명령이 문제될 것으로 보이기 때문에 쉽게 당사자에게 책임을 묻기는 어려울 것으로 보인다. 그러나 당사자가 이를 알면서 고의 · 과실로 집행한 경우에는 물론 달리 볼 수 있다.

(2) 보전의 필요의 부존재

보전의 필요가 없는데도 보전집행을 하였다면 역시 부당집행으로서 그 손해를 배상하여야 할 것이다. 그러나 보전의 필요는 본안과는 상관없이 가압류 · 가처분의 발령단계에서 심리되는 것이므로 본안의 심리결과보다는 오히려 보전이의나 취소절차에서 보전의 필요가 부정되어 보전명령이 취소되었다면 부당집행으로 인한 손해를 배상하여야 할 가능성이 크게 된다. 따라서 본안승소판결을 받았다고 하더라도 보전의 필요성이 흠결되었다는 사정이 있다면 위법집행으로 될 수도 있을 것이며, 피보전권리의 보전을 위하여 필요한 정도를 넘어서 보전집행을 한 경우인 과잉 보전처분의 경우에도 초과된 부분은 위법집행이 될 수 있다.

3. 부당한 보전집행의 통제

손해배상 소송을 통하여 부당한 보전집행에 대한 구제를 하는 것도 중요하지만, 오히려 그보다는 이러한 부당집행을 방지하는 것이 더 필요하다고 할 수 있다. 이를 위하여 보전제도의 본질을 해치지 않는 범위 내에서 필요한 방법들을 생각해 본다.

(1) 사전적 통제

가압류 · 가처분에 대한 심리절차에서 피보전권리나 보전의 필요를 엄격히 심리한

정해도 되지 않을까 한다고 하지만, 소취하 등의 경우에는 후에 다시 본안이 판단될 수 있으므로 어렵다고 할 것이고, 청구의 포기의 경우에는 청구기각 판결과 마찬가지이므로 바로 위법집행으로 된다고 보아야 할 것이다.

다면 부당한 보전집행은 그만큼 방지될 수 있을 것이다. 이를 위해서 심리절차는 가급적 법원의 심증을 형성하는데 도움이 되어야 하며, 필요한 경우에는 당사자 쌍방이 참여할 수 있는 심문절차나 변론절차를 열어서 재판하는 것도 필요할 수 있다. 마찬가지로 소명절차도 가능한 한 피보전권리나 보전의 필요를 충분히 입증할 수 있는 것이어야 할 것이다. 이때 소명의 대용으로 하는 선서나 담보제공의 방법도 제한적으로만 이용되어야 하며, 남용되면 곤란할 것이다.[6] 한편 이와 함께 보전명령시 담보제공명령을 엄격하게 활용하여 불필요한 보전신청을 억제하는 방법이 있을 것이다. 그러나 이러한 방법은 보전제도의 근간을 흔드는 지나친 것이어서는 안 된다는 것은 두 말할 나위도 없다.

(2) 사후적 통제

보전명령이 발령되고 집행된 뒤에도 이의나 취소신청을 통하여 위법부당한 보전명령을 취소할 수 있고, 채무자에게 책임이 있다면 손해배상을 하게 할 수도 있을 것이다. 또한 필요시 집행정지를 통하여 채무자에 대한 권리행사의 제한을 풀어줄 수도 있을 것이다. 법원은 채무자로부터 이러한 취지의 신청이 있을 때 보전명령이나 집행의 적법성을 판단하여 불필요한 보전집행을 줄일 수 있다면 손해배상의 문제도 많이 해결될 수 있을 것이다.

II. 부당한 보전집행으로 인한 채권자의 손해배상책임

1. 손해배상책임의 성질

부당한 보전집행으로 인한 손해에 대한 채권자의 배상책임이 민법 제750조에서 규정하는 불법행위책임인가에 관한 논의가 있다. 이를 긍정한다면 채무자가 배상청구를 하기 위해서는 채권자의 고의 · 과실이 있어야 한다고 하여야 할 것이다. 독일 민사소송법은 가압류나 가처분 명령이 처음부터 부당하였던 것이 분명하거나, 본안제소명

6) 소명의 대용으로서의 보증이나 선서는 채무자의 희생을 통해 채권자의 권리보전을 하고자 하는 것으로서 이에 대한 채무자는 아무런 권리도 가지지 아니하므로 폐지되어야 할 것이라는 입장은, 오영표, 앞의 논문, 185면.

령을 위반하는 등의 사유로 가압류 · 가처분 명령이 취소된 때에는 채권자는 보전집행에 의한 손해나 채무자가 보전집행을 면하기 위하여 또는 보전취소를 위해 담보를 제공함으로써 입은 손해를 배상하여야 할 것으로 규정하고 있어서(제945조), 민법상의 일반적인 불법행위책임과는 구별되는 무과실책임을 인정하고 있는 것으로 해석되고 있다. 그러나 우리 민사집행법은 이러한 규정을 가지고 있지 못하기 때문에 그 성질에 관하여 학설의 대립이 있다.

학설 중에는 이때의 책임을 오로지 민법상의 불법행위책임으로 보아 채권자의 고의 · 과실이 필요하고, 증명책임도 채무자가 진다고 하는 절대적 과실책임설(絕對的 過失責任說)도 있었으나, 우리나라에는 지지자가 없는 것으로 보인다. 한편 부당집행으로 인한 채권자의 손해배상책임은 민법상의 불법행위책임이라고 하면서도 보전절차는 권리보전을 위하여 용이하게 부여되는 불공평한 제도이므로 부당한 보전집행의 책임을 물을 때에는 채권자에게 고의 · 과실이 있다고 추정하는 것이 공평하다고 하는 과실추정설(過失推定說)은 판례[7]와 실무자들이 따르고 있다.[8] 이에 비하여 부당한 보전집행에 의한 손해배상의 문제는 보전제도의 불완전성에 기한 것으로서 법에 의해 법원이 재판하고 집행한 것을 불법행위라고는 할 수 없으므로 이는 민법상의 불법행위책임과는 구별되는 무과실책임이라고 하는 무과실책임설(無過失責任說)이 유력하게 주장되고 있다.[9]

《부당한 가처분과 고의과실의 추정》(대법원 1977.6.7. 선고 77다294 판결)

가처분은 법원의 재판에 의하여 집행되는 것이기는 하나 그 실체상 청구권이 있는 여부는 본안소송에 맡기고 단지 소명에 의하여 신청인의 책임 하에 하는 것으로서 가처분 집행 후에 그 가처분이 이유 없다는 것이 판명된 때에는 신청인은 특별한 사정이 없는 한 그 부당한 집행으로 인한 손해에 대하여 고의 또는 과실이 있는 것으로 추정된다.

《부당한 가압류집행과 손해발생》(대법원 2006.6.15. 선고 2006다10408 판결)

부당한 채권가압류의 집행으로 인하여 가압류채무자가 제3채무자로부터 제때 채권금을 지급받지 못하는 손해를 입은 경우, 가압류채무자는 가압류채권자에 대하여 그 손해의 배상을 구할

---

7) 대판 1965.9.7, 65다1385; 대판 1977.6.7, 77다294; 대판 2006.6.15, 2006다10408.

8) 李忠相, 保全處分으로 인한 損害賠償責任, 民事法研究 2집(1993), 191-192면; 김희태, 앞의 논문, 329면; 池弘源, 保全處分과 損害賠償責任, 사법연구자료 제8집(1981), 186면; 오영표, 앞의 논문, 165면.

9) 이석선(上), 351면; 방순원/김광년, 240-242면; 윤경현, 앞의 논문, 181면; 정선주, 앞의 논문, 528-529면.

수 있는 것이나, 부당한 채권가압류의 집행이 있었다 하더라도 그 집행기간 동안 기한의 미도래나 조건의 불성취 등의 사유로 인해 가압류채무자가 제3채무자로부터 채권을 바로 지급받을 수 없는 사정이 있었다면 가압류채무자가 부당한 채권가압류의 집행으로 인하여 어떤 손해를 입었다고 할 수는 없다.

생각건대 부당한 보전집행의 문제는 그 자체가 위법하여 허용되지 않는 불법행위와는 구별되어야 할 것이다. 즉 이 경우에는 보전신청에서 보전명령, 그리고 보전집행에 이르기까지의 과정이 위법한 것은 아니다. 따라서 집행법에서 본다면 적절하지 않은 보전처분에 의해서 채무자가 손해를 입은 것일 뿐이고 그로 인한 책임을 채권자가 지는 것이 보전제도의 불완전성에 비추어 공평하다는 것이다. 따라서 이는 누구의 잘잘못을 추궁하는 것이 아니라, 절차적 불완전성에도 불구하고 자신의 권리보전을 위하여 상대의 희생을 초래한 권리자가 형평의 견지에서 자신의 권리보전이 부적절하였다는 것을 이유로 상대방이 입은 희생에 대해 배상하는 절차라고 하여야 한다. 따라서 이때 채권자는 자신에게 고의 · 과실이 없다고 하여도 배상책임을 면하지 못하는 것이다.[10)]

2. 손해배상책임의 발생

절대적 과실책임설이나 과실추정설을 따르게 되면 부당한 보전집행에 의한 책임은 불법행위책임으로 보게 되므로 ① 채권자의 보전집행으로 인하여 채무자에게 손해가 발생하고, ② 이 보전집행이 부당하며, ③ 보전신청에서 집행과정까지에 채권자에게 고의 · 과실이 있고, ④ 부당한 보전집행과 손해발생 사이에 인과관계가 있을 것이 요구된다. 그러나 무과실책임설을 취하게 되면 채권자의 고의 · 과실은 문제 삼을 필요가 없게 된다.

다만 여기서는 판례가 취하고 있는 과실추정설을 고려하여 최소한의 범위 내에서 채권자의 고의 · 과실에 대해서도 살펴보기로 한다.

(1) 고의 · 과실

부당한 보전집행의 성질을 불법행위책임으로 본다면 손해발생에 대한 채권자의

---

10) 과실추정설의 무과실책임설에 대한 비판과 이에 대한 반론의 내용은, 정선주, 앞의 논문, 528-529면 참조.

고의 · 과실이 필요하다고 하게 된다. 이때의 고의과실은 보전명령 단계에서는 피보전권리에 관한 것과 보전의 필요에 관한 것으로 볼 수 있고, 또한 보전집행단계에서도 부당한 보전명령을 집행하는 데 대한 고의 · 과실이 필요하다고 할 수 있을 것이다. 과실추정설에서는 이러한 고의나 과실은 일단 추정되므로 채권자가 스스로 그것이 존재하지 않음을 증명하지 못하면 배상책임을 지게 된다.

먼저 피보전권리에 대한 채권자의 고의 · 과실은 피보전권리가 존재하지 않음에도 불구하고 보전명령을 받아 집행을 하였다는 것을 의미한다. 결국 이는 본안소송에서 채무자의 승소로 종결된 경우에 많이 나타날 것이다. 이러한 것은 채권자가 피보전권리가 존재한다고 볼 만한 사정이 없는데도 불구하고 피보전권리가 있다고 생각하여 보전명령을 신청한 사실관계의 착오와 당해 법률관계에 관한 법적 해석이 잘못된 경우로 나눌 수 있다. 이때 당사자에게 피보전권리가 존재한다고 믿을 만한 사정이 있었다면 고의 · 과실이 없다고 할 수 있으나 그런 사정이 없다면 책임을 져야 하는 경우가 많을 것이다.

다음으로 보전의 필요가 없는데도 보전명령을 받아 집행한 경우에는 채권자에게 고의 · 과실이 인정되기가 쉬울 것인데, 이는 본안판결의 결과와는 무관하다. 따라서 채권자가 본안판결에서 승소판결을 받은 경우라도 보전명령 당시 보전의 필요성이 없는 것으로 인정되면 채권자의 고의 · 과실이 인정될 수 있다.

보전집행단계에서의 고의 · 과실은 보전명령 자체에는 문제가 없더라도 집행신청에 문제가 있거나 이미 집행된 경우에는 이를 취소할 사정이 있음에도 집행을 취소하지 않고 유지한 데 대한 것을 말한다.

(2) 위법성

보전처분의 부당집행으로 인한 책임을 불법행위책임으로 보는 절대적 과실책임설이나 과실추정설의 경우에도 당연히 위법성의 요건이 필요하다고 하면서도 엄밀히 위법성을 따지지는 않고, 피보전권리가 존재하지 않거나 보전의 필요가 없는데도 보전명령을 받아 집행을 함으로써 채무자가 손해를 입었다면 위법성은 당연히 인정되는 것으로 본다.[11] 무과실책임설의 경우에는 위법성만 있으면 채무자는 채권자에게 손해배상책임을 물을 수 있는데, 이때 채권자가 본안패소의 확정판결을 받았다면 보전집

11) 예컨대, 오영표, 앞의 논문, 170면.

행은 위법한 것으로 보기 쉬울 것이다. 다만 이 경우에도 보전의 필요의 위법성은 별도로 다루어야 함은 앞에서 본 바와 같다.

(3) 손해의 발생 및 인과관계

앞에서 본 바와 같이 손해배상책임이 발생하기 위해서는 부당한 보전집행으로 인하여 손해가 발생하고 이들 양자 사이에 상당인과관계가 존재하여야 한다. 다만 이들에 대해서는 손해의 범위와 관련하여 함께 살펴보기로 한다.

3. 손해배상의 범위

(1) 손해의 일반적 범위

부당한 보전집행으로 인한 손해배상의 범위는 부당집행과 상당인과관계 있는 통상의 손해를 그 한도로 한다. 손해추정설은 이때 채권자가 그 사정을 알았거나 알 수 있었던 특별손해까지도 배상하여야 한다고 하나,[12] 이를 무과실책임으로 본다면 채권자가 알았느냐 몰랐느냐를 기준으로 범위를 정하기는 곤란하다. 이는 제도적 책임이기 때문이다.

따라서 일반적으로 본다면, 보전처분의 집행으로 인하여 발생한 손해와 집행을 면하기 위하여 담보를 제공함으로써 채무자가 입은 손해가 채권자가 배상하여야 할 손해로 된다. 이때의 손해는 재산적 손해와 정신적 손해를 모두 포함한다.

여기서 집행행위라고 하여 집행법원이나 집행관이 적극적으로 집행을 위한 특정한 조치를 취한 것만을 한정할 필요는 없다고 본다. 따라서 채무자의 부작위를 명하는 경우와 같이 보전명령의 정본이 송달되는 외에 특별한 조치가 없었더라도 이로 인하여 채무자가 행위의 구속을 받아 손해를 입었다면 배상의 대상이 될 수 있다. 그러나 채무자가 보전명령을 피하기 위하여 재판상 화해를 한 경우와 같이 보전집행이라고 할 수 있는 것이 전혀 이루어지지 않은 경우에는 손해배상책임을 물을 수 없다.[13]

손해에 관해서는 청구권자가 주장하고 증명할 책임이 있다.[14]

---

12) 오영표, 앞의 논문, 172면.

13) 정선주, 앞의 논문, 533면.

14) 이석선(上), 375면; 지홍원, 앞의 논문, 196면. 동지: 대판 1966.1.31, 65다2445.

《부당한 가압류로 인한 손해의 입증책임》(대법원 1966.1.31. 선고 65다2445 판결)
집달리가 본건에 있어서와 같이 황우에 대하여 가압류를 함에 있어서 그 가압류의 표시를 하고 압류동산을 채무자에게 보관시킨 경우에는 채무자는 가압류의 표시를 훼손하지 아니 하는 한 그 황우를 사용할 수 있다고 해석하는 것이 조리라 할 것이므로 본건에 있어서 원고가 가압류의 표시의 손상관계로 본건 황우를 사용하지 못하였다는 점을 주장입증하지 아니한 이상 황우를 사용하지 못함으로 인한 손해는 인용할 수 없는 것이다.

(2) 재산적 손해

부당한 보전집행으로 인하여 채무자가 직접 입은 손해와 일실이익은 손해로 된다. 따라서 가압류집행으로 인해 물건이 손상되어 그 가치가 하락한 경우, 가압류로 인해 목적물을 사용할 수 없었던 경우, 처분금지가처분으로 인해 목적물을 임대하지 못했던 경우, 목적물의 매매를 위한 매매계약이 체결되었으나 처분금지가처분으로 인해 계약이 취소된 경우, 특허권 등의 침해라 하여 생산된 제품을 장기간 처분금지 등을 당하였기 때문에 집행해제 후 물건이 폐품으로 되어 매각하지 못하게 된 경우 등은 이러한 손해를 배상받을 수 있다.

다만 보전집행과 무관하게 발생하는 손해는 배상의 대상이 아니다. 예컨대 이미 목적물이 낡아서 사용이 불가능하게 된 경우, 가처분으로 인해 금전채권을 변제받지 못하게 되어도 법정이자는 당연히 받을 수 있으므로 이러한 부분은 손해에서 공제하여야 한다.

(3) 위자료

보전처분으로 인해 채무자가 명예나 신용이 실추된 경우, 또는 정신적 고통을 당한 경우에는 위자료의 청구를 할 수 있을 것이다. 특히 유체동산에 대한 가압류나 가처분은 채무자에게 직접적인 정신적 고통을 준다고 할 수 있으며,[15] 일정한 사회적 지위를 가지고 거래나 활동을 하는 자가 가압류나 가처분을 당함으로써 거래를 하지 못하게 되거나 그 사실을 타인이 알게 된 경우에는 명예나 신용이 실추될 수 있으므로 그로 인한 위자료를 청구할 수 있게 되는 것이다.

15) 대판 1967.9.19, 67다1219.

《가재도구를 가압류 당함으로써 받은 정신상 고통에 대한 위자료 청구권》(대법원 1967.9.19. 선고 67다1219 판결)

일상 사용할 성질의 가재도구를 장기간 가압류 당한 경우에는 정신상 고통이 있었음은 경험칙상 추지할 수 있다.

《부당한 가처분으로 인한 신용과 명예의 손상에 대한 정신상 고통》(대법원 1972.1.31. 선고 71다2368 판결)

피고의 부당한 가처분 집행으로 원고들이 공장을 운영하지 못하고 제품과 기구의 점유마저 방해당하여 재산상 손해이외에도 영업상의 신용과 명예의 손상 등을 초래케 되어 정신상 고통을 적지 않게 받았으리라는 것은 경험칙에 의하여 이를 인정할 수 있다.

(4) 소송비용

부당한 보전집행과 관련하여 채무자가 그 집행비용, 보관료를 지급한 경우, 또 집행정지나 취소를 위해 담보를 제공함으로 인해 생긴 손해는 당연히 배상 받을 수 있다.[16] 그러나 보전이의나 취소신청을 위해 지출한 소송비용은 당해 결정에서 비용부담자를 정하므로 보전집행과 관련하여 배상하여야 할 것은 아니다. 이때 변호사비용은 당연히 배상의 대상은 될 것이지만,[17] 소송비용의 일부로서 부담자가 따로 정해지는 것은 따로 청구할 필요 없고, 특히 집행과 관련하여 지출한 변호사 비용에 한하여 배상청구를 할 수 있다고 할 것이다.

《부당한 가처분을 취소하기 위하여 변호사에게 지급한 보수의 배상청구》(대법원 1960.6.23. 선고 4292민상690)

부당한 가처분의 취소신청을 변호사에게 위임한 자는 그 변호사에게 지급한 보수를 손해로서 배상청구를 할 수 있으나 그 청구의 범위는 아니고 상당한 액을 표준으로 한다.

(5) 과실상계

절대적 과실책임설이나 과실추정설을 취한다면 손해발생에 채무자의 과실이 있는 경우에는 당연히 과실상계가 행해지게 된다. 그러나 무과실책임설을 취하면 채권자의

16) 이석선(上), 377면; 지홍원, 앞의 논문, 199면.
17) 대판 1960.6.23, 4292민상690.

고의 · 과실은 손해배상의 요소가 아니므로 과실상계를 논할 여지는 없고, 다만 이는 손해의 범위의 문제가 되는데 그친다. 다만 어느 경우에도 채무자가 손해의 발생이나 확대에 기여하였다면 그로 인한 손해는 상계되어야 한다는 점은 같다. 따라서 부패하기 쉬운 물건임을 알면서 채무자가 집행관에게 필요한 조치를 강구하도록 촉구하거나 환가처분을 하도록 신청하지 않은데 대한 과실이 있는 경우,[18] 채무자가 채무를 변제한 후 가압류의 취소신청 등을 할 수 있는데도 이를 하지 않아 손해가 발생한 경우, 자신의 소유물에 대해 사용금지가처분을 당한 제3자가 제3자이의의 소를 제기하여 집행을 취소시킬 수 있는데도 이를 하지 않아 손해가 생긴 경우[19] 등에는 과실이 인정될 수 있다. 그러나 판례는 이의신청이나 해방금액의 공탁은 채무자의 권리이지 의무가 아니라는 이유로 이를 하지 않아 확대된 손해에 대해 과실이 있다고 할 수 없다고 하고 있다.[20]

《제3자이의의 소를 제기하여 집행정지 등 그 해제조치를 취하지 않아 커진 손해의 과실상계》(대법원 1970.11.30. 선고 70다2218 판결)

사용금지가처분의 집행을 받은 자가 제3자 이의의 소를 제기하여 1심에서 그 가처분집행을 불허하는 제지의 승소판결과 가집행의 선언이 있었음에도 불구하고 집행정지 등 그 해제배치를 취하지 않음으로서 손해가 증대되었다면 채권자에게도 과실이 있다 할 것이므로 그 과실상계를 해야 한다.

《가처분에 대해 불복신청을 하지 않은 채무자의 과실》(대법원 1982.5.25. 선고 80다2526 판결)

가처분결정의 집행을 받은 가처분 피신청인으로서는 반드시 집행취소 등 불복절차나 이에 따른 담보금을 공탁할 의무가 있다고 할 수 없을 뿐 아니라, 집행취소신청사건에서 명하여진 공탁금액이 계쟁물의 가액 전액이고 한편 공탁명령이 있기 전에 이미 제3자 이의의 소를 제기한 바 있는 사정 하에서는 가처분 피신청인이 위 공탁명령에 응하지 않았다 하여 손해의 확대에 대한 과실이 있었다고 할 수 없다.

18) 대판 1972.5.23, 72다439(보전집행된 벼의 부패로 인한 손해).
19) 대판 1970.11.30, 70다2218.
20) 대판 1982.5.25, 80다2526.

III. 손해배상청구권의 행사와 소멸

1. 손해배상청구권의 행사

(1) 손해배상청구권의 행사방법

보전집행으로 인한 손해의 배상이라고 하여도 이는 보전처분절차와 별개의 소송으로 청구하여야 한다. 따라서 보전이의절차나 취소절차 내지 보전집행에 대한 취소신청절차에서 할 수는 없다. 다만 본안절차가 별도로 계속되어 있다면 이에 대한 반소를 통하거나, 이미 손해배상채권이 확정되었다면 상계항변을 할 수도 있을 것이다.

(2) 청구권자 및 관할법원

손해배상청구소송은 채무자나 자신의 재산이 집행당한 제3자이다. 일반적으로는 채무자가 집행을 당하였으므로 채무자가 제소권자가 되는 경우가 많을 것이다. 다만 제3자가 집행을 당한 경우에는 제3자이의의 소를 제기하면서 손해배상청구를 병합하여 청구할 수 있을 것이다.

손해배상사건의 관할은 일반원칙에 따라 피고의 보통재판적 소재지 법원 내지 불법행위지의 특별재판적이 고려될 수 있을 것으로 본다.

(3) 심리와 재판

사건의 심리는 일반원칙에 따라 진행된다. 다만 여기서의 입증방법은 소명이 아니라, 증명에 의하게 된다는 것이다. 이는 보전절차상의 재판이 아니기 때문이다.

법원이 손해배상에 관하여 판단함에 있어서 관련사건인 본안판결이나 보전절차상의 재판에 구속되는가 의문이 있으나, 본안판결의 경우에는 확정판결로 선고되었다면 기판력에 의해 법원이 구속받을 것이나, 보전절차상의 재판은 결정으로 하므로 원칙적으로 법원이 구속받지 않는다고 보아야 할 것이지만, 보전의 필요에 관한 이의절차 내지 취소신청에 대한 판단은 구속력이 있다는 의견이 있다.[21]

---

21) 이에 대해 상세한 것은, 정선주, 앞의 논문, 538-541면.

2. 손해배상청구권과 담보

가압류나 가처분 신청이 담보제공을 조건으로 인용되었다면, 이때 채권자가 제공한 담보는 부당한 보전집행으로 채무자가 입을 손해를 직접 담보하므로 채무자는 공탁된 담보에 대하여 질권자와 동일한 권리를 가진다.[22] 따라서 부당집행으로 인한 손해배상청구권이 확정되면 확정판결을 받아 공탁법원으로부터 공탁서를 넘겨받아 이를 공탁공무원에게 제출하고 공탁물을 환부받거나, 질권을 실행하여 공탁자가 가지는 공탁물회수청구권에 대해 전부 또는 추심명령을 받은 후 스스로 담보취소결정을 받아 공탁물을 회수하게 된다.[23]

3. 손해배상청구권의 소멸

부당한 보전집행으로 인한 채무자의 손해배상청구권은 불법행위에 기한 손해배상청구권에 준하여 소멸한다.[24] 따라서 불법행위를 한 날로부터 10년, 피해자가 손해 및 가해자를 안 날로부터 3년의 시효로 소멸한다(민법 제766조). 피보전권리의 부존재를 이유로 하는 손해배상청구는 본안판결의 확정시로부터 손해 및 가해자를 알았다고 할 수 있으나, 보전의 필요에 대해서는 보전의 필요가 없는 부당한 보전집행으로 인하여 손해의 발생사실을 채무자가 안 때를 기산시점으로 보는 입장[25]과 채무자가 집행 당시 보전의 필요에 대해 정확히 안다는 것은 무리라는 이유로 보전처분이 취소된 때로부터 시효가 진행된다는 입장이 있다.[26] 판례는 분명하지는 않으나, 후자의 입장을 취하고 있는 듯 보인다.[27]

---

22) 오영표, 앞의 논문, 182면.
23) 오영표, 앞의 논문, 182면.
24) 정선주, 앞의 논문, 537면.
25) 이석선(上), 388, 384면; 김희태, 앞의 논문, 346-347면; 지홍원, 앞의 논문, 205-207면; 윤경현, 앞의 논문, 193면.
26) 오영표, 앞의 논문, 183면.
27) 대판 1963.11.7, 63다626.

《가처분명령의 집행으로 인한 손해배상 청구권의 소멸 시효의 기산점》(대법원 1963.11.7. 선고 63다626)

가처분명령의 집행으로 인하여 손해를 받은 자는 그 당시 손해의 발생사실을 알았다고 할 수 있으나 아직 불법행위에 인한 손해임을 알았다고 할 수 없으므로 그 손해배상청구권의 시효는 상대방의 청구권 또는 청구권 실현의 위해가 가처분명령 당시 없었다는 것이 재판상 확정된 것을 안 때부터 시효가 진행한다.

6 보전처분의 경합과 저촉

≫ 설문 ⑱

甲은 乙과 토지소유권에 대해 다투고 있다. 이 토지는 본래 甲이 현재 점유하고 있는 것으로서 甲이 "乙은 甲의 계쟁토지에 관한 출입과 사용을 방해하여서는 아니 된다"라는 가처분 명령을 얻어 집행을 한 후, 乙이 "甲은 계쟁토지에 출입하여서는 아니 된다"라는 가처분을 한 경우, 이들 두 가처분의 효력은 어떻게 되는가?

I. 보전처분의 경합

강제집행절차상 압류의 중복이 인정되는 것과 마찬가지로 가압류 · 가처분이 중복되는 경우를 생각할 수 있다. 여기서 보전처분의 경합이란 동일한 목적 또는 권리관계에 대하여 수 개의 보전처분이 행해짐으로써 그 법률적 지위가 중첩되는 것을 말한다.[1] 보전처분의 경합은 위법하지 않기 때문에 경합하는 보전처분 상호간의 효력이 어떻게 되는가가 주로 문제된다. 이에 비하여 여러 개의 보전처분이 서로 공존할 수 없음에도 불구하고 중복하여 서로 충돌하는 것은 보전처분의 저촉이라고 하는데 이러한 경우에는 특정한 보전처분이 무효로 되는 등 문제가 발생한다.

보전처분의 경합이나 저촉의 문제는 보전명령단계와 보전집행단계에서 별도로 나타날 수 있다. 보전명령단계에서는 동일한 목적 또는 권리관계에 관하여 중복된 가압류나 가처분을 발령하는 것을 말하는 것으로, 이때에는 주로 뒤에 발령되는 보전처분의 적법성이 문제로 된다. 발령단계의 보전처분의 중복은 주로 보전의 필요와 관련하여 논의되는 경우가 많고, 집행단계의 중복문제는 보전처분의 명령단계에서의 경합이

1) 보전처분이 서로 다른 물건에 대해 행해진 경우는 같은 채권자나 채무자 사이의 문제라도 경합이나 저촉의 문제가 생기지 않는다. 이관표, 保全處分의 競合과 抵觸, 재판자료 제46집(1989), 260면.

가능하다고 할 때 집행도 경합할 수 있는가의 문제로 나타나게 된다.

보전처분의 경합 내지 저촉의 문제는 법이 규정하고 있는 바가 거의 없기 때문에 이론적으로 고찰할 수밖에 없는 부분이다.

II. 보전처분 상호간의 경합

1. 가압류 상호간의 경합

동일한 목적물에 대해 수인의 채권자가 중복하여 가압류를 하는 것은 문제되지 않는다. 집행법상 중복압류가 허용되어 있기 때문이다. 따라서 그 목적물이 부동산인가 유체동산인가 또는 채권인가 기타 재산권의 경우인가를 묻지 않고 가압류는 중복할 수 있고, 이중압류에 준하여 처리된다. 1인의 채권자가 여러 개의 가압류를 한 경우라도 피보전채권이 다른 것이라면 문제될 것이 없으나, 하나의 채권을 가지고 여러 개의 가압류를 하는 경우라면 보전의 필요가 있다고 하기 어려울 것이다. 다만 이 경우에도 이미 발령되었다면 중복하여 가압류를 집행할 수 있을 것이나 이의에 의하여 취소될 수 있을 것으로 본다. 또한 기존의 가압류가 집행기간을 도과하여 집행할 수 없게 된 때에는 다시 가압류명령을 할 수 있음은 물론이다.[2)]

《채권가압류가 경합된 경우에 제3채무자가 전부채권자에게 한 변제의 효력》(대법원 1987.12.22. 선고 87다카2015 판결)

채권가압류가 경합되어 그 중 한사람이 본압류로 이전하는 압류 및 전부명령을 먼저 받고 다른 사람이 채권압류와 추심명령을 받은 경우에 제3채무자가 전부채권자에게 한 변제는 민사소송법 제561조 제1항에 위반하여 제3채무자가 자기의 채권자에게 변제한 경우이므로 동 조항의 지급금지명령이 존속되고 있는 한 피압류채권의 소멸을 주장할 수 없다고 하겠으나 자기의 채권자에 대한 관계에 있어서는 원래 채권압류(가압류 포함)가 경합되어 있는 경우 그 압류채권자 중의 한사람에게 되어진 전부명령은 무효이지만 제3채무자가 선의무과실로 전부채권자에게 변제하면 이는 채권의 준점유자에 대한 변제로서 유효하고 또 일반적인 경우에 있어서 무효인 전부명령에 의하여 채권자에게 변제한 때에는 선의무과실이라고 할 것이다.

2) 이관표, 앞의 논문, 260면.

2. 가처분 상호간의 경합

(1) 가처분 경합의 기준

가처분은 그 유형이 다양하기 때문에 이들이 중복되었을 때 일률적으로 경합하는지 아니면 저촉하는지 판단하기가 쉽지 않다. 통상은 뒤의 가처분이 앞의 가처분을 폐지 · 변경하거나 앞의 가처분의 집행을 불가능하게 하면 허용될 수 없다고 한다.[3] 그러나 실제 이러한 판단은 구체적인 가처분의 사례를 통해 살펴볼 수밖에 없으나, 모든 가처분을 일일이 비교해보기는 어려우므로 대표적인 몇 가지 상황을 유형별로 살펴보기로 한다.

(2) 동일 채권자에 의한 중복

한 사람의 채권자가 동일한 채무자의 동일한 목적물에 대해 동일한 내용의 가처분을 중복해서 한다면 이때 뒤의 가처분은 그 보전의 필요를 상실하게 되는 것은 분명하다. 그러나 일단 가처분을 집행했다고 하더라도 가처분의 내용을 보다 강화하여 제2의 가처분을 집행하였다면 경합을 허용할 수 있게 될 것이다. 예컨대, 처음에는 점유이전금지 · 집행관 보관 · 채무자 사용의 가처분 이후에 채권자 사용의 가처분이나 명도단행의 가처분을 하는 경우와 같다. 또한 한 사람의 채권자가 하나의 채권을 가지고 여러 채무자에 대해 동일한 내용의 가처분을 하는 것은 가능하다.[4] 건물의 소유권을 주장하는 자가 불법점유자들을 상대로 하여 그 건물에 대한 점유해제 · 집행관 보관의 가처분을 하는 것이 그 예로 될 수 있다.

(3) 채권자와 채무자간의 중복 가처분

이는 갑이 을에 대해 가처분을 한 후, 다시 을이 갑에 대에 대해 동일 목적물에 관한 가처분을 하는 경우이다.

이 경우 많이 문제되는 것은 주로 부작위를 명하는 가처분이 서로 중복하는 경우인데, 여기에는 두 가지 유형이 있다. 그 중 하나는 채무자에 대해 어떠한 행위를 하지 말 것을 명하는 부작위가처분이고, 다른 하나는 채무자에 대해 채권자 또는 제3자의

3) 김상원/정지형, 192-193면; 이시윤, 589면.
4) 이관표, 앞의 논문, 262면.

특정행위에 대해 방해를 하지 말고 수인(受忍)할 것을 구하는 것인데, 이들은 특정 물건에 대한 법률상의 지위를 얻기 위하여 다툼 있는 당사자 간에 특정행위금지가처분과 방해금지가처분으로 나타나는 경우가 많다.[5)]

먼저 당사자 사이에서 부작위가처분이 중복된 경우는 경합할 수 있다고 보는 것이 일반적 입장이다.[6)] 갑이 을에 대하여 계쟁 토지의 소유권에 기하여 "을은 계쟁 토지에 출입을 하여서는 아니 되며, 지상의 수목에 대한 벌채나 반출을 하여서는 아니 된다"라는 가처분을 한 후, 을이 갑에 대해 수목의 소유권에 기하여 같은 내용의 가처분을 한 경우이다. 이러한 가처분은 서로 충돌하지 않을 뿐 아니라, 분쟁이 해결될 때까지 다툼의 대상을 있는 그대로 보존하는데 기여하기 때문에 오히려 바람직한 것이라고 할 수 있다.

이에 비하여 수인가처분의 중복은 허용되지 않는다고 하는 것이 보통이다.[7)] 예컨대, 특정 농지에 대한 경작권 다툼으로 인해, 갑이 을을 상대로 "을은 계쟁 토지에 대하여 갑의 출입과 사용을 방해하여서는 아니 된다"라는 가처분 후에 을이 갑을 상대로 동일한 가처분을 하는 것은 논리적으로 허용될 수 없기 때문이다.

다음으로 부작위가처분과 수인가처분이 중복된 경우에는 경합한다는 입장과 저촉한다는 입장이 대립하고 있다. 예컨대 동일한 토지에 관하여 갑이 "을은 갑의 계쟁토지에 관한 출입과 사용을 방해하여서는 아니 된다"라는 가처분을 한 후, 을이 "갑은 계쟁토지에 출입하여서는 아니 된다"라는 가처분을 한 경우이다. 이때 뒤의 가처분이 저촉한다고 보는 입장은 그 논거로 "일정한 행위에 대한 방해의 금지"를 명하는 수인가처분은 단지 상대방에 대하여 일정한 방해행위의 금지를 명하는 것에 그치는 것이 아니고 상대방으로 하여금 신청인이 일정한 행위를 하는 것을 잠정적으로 인용·감수토록 하는 것을 전제로 한 것이므로, 신청인은 상대방으로부터 실력에 의하여서만이 아니라 법적 수단인 가처분에 의하여서도 방해받지 아니하고 일정한 행위를 할 수 있는 법률상의 지위를 임시로 부여받는 것이기 때문이라는 것이다.[8)] 이에 대해 이들 가처분이 서로 경합한다고 보는 입장은 그 논거로 가처분명령의 주문이 일정한 행위에

5) 이석선(下), 12면.

6) 이석선(下), 13면; 이관표, 앞의 논문, 263면. 한편, 이석선(下), 12면에는 당사자 사이에 "계쟁토지에 관한 출입 또는 사용금지"를 명하는 가처분의 중복은 허용되지 않는다고 하고 있다.

7) 이석선(下), 12면.

8) 이석선(下), 12-13면; 이관표, 앞의 논문, 268면.

대한 방해금지를 명하고 있는 경우 이는 단지 상대방에 대하여 실력에 의한 방해행위의 금지를 명하는 것에 그치고, 나아가 신청인에게 법적 수단에 의한 방해조차 받지 아니하고 일정한 행위를 할 수 있는 법률상의 지위를 잠정적으로 형성시켜 주는 것은 아니므로 이에 대하여 상대방이 신청인의 일정 행위를 금지하기 위하여 가처분 등의 법적 수단을 취할 수 있는 것은 허용될 수 있으며 그 집행도 아무런 지장이 없기 때문이라고 한다.

부작위를 명하는 가처분 문제 외에도 부작위를 명하는 가처분과 단행가처분 내지 점유이전금지가처분의 사이에서도 같은 문제가 생길 수 있다. 예컨대, 갑이 점유권에 기하여 "을은 계쟁 토지에 관한 갑의 점유를 침해하는 행위를 하여서는 아니 된다"는 가처분을 한 후 을이 소유권에 기하여 "갑은 위 토지상의 건조물을 철거하라"는 가처분을 한 경우, 경합한다는 의견도 있지만 이러한 가처분은 저촉된다고 보아야 할 것이다.[9] 다만 갑이 을에 대하여 "을은 계쟁토지에 대한 갑의 점유 · 사용을 방해하여서는 아니 된다"는 가처분과 을이 "계쟁토지에 대한 갑의 점유를 풀어 집행관에게 그 보관을 명하고 집행관은 현장을 변경하지 아니할 것을 조건으로 갑에게 이를 사용하게 하여야 한다"는 가처분은 서로 간에 사실상태가 충돌하지 않으므로 허용된다고 볼 수 있다. 다만 이 경우 뒤의 가처분이 집행관보관만을 명하거나 집행관 보관 · 채권자 사용을 명하는 경우에는 사실상태가 변동되므로 저촉된다고 보아야 한다. 그리고 거꾸로 갑의 을에 대한 「점유이전금지 · 집행관 보관 · 채무자 사용의 가처분」과 을의 갑에 대한 「점유사용 방해금지」 가처분도 경합을 인정하여야 할 것이다.

(4) 수인의 채권자에 의한 가처분의 중복

본래 가처분은 자신의 권리를 보전하기 위한 것이므로 어떤 목적물이 가처분 집행이 되어 있다고 하더라도, 그 목적물에 대해 권리를 주장하는 다른 채권자가 있다면 그는 자신의 권리를 보전하기 위하여 별도로 가처분을 할 필요가 있다. 이때 그 가처분이 상호간에 영향이 없다면 문제가 없을 수도 있으나, 일률적으로 단정할 수 있는 것은 아니다.

먼저 점유이전금지가처분과 관련하여 채권자 갑이 채무자 을을 상대로 하여 점유이전금지 · 집행관 보관 · 채무자 사용의 가처분을 하였는데, 후에 다른 채권자 병이

9) 이관표, 앞의 논문, 269면.

같은 목적물에 대한 동일한 내용의 가처분을 하였다면 이 경우에는 경합하는 것으로 볼 수 있다. 그런데, 갑이 을을 상대로 하여 점유이전금지 · 집행관 보관 · 채무자 사용의 가처분을 한 후, 병이 을을 상대로 동일 물건에 관하여 점유이전금지 · 집행관 보관의 가처분을 하는 것은 나중의 가처분이 더 강력해지는 것이므로 허용되지만, 거꾸로 하는 것은 기존의 가처분을 약화시키므로 허용된다고 하기 어렵다.[10] 또한 갑이 을을 상대로 하여 점유이전금지 · 집행관 보관 · 채무자 사용의 가처분을 한 후, 병이 점유이전금지 · 집행관 보관 · 채권자 사용의 가처분을 한 경우에는 다소 복잡해진다. 이 경우에 목적물의 사용자가 을에서 병으로 변경될 수 있는가의 문제가 생기는데, 이는 갑의 입장에서 보면 병이 사용하는 것으로 바꾸는 것은 자신의 입장을 약화시키는 것으로 되어 허용된다고 하기 어렵게 된다.[11]

채권자뿐 아니라 채무자도 다른 가처분의 경우, 예컨대 갑이 을을 상대로 특정 물건에 대한 점유이전금지가처분 후에 병이 정을 상대로 동일 물건에 대해 동일한 가처분을 하는 것이 허용되는가에 대해 우리 판례는 부정적으로 보고 있다.[12]

《모순 저촉되는 점유이전금지가처분집행의 경합과 이에 대한 구제수단》(대법원 1981.8.29. 자 81마86 결정)

건물에 대한 채무자 을의 점유를 풀고 집달관에게 보관시킨 다음 을의 청구에 따라 을에게 그 사용을 허락하는 점유이전금지가처분(제1차 가처분) 이 집행된 후에 다른 당사자사이의 별개의 가처분신청사건에서 같은 건물에 대하여 그 사건 채무자 정의 점유를 풀고 집달관에게 보관시킨 다음 이를 정에게 사용을 허락하는 점유이전금지가처분(제2차 가처분)이 다시 집행된 경우에는 그 두 개의 가처분은 비록 당사자는 서로 다르다 할지라도 각기 서로 다른 채무자에게 동일 건물의 사용을 허락한 한도 내에서 모순 저촉된다고 할 것이므로 위 제2차 가처분의 집행은 불허되어야 할 것인바 이때 제1차 가처분채권자는 실체법상의 권리에 기하여 제3자 이의의 소를 제기할 수도 있고, 집행방법에 관한 이의로서 제2차 가처분집행의 배제를 구할 수도 있다.

이외에 처분금지가처분이 중복되는 경우에는 서로 저촉한다고 할 이유가 없을 것이나,[13] 단행가처분의 중복은 허용할 수 없을 것이다.

10) 이관표, 앞의 논문, 271면.
11) 이관표, 앞의 논문, 272면.
12) 대결 1981.8.29, 81마86.
13) 대결 1956.11.1, 4289민재항25.

《침입금지가처분 후에 다른 사람에 의한 점유해제가처분의 중복》(대법원 1956.11.1. 자 4289 민재항25 결정)

부동산에 관하여 갑이 소유권이 있다 하여 을·병을 상대로 침입금지가처분을 얻어 그 집행을 한 경우에, 그 부동산에 관하여 다시 정이 소유권을 주장하여 갑·을·병을 상대로 권리를 보전코자 상대방의 점유를 해제하는 가처분을 얻었다 하여도, 그 가처분은 당사자 및 보전목적이 전혀 다른 것이므로, 그 집행을 금지할 이유는 없는 것이다.

3. 가압류와 가처분의 경합

대부분의 경우 가압류와 가처분은 경합할 수 있다. 민사집행법이 강제집행의 중복을 인정하고 있고, 또 앞의 보전처분이 취소될 경우를 생각하면 나중의 보전처분을 인정하는 것이 보전의 취지에 맞으며, 또 집행이 불가능한 것도 아니기 때문이다. 우리 대법원도 이러한 전제에 서서 판단하고 있다.[14]

《동일한 부동산에 대한 가압류와 가처분이 경합된 경우의 효력》(대법원 2005.1.14. 선고 2003다33004 판결)

부동산에 대하여 가압류등기가 된 경우에, 그 가압류채무자(현 소유자)의 전 소유자가 위의 가압류 집행에 앞서 같은 부동산에 대하여 소유권이전등기의 말소청구권을 보전하기 위한 처분금지가처분등기를 경료한 다음, 채무자를 상대로 매매계약의 해제를 주장하면서 소유권이전등기 말소소송을 제기한 결과 승소판결을 받아 확정되기에 이르렀다면, 위와 같은 가압류는 결국 말소될 수밖에 없고, 따라서 이러한 경우 가압류채권자는 민법 제548조 제1항 단서에서 말하는 제3자로 볼 수 없으며, 가처분채권자가 받은 본안판결이 전부 승소판결이 아닌 동시이행판결인 경우도 이와 달리 볼 이유가 없다.

다만 채권자 갑이 채무자 을의 유체동산에 관하여 가압류를 한 후 다른 채권자인 병이 같은 유체동산에 관하여 병의 보관 내지 사용을 내용으로 하는 가처분을 하는 경우는 서로 충돌한다고 할 수 있으므로 허용되지 못한다고 보아야 할 것이다.[15]

14) 대판 2005.1.14, 2003다33004.
15) 이석선(下), 8면; 이관표, 앞의 논문, 278면.

4. 보전처분의 경합과 저촉의 효력

(1) 보전처분 경합의 효력

여러 개의 보전처분이 경합하는 것은 달리 말하면 이들이 모두 유효하게 공존하고 또 집행될 수 있다는 것을 의미하는 것이다. 따라서 본안확정 후 강제집행 등에 의하여 가압류 · 가처분이 소멸하기까지는 그 선후를 가리지 않고 유효한 보전처분으로서의 지위를 가지게 되지만, 집행단계에서까지 동일한 효력을 가진다는 것은 아니다.

가압류가 경합하는 경우에는 어느 하나의 가압류가 본압류로 이행할 때, 다른 가압류는 소멸하고 소멸하는 가압류채권자는 그 순위에 따라 본압류 절차에서 당연히 배당을 받게 되거나, 배당요구를 할 지위를 가지게 된다. 또한 처분금지가처분이 경합하는 경우에는 여러 가지 입장이 있으나, 먼저 가처분등기를 한 자가 우선한다는 선행가처분우선설이 유력하다.[16] 이러한 것은 강제집행의 일반원칙에 따라 처리되는 것이므로 상세한 것은 해당부분에서 설명한다.

(2) 보전처분이 저촉된 경우의 효력

보전처분이 저촉하는 경우에는 나중의 가처분이 허용되지 않는다고 하는데,[17] 그 의미가 무엇인가에 대해서 견해의 대립이 있다.

먼저 명령위법설(命令違法說)은 저촉된 가처분명령이 위법하고 따라서 집행도 할 수 없다고 한다. 그 근거로 나중의 가처분은 선행 보전처분의 기판력 내지 구속력에 위반되어 위법하고, 따라서 이러한 가처분을 하게 되면 선행 보전처분을 폐지 · 변경하거나 그 집행을 제거하는 결과로 되어, 이의나 보전취소제도가 아닌 가처분으로 기존의 보전처분을 변경하게 되는 등 보전절차를 혼란스럽게 한다는 것이다. 따라서 법원은 이러한 가처분신청에 대해서는 각하하여야 할 것이나, 일단 보전명령이 발령된 경우에는 이의신청을 통하여 취소를 할 수 있고, 이미 집행이 되었다면 집행에 관한 이의, 경우에 따라서는 제3자 이의의 소를 통하여 집행을 배제할 수 있다고 한다.[18]

한편 집행위법설(執行違法說)은 선행 보전처분에 저촉하는 가처분명령은 위법하다

16) 김영진, 보전처분의 경합, 사법논집 9집, 412면 이하; 이관표, 앞의 논문, 277면.
17) 가압류는 대부분 경합이 허용되므로 가처분을 중심으로 설명한다.
18) 방순원/김광년, 551면.

고 할 수는 없지만 집행은 불가능하다고 하는 입장이다. 그 근거로 가처분명령은 법률관계를 확정하지 않고 잠정적 효력만 가짐에 불과하므로 저촉도 잠정적임에 불과하고, 후행 가처분도 선행 보전처분에 저촉되지 않는 범위 내에서는 효력을 가진다고 하는 것이 채권자의 이해의 균형을 고려하는 결과로 된다는 것이다. 따라서 저촉되는 가처분신청이 있어도 일단 법원은 가처분명령을 하여야 할 것이나, 다만 선행 보전처분에 저촉되는 범위 내에서 효력이 생기지 않으므로, 집행을 하지 않는 가처분은 효력이 생기지 않으나, 집행을 하여야 하는 가처분은 집행이 불가능하게 된다고 한다.

현재 유력한 입장은 동일한 당사자 간에 보전처분의 저촉이 있으면 명령이 위법하지만, 서로 다른 채권자 사이에 저촉하는 가처분에 대해서는 명령은 위법하지 않으나 집행을 할 수 없다고 하는 중간설(中間說)을 취한다.[19]

III. 보전처분과 강제집행 간의 경합

1. 가압류와 강제집행의 경합

(1) 가압류와 금전집행의 경합

가압류와 금전집행은 일반적으로 경합할 수 있다. 즉 가압류가 집행된 후 강제집행도 가능하고, 강제집행을 위하여 압류된 물건을 가압류할 수도 있다. 다만 이때 가압류는 강제집행에 의하여 소멸하므로, 가압류채권자는 압류의 시기에 따라 배당요구를 하거나 배당요구의 필요 없이 배당을 받을 지위에 서게 된다. 이러한 것은 담보권실행을 위한 경매에서도 마찬가지로 인정된다.

가압류해방금이 공탁된 경우 채무자의 다른 채권자가 가압류해방공탁금 회수청구권에 대하여 압류명령을 하면 가압류채권자의 가압류와 다른 채권자의 압류가 서로 경합하는지 의문이 있으나, 채권자 평등주의를 취하고 있는 우리 민사집행법 하에서 가압류의 집행은 목적물에 관하여 처분금지의 효력을 가지는 데 그칠 뿐이고, 채권자에게 가압류 목적물에 대하여 우선권을 취득하게 하는 것이 아닌 이상, 채권자가 가압

19) 김상원/정지형, 250-251면; 주석, 372-373면; 이관표, 앞의 논문, 276면. 판례도 같은 취지로 보인다. 대결 1981.8.29, 81마86.

류 목적물에 갈음하는 해방공탁금에 대하여도 우선권을 취득하는 것이 아니라고 본다면 양자는 그 집행대상이 같아 경합하는 것으로 보아야 할 것이다.

그렇다면 가압류 중의 채권에 대해 전부명령을 할 수도 있을 것인가가 문제되는바, 전부명령의 경우에는 목적채권의 이전이라는 효과가 생기므로 이는 가압류와 어울리지 못하는 것이기 때문이다. 따라서 이러한 전부명령은 무효로 된다고 할 것이나, 채권압류명령까지 무효로 되는 것은 아니다.[20] 그러나 추심명령은 일반원칙에 의하여 가압류와 경합하여 유효하다.[21]

《가압류 또는 압류가 경합한 채권에 대하여 발한 전부명령의 효력》(대법원 1965.5.18. 선고 65다336 판결)

강제집행에 있어서 채권자평등주의를 채택한 현행 민사소송법하에서는 채권의 가압류나 압류가 경합되었을 경우에 그 압류된 채권을 채권자의 한 사람에게 전부할 수는 없는 것이라 할 것이므로 그러한 전부명령은 무효이나 압류명령부분만은 유효하다.

《채권에 대한 가압류와 압류가 경합된 경우에 추심명령을 얻은 압류채권자에 대한 변제의 효력》(대법원 1970.3.24. 선고, 70다129 판결)

채무자의 제3채무자에 대한 채권가압류와 채권압류가 경합하는 경우에 있어서 그 채권에 관하여 추심명령을 얻은 압류채권자는 경합하는 가압류채권자와 그밖의 배당에 관여하는 자 전원을 위하여 제3채무자로부터 채무자의 채권을 추심하는 것이므로 가압류채권자는 그 채권이 확정이 된 다음 채권가압류의 배당요구의 효력에 의하여 위 추심금으로부터 배당액의 교부를 받든가 추심채권자에 대하여 자기의 배당액에 상당한 금액의 교부를 청구할 수 있는 것이고 제3채무자가 추심명령을 얻은 채권자에게 적법히 변제한 이상 그 변제로 인하여 채무가 소멸된 제3채무자에 대하여 위 가압류채권자는 다시 그 채권의 변제를 청구할 수 없게 되는 것이며 따라서 가압류채권자가 있다고 하여 추심명령을 얻은 채권자의 채권추심권에 아무런 영향을 미칠 수 없다고 하여야 할 것이다.

(2) 가압류와 비금전집행과의 경합

예컨대, 가압류의 목적물인 유체동산에 대해 인도청구의 강제집행을 하는 것을 허용할 수 있을 것인가가 문제된다. 이를 허용하여야 한다는 견해는 강제집행을 허용하면 기존의 가압류는 보전의 목적을 달성하기가 어렵게 되므로 이를 허용하여서는 안

20) 주석, 93면; 대판 1965.5.18, 65다336.
21) 대판 1970.3.24, 70다129.

된다고 한다.[22] 이에 대해서는 일반원칙에 따라 경합을 허용하여야 할 것이나, 이 경우에는 집행을 하더라도 가압류와 같은 효력을 가지는데 불과하다는 입장이 있다. 부정설이 타당하다고 할 것이지만, 위 동산에 관하여 소유권 기타 인도를 저지하는 권리를 가진 때에는 제3자이의의 소를 통하여 가압류집행의 취소를 구할 수 있을 것이다.[23]

2. 가처분과 강제집행의 경합

처분금지가처분과 강제집행의 관계는 가처분이 되어 있는 물건에 대해 강제집행을 할 수 있는가의 문제로 귀착된다. 왜냐하면 강제집행이 가처분에 선행하는 경우에는 당연히 강제집행이 우선하기 때문이다. 또한 강제집행이 가처분에 우선하는 경우라도 가처분에 우선하는 권리가 소멸되는 때에는 가처분도 소멸하므로 논의의 실익이 없다. 결국 강제집행으로 소멸하지 않는 가처분의 처분금지적 효력이 강제집행에 의한 처분까지도 포함하는 것이냐에 논의의 중심이 있다. 강제집행우위설(强制執行優位說)은 잠정처분인 가처분으로 본집행을 저지할 수 없다고 하나, 통설인 가처분우위설(假處分優位說)은 가처분에 의하여 강제집행까지도 저지된다고 하는 것인데, 현재 일반적인 견해는 가처분이 되어 있는 물건에 대해 강제집행을 하더라도 집행에 관한 이의나 제3자이의의 소를 통하여 집행을 저지할 수 있는 것은 아니고, 가처분에 위반한 강제집행도 적법하게 진행될 수 있으나 후에 가처분채권자가 본안승소판결을 받아 확정되면 강제집행의 결과를 부인할 수 있다고 한다.[24]

가처분우위설에 따라 본안확정판결을 받은 권리자가 강제집행에 의한 등기를 말소하는 방법은 다시 등기말소의 소를 제기할 필요 없이 본안확정판결 기타 이에 준하는 집행권원을 가지고 단독으로 집행에 의한 등기를 말소하고 자신 앞으로의 이전등기를 하여줄 것을 신청할 수 있다.

실무는 통상 선행의 가처분이 있는 경우에는 강제경매개시결정만 하고 당해 가처분이 종결될 때까지 집행절차를 진행하지 않는 것이 보통이다.

가처분과 담보권실행을 위한 경매 사이의 우열은 통상 가처분과 해당 담보권의 우

22) 김상원/정지형, 233-234면; 방순원/김광년, 554면; 주석, 94면; 실무제요, 203면.
23) 방순원/김광년, 554면; 주석, 94면.
24) 이석선(下), 51면; 김상원/정지형, 198면; 주석, 359면; 송영천, 强制執行과 保全處分의 競合, 재판자료, 제36집(1987), 148면 이하.

열로 결정된다.

IV. 보전처분과 체납처분 간의 경합

1. 가압류와 체납처분

국세징수법 제35조는 "체납처분은 재판상의 가압류 또는 가처분으로 인하여 그 집행에 영향을 받지 아니한다"고 규정하고 있다. 이에 의하면 가압류 · 가처분이 되어 있는 물건에 대해 체납처분이 진행되는데 지장이 없다는 것이다. 이때 체납처분이 종결되면 그 물건에 대한 압류나 가압류는 소멸하게 된다.[25] 또한 조세채권에 비하여 우선적 지위를 가지는 임금채권 등도 체납처분에 의한 추심청구를 거절할 수 있는 것도 아니고,[26] 체납처분절차에서 일반 채권자가 배당을 받을 수 있는 것도 아니다. 게다가 체납처분절차에 의하여 조세를 징수하고 난 후 잔여금이 있을 때 이를 체납자에게 반환하고 가압류채권자 등을 위하여 공탁하지 않는다는 것이 판례[27]이므로 가압류채권자는 채무자의 잔여금에 대한 인도청구권을 가압류하는 등 보전조치를 별도로 취하여야 한다. 가압류채권자는 가압류에도 불구하고 체납처분에 의하여 권리의 실현을 할 수 없게 되는 문제가 생기므로, 그를 위한 공탁을 하는 등의 형평성을 유지하기 위한 제도적 보완이 필요할 것으로 생각된다.

《현행법상 국세체납절차와 민사집행절차와의 관계》(대법원 1989.1.31. 선고 88다카42 판결)
현행법상 국세체납절차와 민사집행절차는 별개의 절차로서 그 절차 상호간의 관계를 조정하는 법률의 규정이 없으므로 한 쪽의 절차가 다른 쪽의 절차에 간섭을 할 수 없는 반면 쌍방절차에서의 각 채권자는 서로 다른 절차에서 정한 방법으로 그 다른 절차에 참여할 수밖에 없는 것이어서 유체동산에 대한 가압류집행이 있다고 하더라도 국세체납처분에 의한 공매처분이 종결되면 위 유체동산가압류의 효력은 상실되며 국세에 충당하고 남은 환가금에 대한 채무자의 반환채권에 위 가압류의 효력이 미친다고 볼 수 없다.

---

25) 대판 1989.1.31, 88다카42.
26) 대판 1999.5.14, 99다3686.
27) 대판 1974.2.12, 73다1905; 대판 1989.1.31, 88다카42.

《국세체납처분 상의 조세채권에 비해 우선변제권을 가지는 임금 등의 채권에 기한 가압류집행의 효력》(대법원 1999.5.14. 선고 99다3686 판결)

국세체납처분에 의한 피압류채권에 대하여 근로기준법에 의한 우선변제권을 가지는 임금 등의 채권에 기한 가압류집행이 되어 있다 하더라도, 그 우선변제권은 채무자의 재산에 대한 강제집행의 경우 그에 의한 환가금에서 일반채권에 우선하여 변제받을 수 있음에 그치는 것이고, 이미 다른 채권자에 의하여 이루어진 압류처분의 효력까지 배제하여 그보다 우선적으로 직접 지급을 구할 수 있는 권한을 부여한 것으로는 볼 수 없으므로, 제3채무자로서는 체납처분에 의한 채권압류 후에 행해진 피압류채권에 대한 가압류가 그러한 임금 등의 채권에 기한 것임을 내세워 체납처분에 의한 압류채권자의 추심청구를 거절할 수는 없다.

《체납처분의 잔여액을 가압류 채권자를 위해 공탁할 것인지 여부》(대법원 1974.2.12. 선고 73다1905 판결)

체납처분 담당공무원은 국세체납처분에 의하여 환가한 돈을 관계국세 등에 우선 변제충당하고, 잔여액이 있으면 체납자에게 반환할 것이요, 우선주의원칙에 의하여 규율되는 체납처분에 민사소송법 제589조 3항을 적용할 수는 없으므로 잔여액을 가압류 채권자를 위하여 공탁할 것이 아니다.

체납처분 이후에 가압류를 할 수는 있을 것이나, 이때에는 체납처분의 종료와 함께 가압류도 소멸하는 것이므로 특별한 의의가 없다.

2. 가처분과 체납처분

가처분은 피보전권리가 금전채권이 아니므로 조세채권과의 관계에서 당연히 조세우선의 원칙이 적용된다고 할 수 없어서 위 국세징수법 제35조의 해석과 관련하여 논의가 있다. 학설로서는 동법의 취지를 문자 그대로 해석하여 체납처분이 우선한다는 견해(假處分消滅說)도 있었으나, 현재는 조세우선의 원칙이 적용되는 것은 조세채권과 개인의 금전채권에 의한 집행이 경합될 경우에 한하고 특정물건의 인도청구권 등을 피보전권리로 하는 가처분의 경우에는 조세우선의 원칙이 적용되지 않고 가처분의 일반적 법리에 따라서 결정하여야 한다는 견해(假處分維持說)[28]가 통설이다.

판례는 종래 "나라가 한 공매처분에 대하여 특단의 사정이 없는 한 동 물건에 대한

28) 김상원/정지형, 255면; 주석, 374면; 조재연, 강제집행과 체납처분의 경합, 재판자료 제36집(1987), 125면.

가처분이 있다하여 그 가처분으로써 우선권을 주장할 수는 없다고 하였음은 국세징수법에 의한 체납처분은 재판상 가처분으로 인하여 그 집행이 구애되지 아니하는 것"이라 하여 체납처분이 있는 때에는 당연히 가처분이 소멸한다는 입장을 취하였으나, 그 후 판례를 변경하여 가처분 권리자가 본안승소판결을 받아 확정되면 피보전권리의 범위 내에서 체납처분을 포함한 가처분 위반행위의 효력을 부정할 수 있다고 하였다.[29)]

《처분금지가처분의 등기 후 체납처분의 효력》(대법원 1993.2.19. 자 92마903 전원합의체 결정)
국세징수법 제35조에서 "체납처분은 재판상의 가압류 또는 가처분으로 인하여 그 집행에 영향을 받지 아니한다"고 규정하고 있으나, 이는 선행의 가압류 또는 가처분이 있다고 하더라도 체납처분의 진행에 영향을 미치지 않는다는 취지의 절차진행에 관한 규정일 뿐이고 체납처분의 효력이 가압류, 가처분의 효력에 우선한다는 취지의 규정은 아니므로 부동산에 관하여 처분금지가처분의 등기가 된 후에 가처분권자가 본안소송에서 승소판결을 받아 확정이 되면 피보전권리의 범위 내에서 가처분 위반행위의 효력을 부정할 수 있고 이와 같은 가처분의 우선적 효력은 그 위반행위가 체납처분에 기한 것이라 하여 달리 볼 수 없다.

V. 보전처분과 도산절차 간의 경합

가압류 · 가처분이 되어 있는 재산에 대해 파산절차가 개시되면 이 가압류 · 가처분은 파산재단에 대해서는 그 효력을 잃는다(도산 제348조). 이때 가압류 · 가처분이 무효로 된다는 것이 아니라, 파산재단에 대해 상대적으로 무효로 된다는 것을 의미한다.[30)] 반대로 파산절차가 개시되어 파산재단에 속한 재산에 대해서는 가압류 · 가처분을 할 수 없다. 회생계획인가의 결정이나 개인회생변제계획인가결정이 있는 때에도 해당 채무자의 재산에 대한 가압류 · 가처분은 그 효력을 잃는다(도산 제256조 1항, 제615조 3항).

29) 대결 1993.2.19, 92마903 전원합의체.
30) 대판 2000.12.22, 2000다39780.

《보전처분 등이 되어 있는 재산에 대한 파산의 효력》(대법원 2000.12.22. 선고 2000다39780 판결)

파산법 제61조 제1항은 "파산채권에 관하여 파산재단에 속하는 재산에 대하여 한 강제집행, 가압류, 가처분은 파산재단에 대하여는 그 효력을 잃는다"고 규정하고 있는바, 그 규정의 취지는 관련 당사자 간의 모든 관계에 있어서 강제집행, 집행보전행위가 절대적으로 무효가 된다는 것이 아니라 파산재단에 대한 관계에 있어서만 상대적으로 무효가 된다는 의미로 해석된다.

보전집행의 본집행으로의 이전

≫ 설문 ⑲

甲은 乙이 무단으로 점유하고 있던 자기 소유의 건물에 대해 점유이전을 명하는 가처분 명령을 받아 집행하였다. 甲이 해당 건물의 점유를 이전받은 후, 본안소송에서도 승소하여 이 판결이 확정되었다면, 甲은 어떠한 방법으로 본안판결을 집행하게 되는가?

Ⅰ. 이전의 의의

1. 보전집행의 종료원인

보전처분이 집행되면 강제집행을 보전한다고 하는 본래의 목적을 위해 잠정적으로 본안이 확정될 때까지 집행된 상태로 유지된다는 것이 일반적인 강제집행과는 다른 점이라 할 수 있다. 따라서 가압류에서도 원칙적으로 환가의 단계로 나아가지 않고 압류된 채로 있게 되며, 가처분에서도 목적물을 압류하거나 법률관계에 대한 현상을 금지하는 등의 조치만을 하게 된다.

그러나 이러한 보전집행은 역시 영속적인 것은 될 수 없으므로 가급적 신속히 채권자와 채무자 사이의 법률관계를 정리하여 그 결과대로 처리하는 것이 바람직하다. 당사자들이 분쟁의 대상인 법률관계에 대한 합의를 하는 등 자율적인 해결을 하는 수도 있고, 본안재판을 통하여 결론이 나는 수도 있을 것이다. 이때 채권자가 강제집행을 통하지 않고 권리를 실현하거나, 본안에서 패소하는 등 보전처분이 필요 없게 되면 보전신청을 취하하거나 보전집행을 취소할 수 있고, 이러한 것은 이미 살펴본 바와 같다.

따라서 여기서는 채권자가 본안에서 승소판결을 받아 확정되었으나, 채무자가 아직 그 의무를 이행하고 있지 않을 때, 보전집행을 본집행으로 이전[1]하는 문제에 대해 살펴보기로 한다.

2. 이전의 필요와 내용

사실 가압류에서 집행이 이루어진 것을 보면 본집행에서의 압류와 그 모양이 크게 다르지 않다. 다툼의 대상에 관한 가처분에서는 거의 마찬가지이나 환가가 필요 없는 경우가 보통이므로 실제 이들 양자의 경우에는 보전집행을 본집행으로 이전하는 의미는 집행의 속행이라는 성격도 생긴다. 한편 임시의 지위를 정하기 위한 가처분의 경우에는 일률적으로 말하기는 어려우나, 보전집행 자체가 굳이 단행가처분이 아니라도 본집행과 거의 같은 내용과 효과를 가지는 경우가 많아서 별도로 본집행을 하면 중복집행의 문제가 생기지 않는가 하는 의문이 생기는 경우도 있다.

그럼에도 불구하고 보전집행을 그대로 둘 수 없는 것은 앞에서 본 바와 같으므로, 절차를 본집행으로 이전시켜 본격적인 강제집행을 하여야 한다. 이렇게 함으로써 최종적으로 채권자와 채무자 사이의 권리의무를 실현시킬 수 있는 것이다. 단행가처분이라 하더라도 보전집행에 의한 채권자의 권리실현은 어디까지나 잠정적인 것에 지나지 않으므로, 다시 실행을 하지는 않지만 권리자가 취득한 이익이 종국적인 것이라는 점은 분명히 해둘 필요가 있고, 이러한 것은 본집행의 이전으로 이루게 되는 것이다.

II. 이전의 시기

보전집행이 본집행으로 이전하는 것이 외형상 분명하지 않은 경우가 많기 때문에 실제 이전시기가 언제냐에 대해 논의가 있다. 학설로서는 본집행의 집행권원이 성립한 시점, 집행권원의 정본이 송달된 시점, 채권자가 본집행을 신청한 시점,[2] 본집행이 개시된 시점[3] 등 여러 가지가 제시되어 있다. 집행권원이 성립된 시점은 채권자가 아

---

1) 이행(移行)이라고 해도 마찬가지의 의미이다. 예컨대, 金昌鍾, 保全執行으로부터 本執行으로의 移行, 재판자료 제46집(1989), 159면.
2) 방순원/김광년, 514면; 박두환, 742면; 한종렬, 352면; 이시윤, 522면.
3) 김상원/정지형, 212면; 주석, 265면; 실무제요, 404면.

직 집행신청도 하지 않았고, 또 집행의 여부도 아직 불분명한 시점이어서 이전시로 보기에는 무리가 있고, 집행권원 정본의 송달시점도 여기서의 송달이 집행의 개시를 알리는 것은 아니라는 점에서 적절하지 못하다. 집행신청시에 이전된다고 하는 것은 아직 집행기관이 집행에 착수하지도 않았는데 이전된다고 하는 것이어서 적절하다고 하기 어렵지만, 단행가처분의 경우와 같이 별도로 집행행위가 필요하지 않은 경우라면 이때 이전된다고 볼 수도 있을 것이다. 따라서 일반적인 경우라면 집행기관이 집행에 착수한 때에 이전되는 것으로 보아야 할 것이다.

III. 이전의 요건

1. 사건의 동일성

보전처분에 의해 보전된 권리를 본집행에 의해 실현하기 위해서는 보전집행사건과 본집행사건이 동일하여야 함은 당연하다. 보전집행의 연장 내지 속행으로서 본집행으로 집행을 이전시키려면 당사자의 동일성과 사건의 동일성이 필요하다.

(1) 주관적 동일성

보전집행을 본집행으로 이전하기 위해서는 먼저 당사자 사이의 동일성이 인정되어야 한다. 따라서 보전절차의 채권자가 본안승소판결을 집행권원으로 하여 본집행의 신청을 하는 것이 원칙이고, 이때 채무자도 동일인이어야 한다.

그런데 보전집행 후 당사자에게 승계가 일어난 경우, 어떠한 방법으로 그 동일성을 인정받을 수 있는가가 문제로 된다. 일설은 이러한 경우에 보전명령에 관하여 승계집행문을 부여받아 본집행으로 이전할 것이라고 하나,[4] 이때 보전집행과 본집행의 절차가 연결되는 것이 아니라 보전집행이 되어있는 것에 대해 다시 새로운 집행을 하는 것으로서, 법리적으로는 보전집행의 효과를 본집행에서 이용하는 것에 불과하므로 승계집행문의 필요 없이 바로 본집행을 할 수 있는 것이다.[5] 따라서 보전집행 후 피보전

---

4) 김상원, 252면.
5) 김상원/정지형, 211면; 김창종, 앞의 논문, 165면; 주석, 265면.

권리를 양수한 자는 후에 본집행을 개시할 때 자신이 피보전권리의 승계인이라는 것을 입증하면 보전집행의 목적에 대해 강제집행을 할 수 있게 된다. 설사 그 부동산이 보전집행 후 제3자에게 양수되었다 하더라도 이때의 제3취득자는 보전채권자에게 대항하지 못하므로 마찬가지 결과로 된다. 그러나 보전명령 후 승계인이 보전집행을 하고자 한다면 승계집행문이 필요한 것은 앞에서 본 바와 같다.

(2) 객관적 동일성

보전집행의 본집행으로의 이전을 위해서 보전처분을 위한 피보전권리와 본집행을 위한 집행채권도 동일성을 유지하여야 함은 당연하다. 여기에는 앞에서 본 보전처분과 본안소송의 동일성에 관한 설명이 그대로 타당하다. 즉 보전신청 당시에는 긴급한 필요에 의하여 충분한 검토를 하지 못하는 경우가 많으므로 본안소송과 엄격하게 소송물이 일치하는 것을 요구하기는 어렵다. 물론 그렇다고 해서 방만하게 동일성을 인정한다면 채무자의 보호가 문제되므로, 일반적으로는 양자 사이에 청구기초의 동일성이 인정되면 충분하다고 한다.[6)]

2. 본집행의 신청

보전집행 후 본안소송에서 채권자가 승소하여 이 판결이 확정되는 등 채권자가 집행권원을 얻더라도 당연히 보전집행이 본집행으로 이전하는 것은 아니므로 채권자가 본집행을 신청하여 집행기관이 집행에 착수하여야 본집행으로의 이전이 이루어진다. 이때의 집행신청은 강제집행의 요건을 갖춘 적법한 집행신청이어야 함은 당연하다.

IV. 본집행으로의 이전방법

1. 이전의 원칙

보전집행이 본집행으로 이전한다는 것은 보전집행의 효과를 본집행이 이어받는다

6) 주석, 265면; 김창종, 앞의 논문, 164면; 대판 1982.3.9, 81다1223, 81다카991.

는 의미이지만, 사실 양자는 연결되는 절차는 아니므로 본집행을 할 때 압류에서부터 다시 시작하는 것이 적절하다. 그런 의미에서 실무는 보전집행절차가 본집행절차와 완벽하게 일치하지 않는 경우도 있고, 또 언제 본집행이 개시되었는가를 분명히 하는 것도 중요하므로 압류에서부터 실시하는 것이 보통이다.[7] 이에 비하여 학설로서는 본집행으로의 이전은 기왕의 보전집행을 본집행의 일부로 하여 중복된 절차를 피하면서 그 효과를 이어받고자 하는 것이라고 하여 이미 행해진 집행부분은 다시 할 필요 없다고 하는 입장도 있다.[8] 이에 의하면 부동산이나 선박 등에 관한 집행은 집행방법이 다르므로 처음부터 다시 할 수밖에 없으나, 유체동산 집행의 경우에는 어차피 집행관이 점유하는 것으로 압류하는 것이므로, 본집행에서 다시 압류를 할 필요 없이 바로 환가단계로 나아갈 수 있다는 것이다. 채권집행의 경우도 같다. 다만 학설과 같은 입장을 취한다면 압류의 시기를 언제로 하여야 하는지를 분명히 밝혀야 하는 문제가 있다.

2. 가압류의 이전

(1) 부동산 · 선박 · 항공기 · 자동차 · 건설기계 등의 가압류

부동산 가압류의 경우에는 가압류기입등기를 통한 집행과 가압류를 위한 강제관리를 하는 두 가지 방법이 있으므로 이를 본집행으로 이전하는 방법도 각각 차이가 있다.

먼저 가압류기입등기가 되어있는 부동산에 대해 본압류를 하는 것은 다시 강제경매개시결정을 하고 다시 촉탁을 통하여 등기를 하는 방법으로 한다.[9] 이때 기존의 가압류등기는 말소하지 않고 그대로 두어 기존의 처분금지효가 계속되도록 하고, 또 본집행이 취소되었을 때를 대비한다. 이외에 선박 · 항공기 · 자동차 · 건설기계 등의 경우에도 부동산에 준하여 본압류로 이전한다.

이에 비하여 가압류를 위한 강제관리의 경우에는 본집행시의 강제관리와 다른 점은 배당을 실시하지 않는다는 점뿐이고, 그 외의 절차는 양자가 마찬가지이므로 별도로 강제관리개시결정을 하지 않는다.[10] 강제관리개시결정을 다시 하게 되면 이중으로 강제관리를 하게 될 우려도 있기 때문이다. 따라서 이때에는 본집행신청 기록을 가압

7) 김상원/정지형, 212면; 주석, 266면; 실무제요, 405면; 김창종, 앞의 논문, 169면.
8) 이석선(上), 461면; 방순원/김광년, 514면; 이영섭, 288면.
9) 주석, 266면; 김창종, 앞의 논문, 175면.
10) 김창종, 앞의 논문, 176면.

류를 위한 강제관리기록에 첨부하면 본집행으로 이전된다. 이후에는 관리인이 기존에 공탁되어 있던 보관금을 회수하여 배당절차를 취하게 된다. 수익금이 채권액에 달하여 가압류를 위한 강제관리가 종료한 후, 본안소송에서 채권자가 승소확정판결을 받은 때에는 본집행으로 이행(移行)할 보전집행이 없으므로, 본집행으로서 강제관리개시결정을 얻어 공탁금에 대한 배당을 받아야 한다.[11]

(2) 유체동산 가압류

통상 유체동산 가압류는 집행관이 그 목적물을 점유하는 방법으로 집행하는데, 이는 본집행의 방법과 마찬가지이므로 본집행을 할 때 집행관이 다시 점유를 취득하는 절차를 밟을 필요는 없을 것이다. 그러나 많은 경우 채무자에게 목적물을 보관하게 하고 사용할 수 있도록 하고 가압류의 표시만 하는 것이 보통이므로 이때에는 다시 본압류절차를 취할 필요가 있는지 문제될 수 있다. 학설상 이를 긍정하여 바로 환가절차에 나아갈 수 있다는 입장이 있음은 앞에서 본 바와 같으나, 실무는 처음부터 다시 시작하고 있다. 이는 앞에서 본 바와 같이 압류시기를 명확히 하여 이해관계인들과의 법률관계를 분명히 할 뿐만 아니라, 본압류를 할 때 채무자가 목적물을 사용하면서 훼손이나 멸실한 것이 없는지 점검하여야 할 필요도 있고, 또 필요한 경우에는 새로운 물건을 추가적으로 압류할 필요가 있기 때문이다.

따라서 집행관은 본집행을 실시할 때 물건의 보관장소에서 목적물을 점검한 후, 채무자에게 본집행을 실시한다는 것을 알려주고, 가압류표시와는 별도로 본압류표시를 부착한다.[12] 본압류를 한다고 하여 가압류가 소멸하는 것도 아니고, 또 후에 본압류가 취소 등의 사유로 소멸하면 가압류를 유지할 필요가 있으므로 가압류표시를 훼손해서는 안 된다. 다만 가압류의 표시가 본압류의 표시로도 사용할 수 있는 경우에는 다시 본압류표시를 굳이 붙일 필요가 없다.

집행관이 금전을 압류하거나 목적물을 매각하여 그 대금을 공탁한 경우에는 그 공탁의 의미는 보관의 의미에 지나지 않으므로 집행관이 공탁자이면서 회수청구권까지도 가지게 된다. 따라서 채권자가 본집행을 할 때에는 보관자인 집행관의 공탁금회수청구권에 대해 채권집행의 방법을 취하는 것이 아니라, 당해 금전에 대해 유체동산집

11) 주석, 285면.
12) 김상원/정지형, 212면; 이석선(上), 461면; 주석, 267면; 김창종, 앞의 논문, 170-171면.

행을 하여야 한다.[13] 이러한 경우에는 집행관은 본집행을 실행하기 위하여 공탁금을 회수하여 배당을 하거나 채권자에게 인도하게 된다.

(3) 채권 가압류

지명채권 가압류의 경우에도 이를 본압류로 이전함에 있어서 압류를 다시 할 필요 없이 바로 추심명령이나 전부명령을 하면 족하다는 학설도 있으나,[14] 압류부터 다시 실시하는 것이 실무례이고 이를 지지하는 학설도 있다.[15]

집행방법으로는 통상의 채권집행의 경우와는 달리, 가압류의 본압류 이전절차를 밟게 된다. 채권자는 해당 가압류를 표시하여 본압류로 이전하여 달라는 신청을 하고 법원도 단순히 대상채권의 압류를 명하는 것이 아니라, 가압류된 채권을 본압류로 이전하라는 명령을 하게 된다. 이때의 집행법원은 가압류를 명한 법원이 있는 곳을 관할하는 지방법원의 전속관할이다(제224조 3항).

채권자와 채무자 사이의 ○○지방법원 20○○카○○○ 채권가압류결정에 의하여 한 별지 목록 기재 채권에 대한 가압류는 이를 본압류로 이전한다.

(4) 그 밖의 재산권에 대한 가압류

위에서 본 것 이외의 재산권에 대한 가압류를 본집행으로 이전하는 경우에도 가압류를 바로 현금화절차로 진행하는 것이 아니라, 압류에서부터 다시 시작하는 것이 보통이다. 이때 등기나 등록이 필요한 경우에는 가압류와는 별도로 등기 · 등록의 촉탁을 하여야 한다.

3. 가처분의 이전

(1) 부동산 처분금지가처분

부동산의 처분금지가처분은 등기의 방법으로 집행하지만, 이는 처분제한의 효과

13) 이에 비하여 가압류 해방금액이 공탁된 때에는 채권집행의 절차를 밟아야 함은 앞에서 본 바와 같다.
14) 김상원/정지형, 213면; 이석선(上), 462면; 방순원/김광년, 514면.
15) 주석, 267면; 실무제요, 405면; 박두환, 741-742면.

가 생기는 데 그치는 것이므로 본집행의 방법으로서 행하는 등기와는 다르다. 따라서 가처분과는 별도로 채권자가 집행권원을 얻어 본집행을 실시하여야 한다. 이때 피보전권리가 이전등기청구권일 때에는 이전등기를 신청하면서 이와 동시에 이전등기와 저촉되는 제3자 명의의 등기를 말소하여 줄 것을 신청하면 등기공무원이 저촉등기를 말소하게 된다.[16] 다만 제3자 명의의 등기가 가처분 등기에 우선하는 저당권 또는 압류에 기한 것일 때에는 가처분권리자의 소유권이전등기와 제3자등기의 말소신청을 받아들일 수 없을 것이다.

또한 피보전권리가 소유권말소등기청구권인 경우에는 집행권원을 얻어 소유권말소등기신청을 함과 동시에 가처분 등기 이후의 제3자 명의의 등기 말소를 신청하면 된다. 역시 이때에도 가처분권리자에게 대항할 수 있는 주택임차인 명의의 임차권등기, 상가건물임차권등기 등은 말소되지 않는다.

피보전권리가 제한물권인 경우에는 제3취득자의 소유권을 반드시 부정할 필요는 없고, 가처분채권자의 제한물권을 승인하고 이에 의한 제한을 감수하게 하면 충분하다. 따라서 본집행으로서 제한물권등기를 하더라도 제3취득자의 소유권이전등기를 말소할 필요는 없다. 또한 제3취득자의 권리가 소유권 이외의 것이라면 가처분채권자의 권리와 양립하는가 여부를 따져서 말소 여부를 결정한다. 예컨대 가처분채권자가 본집행으로서 지상권이나 전세권 등 부동산의 이용을 위한 등기를 하는 경우에는 이와 충돌하는 제3자 명의의 지상권, 전세권, 주택임차권 등의 등기는 말소되어야 할 것이다.[17]

(2) 점유이전금지가처분

점유이전금지가처분의 집행은 통상 집행관이 채무자의 점유를 해제하여 집행관 스스로 점유를 취득하는 방법으로 하기 때문에, 이때 본집행을 위하여 새로 점유를 취득하는 절차는 필요 없고, 그대로 채권자에게 점유를 이전한다. 만약 집행관이 보관하면서도 채무자에게 사용을 허용하는 방법으로 가처분을 집행한 경우에는 현실적으로 채무자로부터 점유를 취득하여 채권자에게 인도를 하여야 할 것이다. 그리고 집행관 보관 및 채권자 사용의 모습으로 집행한 경우에는 채권자에게 집행관 보관이 해제되

16) 실무제요, 247면; 김창종, 앞의 논문, 179면.
17) 실무제요, 249면.

었음을 고지함으로써 집행이 완료한다.[18]

(3) 단행가처분

보통의 임시의 지위를 정하는 가처분은 다툼이 있는 권리관계에 대하여 특히 계속하는 권리관계에 끼칠 현저한 손해를 피하거나 급박한 위험을 막기 위하여 잠정적으로 권리관계를 설정하는 방법으로 하게 되므로 본집행의 필요가 없거나, 집행을 하더라도 가처분과는 따로 집행을 하는 것이 보통이다. 예컨대 공사중지가처분을 집행하여 공사중지를 시키더라도 실제 본안은 일조권침해로 인한 손해배상청구권인 경우도 있어서 양자는 집행의 문제를 일으키지 않고, 이사의 직무집행정지 및 대행자선임의 가처분도 같다.

다만 금전의 지급을 명하거나 건물의 철거를 명하는 단행가처분과 같은 것은 본집행에 의하여 실현하려고 하는 목적을 가처분에 의하여 이미 실현하였으므로 본집행이 필요 없다고 할 수도 있으나, 가처분은 어디까지나 잠정적인 조치에 지나지 않으므로 본집행을 통하여 권리자의 권리가 확정적으로 실현되었음을 선언하여줄 필요가 있다.[19] 따라서 채권자가 이때 본집행을 신청하면 다시 집행절차가 진행되는 것은 아니지만 가처분의 효과가 본집행의 효과로 이전되고, 이에 따라 본집행은 목적을 달성하여 종료될 것이다. 다만 채권자가 목적물을 사용하더라도 집행관이 보관하는 것으로 되어있다면, 집행관이 자신의 보관이 종료되었음을 채권자에게 고지하여야 한다.

V. 이전의 효과

1. 본집행으로의 이전과 보전집행의 효력

(1) 보전집행의 잠재화

보전집행이 본집행으로 이전되면 보전집행의 효력은 어떻게 되는가에 대한 논의가 있다.

---

18) 김상원/정지형, 214면; 이석선(上), 462면; 실무제요, 407면; 김창종, 앞의 논문, 179면.
19) 김상원/정지형, 214면; 이석선(上), 462면; 실무제요, 407면; 김창종, 앞의 논문, 179면.

한 견해는 보전처분의 집행은 본집행으로 이전됨으로써 장래를 향하여 효력이 소멸되고, 따라서 본집행으로 이전된 후에는 보전처분집행의 취소 등은 구할 수 없으나, 이는 장래에 향해서만 효력이 있는 것이므로 보전집행의 지나간 효력은 그대로 유지되고 채권자는 그로 인한 효과를 그대로 이어받게 된다고 한다.[20]

이에 비해 다수설은 보전집행이 본집행으로 이전됨으로써 본집행에 포섭되어 독자적 존재를 잃지만 굳이 보전절차가 종료된다거나 보전집행의 효력이 소멸한다고 할 필요는 없고 잠재적으로 존속하는 것으로 보아야 한다고 한다.[21]

생각건대 후술하는 바와 같이 본집행이 실효된 경우에는 이로 인하여 보전의 효과까지도 소멸하였다고 할 경우가 아니라면 보전의 효과를 부활시켜야 할 것이므로, 보전집행의 효과는 본집행으로 인하여 소멸하는 것이라고 하여서는 안 되고, 잠재적으로 존재한다고 보는 것이 경제적이라고 생각된다.

(2) 본집행 후 보전집행에 대한 다툼

보전집행이 본집행으로 이전된 후 보전집행에 대해 이의신청이나 취소신청 또는 보전집행의 취소를 구할 수 있는가. 보전집행이 소멸한다고 보면 아예 그 가능성이 없어지는 것이지만,[22] 잠재화한다고 보는 입장에서도 보전집행의 부활은 본집행의 취소 후에 이루어지는 것으로 보므로 소극적으로 본다.[23] 이에 대해 보전집행이 본집행으로 이행한 경우 그 효력이 잠재적으로 존재한다면 그 기왕의 효력은 잔존하고 있는 것이기 때문에 이것을 소멸시키기 위하여 보전집행만의 취하를 긍정할 것이라는 입장도 있다.[24]

판례는 보전집행이 본집행으로 이전한 경우 보전집행이 소멸하는지 여부에 대해 분명한 입장을 취하지는 않고 있으나, 가압류가 본압류로 이행되면 가압류집행이 본집행에 포섭됨으로써 당초부터 본집행이 있었던 것과 같은 효력이 있고, 본집행의 효력이 유효하게 존속하는 한 상대방은 가압류집행의 효력을 다툴 수는 없고 오로지 본집행의 효력에 대하여만 다투어야 하는 것이라고 하면서,[25] 이때 가압류집행의 취소

---

20) 박두환, 742면.

21) 김상원/정지형, 216면; 김창종, 앞의 논문, 189-190면.

22) 박두환, 742면; 강대성, 603면; 이시윤, 523면. 이와 아울러 이시윤, 524면은 채권자가 본안에서 패소한 경우에는 오히려 가압류는 소멸하지 않고, 사정변경에 의한 취소사유가 된다고 한다.

23) 방순원/김광년, 514면; 한종렬, 352면.

24) 김상원/정지형, 216면; 김창종, 앞의 논문, 198-199면.

도 구할 수 없다고 한다.[26] 따라서 판례의 입장은 가압류등기 후 가압류권자가 강제경매개시결정을 구하여 강제경매절차가 진행 중이라면 가압류 해방금액을 공탁하여도 가압류집행의 취소를 할 수 없고, 나아가 가압류등기가 말소되었다고 하더라도 이를 이유로 강제경매개시결정을 취소할 수 없는 것이라 한다.

《가압류가 본압류로 이행된 경우에 채무자는 가압류집행취소를 구할 수 있는지 여부》(대법원 1976.1.27. 선고 75다2065 판결)

강제경매개시 결정에 의하여 부동산에 대한 가압류가 본압류로 이행된 경우 채무자는 가압류집행취소를 구할 수 없다.

《가압류집행이 본집행으로 이행된 경우, 가압류집행의 효력을 다툴 수 있는지 여부》(대법원 2002.3.15. 자 2001마6620 결정)

[1] 가압류집행이 있은 후 그 가압류가 강제경매개시결정으로 인하여 본압류로 이행된 경우에 가압류집행이 본집행에 포섭됨으로써 당초부터 본집행이 있었던 것과 같은 효력이 있고, 본집행의 효력이 유효하게 존속하는 한 상대방은 가압류집행의 효력을 다툴 수는 없고 오로지 본집행의 효력에 대하여만 다투어야 하는 것이므로, 본집행이 취소, 실효되지 않는 한 가압류집행이 취소되었다고 하여도 이미 그 효력을 발생한 본집행에는 아무런 영향을 미치지 않는다.

[2] 가압류등기 후 제3자 앞으로 소유권이전등기가 마쳐진 부동산에 대하여 가압류권자의 신청에 의한 강제경매절차가 진행 중 가압류해방금액 공탁으로 가압류집행이 취소되어 가압류등기가 말소된 경우, 이를 이유로 강제경매개시결정을 취소한 원심결정을 파기한 사례.

(3) 본집행의 실효와 보전집행

채권자가 궁극적으로 채권의 만족을 얻어 종결된 경우라면 가압류는 더 이상 존속할 필요 없음은 당연하다. 마찬가지로 본압류의 집행권원에 대해 청구이의의 소가 제기되어 집행권원의 집행력이 소멸하면 당해 보전처분의 본안에 대해 집행이 불능으로 되므로 역시 보전집행을 존속시킬 이유가 없게 될 것이다. 또한 보전의 목적물에 제3자이의의 소가 제기되어 원고승소로 종결되었을 때에도 당해 목적물에 대해서는 본압류는 물론 불가능해지고, 따라서 보전집행도 유지시킬 필요는 없게 된다.

그러나 본집행의 신청취하나 집행취소사유가 발생하여 본집행이 실효한 때에는 다시 본집행을 하여야 할 수도 있으므로 이때 보전집행은 그 효력이 다시 나타난다고

---

25) 대결 2002.3.15, 2001마6620.

26) 대판 1976.1.27, 75다2065.

하여야 할 것이다. 그렇지 않으면 일단 본집행으로 이전한 후 본집행이 실효된 경우에는 보전의 필요가 있으면 다시 가압류집행을 하여야 하는 것으로 되어 절차경제에 반하고, 다시 가압류집행을 하려고 하여도 집행기간이 도과하여 버리는 사태가 생겨 부당할 뿐 아니라, 본집행 후 채무자가 그 가압류부동산을 타인에게 처분하면 채권자로서는 다시 본집행을 하려고 하여도 할 수 없는 불이익을 입게 되기 때문이다. 이러한 가압류채권자의 이익을 존중하기 위해서는 가압류집행의 효력은 부활되는 것으로 보아야 한다는 것이다.[27]

2. 본집행으로의 이전에 따른 기타의 문제

(1) 본집행으로의 이전과 제3자이의의 소

보전집행 후 부동산 소유권을 취득한 제3자는 본집행으로 이전한 후에도 피보전채권을 변제하면 제3자이의의 소를 제기하여 본집행의 배제를 구할 수 있다.[28] 그런데 보전집행에 대해 제3자 이의의 소가 제기되어 계속 중에 당해 보전집행이 본집행으로 이전하였다면 이 제3자이의의 소를 본집행의 불허를 구하는 것으로 청구변경을 하여야 하는가(訴變更說), 아니면 청구취지를 정정하는 것으로 충분한가(請求趣旨訂正說) 하는 논의가 있다. 청구취지를 변경하여야 한다는 입장은 소송물이 서로 다르다는 입장에서 주장되고,[29] 청구취지를 정정하면 된다는 입장은 소송물이 공통된다는 입장에서 주장된다.

생각건대 가압류에 대한 제3자이의의 소와 본집행에 대한 제3자이의의 소는 위와 같은 경우에 원고나 피고도 공통되고, 제소사유로 되는 사실관계나 법률관계도 상당부분 공통되는 점이 있기는 하지만, 보전집행과 본집행이 잠재적으로라도 병존할 수 있다면 상호간에 기판력은 미치지 않는 것으로 보아야 할 것이다. 소변경설에 따른다.[30]

---

27) 김창종, 앞의 논문, 194면.
28) 대판 1982.9.14, 81다527.
29) 김상원/정지형, 216면; 박두환, 742면; 주석, 269면; 실무제요, 409면; 김창종, 앞의 논문, 197면.
30) 본집행에 대해 제3자이의의 소가 인용되면 궁극적으로 가압류도 소멸되어야 함은 앞에서 본 바와 같으나, 거꾸로 가압류에 대해 제3자이의의 소가 인용된다고 하여도 본집행이 반드시 취소되는 것은 아니기 때문이다.

(2) 본집행으로의 이전과 시효중단효

보전집행이 본집행으로 이전하고 난 후에 보전집행에 의해 중단된 소멸시효의 효력이 없어지는가의 문제가 있으나, 이때에는 가압류와 본압류 사이에 압류의 연속이 있으므로 시효중단의 효과는 연결되는 것으로 보아야 할 것이다.[31]

31) 주석, 269-270면; 실무제요, 409면; 김창종, 앞의 논문, 199면.

판례색인

[고등법원 이하]

[헌법재판소]

사 항 색 인

〈ㄱ〉

〈ㅈ〉

〈ㅎ〉

김 연(金 演 KIM, Yeon)

[저자약력]

부산대학교 법정대학 법학과 및 동 대학원 졸업(법학박사)
경성대학교 교수 역임
University of Missouri-Columbia visiting scholar
현재 경북대학교 법학전문대학원 교수
사법시험, 행정고시, 입법고시 위원
변리사시험, 세무사시험 위원
부산지방법원 조정위원
한국민사소송법학회, 한국민사집행법학회, 한국가족법학회 이사

〈저 서〉

가사소송법, 여성과 법률, 국제사법, 법학통론, 가족법, 과학기술과 지식재산권법(이상 공저)

민사보전법

2010년 8월 15일 초판 인쇄
2010년 8월 20일 초판 1쇄 발행

저 자 김 연
발행인 배 효 선
발행처 도서출판 法 文 社

413-756 경기도 파주시 교하읍 문발리 526-3
등 록 1957. 12. 12 / 제2-76호 (윤)
TEL 031) 955-6500~6 FAX 031) 955-6525
e-mail (영업): bms@bobmunsa.co.kr
(편집): edit66@bobmunsa.co.kr
홈페이지 http://www.bobmunsa.co.kr
조 판 법 문 사 전 산 실

정가 24,000원 ISBN 978-89-18-01394-7

*이 책은 2008년도 경북대학교 저술장려연구비에 의하여 연구되었음